高等职业教育经济管理类专业教材
——荣获华东地区大学出版社第七届优秀教材奖

经济应用文写作

（第 2 版）

主　编　刘葆金
副主编　蒋璇芳　许　军
　　　　金　榜
编写者　（按姓氏笔画排序）
　　　　许　军　刘葆金
　　　　金　榜　董正秀
　　　　蒋璇芳

东南大学出版社
·南京·

内 容 提 要

本书自 2003 年出版以来,得到了任课老师和学生的好评,并荣获了华东地区大学出版社第七届优秀教材奖。为了进一步提高质量,我们对本书进行了第三次修订。

本书内容包括经济应用文写作基础知识和经济应用文体写作两部分内容。特别是文体写作部分内容比较丰富,任课教师可以根据需要加以选择;同时,该书的编写也考虑到经济管理工作者自修写作的需要,为自学者提供了最基本的写作理论知识和较丰富的写作范例。每章后附相关例文及思考与练习题。

本书可作为高职高专院校经济管理类专业教材,同时也可供广大经济管理工作者参考。

图书在版编目(CIP)数据

经济应用文写作/刘葆金主编. —2 版. —南京:东南大学出版社,2011.8(2019.8 重印)

ISBN 978-7-5641-2958-3

Ⅰ.①经… Ⅱ.①刘… Ⅲ.①经济—应用文—写作—高等学校—教材 Ⅳ.①H152.3

中国版本图书馆 CIP 数据核字(2011)第 173732 号

东南大学出版社出版发行
(南京四牌楼 2 号 邮编 210096)
出版人:江建中
江苏省新华书店经销　江苏凤凰数码印务有限公司印刷
开本:787mm×1 092mm　1/16　印张:19　字数:480 千字
2019 年 8 月第 2 版第 10 次印刷
印数:30 001—30 500 册　定价:39.00 元
(凡因印装质量问题,可直接向读者服务部调换。电话:025-83791803)

高等职业教育经济管理类专业教材编委会

主　任　宁宣熙

副主任　（按姓氏笔画排序）

　　　　　王传松　王树进　迟镜莹　杭永宝
　　　　　都国雄　钱廷仙　詹勇虎　王维平

秘书长　张绍来

委　员　（按姓氏笔画排序）

　　　　　丁宗红　王水华　邓　晶　华　毅　刘大纶　刘金章
　　　　　刘树密　刘葆金　祁洪祥　阮德荣　孙全治　孙　红
　　　　　孙国忠　严世英　杜学森　杨晓明　杨海清　杨湘洪
　　　　　李从如　吴玉林　邱训荣　沈　彤　张　军　张　震
　　　　　张建军　张晓莺　张维强　张景顺　周忠兴　单大明
　　　　　居长志　金锡万　洪　霄　费　俭　顾全棍　徐汉文
　　　　　徐光华　徐安喜　郭　村　黄宝凤　梁建民　敬丽华
　　　　　蒋兰芝　缪启军　潘　丰　潘绍来

出 版 说 明

"高等职业教育经济管理类专业教材编委会"自 2003 年 3 月成立以来,每年召开一次研讨会。针对当前高等职业教育的现状、问题以及课程改革、教材编写、实验实训环境建设等相关议题进行研讨,并成功出版了《高等职业教育经济管理类专业教材》近 60 种,其中 33 种被"华东地区大学出版社工作研究会"评为优秀教材。可以看出,完全从学校的教学需要出发,坚持走精品教材之路,紧紧抓住职业教育的特点,这样的教材是深受读者欢迎的。我们计划在"十三五"期间,对原有品种反复修订,淘汰一批不好的教材,保留一批精品教材,继续开发新的专业教材,争取出版一批高质量的和具有职业教育特色的教材,并申报教育部"十三五"规划教材。

"高等职业教育经济管理类专业建设协作网"是一个自愿的、民间的、服务型的、非营利性的组织,其目的是在各高等职业技术院校之间建立一个横向交流、协作的平台,开展专业建设、教师培训、教材编写、实验与实习基地的协作等方面的服务,以推进高等职业教育经济管理专业的教学水平的提高。

"高等职业教育经济管理类专业建设协作网"首批会员单位名单:

南京正德职业技术学院	南京工业职业技术学院
南京钟山职业技术学院	南京金肯职业技术学院
江苏经贸职业技术学院	南通纺织职业技术学院
南京人口管理干部学院	镇江市高等专科学校
无锡商业职业技术学院	常州轻工职业技术学院
南京化工职业技术学院	常州信息职业技术学院
常州建东职业技术学院	常州纺织服装职业技术学院
常州工程职业技术学院	南京铁道职业技术学院
南京交通职业技术学院	无锡南洋职业技术学院
江阴职业技术学院	南京信息职业技术学院
扬州职业大学	黄河水利职业技术学院
天津滨海职业技术学院	江苏农林职业技术学院
安徽新华职业技术学院	黑龙江农业经济职业学院
山东纺织职业技术学院	东南大学经济管理学院
浙江机电职业技术学院	广东番禺职业技术学院
南京商友资讯电子商务应用研究所	苏州经贸职业技术学校
东南大学出版社	江苏海事职业技术学院

高等职业教育经济管理类专业教材编委会
2019 年 1 月

再 版 前 言

经济应用文是交流经济管理信息的最基本的方式。各类学校的经济管理类专业的学生和广大经济管理工作者都迫切需要提高经济应用文的写作能力。本书自2003年出版以来,得到了任课教师和学生的好评。在不断总结教学和写作实践经验的基础上,我们博采同行专家之长,并根据最近几年情况的变化,按新规定、新要求修订了这本《经济应用文写作》,增加了部分内容,更换了部分例文,使其更符合时代的进步、读者的需求。编写本书的宗旨是:根据我国社会主义经济建设的需要,结合经济管理类专业教学的特点,坚持学以致用、理论与实践相结合的原则,在注重写作基础理论的同时,突出经济应用文写作的实践性和实用性。通过课堂讲授与实际练习,或者自学,使学生和广大经济管理工作者在掌握必要的写作理论知识的基础上,充实和提高行业性应用文写作的能力,以便能尽快地适应各项经济管理工作的需要。

全书内容包括经济应用文写作基础知识和经济应用文体写作两部分。特别是文体写作部分内容比较丰富,任课教师可以根据需要加以选择;同时,该书的编写也考虑到经济管理工作者自修写作的需要,为自学者提供了最基本的写作理论知识和较丰富的写作范例。各章还编拟了思考与练习题。

本书由刘葆金任主编,负责拟定大纲、统稿和终审定稿。蒋璇芳、许军、金榜为副主编。参加本书编写的人员有:刘葆金(1～6章、第21、22章)、蒋璇芳(7～10章、第12章)、金榜(第11章)、董正秀(13～17章)、许军(18～20章)。另外,金榜承担了第13～18章的修订工作。

本书编写过程中,认真地恭引、吸收、借鉴了部分专著、教材、报刊的有关资料,恕不一一注明,谨向原作者致以诚挚的谢意。

我们希望得到使用本书的读者、教师和专家的指正。

需要多媒体教学课件,请联系责任编辑:erbian@seu.edu.cn

编　者

2019年7月

序

高等职业教育是整个高等教育体系中的一个重要组成部分。近几年来,我国高等职业教育进入了高速发展时期,其中经济管理类专业学生占有相当大的比例。面对当前难以预测的技术人才市场变化的严峻形势,造就大批具有技能且适应企业当前需要的生产和管理第一线岗位的合格人才,是人才市场与时代的需要。

为培养出适应社会需求的毕业生,高等职业教育再也不能模仿、步趋本科教育的方式。要探索适合高等职业教育特点的教育方式,就要真正贯彻高等职业教育的要求,即"基础理论适度够用、加强实践环节、突出职业技能教育的方针"。为此,有计划、有组织地进行高等职业教育经济管理类专业的课程改革和教材建设工作已成为当务之急。

本次教材编写的特点是:面向高等职业教育系统的实际情况,按需施教,讲究实效;既保持理论体系的系统性和方法的科学性,更注重教材的实用性和针对性;理论部分为实用而设、为实用而教;强调以实例为引导、以实训为手段、以实际技能为目标;深入浅出,简明扼要。为了做好教材编写工作,还要求各教材编写组组织具有高等职业教育经验的老师参加教材的研讨与编写,集思广益,博采众长。

经过多方的努力,高等职业教育经济管理类专业教材已正式出版发行。这是在几十所高等职业院校积极参与下,上百位具有高等职业教育教学经验的老师共同努力高效率工作的结果。

值此出版之际,我们谨向所有支持过本套教材出版的各校领导、教务部门同志和广大编写教师表示诚挚的谢意。

本次教材建设,只是我们在高等职业教育经济管理类专业教材建设上走出的第一步。我们将继续努力,跟踪教材的使用效果,不断发现新的问题;同时也希望广大教师和读者不吝赐教和批评指正。目前我们已根据新的形势变化与发展要求对教材陆续进行了修订,期望它能在几番磨炼中,成为一套真正适用于高等职业教育的优秀教材。

宁宣熙
2019 年 1 月

目 录

1 导论 …………………………………………………………………… (1)
  1.1 经济应用文的概念与作用 ………………………………………… (1)
    1.1.1 经济应用文的概念 ………………………………………… (1)
    1.1.2 经济应用文的作用 ………………………………………… (1)
  1.2 经济应用文的特点及分类 ………………………………………… (2)
    1.2.1 经济应用文的特点 ………………………………………… (2)
    1.2.2 经济应用文体的分类 ……………………………………… (3)
  1.3 经济应用文写作的基本要求 ……………………………………… (5)
  1.4 提高经济应用文写作能力的基本途径 …………………………… (6)
  思考与练习 …………………………………………………………… (7)

2 经济应用文写作基础知识 ……………………………………………… (8)
  2.1 经济应用文的主题 ………………………………………………… (8)
    2.1.1 主题的含义与作用 ………………………………………… (8)
    2.1.2 主题的来源 ………………………………………………… (8)
    2.1.3 主题的要求 ………………………………………………… (9)
  2.2 经济应用文的材料 ………………………………………………… (9)
    2.2.1 材料的作用与获取 ………………………………………… (9)
    2.2.2 材料的选择 ………………………………………………… (11)
    2.2.3 材料的使用 ………………………………………………… (12)
  2.3 经济应用文的结构 ………………………………………………… (12)
    2.3.1 结构的含义 ………………………………………………… (12)
    2.3.2 结构的特点 ………………………………………………… (13)
    2.3.3 结构的内容 ………………………………………………… (14)
  2.4 经济应用文的语言 ………………………………………………… (16)
    2.4.1 经济应用文对语言的基本要求 …………………………… (16)
    2.4.2 经济应用文对语言的特殊要求 …………………………… (17)
  2.5 经济应用文的表达方式 …………………………………………… (18)
    2.5.1 叙述 ………………………………………………………… (19)
    2.5.2 说明 ………………………………………………………… (20)
    2.5.3 议论 ………………………………………………………… (22)
  思考与练习 …………………………………………………………… (22)

3 经济调查报告 …………………………………………………………… (24)
  3.1 经济调查报告的概念与特点 ……………………………………… (24)
    3.1.1 经济调查报告的概念与作用 ……………………………… (24)

   3.1.2 经济调查报告的特点 …… (24)
 3.2 经济调查报告的种类和写作步骤 …… (25)
   3.2.1 经济调查报告的种类 …… (25)
   3.2.2 经济调查报告的写作步骤 …… (26)
 3.3 经济调查报告的基本结构与写作要求 …… (26)
   3.3.1 经济调查报告的基本结构 …… (26)
   3.3.2 经济调查报告的写作要求 …… (28)
 3.4 几种常用的调查方法及调查表格的编制 …… (29)
   3.4.1 调查方法 …… (29)
   3.4.2 调查表格的编制 …… (30)
 思考与练习 …… (39)

4 **市场调查报告** …… (40)
 4.1 市场调查报告的概念、特点和种类 …… (40)
   4.1.1 市场调查报告的概念 …… (40)
   4.1.2 市场调查报告的特点 …… (40)
   4.1.3 市场调查报告的种类 …… (41)
 4.2 市场调查的内容和步骤 …… (41)
   4.2.1 市场调查的内容 …… (41)
   4.2.2 市场调查的步骤 …… (43)
 4.3 市场调查报告的结构与写作要求 …… (44)
   4.3.1 市场调查报告的结构 …… (44)
   4.3.2 市场调查报告的写作要求 …… (44)
 思考与练习 …… (46)

5 **经济计划报告** …… (47)
 5.1 经济计划的概念、特点、作用和种类 …… (47)
   5.1.1 经济计划的概念和特点 …… (47)
   5.1.2 经济计划的作用 …… (47)
   5.1.3 经济计划的种类 …… (48)
 5.2 经济计划报告的写作程序、结构和内容 …… (48)
   5.2.1 经济计划的写作程序 …… (48)
   5.2.2 经济计划的结构和内容 …… (49)
 思考与练习 …… (51)

6 **经济工作总结** …… (52)
 6.1 经济工作总结的概念、作用和种类 …… (52)
   6.1.1 经济工作总结的概念和作用 …… (52)
   6.1.2 经济工作总结的种类 …… (52)
 6.2 经济工作总结的结构、内容和基本要求 …… (53)
   6.2.1 经济工作总结的结构和内容 …… (53)
   6.2.2 经济工作总结写作的基本要求 …… (54)

思考与练习 ……………………………………………………………… (57)
7　经济活动分析报告 ……………………………………………………… (58)
　7.1　经济活动分析报告的概念、作用、分类和特点 …………………… (58)
　　7.1.1　经济活动分析报告的概念和作用 …………………………… (58)
　　7.1.2　经济活动分析报告的分类 …………………………………… (58)
　　7.1.3　经济活动分析报告的特点 …………………………………… (59)
　7.2　经济活动分析报告的基本结构及常用的分析方法 ………………… (60)
　　7.2.1　经济活动分析报告的基本结构 ……………………………… (60)
　　7.2.2　常用的经济活动分析方法 …………………………………… (61)
　　7.2.3　撰写经济活动分析报告的程序 ……………………………… (62)
　　7.2.4　经济活动分析报告的写作要求及注意事项 ………………… (63)
　　思考与练习 ……………………………………………………………… (69)

8　可行性研究报告 ………………………………………………………… (70)
　8.1　可行性研究报告的概念、特点和作用 ……………………………… (70)
　　8.1.1　可行性研究报告的概念 ……………………………………… (70)
　　8.1.2　可行性研究报告的特点 ……………………………………… (70)
　　8.1.3　可行性研究报告的作用 ……………………………………… (71)
　8.2　可行性研究报告的结构与写作要求 ………………………………… (71)
　　8.2.1　可行性研究报告的结构 ……………………………………… (71)
　　8.2.2　可行性研究报告的写作要求 ………………………………… (73)
　　思考与练习 ……………………………………………………………… (78)

9　经济预测报告 …………………………………………………………… (79)
　9.1　经济预测报告的概念、特点、作用和种类 ………………………… (79)
　　9.1.1　经济预测报告的概念、特点和作用 ………………………… (79)
　　9.1.2　经济预测报告的种类 ………………………………………… (80)
　9.2　经济预测的常用方法 ………………………………………………… (81)
　　9.2.1　定性预测法 …………………………………………………… (81)
　　9.2.2　定量预测法 …………………………………………………… (81)
　9.3　经济预测报告的基本结构与写作要求 ……………………………… (82)
　　9.3.1　经济预测报告的基本结构 …………………………………… (82)
　　9.3.2　经济预测报告的写作要求 …………………………………… (83)
　　思考与练习 ……………………………………………………………… (92)

10　经济管理条规 …………………………………………………………… (93)
　10.1　经济管理条规的概念、分类和特点 ………………………………… (93)
　　10.1.1　经济管理条规的概念和分类 ………………………………… (93)
　　10.1.2　经济管理条规的特点 ………………………………………… (93)
　10.2　经济管理条规的写作方法 …………………………………………… (93)
　　10.2.1　经济管理条例 ………………………………………………… (94)
　　10.2.2　经济管理规定 ………………………………………………… (94)

  10.2.3 经济管理章程 ……………………………………………… (95)
  10.2.4 经济管理制度 ……………………………………………… (95)
  10.2.5 经济管理办法 ……………………………………………… (96)
  10.2.6 经济管理细则 ……………………………………………… (96)
 思考与练习 ………………………………………………………………… (100)

11 财会报告 …………………………………………………………………… (101)

 11.1 财会报告的概念、特点、作用和种类 ………………………………… (101)
  11.1.1 财会报告的概念 …………………………………………… (101)
  11.1.2 财会报告的特点 …………………………………………… (101)
  11.1.3 财会报告的作用 …………………………………………… (101)
  11.1.4 财会报告的种类 …………………………………………… (101)
 11.2 财会报告的基本结构和写作要求 ……………………………………… (102)
  11.2.1 财会报告的基本结构 ……………………………………… (102)
  11.2.2 财会报告的写作要求 ……………………………………… (104)
 思考与练习 ………………………………………………………………… (108)

12 审计报告 …………………………………………………………………… (109)

 12.1 审计报告的概念、特点、种类和作用 ………………………………… (109)
  12.1.1 审计报告的概念 …………………………………………… (109)
  12.1.2 审计报告的特点 …………………………………………… (109)
  12.1.3 审计报告的种类 …………………………………………… (109)
  12.1.4 审计报告的作用 …………………………………………… (110)
 12.2 审计报告的撰写程序与基本内容 ……………………………………… (111)
  12.2.1 审计报告的撰写程序 ……………………………………… (111)
  12.2.2 审计报告的基本内容 ……………………………………… (112)
 12.3 审计报告的结构和样式 ………………………………………………… (112)
  12.3.1 审计报告的基本结构 ……………………………………… (112)
  12.3.2 审计报告的基本样式 ……………………………………… (113)
 12.4 撰写审计报告的基本原则与要求 ……………………………………… (114)
  12.4.1 撰写审计报告的基本原则 ………………………………… (114)
  12.4.2 审计报告的写作要求 ……………………………………… (114)
 12.5 几种常用的审计报告 …………………………………………………… (115)
  12.5.1 资产负债表审计报告 ……………………………………… (115)
  12.5.2 资产评估报告 ……………………………………………… (117)
  12.5.3 验资报告 …………………………………………………… (118)
 思考与练习 ………………………………………………………………… (126)

13 纳税检查报告 ……………………………………………………………… (127)

 13.1 纳税检查报告的概念和作用 …………………………………………… (127)
  13.1.1 纳税检查报告的概念 ……………………………………… (127)
  13.1.2 纳税检查报告的作用 ……………………………………… (127)

  13.2 纳税检查报告的基本结构和写作要求 …………………………………… (127)
    13.2.1 纳税检查报告的基本结构 …………………………………………… (127)
    13.2.2 纳税检查报告的写作要求 …………………………………………… (128)
  思考与练习 ……………………………………………………………………………… (132)

14 经济法律文书 …………………………………………………………………………… (133)
  14.1 经济法律文书的概念、作用、特点和种类 ……………………………… (133)
    14.1.1 经济法律文书的概念与作用 ………………………………………… (133)
    14.1.2 经济法律文书的特点 ………………………………………………… (133)
    14.1.3 经济法律文书的种类 ………………………………………………… (134)
  14.2 经济法律文书的写作要求 ………………………………………………… (134)
  14.3 几种常用经济法律文书的基本内容、格式 ……………………………… (135)
    14.3.1 仲裁申请书 …………………………………………………………… (135)
    14.3.2 申请执行书 …………………………………………………………… (136)
    14.3.3 民事起诉书 …………………………………………………………… (137)
    14.3.4 民事反诉书 …………………………………………………………… (138)
    14.3.5 答辩状 ………………………………………………………………… (139)
  思考与练习 ……………………………………………………………………………… (147)

15 经济合同 ………………………………………………………………………………… (148)
  15.1 经济合同的概念、特征和作用 …………………………………………… (148)
    15.1.1 经济合同的概念和特征 ……………………………………………… (148)
    15.1.2 经济合同的作用 ……………………………………………………… (149)
  15.2 经济合同的种类和主要条款 ……………………………………………… (149)
    15.2.1 经济合同的种类 ……………………………………………………… (149)
    15.2.2 经济合同的主要条款 ………………………………………………… (150)
  15.3 经济合同的结构与写作要求 ……………………………………………… (152)
    15.3.1 经济合同的书面形式 ………………………………………………… (152)
    15.3.2 经济合同的结构 ……………………………………………………… (152)
    15.3.3 经济合同的写作要求 ………………………………………………… (153)
  思考与练习 ……………………………………………………………………………… (159)

16 商品说明书和广告 ……………………………………………………………………… (160)
  16.1 商品说明书 ………………………………………………………………… (160)
    16.1.1 商品说明书的概念和作用 …………………………………………… (160)
    16.1.2 商品说明书的写法 …………………………………………………… (160)
    16.1.3 商品说明书的写作要求 ……………………………………………… (161)
  16.2 广告 ………………………………………………………………………… (161)
    16.2.1 广告的概念和作用 …………………………………………………… (161)
    16.2.2 广告的基本要求 ……………………………………………………… (162)
    16.2.3 广告的种类 …………………………………………………………… (163)
    16.2.4 广告文的制作与撰写 ………………………………………………… (165)

思考与练习…………………………………………………………………………(173)
17 **招标书与投标书**……………………………………………………………………(174)
　17.1 招标与投标的概念及作用……………………………………………………(174)
　　17.1.1 招标与投标的概念………………………………………………………(174)
　　17.1.2 招标与投标的作用………………………………………………………(174)
　17.2 招标书与投标书的内容、结构和写作要求…………………………………(174)
　　17.2.1 招标书的内容和结构……………………………………………………(174)
　　17.2.2 投标书的内容和结构……………………………………………………(175)
　　17.2.3 招标书与投标书的写作要求……………………………………………(176)
　　思考与练习…………………………………………………………………………(180)
18 **公文**………………………………………………………………………………(181)
　18.1 公文的概念、特点及作用……………………………………………………(181)
　　18.1.1 公文的概念………………………………………………………………(181)
　　18.1.2 公文的特点………………………………………………………………(181)
　　18.1.3 公文的作用………………………………………………………………(182)
　18.2 公文的种类(文种)及其选用的原则…………………………………………(183)
　　18.2.1 公文的种类………………………………………………………………(183)
　　18.2.2 选用公文文种的原则……………………………………………………(185)
　18.3 公文的格式……………………………………………………………………(186)
　　18.3.1 公文的组成部分…………………………………………………………(186)
　　18.3.2 公文的排版格式…………………………………………………………(189)
　18.4 几种常用公文…………………………………………………………………(192)
　　18.4.1 命令(令)、决定、批复……………………………………………………(192)
　　18.4.2 公告、通告、通知、通报…………………………………………………(193)
　　18.4.3 函、报告、请示、会议纪要………………………………………………(196)
　　思考与练习…………………………………………………………………………(206)
19 **经济消息**…………………………………………………………………………(207)
　19.1 经济消息的概念、作用、种类和特点…………………………………………(207)
　　19.1.1 经济消息的概念…………………………………………………………(207)
　　19.1.2 经济消息的作用…………………………………………………………(207)
　　19.1.3 经济消息的种类…………………………………………………………(207)
　　19.1.4 经济消息的特点…………………………………………………………(208)
　19.2 经济消息的结构与写作要求…………………………………………………(209)
　　19.2.1 经济消息的结构…………………………………………………………(209)
　　19.2.2 经济消息的写作要求……………………………………………………(211)
　　思考与练习…………………………………………………………………………(212)
20 **经济学术论文**……………………………………………………………………(213)
　20.1 经济学术论文的概念、作用、种类和特点……………………………………(213)
　　20.1.1 经济学术论文的概念和作用……………………………………………(213)

　　　　20.1.2　经济学术论文的种类和特点…………………………………(213)
　20.2　经济学术论文的选题与集材………………………………………(215)
　　　　20.2.1　经济学术论文的选题…………………………………………(215)
　　　　20.2.2　经济学术论文的集材…………………………………………(216)
　20.3　经济学术论文的论证方法…………………………………………(218)
　　　　20.3.1　经济学术论文的表达方式……………………………………(218)
　　　　20.3.2　经济学术论文的论证方法……………………………………(218)
　20.4　经济学术论文的执笔成文…………………………………………(221)
　　　　20.4.1　构思与编拟写作提纲…………………………………………(221)
　　　　20.4.2　经济学术论文的结构…………………………………………(223)
　　　　20.4.3　正确处理引文、统计表、统计图……………………………(224)
　　　　20.4.4　修改与定稿……………………………………………………(225)
　20.5　学位论文……………………………………………………………(226)
　　　　20.5.1　学位论文的种类………………………………………………(226)
　　　　20.5.2　学位论文的写作要求与方法…………………………………(226)
　　　　20.5.3　学位论文的格式………………………………………………(227)
　思考与练习…………………………………………………………………(233)

21　申论……………………………………………………………………(234)
　21.1　申论的概念、作用和特点…………………………………………(234)
　　　　21.1.1　申论的概念和作用……………………………………………(234)
　　　　21.1.2　申论的特点……………………………………………………(234)
　21.2　申论考试的背景材料及形式………………………………………(235)
　　　　21.2.1　申论考试的背景材料…………………………………………(235)
　　　　21.2.2　申论考试的形式………………………………………………(235)
　思考与练习…………………………………………………………………(243)

22　经济日用文书…………………………………………………………(244)
　22.1　求职信与推荐信……………………………………………………(244)
　　　　22.1.1　求职信…………………………………………………………(244)
　　　　22.1.2　推荐信…………………………………………………………(244)
　22.2　商务信函……………………………………………………………(244)
　　　　22.2.1　商务信函的概念………………………………………………(244)
　　　　22.2.2　商务信函的写作………………………………………………(245)
　　　　22.2.3　写作商务信函的注意事项……………………………………(246)
　22.3　条据…………………………………………………………………(246)
　　　　22.3.1　说明性条据……………………………………………………(246)
　　　　22.3.2　凭证性条据……………………………………………………(247)
　22.4　启事、声明…………………………………………………………(248)
　　　　22.4.1　启事……………………………………………………………(248)
　　　　22.4.2　声明……………………………………………………………(249)

22.5 契约···(249)
　　　　22.5.1 契约的含义·······································(249)
　　　　22.5.2 契约的特点·······································(250)
　　　　22.5.3 契约的写作·······································(250)
　　　　22.5.4 写作契约应注意的问题·························(251)
　　　　22.5.5 几种常用契约····································(251)
　　思考与练习···(267)

附录
　　附录1　国家行政机关公文处理办法························(268)
　　附录2　国务院办公厅关于实施《国家行政机关公文处理办法》涉及的几个具体问题
　　　　　　的处理意见···(274)
　　附录3　国务院公文主题词表································(276)
　　附录4　中华人民共和国国家标准《出版物上数字用法的规定》·····(282)
　　附录5　校对符号及其用法································(287)

参考文献··(290)

1 导　　论

1.1 经济应用文的概念与作用

1.1.1 经济应用文的概念

经济应用文是关于国民经济和各经济部门以及整个社会经济活动所发生的各种经济实践活动和经济理论的文章。

经济应用文写作包括经济应用文写作理论和经济应用文写作实践两个方面。经济应用文写作理论是各类经济应用文写作实践经验的总结，是各类经济应用文体格式、特点、规律、规范、要领、要求、方法和技巧由感性认识到理性认识的升华，是经济应用文写作内在规律的科学概括。经济应用文写作实践是经济应用文写作理论的本源和基础。离开了经济应用文写作实践，经济应用文写作理论就成了无源之水、无本之木。经济应用文写作理论则是经济应用文写作实践的科学化、条理化、系统化的体现，它能帮助人们自觉地掌握经济应用文写作的基本规律和技巧，指导和引导经济应用文写作朝着健康、规范的方向发展。

1.1.2 经济应用文的作用

经济应用文是社会经济生活中普遍运用的一种文体，无论是对经济管理的实践工作还是经济理论的研究工作，都具有十分重要的意义。它既是国家机关、企事业单位、社会团体进行行政管理、处理日常事务、传递信息、交流情况、总结经验、记载经济活动的重要工具，也是人民群众表达意愿、交流思想感情、办理事情的重要工具。

1) 经济应用文是反映经济活动、描述经济现象的重要手段

无论是从事经济管理的实践工作者，还是理论工作者，他们要对社会经济实施有效的管理或进行深入的研究，都必须对社会经济活动的历史和现状进行调查研究，以反映经济活动的发展运动过程，描述经济现象，发现和掌握其发展变化的客观规律。这是经济管理的一项基础工作，是实施有效的管理和探讨经济理论的客观依据。

2) 经济应用文是开展经济管理工作，行使经济管理职能的有效措施

经济管理工作者往往要通过市场调查撰写市场调查报告，通过各生产要素的分析研究撰写可行性论证报告，以此作为选择生产经营项目，确定生产经营规模，制订方案，做出决策的依据。在日常的经济工作中，又往往要通过制定各种经济管理条规，以此对经常活动实施有效的指挥、监督和协调，行使其管理的职能，从而使经济管理规范化、科学化。

3) 经济应用文是传播经济信息、开拓市场和交流科学知识的重要工具

经济工作者经常以报纸、杂志、广播、电视等为载体，发布经济新闻，传播经济信息，登载产品广告，开拓市场，刊登经济学术论文，交流科学知识和开展经济理论的研讨。

4) 经济应用文是总结工作、积累资料、提高经济管理水平的有效途径

经济管理工作者在实施经营管理职能的每一阶段、每一年度结束时,都要进行一次工作总结,撰写工作总结报告,以便总结经验、发现问题,并提出下一阶段、下一年度工作的意见和措施,通过总结,不断提高经济管理的水平。

5) 经济应用文又是进行科学研究、阐述学术观点的工具

经济管理工作者在进行科学研究时,拟定的研究方案,撰写的研究总结和在开展学术讨论时,撰写的学术论文都是经济应用文的具体运用。能否以思路清晰、结构严谨、论证有力、文笔流畅、简洁明快的论文、报告表述研究成果,阐明学术观点,是衡量一个经济工作者学识水平高低的重要尺度。所以经济应用文写作是经济工作者必须具备的一项基本功。

经济应用文在经济工作中有着如此重要的作用,一个合格的经济工作者就必须具有较高的写作水平。许多国家,如美国、英国、日本和德国等都十分重视这方面能力的培养,在学校里普遍开设写作课和专业写作课,有的企业还对在职的人员进行写作培训。近年来,我国大多数院校都开设了专业写作课程,重视写作能力的培养。不同专业的应用文写作已成了各类专业人员必须掌握的技能。

1.2 经济应用文的特点及分类

1.2.1 经济应用文的特点

经济应用文除具有一般应用文体的属性,诸如目的性、综合性、技巧性、实践性等,须遵循一般写作普遍适用的规律和要求外,还有其自身的特点。深入了解经济应用文的主要特点,对于认识经济应用文的性质、功能和内容,掌握经济应用文写作的规律、规范、要领、要求、方法和技巧,都有着十分重要的意义。

1) **政策性**

经济应用文必须以党和国家的路线、方针、任务及颁布的经济政策、法律、法规、条例、章程等为依据。我国的一切社会经济活动都是在社会主义市场经济体制下进行的,经济工作又是一项与人民群众关系极为密切、政策性极强的工作,时时、事事、处处都须体现出党和国家鲜明的政策,这种政策不仅贯穿于一切经济活动的始终,同时也贯穿于围绕经济活动的一切经济应用文体的写作之中。经济应用文是宣传、贯彻、执行党和国家的经济方针、政策、法规的强有力工具,也为党和政府制定经济方针、政策、法规提供了可靠的依据。

2) **专业性**

经济应用文作为经济实践工作的组成部分和经济理论研究的有效手段,具有明显的专业性。这主要表现在以下几个方面:

(1) 从写作内容上看 经济应用文所反映的是经济领域里的各种现象、各种活动和各种工作,所要解决的是经济领域里的实际和理论问题,专业范围十分明确和具体。

(2) 从表现形式上看 经济应用文以叙述、说明、议论为主要表达方式,它需用大量的数据、图表来说明问题,所用的专业术语都是经济领域里常用的,明显地有别于文学和其他专业应用文。

(3) 从读者对象上看 除部分文章具有广泛的群众性外,大部分经济应用文都有明确的读者对象:有的是给主管部门的领导看的,如报告、请示、经营决策方案等;有的是给同行

和有关专家看的,如经济学术论文、经济工作研究、市场调查报告、经济预测报告、可行性研究报告等;有的则是为解决特定的经济问题的,如经济合同、审计文书、经济仲裁文书等。从事经济应用文写作,只有明确专业性的特点,有针对性地进行写作,才能取得实际效果。

3) 实用性

经济应用文是在实际应用中产生和发展起来的,其写作的目的不是供人品鉴和欣赏,而是为了服务于经济生活、经济活动、经济工作和经济建设的需要,回答和解决经济领域里发现和提出的各种问题,从而推动国民经济持续、稳定、健康地向前发展。经济应用文的实用性表现为有时直接地为社会创造财富,有时为促进和加强社会主义精神文明建设作出贡献。

4) 真实性

一切经济活动都是以经济效益为其出发点和归宿的,这就要求经济应用文要进行准确的定量分析,提供真实、可靠的数据,才能得出科学的结论。在各种经济应用文体中,不仅所反映的事实要真实、确切,容不得半点虚假,而且所引用的数据也要反复核实,确凿无误,真正做到文、事、数三者相符,这样才能据以办事,解决实际问题。因此,经济应用文的内容必须具有真实性。

5) 规范性

经济应用文形式多样,但又有一定的规范性。这主要表现在:

(1) 文章体裁的规范性　如经济报道文书是叙述体裁,经济研究文书是议论体裁,经济告启文书、经济合同、产品说明书等是说明体裁。

(2) 格式的规范性　如公文、经济学术论文的基本格式在《国家行政机关公文处理办法》《科学技术报告、单位论文和学术论文的编写格式》中都作了明确的规定。有些经济应用文的格式虽没有国家标准,但在长期使用过程中也形成了约定俗成的格式。对这些格式,在写作过程中也必须遵守,并熟练地加以应用。

(3) 语言的规范性　用规范的语言写作,这是对一切文章的基本要求。经济应用文写作还要运用规范的经济语言,包括经济专业术语和数据、图式、缩写、符号、计量单位等,都应符合规范。

(4) 国家标准局对某些经济应用文体的书写格式、用纸规格、顺序、装订方式等,也都作了规范性、通用性、标准化的明细规定,在撰写与印刷时,必须严格遵守,不得随心所欲,自行其是。

1.2.2　经济应用文体的分类

文体通常指文章的体裁、体制或样式。它是在写作实践中逐渐形成并由社会约定俗成的一种应当共同遵守的规范。各种文体均有其特定的内容、主要表达方式、语言风格和文学格局。一定的内容往往要选择与之相适应的文体。如果确定了一定的文体,就要遵守这种文体在写作上的一般规范,以确切地表达一定的思想内容。对文体进行分类的目的在于把握各种文体在其功能、思维方式、格局规范、语言风格等方面的基本特征,从而运用于写作的实践中。

经济应用文体的分类,可以从不同角度,依照不同的标准进行。这样划分的结果也就不一样,并具有各种不同的特点。然而,需要说明的是,由于社会经济活动范围广、门类杂、环节多,在生产、流通、分配、消费等每一个活动环节都有自己所需要的多种多样的文体;且各种文体常常有交叉的现象,即使同一种文体也会因内容和写作目的的不同,在结构、语言等方面有很大差异;加上随着社会经济的发展,经济活动的内容和项目越来越多,新的文体也将不断出现,现有的文体还在发展,因而,要给它们准确的分类是比较困难的。这里,根据本书的具体情况,以文章内容所反映的业务范围作为分类标准,将经济应用文大致划分为经济事务类、经济公务类、经济新闻类、经济日用文书类、经济研究类、经济法律类等六类文体。

1) 经济事务类文体

经济事务文书是机关、团体、企事业单位在处理内部事务中所使用的书面文体。写作目的是运用经济规律对经济活动进行科学管理。它包括的范围较广、种类较多,其主要业务范围是调查了解经济问题、反映经济情况、制定经济计划、监督经济活动、交流经济信息等。主要文种包括计划报告、总结报告、调查报告、市场调查报告、经济活动分析报告、经济预测报告、审计报告、经济合同、简报、广告、产品说明等。这类文体写作的基本要求是:

(1) 有具体的目的　往往都是针对经济工作中某一具体方面进行指导、分析和总结、说明,以达到指导经济实践,提高经济效益,促进经济健康发展的目的。

(2) 有特定的使用对象　例如经济合同,其特定的使用对象就是签订合同的双方,有时还有公证一方。

(3) 有一定的时限性　要注意及时在经济实践中寻找新动向、新角度,利用最新经济信息为经济工作服务。

(4) 有一定的约定俗成的格式规范　这些规范一般都应遵守。

2) 经济公务类文体

公务文书简称公文,是机关、团体、企事业单位处理行政公务的往来文件。经济公务文书简称经济公文,是公文的一个重要组成部分。它涉及和反映的业务范围和内容是经济领域中的行政公务往来,其写作目的是记录和传达党和政府的经济方针政策,发布经济法规,指挥和协调经济工作,请示和答复经济问题,报告经济活动情况,交流经济工作经验等。这类文体写作的基本要求是:

(1) 体式的规范性　如公文的种类、格式、行文规则、办理办法等,都有其明确的统一规定,应当切实遵守。

(2) 作用上的指令性　代表特定的机关发言,反映发文机关的经济意图;

(3) 写作者的特定性(指公文的发布者,而不是指具体的撰稿人)　即发布者必须是依法成立并能以自己的名义行使职权和担负义务的组织、机关或领导人。

(4) 表达上的庄重性　要真实准确,不能有丝毫的虚假。

(5) 效用上的时间性。

3) 经济新闻类文体

经济新闻是对新近发生的社会经济生活中的典型事件的报道。写作目的是记录、传播经济信息,主要是介绍和推广国内外经济建设、经济科学和经济管理工作的情况和经验。经济新闻类文体包括经济消息、经济通信、经济特写等,也有一部分反映经济情况的社论、述评、文摘等也起着经济新闻的作用,另外,有一些反映经济活动的广播稿也可列入经济新闻类。这一类文体的表达方式主要是记叙和说明。其写作的基本要求是:

(1) 用事实说话　作者一般不直接发表意见和阐明观点。

(2) 内容有新鲜感　要求报道生产、流通、分配、消费等各个经济领域中有一定社会意义的新做法、新经验、新成果、新问题以及新的发展趋势。

(3) 报道要迅速及时　对新闻事实的捕捉要快,讲究时效性。

(4) 语言简洁朴实，可读性强。

4) 经济日用文书类文体

日常应用文是指人们在日常工作、学习、生活中，处理公私事务时常用的、有惯用格式的一类文体，简称日用文，包括书信、条据、启事、电报、电传等。这类文体写作的目的性强，内容要求简明、扼要。

5) 经济研究类文体

经济研究类文体是根据收集的已知经济信息来研究和认识客观经济规律，以指导经济管理工作开展的一种科学论文。它既是探讨经济科学某些专门问题，进行经济科学研究的一种手段，又是表述经济科学专门问题的研究成果、阐述学术观点、进行学术交流的一种工具。经济研究类文体可细分为理论研究型和实践研究型两类，主要包括经济专著、经济学术论文、经济评论、经济杂文等。一部分以研究规律为目的的调查报告和总结也具有研究的性质。有些经济综述和文摘，也可以归入这一类。经济研究类文章写作的表达方式以分析论述为主。这类文体写作的基本要求是：

(1) 以议论说理见长　特别强调层次的条理性、论述的系统性、思维的逻辑性及结论的必然性。

(2) 要有创见性　注重提出新的命题、发现新的论点、采用新的研究方法、进行新的论证、直接或间接推动经济的发展等。

(3) 科学性显得格外重要。

6) 经济法律类文体

经济法律类文体是指参与法律活动的主体，包括国家司法机关及法人、其他组织、公民等，为实施法律或维护法律规定的权利，依法制作的具有法律效力或法律意义的法律文书，如诉状（包括起诉状、上诉状、申诉状等）、判决书（包括民事判决书、刑事判决书等）、其他法律文书（包括公证书、委托书等）。这类文体的写作目的是作为执行法律、应用法律的必要手段，进行法律活动、反映法律事实的文字凭证以及法制宣传的生动材料。其写作的基本要求是：

(1) 制作总是和一定的法律程序相联系，有着严格的规定性，任何单位和个人不能随心所欲地进行制作。

(2) 内容有着鲜明的法律性，要体现"以事实为依据，以法律为准绳"这一基本的法律原则。

(3) 行文符合规范格式。

1.3　经济应用文写作的基本要求

1) 必须遵循客观经济规律

各种经济应用文体的写作都要以客观经济规律为指导。例如，在商品经济条件下，经济合同的写作，就必须要按价值规律办事，贯彻等价有偿、平等互利、协商一致的原则。只有这样才符合客观经济规律，有利于促进商品经济的发展。因此，经济管理工作者必须认真学习经济理论和方针、政策，以经济理论作为从事经济应用文写作的指南。当然，随着经济实践活动的不断丰富和发展，新情况、新问题、新经验层出不穷，更有待于人们去分析、去研究并做出理论概括。

2）理论联系实际

经济应用文写作特别强调理论联系实际,理论与实践相结合。这样,写出来的文章才有参考和实用价值。否则,写出来的东西,或者是空洞说教,没有实际的意义;或者是一些素材的堆积,没有理论深度。任何一篇成功的经济应用文,都是作者以经济理论为指导,对现实的经济活动和相关的经济政策进行深入分析研究,通过一定的文体形式予以表达的结晶。可以说,经济应用文写作是一个在实践中产生又受实践检验的理论与实践相结合的过程。

3）注重调查研究

调查研究在经济应用文写作中有着特殊的地位和作用。经济应用文写作的过程就是调查研究的过程。在经济应用文写作全过程中,调查研究是第一位的基础工作。有人说调查研究对于经济应用文写作来说如同一日三餐一样不可缺少,是丝毫不夸张的。当然,这里说的调查研究,是指对经济现象、经济过程进行如实的考察,收集有关的信息资料,进行分析整理,并根据该经济现象及其发展变化的趋势,提出有针对性的方案和建议的社会实践活动。调查的主要功能在于"搜集"信息,其任务在于搞清"是什么";研究的主要功能则在于"优化"信息,其任务在于探究"为什么"以及"怎么办"。

总之,调查研究是确定经济应用文写作的对象、内容和方法的前提。例如,写一则商品广告,首先要做市场调查,明确主要写给谁看,突出写什么内容,用什么具体形式写,要掌握消费者的心理,熟悉市场行情。

4）注重运用数字资料

经济应用文写作中,数字的统计和分析是写作的基础。经济应用文写作,在分析方法上,要定性与定量相结合。通过数字的统计与分析可以从全部总和与联系中去把握经济活动。数字在经济应用文写作中的作用包括:运用数字来通报情况或阐明观点;数字具有直观性、准确性、综合性、概括性的特点,在某些程式化的经济应用文体(如计划、财政预决算报告)中,数字成了最基本的表达工具;各种统计报表、平衡表等,基本上是由数字构成的特殊文体。

总之,当代经济应用文写作中运用数字的情况越来越多。在写作中,用好、用活数字已成为经济应用文作者不容忽视的一项基本功。

5）语言准确简洁、通俗流畅

经济类文章侧重于揭示经济规律、交流经济信息,它对文章的语言要求是:准确简洁,概括性强,逻辑严密;表达的内容要实在,有一说一,有二说二,把事情讲清楚就可以了;行文流畅,不拖泥带水,也不用夸张、比拟等修辞手法和描写、抒情等表现方法。另外,从读者对象和应用范围看,语言要力求通俗、明白。

1.4 提高经济应用文写作能力的基本途径

写经济应用文与写其他文章一样,是人们认识和表述客观事物及其规律的过程。完整的写作过程包括两个阶段:一是从客观事物到思想认识的阶段,这个阶段是人的思维起着核心作用,这是写作的前提;二是从思想认识到文字表达的阶段,这个阶段语言文字基本功起着核心作用,这是写作的基础。善于写作,就是要在提高思维能力和运用语言文字能力上下工夫。思维能力是指发现问题、分析问题和得出结论的能力,它是作者的正确立场、观点和思维方法的综合表现。运用语言文字的能力,主要是指谋篇布局、遣词造句的能力。总之,写好一篇文章,需要作者从多方面做好准备,如理论修养、生活积累、文化知识积累、观察理解、表现技巧等方面。一篇文章水平的高低,往往集中反映包括作者的思想、生活、知识和能力等在内的总体素质。因此,提高写作水平也必须进行多方面的锻炼,进行"综合治理",才能奏效,概括起来就是多实践、多读书、多写作。

1) 多实践

这里所说的实践,是指社会生活实践。俗话说"实践出真知"。要提高写作能力,首先要热爱生活,投身到经济建设的现实斗争中去,才会勤于观察和思考,才会注意现实生活中许许多多的经济活动,并刻苦深入地研究经济现象,发现经济活动的规律,且运用这些规律去改造客观世界。社会生活实践对写作的重要性体现在提供写作原料、启发写作动机、开阔作者胸襟上。

2) 多读书

撰写经济应用文要涉及各方面的知识,这些知识的获得,很重要的方面就是来自前人留下来的文化遗产。唐代杜甫说:"读书破万卷,下笔如有神。"这是古人的经验之谈,它说明了多读书对于写作的重要性。只有读得多了,见得广了,写起文章来才能得心应手、左右逢源。读书对于写作的重要性,体现在能丰富写作内容、打开写作思路、提高文章的科学性上。

3) 多写作

学习写经济应用文,固然要有生活实践,要有知识和理论的指导,但要切实掌握写作这一技能,还需通过多写才能实现。就像一个不会游泳的人,即使学了许多有关游泳的知识或在岸上做了多次游泳的动作,如果不下水试一试,不断练习,一辈子也不会游泳。写文章并不难,但要写出好文章就不容易了。多写、多练,勇于实践,才能逐步摸索写作的规律,积累写作经验,掌握写作技巧。写作是"行"的事情,不只是"知"的事情,要动脚,才会走;要举手,才会取物;要执笔,才会写作。写作能力的提高不会是"立竿见影"的,它是一种"慢"功,短时间很难见到效果。因此,反复实践,才能熟中生巧,这是提高写作能力的惟一途径。

如何练习写作呢?

首先,练好基本功。从写作的基本能力来说,有观察、采集、感受、想象、构思、语言等能力的训练;从文体来说,有记叙类、说明类、议论类等文体写作能力的训练。每一类文体的练习,应由简到繁,由易到难,由小到大;又要根据每个人的实际情况,确定重点,狠下工夫。

其次,练习写作与练习写字一样,可以现成的文章作为"字帖"去模仿,也叫"依样画葫芦"。以后逐步丢掉"字帖",独立完成,体现自己的风格和特长,做到得心应手、运用自如,成为写作的能手。

再次,练习写作还要有一股"韧"劲,不骄不馁。写作是一种艰苦的劳动,缺乏意志的人是无法登上写作的峰岭的。有的人虽然也想写,但就是"专"不下去,写作水平总是不能提高。从想写到爱写是有一个过程的,其关键就是刻苦钻研、持之以恒。功夫不负有心人,只要决心学、经常练,写作能力就能不断提高。

【思考与练习】

1. 什么是经济应用文?其作用表现在哪些方面?
2. 经济应用文的特点是什么?
3. 谈谈怎样才能写好经济应用文。

2 经济应用文写作基础知识

2.1 经济应用文的主题

2.1.1 主题的含义与作用

1) 主题的含义

经济应用文的主题是指贯穿全文的基本思想、基本观点、写作意图,亦称中心思想,它是整篇文章的灵魂。"主题"一词源于德语,原指乐曲中的主旋律。翻译之初,用在文学艺术创作中,用以指各种作品所表现的中心思想,后来人们把它引用到写作方面和其他社会、生活中。例如,开会都有一个中心议题,即主题。文章的主题也就是文章的中心议题。作者撰写文章是通过材料、内容来表达其某种看法和主张的。

2) 主题的作用

主题是构成经济应用文内容的重要因素之一,具有控制全篇、决定经济应用文成败的重要作用。主题的作用可以从以下两方面来理解:

(1) 主题是经济应用文的"灵魂" 主题是全篇文章最核心的思想,贯穿于全文之中,集中体现着作者的写作意图,是文章的灵魂。一篇文章如果没有主题,就像一个人没有灵魂一样,也就没有生命了。

经济应用文质量的高低、影响的好坏、社会价值的大小首先取决于文章的主题。主题是写作目的和基本精神在文章中的反映。反映正确,有利于指导工作,有利于社会主义物质文明和精神文明的建设;反之,就会坏事害民,使党和国家的方针政策不能正确地贯彻执行,对经济管理带来不利影响。

(2) 主题是经济应用文的"统帅" 经济应用文的主题确定之后,对所搜集到的材料的整理、文体的选择、内容的安排、语言的运用等都要为表达和突出主题服务。

主题统帅文章的所有材料。要围绕主题选择、处理材料,要根据表达主题的需要组织贯穿材料。同时,写作时还要根据主题的要求去灵活地使用相应的体裁和具体的技法。所有的技法、方法都要为表达文章的主题服务。

主题也支配着语言的使用。语言必须以能准确、生动地表达思想内容为目的。

主题在文章的构建中起着主导作用。在构思经济应用文时也必须以主题为依据,使文章和谐统一,成为有机整体。一篇经济应用文如何开头,中间写什么,采用什么样的表达方法,结尾写什么,都要受主题的支配。

2.1.2 主题的来源

物质决定意识,文章的主题来源于客观实际。经济应用文主题的确立从根本上说是取决于客观实际情况。经济应用文主题主要是作者通过深入工作和生活实际,进行调查、采集,从获得的材料中分析、归纳而成的。党和国家制定方针、政策和法规、法令,都是从国家和人民的根本利益出发,根据我国的国情制定的。作为这些方针、政策和法规、法令载体的应用文,如决定、指示、通知、条例、规定、办法等的主题都是根据客观情况确定的。因此,在撰写经济应用文时要从实际情况出发,确立符合客观实际情况和现实要求的主题,这样的经济应用文才有价值。

经济应用文主题的来源与一般文章特别是文学作品有所不同,它主要来自实际工作的需要。无论是公务文书还是规约文书或经济事务文书,执笔者往往不过是单位和部门的代言人而已,因而它的主题往往是机关、单位领导者的意图,而不仅仅是执笔者个人写作意图的体现。经济应用文的主题往往是机关、单位领导人员的指示精神(包括法律、法规、政策、原则等)与客观实际需要结合的产物;有些应用文的主题还可能是领导、执笔者与群众共同商讨、反复酝酿的结果。

2.1.3 主题的要求

1) 观点要正确

任何一篇文章,首先要做到观点正确,这是起码的标准。要做到观点正确,就是要从马克思主义的立场、观点、方法出发,实事求是地去观察、分析、研究问题,去探索事物发展的客观规律;就是要以党和国家的法律、法规、方针、政策为准绳,依法依章办事;就是要明确写文章的目的是为社会主义经济建设服务,做到有的放矢。

2) 态度要鲜明

态度要鲜明就是对所研究的对象要有明确的态度,爱什么,恨什么,肯定什么,否定什么,使人一目了然,决不能似是而非,叫人捉摸不定。

3) 重点要突出

一篇经济应用文有时只涉及一个问题,内容很简单;有时涉及多方面的问题,内容很复杂,但主题只有一个。在写作时就必须抓住一个主要问题,即主要矛盾。其他内容都要为主要问题服务,这样才能突出重点、主次分明,不至于出现多中心、多头绪的杂乱文章。

4) 立意要新颖

主题的确定是从立意开始的,立意时就要注意主题要有新观点、新看法,对人们有新的启发。另外,主题还要用准确、简明的语言表达出来,这样才能做到不落俗套,别具一格。

2.2 经济应用文的材料

2.2.1 材料的作用与获取

1) 材料的作用

这里所说的材料是指作者为了写作经济应用文,从实际和书本中收集到的、用来表现主题或阐明事理的一系列事实或道理。至于收集来的未经加工整理的事实和道理,常称为资料。经济应用文的材料主要有具体的事例、情况、数据、成果、引语等。

材料有直接材料和间接材料之分。所谓"直接材料",是作者从实际中亲自观察体验所获取的第一手材料(俗称"活材料")。所谓"间接材料",是作者从已有的文字材料(文献资料、数字材料、事实材料、格言警句等)转录下来的第二手材料(俗称"死材料")。无论是"直接"的还是"间接"的材料,都必须准确无误地反映事实真相,切不可随意滥造。

材料在文中的重要性突出表现在它是形成文章主题的基础和表现主题的支柱。主题与材料的关系是精神与物质的关系。材料是第一性的,主题是第二性的,材料是主题的基础,主题依靠材料来表现。"文章是客观事物的反映",没有材料,便不可能形成主题,也就没有文章。

2) 材料的获取

材料是形成观点的基础,占有的材料越丰富、越全面、越细致,就越能得出正确的观点。所以,在收集材料时,要像"韩信点兵"那样,"多多益善"。

写作材料的来源概括起来不外乎两个方面:一是亲身所历、所见,从实践中获取的直接材料;二是从书籍和他人的讲述中获取的间接材料。具体说来,获取材料的途径和方法有以下几种:

(1) 感受 有些文章的材料来自作者的亲身经历和感受。例如,实验报告来自科学工作者的科学实验,总结报告来自工作中积累的经验。可见,从自身的经历和感受中直接获取材料是写作材料的一个重要方面。为此,必须注意自身实践的积累,必须重视对实际的深入和体验。当然,每个人不可能事事都亲自实践,除了自己亲身所历、所见外,还必须注意获取书本知识,积累自己在生活中随时听到的材料。

(2) 观察 观察是认识客观事物的重要方法。许多感性的第一手材料都可以通过仔细周密的观察而直接获取。可以说,观察是写作的基本功。

观察既要细心又要善于抓住事物的主要特征。对同一事物,有的人观察后收获大,印象深;有的人收获小,印象浅。这是因为前者能做生活的有心人,能从人们常见、易知、简单、表面的现象中看到它的实质,从而获得具体的材料。只有细心观察,才能培养和增强自己敏锐的观察力,否则就会"心不在焉"地生活,视而不见,听而不闻,即使有好的材料也会从眼前滑过去。

事物的特征是一事物区别于他事物的特殊性。为了把握事物的特殊性,观察时注意比较很重要,在比较中易于发现事物的不同之处。

(3) 调查 进行有目的的、周密的、有计划的调查是获取材料的基本方法之一。毛泽东同志曾多次强调调查研究的重要性。他一再指出:"没有调查就没有发言权。"新闻界流行极广的一句格言是:"新闻是用脚写出来的。"意思是说,记者要腿勤脚快,要奔波出没于一切新闻的"现场"。这充分揭示了调查访问的重要性。至于经济应用文的"经济学术论文"、"调查报告"等文体,就更离不开"调查研究"了。

(4) 阅读 在收集和积累写作材料时,除了通过观察、调查研究掌握大量的直接材料外,还须通过阅读,从书籍、报刊文献中获取写作的大量间接材料,这是收集和积累材料的一条重要途径。一个人的阅读能力可决定其知识量的多少;知识量的多少,影响着工作效率的高低和写作能力的强弱。为了最大限度地积累写作资料,要博览群书。

从书籍报刊中收集材料可分为平时积累和用时收集两种情况。

(1) 平时积累 平时积累必须通过广泛的阅读。古人说:"读书破万卷,下笔如有神。"阅读时要注意三个问题:第一,要划定范围。虽说没有定下题目,积累的范围应当宽些,但又不可没有边际。因为一个人的时间、精力毕竟是有限的,如果什么都想积累,反而在任一方面的积累都不丰厚,也就作不成任何文章。应根据本人的情况,有目的、有方向、有选择地阅读。第二,要勤于手抄笔录。因为平时积累相距应用时间长,容易遗忘,应该重视笔录。第三,要经常翻阅整理。经常翻阅可以温习思考,便于应用,对于过时的价值不大的资料,也要随时淘汰。

(2) 用时收集　用时收集指写作题目确定下来以后,围绕着题目去搜集材料。要做好用时的搜集,应当注意:第一,要善于利用工具书。在工具书方面有介绍书籍的,如《全国总书目》《全国新书目》;有介绍哪类文章发表在什么地方的工具书,如《全国报刊索引》等。熟悉这些工具书的内容和编排规律,学会这些工具书的使用方法,就会节省许多翻检的时间。第二,要掌握快速阅读的方法。找寻资料的阅读主要采用浏览的方法。这里要特别指出的是,掌握一定的写作知识,了解各种文章的结构规律,可以大大提高浏览的速度。可以阅读有限的几句就能判断一篇文章的结构类型,推测出要找的内容所处的部位,从而迅速地找到它。

大量事实表明,作者广泛地寻查、阅读和收集文献材料,有助于激发新的思想,启迪新的思路。戏曲大师萧伯纳说:"倘使你有一个苹果,我也有一个苹果,而我们彼此交换这两个苹果,那么,你和我仍然是各有一个苹果。但是,倘若你有一种思想,我也有一种思想,那么,我们交换后每个人将各有两种思想。"阅读文献材料实际上是同别人交换思想并把别人的思想装进自己的头脑中,使自己的思想更丰富、更充实、更开阔。

总之,感受、观察、调查和阅读是获取写作材料的最主要的途径和方法。

2.2.2　材料的选择

选择材料简称选材,指从收集的大量信息中选取可以用来表现文章中心内容的材料的工作。这是写作过程中在中心确定后不可缺少的一环。没有材料或材料不足,自然写不好文章,选材不当也同样写不好文章。要搞好选材,掌握选材的要求和方法很重要。

1) 选材的要求

(1) 真实　真实就是指材料所反映的内容在现实生活或经济活动中是确实发生过的、经过核实的事实。在经济应用文写作中,特别应当注意真实,真实是体现经济应用文科学性的第一个特征。所选的材料不真实,哪怕只有一条材料不真实,全篇文章就会受到置疑。

(2) 切题　切题就是所选的材料能够符合表达中心的需要。要将那些能够表达中心的材料留下来,不能表达中心的材料删除掉。在许多情况下,材料虽然很真实、很精彩,但因与中心的关系不大或没有关系也应剔除,以免喧宾夺主。

(3) 典型　选材时,在材料中选真实的;在真实的材料中选切题的;在切题的材料中选典型的。所谓典型材料,就是那些深刻揭示事物本质,具有广泛代表性和强大说服力的材料。通过典型反映一般,通过个性反映共性是经济应用文写作揭示事物本质的一条原则。

(4) 新颖　新颖指材料在内容上具有时代精神,在时间上发现不久或刚刚发现、能给读者一种新鲜感的材料。对经济应用文来说,新颖的材料,通常包括三类:一是在经济活动中新近发生的具有社会意义、经济意义和学术意义的事件;二是虽然不是新近发生的事件和新近提出的观点,但大多数读者不知道,在经济文章中仍不失为新颖的材料;三是虽然是老材料,但具有新角度、新用途,仍为新颖。

2) 选材的方法

(1) 全面鉴别,反复筛选　在材料采集过程中往往是"多多益善",但是在中心确定之后进行选材时则要"精益求精",进行一番鉴别和筛选。鉴别就是鉴定和区别材料的真实性、切题性、典型性和新颖性;筛选就是在同样符合上述要求的材料中选"四性"方面程度更好的材料。鉴别和筛选要注意两点:一是核实材料的真伪。对凭空捏造、尚未发生、夸大或缩小了的事件不能选用。在经济应用文写作中,不仅事实不能有出入,而且对任何一个人名、地名、书名、版本、时间也不能与现有事实、历史事实有出入。二是区别主流与支流、现象和本质。

经核实真实、切题的材料中,还有一个材料的性质问题。反映事物主流的本质的材料方可选用。比如,在研究预测时,研究的结论中部分否定和部分肯定预测时,在选材时就要区别主流和支流。如果否定预测的那部分结论是反映事物本质的,是主流,而肯定预测的那部分结论是现象,是支流,则写作时应该选择表现否定部分的那些材料。

(2) 区别文体,有的放矢　文体不同,选材的标准也不相同。学术类文体,运用材料时一般用论证或说明方法,应该选用抽象性、概括性的材料。新闻类文体,运用材料时一般用叙述或描写的方式,应该选用形象性的材料。所以,选材时应该对文体有所熟悉,了解文体对材料的要求,有的放矢地选择。

(3) 服从中心,认真剪裁　剪裁是借用了缝纫工作的术语。做衣服要量体裁衣,写作时也要根据中心对材料进行剪裁。真实、切题、典型、新颖的事实材料在写入文章时,并不需要将每一件材料都从头到尾写一遍,有的可能选其中的一个数据,有的可能只选一个细节,有的可能选整个过程而不求细节,这就要对材料进行加工处理。这种加工其实质仍是选择,是选择对中心有用的部分。

2.2.3　材料的使用

写经济应用文时,使用材料是在完成材料的收集、鉴别、选择几个环节后的最后一个环节。一般地说,这个阶段要解决好以下几个问题:

1) 安排好材料的先后顺序

按照分类将各种不同类型的材料,有条不紊地按顺序展开,合理安排。一般说来,记叙类文章按时间或空间等情况安排材料的先后;说明类文章往往是最重要的材料放在前面,次要的材料放在后面叙述;论述类文章主要是根据"分论点"的论证需要安排,先后顺序比较灵活。总之,不同类型的材料各有侧重,一定要注意实事求是、贴切自然,决不能牵强附会、机械排列。

2) 确定好材料的详略程度

材料的剪裁有详有略,不能平均使用力量。确定材料详略的原则是:重要材料宜详,次要材料宜略;具体材料宜详,概括材料宜略;新鲜材料宜详,陈旧材料宜略;人所不知的材料宜详,众所周知的材料宜略;现实的材料宜详,历史的材料宜略等。总之,使用材料要尽可能地做到繁简适度、浓淡相宜。

3) 处理好材料与观点的统一

观点是材料的统帅,材料是观点的依据。没有观点的文章如同一个人失去了灵魂一样,不知他究竟赞成什么,反对什么。从这个意义上说,观点是文章的灵魂。没有材料的文章如同一个骨瘦如柴的人,没有血肉,没有力量。从这个意义上说,材料是文章的血肉。因此,任何文章,都必须处理好观点和材料的统一,这是写作的根本要求。正确的观点是从客观实际中来的。研究任何一个问题,都要从客观存在的事物出发,详细地占有材料,科学地鉴定材料,合理地选取材料,才能从对这些材料的科学分析中引出正确的观点。只有这样,文章的观点才具有生命力,文章中的材料也才具有活力。

2.3　经济应用文的结构

2.3.1　结构的含义

占有了材料,确立了主题,也就是解决了"写什么"的问题,或者说解决了"言之有物"和

"言之有理"的问题。但要把经济应用文写好,还要进一步考虑"怎么写",也就是要考虑"言之有序"的问题,这才能做到内容与形式的统一。要把内容表现得有条不紊、完整统一,写好一篇经济应用文就不能不讲究结构布局的技巧,也就是人们所说的"谋篇"。

经济应用文的结构是指文章内部的组织与构造,也就是文章组织内容的具体形式。具体说来是指对写作材料的精心安排,即先写什么,后写什么,怎样开头,怎样结尾,分几个层次,划几个段落,如何过渡,如何衔接,哪里详写,哪里略写。这些都是经济应用文结构所要考虑的。

经济应用文的结构组织是非常重要的。结构是形成文章的骨架,是文章内在逻辑的表现形式,又是作者观察事物、分析问题的能力和写作思路的最好体现。有人对主题、材料、结构之间的关系做过这样的比方:主题犹如人的"灵魂",材料犹如人的"血肉",文章的结构则像人的"骨骼"。人没有一副坚实健壮的骨骼,血肉就无从依附,灵魂也无处寄托;没有完整、匀称的骨骼,或有头无足,或缺胳膊少腿,畸形变态,形象就不会端庄动人。清代文学理论家李渔认为,写作如同"工师之建宅",造房子之前需有个全面的设计安排。这些比方通俗、生动地说明了结构对于文章的重要性。对于经济应用文来说,如不解决结构问题,纵然有正确鲜明的观点和丰富的材料,也往往出现前后脱节、丢三落四、拖泥带水以至杂乱无章等毛病,难以或不能达到写作的目的。

2.3.2 结构的特点

经济应用文具有较强的科学性和实用性,在结构的安排方面形成了与其他文章不同的特点。

1)格式相对固定,并趋向标准化

大多数经济应用文的写作格式都逐步趋向统一,并已逐渐发展为国际统一格式,如经济合同、科技成果申报书等。相对固定的格式不仅有利于读者熟悉其形式,减轻读者在文章形式方面的注意力,从而更加集中精力去掌握文章的内容,而且也为作者带来了便利,免去了作者在编排结构时许多不必要的思考,有利于节省作者的时间和精力。同时,经济应用文格式的规范化,也为经济信息的收集、整理、存储,实现经济管理工作电脑化提供了必要的前提条件。

当然,某些经济应用文的格式固定化是相对而言的。实际写作中,对结构的安排应服从于表达主题的需要,如遇必须变换一种写法才能更好地阐述问题时,可不必机械地套用固定格式,但对国家统一规定的格式标准必须遵照执行。

2)大量运用标题和序号

标题是文章各部分内容的概括,序号则是文章内容排列顺序的标志。标题和序号可分若干层次,大标题套小标题,大序号套小序号。经济应用文运用标题和序号能更加鲜明地突出文章的主要内容,使结构脉络清晰,富有一种整洁有序、循序渐进的节奏感。读者通过标题、序号,就可以清楚地了解文章的脉络,掌握文章内容的重点,尤其是难以把握内容的长篇文章,采用每提出一个新的论点或概念另起一行并标上序号,这样做既可使重点突出,又显得条理分明,对克服经济应用文易枯燥乏味使读者厌读的问题更加有益。

3)有着严密的逻辑性

经济应用文要表述某一客观事物,从现状研究提出问题、查找原因分析问题到提出对策解决问题的全过程,都有其内在的规律可循,反映了经济工作研究的规律和作者认识客观事物的思维过程,有着严密的逻辑性。文章的这种内在逻辑是靠文章的结构来体现的。

要使经济应用文的结构能体现经济工作的内在逻辑,作者必须对所要阐述的事物发展变化的内在规律有深刻的认识。在对事物发展变化的客观规律和内在联系有了精确的认识和理解的基础上,采用严密的逻辑推理来完成对事物内在规律的探索和揭示。

2.3.3 结构的内容

结构的基本内容包括开头和结尾、层次和段落、过渡和照应等。这是安排文章结构的几个重要环节。

1) 开头和结尾

文章的开头是全文的开始,与文章的整个内容有密切联系,涉及作者对全文整体性的认识,对全篇起着控制、说明、引导的作用。开头是一篇文章定基调的部分,写得好,就能突出中心思想,使全文写起来得心应手;写得不好,就会离题太远,行文不畅。写好文章的开头并不是一件容易的事情。开头之所以"难",一是要和全篇文章的"基调"相一致;二是要截取恰当,不能离题太远;三是能够启开作者思路,便于展开全文。

就经济应用文而言,开头常用的具体方法有以下几种:

(1) 目的式和根据式的开头　这种开头方式是将行文的目的或发文的依据放在文章的开头部分写出来。在一些公文、规章制度、计划、调查报告及一些事务性的文书中常用这种方式,如"为了贯彻治理经济环境、整顿经济秩序、全面深化改革的方针,进一步调整经济结构、筹集经济建设所需资金,国务院决定发行二〇〇二年保值公债,现通知如下:"这是目的式的开头;再如"根据国家税务局通知,决定在全省换发新版发票,现将有关事项通知如下:"这是根据式的开头。

(2) 概述式的开头　这种开头方式是将全文的主要内容或中心在开头部分简要介绍出来。在经济新闻、总结、调查报告、经济活动分析报告等经济应用文中常用这种方式,如"×月×日,省委委员、省纪委书记×××在会上通报了最近中共××省委、省纪委和省政府严肃处理的6名违反党纪政纪的厅局级领导干部情况。其中开除党籍、撤销行政职务的2人,留党察看、撤销行政职务的1人,党内严重警告、行政降职的1人,党内警告、行政记过和行政记大过处分的各1人。在这6人中,贪污受贿3人,严重官僚主义,使国家财产遭受巨大损失的2人,严重以权谋私的1人。"然后以下部分分述这6人违纪的事实。这种开头先对全文作总的概括,给人以深刻印象。

(3) 情况原因式开头　这种开头方式是开头部分交代行文的缘由,或对文章内容的背景、基本情况作简要的介绍。在某些公文、调查报告中常常采用这种形式的开头,如"当前,以'三金'工程(金桥工程——国家公用经济信息网工程;金关工程——外贸专用网工程;金卡工程——电子货币工程)为代表的涉及国民经济信息化的一批国家重大工程项目,在党中央和国务院领导同志的关怀和领导下,已经开始实施。经国务院领导同志同意,现将工程进展中的有关情况通知如下:"这段开头先是简要介绍基本情况,然后开始下达通知事项。

(4) 提问式开头　这种开头方式是提出问题,引人深思,如"很快就要过春节了,今年的市场情况怎样呢?"然后写明市场情况。

(5) 规定式的开头　这种开头常用于有具体规定格式写法的一些文体中。如经济合同、章程、条例、法规等文件的开头部分,常用这种形式的开头。

以上几种开头方式较为常用,在实际运用过程中还有"评论式"、"直叙式"等开头方式。具体选用哪一种为好,要根据全文内容表达的需要、结构安排的需要来决定。

文章的结尾是全篇文章在思想上和组织上的收束，它对全篇起着定局、深化、回应的作用。结尾好，能使全篇增光添色；反之，结尾欠佳，也会使全篇黯然失色。

就经济应用文而言，结尾常用的具体方法有以下几种：

（1）总结式结尾　在结尾部分对文章多方面的分析予以总结，得出结论，给人以明确、完整的答案。在总结报告、调查报告、经济学术论文及一些经济分析文章中常用这种结尾方式。

（2）希望、鼓励式结尾　在结尾部分提出希望，展望未来，鼓舞斗志。在计划报告、总结报告、某些公文中常用这种结尾方式。

（3）自然收束式结尾　这种结尾是指文章主要内容写完后，事尽言止，不另作结尾，自然收结，不拖泥带水。常用于计划、通告及一些通知、决定等简短的文章中。

（4）规定式结尾　这种结尾常用于一些有具体规定格式写法的文体中，如经济合同、章程、条例等。这些文章的结尾写法较为固定、规范，不得随意更换其他内容。

结尾的方式有多种，具体选用哪一种，也要根据实际情况而定。需要指出的是，文章要善始善终，结尾部分既不能草草收场，敷衍了事，也不能当断不断，画蛇添足，要做到简洁有力、恰到好处。

2）层次和段落

层次是指文章内容的安排次序。这是作者认识和表达事物的思路在文章中的反映。文章的每一层都有一个相对完整的意思。层次的安排是结构文章的一个重要环节，是表达内容的重要手段。一篇文章层次的划分是否完整、清楚，是否合乎逻辑，直接关系到主题的表达及读者对文章内容的理解。

常用的安排层次的方法有以下几种：

（1）递进式　即按从现象到本质，或从原因到结果等事物内部联系来划分层次，使全文各层意思层层递进，层层深入，由浅入深，由表及里。论证型的文章多采用这种方式。

（2）并列式　即按文章中心论点所包含的若干分论点，将文章划分为若干层次，将全文各层意思并列安排，逐一表达。说明型的文章多采用这种方式。

（3）并列式与递进式相结合　即在并列式或递进式结构的基础上，其中某些层次采用另一种结构方法。采用并列式和递进式相结合的结构，可增强论证的广度和深度。此方法比较适用于长篇经济学术论文的写作。

（4）连贯式　即按客观事物发展变化的顺序以及时间的推移、空间位置的转换顺序来安排结构层次的方式。

段落就是根据内容划分的自然段，以换行、提头、空格为标志，是文章思想内容在表达时由于转折、强调、间歇等情况所提出的要求。安排段落时应注意以下几个问题：

（1）单一性　每段只包含一个段意，不能把呈并列关系的两个段意写进同一自然段。

（2）完整性　每段的内容要完整，段意要表达得完全、透彻，不留尾巴，更不要把一个意思分散在几段中叙述。

（3）均衡性　分段要注意长短适度，匀称得当，避免过长的段落。一个层次的内容比较复杂、丰富时，可用几个自然段来写，最好不要挤在一段里。

（4）特殊性　文章中常有起特殊作用的段落，如过渡段和起强调作用的段落等，此时可灵活掌握。

（5）注意段落与层次之间的关系　一般说，段落是构成层次的基础。因此，分段要尽可能体现层次,为反映层次服务。在一个层次内,每个段落的安排也要先后有序,衔接自然。

3) 过渡和照应

过渡指的是层次、段落间的衔接与转换。承担这个衔接和转换任务的句子或段落叫做过渡句或过渡段。通过过渡,可以显示层次与段落间的逻辑关系,把各个层次联系起来,承上启下,前后衔接。通常的过渡方法有以下几种:

(1) 用过渡词　就是用一些关键词语过渡。常见的有"因此"、"总之"、"综上所述"、"由此可见"等表示顺接的关联词语和"然而"、"但是"、"尽管如此"、"另一方面"、"除此之外"等表示转折的关联词语。这种方式多用于一段之间的过渡,也用于段落词的过渡。

(2) 用过渡句　就是在层次或段落之间用过渡句过渡。例如,《彩电的新话题》一文,文章开头叙述1988年人们谈论的是"彩电到哪里去了?"1989年下半年则谈起了"彩电卖不出去"、"彩电要降价",关于彩电的话题变了。为了把第一层次与第二层次彩电话题转变的原因(市场疲软)衔接起来,作者在这里用了一个设问句:"彩电市场到底发生了什么?"作为过渡句,完成了文章内容的自然转换,使两个层次很紧密地衔接起来了,读者的注意力也不知不觉地被吸引到第二层次。

(3) 用过渡段　即以整段文字的形式实现层次或段落间的过渡。仍以《彩电的新话题》为例。该文的第三个层次要讲彩电市场疲软的原因,在这时作者恰当地用:"为什么会发生这种状况呢? 有以下几种原因"这样两句话组成一个过渡段。前一句收束上文,后一句开启下文,承上启下,衔接转换不露痕迹。

(4) 用序号或相当于序号的词句　即段首用一、二、三、四……之类的序号,或用"首先"、"其次"、"再次"、"第一"、"第二"、"第三"等词句。这种过渡方法在经济应用文中用得较多。

照应就是文章的前后呼应,乃指同一或有关内容出现在前后不同部分之间的照顾和呼应。照应不仅能帮助读者了解文章的脉络和层次之间的内在联系,而且可以使文章结构严谨,使其更好地表现主题。

文章中常用的照应方式有以下两种:

(1) 首尾照应　就是文章开头提出的问题,在收尾时做出回答。这种前呼后应的照应方法应用的比较普遍。

(2) 题文照应　就是文章内容始终围绕题目展开叙述,并以点题的方式结尾。

任何事物都有来龙去脉,写文章一定要注意前铺后垫,前呼后应。有呼无应或无呼有应都会使读者有莫名其妙的感觉。

经济应用文的写作同样需要上下贯通,条理分明,不过它一般不过多地强调表达的技巧。除了一些大型的总结报告外,一般很少采用段落来连接层次,各部分之间的贯连多是采用序号、设问、程式用语来标明层次、段落或过渡、照应,使文章上下相通,平实自然,简洁清晰,以达到结构严谨、表意清楚的目的。

2.4　经济应用文的语言

2.4.1　经济应用文对语言的基本要求

经济应用文对语言的基本要求是准确、简明、得体、朴实。

1) 准确

准确就是力求使用最恰当的语言表达作者需要表达的思想内容,使读者正确无误地理解作者的意思。准确是对语言运用方面的最基本要求。只有语言准确,才能对客观事物做出正确的反映,达到写作目的。要使语言运用准确,需做到几下几点:

(1) 要合乎语法,合乎逻辑　语法是体现人们语言习惯和思维规律的客观法则。只有用词造句合乎语法,合乎逻辑,文章才能通顺。通顺是对语言使用的起码要求。

(2) 用词造句要词义准确　对词语的分寸感和合适度要把握住,挑选出最贴切的词语来表现特定的现象和事物。要仔细辨认同义词、近义词的用法。对词义的轻重、范围的宽窄、程度的深浅以及词性的差别、语法功能等都要烂熟于心,娴熟于手。如"他们违反财经纪律,滥用基建费用购买高档商品"一句中的"滥用"一词就不准确,应改为"挪用"。

(3) 语言准确,要避免歧义　一句话只能一个意思,一种解释,不含糊,不费解。如"关于张三的揭发材料"这句话语意就不明确,是张三揭发别人,还是别人揭发张三呢？离开了具体的语言环境,就使读者容易产生误解,行文时要努力避免。

2) 简洁

简洁即尽量用较少的语言文字表达丰富的内容,也即"言简意赅",语言精练、含蓄,有高度的概括力和表现力,能给人以言有尽而意无穷的感觉。同时,文章简洁,也反映作者的思想精密。那种拖泥带水、啰里啰嗦的语言,使人看了会生厌,绝不会有什么美感。

(1) 思维精密,抓住关键　要做到语言简洁,必须要洞察事物,对所要表达的事物有深刻的理解,抓住问题的关键,才能写得简练。如果作者对要反映的事物不甚了解,思维混乱,写起来就必然东拉西扯、啰嗦累赘。

(2) 反复锤炼,提高概括能力　反复锤炼语言,提高概括能力,才能写出简洁的文字。在叙述事实时,必须使用概述手法,把事实高度浓缩,加大信息的密集度和语言的容量,以较少的文字表达清楚较多的内容。概括能力是人们驾驭语言能力的一种重要本领。

(3) 剪除浮词,向冗繁开刀　对文章中可有可无的字句要竭力删去,努力做到篇无累句,句无累字。要力戒堆砌,避免重复。

(4) 适当采用文言词语,注意词语的含蓄　文言词语行文简练,富有表现力,写作时适当采用,可使其起到言简意赅的作用。

3) 得体

得体是指语言文字的使用要适合特定的文体,适合特定的对象、身份、场合和关系。写作时,因文体不同、对象不同、身份不同、关系各异,使用语言应有区别。例如,文学语言要求"艺术性";应用语言要求"实用性";科学语言则要求"科学性"。又如拟写带强制性的公文,就用词而言常用"必须",指示及规定性公文用"应该"就得体,如用"请"、"烦请"就不得体。

4) 朴实

朴实是经济应用文不同于其他文章语言的基本风格,这是由经济应用文的特点和作用所决定的。经济应用文以实告人,求实务实,解决实际问题,在笔法上要做到直陈其事;在表达上多用叙述、说明、议论,而少用或不用描写、夸张、烘托、渲染等手法;在遣词造句上使用大众化、易懂和惯用的词语,力避生僻晦涩的字句。

2.4.2　经济应用文对语言的特殊要求

经济应用文对语言的要求除了上述所提及的基本要求外,根据经济应用文的特点,还有一些特殊要求。

1）运用经济专业术语

三百六十行，各行各业都有其专用的语言，即专业术语，又叫行话。"内行不说外行话"。不会用专业术语，就会被人们视为外行。

经济专业也有经济专业的术语。所谓经济专业术语，是指在经济实践活动中和经济科学研究中使用的专门用语。它是随着经济实践活动和经济科学研究事业的不断发展变化而逐步产生和形成的。例如，经济效益、经济信息、价格、利润、地租、集约经营等等。在撰写经济应用文时，不仅要有汉语写作的基本知识和技能，还要善于掌握和运用经济专业术语，才能体现专业写作的特色。

2）运用数字和图表

在经济应用文写作中，常常运用数字和图表表达复杂的经济现象和经济活动过程。运用这种非自然语言是经济应用文的一大特色。它具有生动、形象、准确、具体等特点。

数字是指各种经济指标，包括绝对数和相对数两种。绝对数是由数字和度量单位组成的。相对数是两个绝对数的比例或比值。随着社会经济的发展，经济应用文运用数字将愈来愈广泛。在运用数字时，要做到规范化，要按照国家语言文字工作委员会等联合公布的《关于出版物上数字用法的试行规定》执行，不得自行其是。绝对数还要注意度量单位的统一，相对数还要注意可比性。例如，重量指标要用吨、千克、克等，不能再用斤、两等；不同年份的产值相比较要用同一不变价格；不同国家的经济指标相比较也要注意其内涵和计量单位的一致性。

图表是图形和表格的简称。在经济应用文中常运用图表来说明经济现象，既可以节约文字和篇章，又达到生动形象，使人一目了然的目的。这往往是自然文字所不能起到的效果。

3）较多使用介词结构和陈述句

为使表意明确、严密，经济应用文经常使用介词结构，用以表达有关的目的、依据、对象、范围、方式、状态、时间等。常用的介词有以下几类：

（1）表示目的、原因的　例如，为了、为、由于、由等。

（2）表示对象、范围的　例如，对、对于、关于、除了、将等。

（3）表示依据的　例如，依据、根据、据、遵照、通过等。

（4）表示时间的　例如，自、自从、到、在、当、于等。

（5）表示状态、方式的　例如，按照、以、通过、比照、参照、按等。

陈述句是经济应用文运用最多的句式，用于表述情况、经过、成绩、问题、评价、态度、经验等，用陈述句表意朴实、准确，适合经济应用文表情达意的特点。

2.5　经济应用文的表达方式

表达方式是指在执笔行文时使用的具体写作方式，亦即由表达目的所决定的使用语言文字的手段。写经济应用文，运用语言文字进行表达时，为了适应表达对象的特点，更有效地达到目的，必须要采用各种方式和技巧，以求最佳的表达效果。这样，不同的目的和对象，不同的技巧和手段，就构成不同的表达方式。表述经历、发展、过程一类的内容时，一般要用叙述的方式；描绘形象、环境则要用描写的方式；剖析事理、阐述见解，就要运用议论的方式；

解说事物的性质、状态等,则要运用说明的方式。这样就形成了叙述、描写、议论和说明等不同表达方式。对于经济工作者来说,熟练地掌握叙述、说明、议论等表达方式,是写好经济应用文的必备条件。

2.5.1 叙述

1) 叙述的含义和作用

(1) 含义　叙述就是把人物的经历和事物发展变化过程表达出来。它是一种最基本、最常见的表达方式,写各类文体的经济应用文都离不开叙述。

叙述的重点在于其"过程性"。无论人物的经历、事物的发生发展和变化,都有来龙去脉,前因后果。因此,叙述时总要把人物、事件(原因、结果)、时间和地点交代清楚,以反映某种过程。

(2) 作用　具体来说,叙述的作用是:可以用来交代事件的时间、地点、背景及起因、结果(事件的发生、发展经过);揭示事物发展变化的原因和内在联系;可以概叙工作进程,如报告、总结类应用文介绍情况;可以介绍人物的经历和事迹,连贯故事线索,推动情节的发展;也可以为论文提供事实论据。

2) 叙述的方法

在写作过程中,为了提高叙述的表达效果,人们创造了多种叙述方法,现将常用的几种方法简要介绍如下:

(1) 顺叙和倒叙

① 顺叙就是按照客观事物发生发展的先后次序进行叙述。这是最基本最常用的一种叙述方式。采用这种方法的长处是可以将事情的发展有头有尾地叙述出来,脉络清楚,条理分明,便于组织材料和反映事物的本来面貌,易于为读者理解和接受。不足之处在于容易平铺直叙地罗列现象,使文章平淡乏味。因此,在使用此法时,要注意材料的取舍和详略安排,不能平均使用笔墨。

② 倒叙就是把事件的结局或最突出的片段提在前边叙述,然后再按事件的发展顺序进行叙述。采用这种方法的长处是造成悬念,引起读者强烈的阅读兴趣,使文章产生强大的吸引力。使用倒叙要特别注意交代清楚起点,从倒到顺的转换处有明显的界限,有必要的文字过渡,衔接要自然。

(2) 插叙和补叙

① 插叙就是叙述主要事件的过程中,由于某种需要,暂时把叙述线索中断,插入另一件有关事情的叙述。插叙表现力强,可以使事情发展有张有弛,使文章内容充实,富于变化。但在使用插叙时,要服从表达主题的需要,不可节外生枝,太多太滥,还要注意承转分明,过渡自然。

② 补叙就是在叙述的过程中,作者对有意隐去的某些关键之处所作的补充交代,或对情况、事物作某些解释或说明。补叙往往化直为曲,化平淡为神奇,使文章跌宕多姿,扣人心弦。

③ 补叙和插叙的区别在于:插叙所插的内容,一般不发生在该文记叙事情的时间之内,不是所述事件必不可少的部分。而补叙则不同,其内容一般发生在该文记叙事件的时间范围之内,是所述事件本身必不可少的部分,如果删去,不仅会影响主题的深刻性,而且会影响内容的完整性,打乱或中断事件的来龙去脉。另外,补叙可以用在篇中,也可用在篇末,而插

叙只能用在篇中。

(3) 概叙和细叙

① 概叙就是概括的粗线条的叙述。通过概叙,能给人以整体认识,可快速推进情节,加快文章的节奏。在经济应用文中,概叙的使用频率是相当高的,如总结报告、调查报告、经济预测报告等经常用概叙的方法介绍基本情况,给人以总体印象。

② 细叙即详细、具体的叙述。通过细叙再现事件中的主要细节,使人获得生动情节。一般来说,对于典型材料、生动场景、"骨干事例"均采用细叙的方法,以突出重点,表现主题,给读者造成强烈印象。

在写作中,概叙和细叙经常结合使用,粗细相间、快慢有致,使叙述点面结合,详略得当,使读者既对事物有全面认识,又有具体的感受,从而获得恰当的表达效果。

(4) 分叙与合叙　叙述有时在同一时间里涉及几方面的活动,包括几条线索的联系。这就要采用有分有合的方法才能把这些头绪繁多的事件叙述清楚。

① 分叙就是分别叙述同一时间、不同的人物活动的一种叙述方法,也就是通常所说的"花开两朵,各表一枝"的表达手段。分叙不是贯穿全文的结构手段,大都是用于顺叙或倒叙之中的一种手段,分叙之后,就会有合叙。

② 合叙就是使分叙的事件复归于原叙述线索的一种叙述。

上述八种叙述方法,是叙述中常用的基本方法,在复杂的记叙类经济应用文中,常常结合使用。

3) 叙述的要求

(1) 叙述要素交代明白　叙述的要素包括时间、地点、人物、事件、原因、结果等六个方面。在叙述时必须把它们交代出来,否则就会影响叙述的结果和文章的条理性。

(2) 人称合适,线索清楚　人称是指作者在文章中的地位,也就是作者叙述的观察点、立足点,这是叙述时必须要处理好的一个问题。经济应用文的叙述一般采用第一人称(我、我们)和第三人称(他、他们),使用时根据表达的需要决定。采用某一人称要始终如一,不可混用人称,以免引起混乱。

叙述的线索是作者组织材料的思路在文章中的反映。由于写作材料千差万别,作者的思路也千变万化,所以叙述的线索也多种多样。有的用单线贯串,有的用双线或多线贯串。无论采用哪种线索贯串,都要做到线索清楚,条理分明。

(3) 详略得当　叙述时不可平均用力,要分清主次,能突出表现主题的部分要写得详细,其他可简略甚至一笔带过,切忌平铺直叙,重点不突出。

2.5.2　说明

1) 说明的含义

说明是对事物的发生、发展、结果、特征、性质、状态、功能等进行解释、介绍的一种表达方式。这种被解释、介绍、阐述的事物可以是实体的,如湖泊、耕地、植物、动物、商品等;也可以是抽象的事理,如立场、观点、名词概念、各种知识等。

说明作为一种表达手段,在各类文体中都有广泛的应用。如规章制度的制定、公务文书的撰写,各种协议、合同、说明书的写作、商品介绍等,都是以说明为主要表达方式。在学术论文中,交代论据、观察点或实验过程时,都需要说明。

说明与叙述不同。说明多为"静"的介绍;叙述多是"动"的陈述。说明侧重于知识性、科学性,多是为了解释说明事理、物理;叙述则偏重于反映事物的情状和变化过程。

2) 说明的方法

说明的方法是多种多样的,下面介绍几种基本的方法。

(1) 定义说明和诠释说明

① 定义说明:即通过对事物下定义的方法进行说明。下定义就是用简明、准确的判断,把一事物区别于它事物的本质属性概括出来,给人以明确的概念。

下定义常用"属"加"种差"的方法。例如,人们给商品这个概念下的定义是:"商品是用来交换的劳动产品。"其中"劳动产品"是"属"概念,它是包含着商品这个概念的大类。"劳动产品"这个大类除包含"商品"外,还包括其他劳动产品。"用来交换"就是"商品"同其他劳动产品的"种差",即商品的特有属性。

定义说明必须十分注意表述的科学性。归类要准确,不宽不窄;种类要严密,抓住本质;语言选用上不能用语反复,不能用否定句。

定义说明的表述要求严格,往往是"一言以蔽之"的高度概括,准确地揭示事物的本质特征。但对事物的其他特征的说明,特别是要进行详细、具体说明时,单靠定义说明往往无法办到,还得用其他方法。定义之后,常用的说明方法是诠释法。

② 诠释说明:就是对事物作具体的解释。有些读者还很陌生、不易理解的定义有必要再进一步作具体解释。

(2) 分类说明和分解说明

① 分类说明就是对被说明的事物,按照一个统一的标准划分为不同的类别,然后一类一类地加以说明。例如,农业"按劳动对象、生产过程和产品用途可划分为农业(种植业)、林业、畜牧业、渔业和副业,按生产力发展水平可划分为原始农业、传统农业和现代农业"。

通过分类说明,显示出不同类别的差异,使人们对被说明的事物有一个概括的了解,从而掌握不同类型对象的特征。

分类时有三点要特别注意:一是要包举,即各"种"的总和,必须穷尽其"属";二是要对等,即各个类别按同一标准划分,类与类之间处于并列关系,互不相容;三是正确,即分类标准确实反映了事物客观存在的类别。

② 分解说明就是把一个整体事物分解成若干部分,然后一个部分一个部分地分别加以说明,使读者对事物的特点有细致、具体的了解。例如,要说明某地居民的生活水平,可将其分解为吃、穿、住、用、行等几方面分别加以说明。

(3) 举例说明和引用说明

① 举例说明就是列举有代表性的实例,把复杂的或抽象的事物解释得具体实在,给读者以实感,并通过个别认识一般。有些比较复杂或抽象的事物,经过定义、诠释或分类说明后,仍不易使人明白,那就要进一步深入浅出举例说明。因此,举例说明往往是定义、诠释或分类说明之后的一种补充。

② 引用说明就是引用有关文献资料、名言、俗语等来补充说明内容,帮助读者更全面地了解事物。引用要准确,切忌断章取义,以讹传讹。必要时要注明出处,以便查考。

(4) 比较说明和比喻说明

① 比较说明就是将两个或两个以上的事物或问题彼此相互比较,通过比较说明事物或问题的特征。这种比较可以是同类比较,也可以是异类比较。

② 比喻说明就是利用两种事物之间的相似点作比喻,打比方,借以突出所要说明的事

物的性质、形状和特点。

（5）数字和图表说明　运用数字和图表来说明事物的特征和本质意义,也是经济事务类应用文体经常采用的一种说明方法。它的好处是容易把复杂的事物或事理说清楚,使人一目了然。如"经济活动分析报告"、"调查报告"、"审计报告"等,经常使用一些数字说明问题,有时还绘制图表,以便于人们理解认识客观事物。

3) 说明的要求

（1）抓住事物的特征,使说明具有准确性和科学性。只有抓住事物的特征,才能准确反映事物的面貌。为此,就要着眼于事物的疑似处,在辨异上下工夫。抓住事物的特征,还要特别注意在本质特征上下工夫。对于说明的对象,不能只从现象上说明,最主要的是透过表面现象说明它的本质。如只说"资本也是货币",资本的本质就没有被说明;而如果抓住资本的本质,说"资本是能够带来剩余价值的货币",就把一般的货币与资本区别开了。

（2）根据事物的条理性,合理安排说明顺序。客观事物都是按一定规律客观存在着的,本身都有条理。人们认识事物的过程也往往是由表及里,由简到繁,由近及远,从现象到本质。所以,说明的顺序一般要跟事物本身的条理性及人们的认识过程相一致。当然,客观事物又是形形色色、千变万化的,各有其特征和个性。因此,说明客观事物的顺序也应因物而异,各显其巧,以时间为序,脉络分明;以空间为序,层次清楚;以逻辑为序,条理严谨。在一篇文章中,几种顺序交替使用,可收到活泼自然的效果。

（3）说明的语言要简明。说明的目的是要使读者明了事物的本质和特征,必须讲究语言的运用,文字简明,要尽量做到深入浅出、通俗易懂,使人能正确了解、认识客观事物。

2.5.3　议论

议论就是议事论理。它是通过事实材料及逻辑推理来辨明是非,讲清道理,表明作者的见解和主张的一种表达方式,其特点在于"证明性"。

议论也是经济应用文中"使用频率"很高的基本表达方式。它在记叙性文章的表达中不可缺少,在论说性文章的表达中则占主要地位。为了节省篇幅,关于议论的有关问题放在本书"经济学术论文"一章中专门介绍,这里不再赘述。

【思考与练习】

1. 结合具体文章,谈谈经济应用文怎样表达主题。
2. 经济应用文写作中选择、使用材料要注意些什么?
3. 经济应用文结构的特点有哪些?
4. 试述经济应用文语言的特点。
5. 经济应用文的表达方式有哪些? 叙述与说明的要求各是什么?
6. 指出下列句子中数词表达上存在的问题。
(1) 制鞋行业要着眼于国际、国内这两方面的市场。
(2) 我厂3月份销售额达到200万元,比2月份的100万元增加了2倍。
(3) 由于受灾严重,我乡今年粮食总产量为4 000万千克,比去年8 000万千克减少了2倍。
7. 修改下列病句。
(1) 法规性文件的专一性很强,关于哪些人哪些单位适用,都必须有明确的规定。
(2) 党风是否端正,这是衡量一个单位党组织健康的标准。
(3) 不少单位不同程度地发生了财务混乱、账目不实、乱投资金等现象。

8. 请从给出的四句话中找出表达有歧义的一句。
(1) 小王跑过去把自己的棉袄脱下来递给了老张。
(2) 国庆之夜,中心广场挤满了观看喷泉的人。
(3) 我看见老王很高兴。
(4) 经济应用文写作是一门实践性很强的课。
9. 阅读下文,指出主题与选材中存在的问题。

××县人民政府关于严格控制使用木炭的通知

根据当前我县木炭的使用情况以及后果,有必要严格控制使用木炭。为此,特发布如下通知:
一、任何单位和个人不得生产和销售木炭。
二、由县节能办公室组织木炭的生产和销售。
三、严禁木炭外销。外销木炭必须持有县节能办公室的"准销证"。
四、生产用木炭要厉行节约,并逐步用其他燃料取代。
五、生活用木炭要实行指标供应,人均每年不应超过 50 千克。
六、县燃料公司要积极组织煤炭供应,保证厂矿企业的生产用煤和广大干部职工的生活用煤。
七、各级党政组织要严格执行本通知,违者查究。

××县人民政府
20××年×月×日

3 经济调查报告

3.1 经济调查报告的概念与特点

3.1.1 经济调查报告的概念与作用

调查报告是调查研究结果的书面形式。人们为了一定的目的,通过深入实际了解有关情况,在掌握真实资料的基础上,然后进行分析研究,得出结论,表明观点,并用书面语言表达出来,就是调查报告。大千世界,包罗万象,各种事物都遵循一定的规律发展变化,呈现出各种现象,人们所要调查的对象也是面广、量大、错综复杂。对任何一种事物或事物的某一方面进行调查研究后,都可以写出一份调查报告,包括政治的、经济的、社会的、自然的……这里仅就经济调查报告的撰写做一些介绍。所谓经济调查报告,是人们为了一定的目的,通过对经济活动的某一方面进行深入的调查,在掌握有关资料的基础上,进行研究分析,得出结论,并表明观点的一种书面形式。

随着社会经济的不断发展,经济领域的新情况、新问题不断涌现,对这些千变万化的经济现象进行深入的调查研究,撰写各种反映客观真实情况的调查报告是党和政府领导经济工作,制定各项方针政策,做出经济决策,采取有效措施,实行科学管理,保证经济持续稳定发展的重要依据,也是经济工作者的一项重要任务。

经济调查报告的作用是多方面的,可用于反映情况,向人们展示经济发展的概况;可用于总结先进经验,以便推广;也可用来揭露存在的问题,以便采取有效的措施,加以解决,并告诫人们从中吸取教训;某些带普遍性问题的调查报告,还可以公开发表,起到启发、教育、指导经济工作的作用。

3.1.2 经济调查报告的特点

经济调查报告除了具有应用文体的共同特点之外,还具有它本身的特点。

1) 针对性

经济调查报告的对象是社会经济活动所表现出来的各种经济现象,因此必须根据党和政府领导经济工作的实际需要,有目的地选择某一方面的情况进行深入的调查分析,做到有的放矢,使调查报告具有一定的针对性。如果没有针对性,调查报告就失去了意义。

2) 真实性

调查报告必须反映社会经济活动的客观事实,通过对其发展和变化的真实情况的说明和研究分析,反映某个问题,这是调查报告的共同要求,也是经济调查报告的要求。调查报告不同于文艺作品,绝不允许主观臆造,任意拼凑或夸张,真实性是调查报告的生命线。

3）及时性

撰写经济调查报告是为了反映真实情况,以便及时解决问题。社会经济活动和任何事物一样,随着时间的推移将不断发生变化,调查报告只能反映某一事物在某一时期的情况。如果提供调查报告的时间与它反映的客观事实的时间相距太远,时过境迁,调查报告就失去了现实的指导价值。

4）鲜明性

调查报告是调查人写的,每个人都有自己的立场、观点。持不同立场、观点的人对同一事物会得出不同的结论。在毛泽东撰写的"湖南农民运动考察报告"中,对农民运动,站在不同的阶级立场上,就有"好得很"和"糟得很"两种截然相反的结论。作经济调查,撰写调查报告是为发展社会主义经济服务的,因此,必须站在广大人民群众的立场上去观察问题、分析问题。每一篇调查报告所表明的观点也要鲜明,用词要肯定,不可模棱两可,似是而非。

调查报告,虽然在不同的情况和场合下有不同的名称,例如出国了解反映外国的经济发展状况用"经济考察报告",外出走访用"走访记",还有用"札记"等名称的,但只要具有调查报告的特点,符合调查报告的要求,都属于"调查报告"之列。凡反映社会经济情况,又符合调查报告的特点和要求的文章都属于"经济调查报告"。

3.2 经济调查报告的种类和写作步骤

3.2.1 经济调查报告的种类

社会经济从产业上看,包括农业、工业、商业、建筑业、运输业、服务业以及金融业等多种行业、多个部门;从经济性质上看,包括全民所有制经济、集体所有制的合作经济、个体所有制经济、私营经济、联营经济等多种经济成分,所呈现出来的经济现象是错综复杂的。经济调查报告也随着调查目的、对象和方法的不同而具有多种形式和内容,表现为多种类型,并各具特点。这里简要介绍经济调查报告中的几种类型。

1）基本情况调查报告

基本情况调查报告用于反映那些要求比较全面、精确而又不能或不宜采用经常调查的对象的情况而撰写的一种书面报告,如全国人口的普查报告、水资源普查报告、制造业生产能力普查报告等。

基本情况调查报告的特点是反映的情况全面,涉及的面广,工作量大,对资料的准确性、时效性要求高,因此只能定期作一次性调查。它要求统一规定调查标准、调查项目及内涵,规定完成时间,并尽可能按一定的周期进行,使资料具有可比性,以便摸索调查对象发展变化的规律性。

基本情况调查报告是一次性调查工作的总结,无论是数字资料还是情况资料,都应具有普遍意义,决不能以点带面、以局部情况说明整体问题。

2）重点调查报告

重点调查报告是对重点单位调查结果的书面形式。所谓重点单位是指所要调查的标志值在总体的标志总量中占绝大比重的单位。重点调查报告一方面要反映出所调查的重点单位的真实情况,另一方面还要对重点单位所要调查的标志值的发展变化对总体的影响作研究分析。

3)典型经验的调查报告

典型经验是指具有一定的代表性和具有普遍推广意义的经验,可以以点带面,能给本系统、本地区、全社会带来积极作用的经验。典型经验的调查报告一方面要反映调查对象的真实情况,另一方面要对调查的问题作具体深入的分析,以探索同类事物的发展变化规律。

4)揭露问题的调查报告

这类调查报告不需要反映调查对象的全面情况,只要求反映经济工作中出现的偏差或存在的问题,并分析其原因,提出解决的方案。

3.2.2　经济调查报告的写作步骤

1)明确调查目的,拟订调查计划与调查提纲

只有首先明确了调查的目的,才能展开有针对性的调查,减少盲目性,不做无用功。

调查计划的内容包括调查的目的、对象、方法,调查的进度安排,调查的组织、领导、分工等。调查提纲要围绕调查目的,将要调查的问题详细列出,以便调查与撰写调查报告。

2)深入调查搜集材料

调查目的一经确定,就要搜集相关材料。只有运用一定的调查方法,进行深入调查,才能搜集到有代表性的、具有说服力的材料,为写调查报告打下材料基础。

3)分析研究材料

有了材料,还需对其进行分析研究,这些材料反映、说明了什么问题,有何新意或新发现等都要做到心中有数。

4)编写调查报告写作提纲,形成报告

提纲也即调查报告的基本框架,如分哪几个部分(问题)写,各部分的观点,最后的结论等。编写提纲,可以使调查报告在写作中条理清晰、脉络分明。

3.3　经济调查报告的基本结构与写作要求

3.3.1　经济调查报告的基本结构

经济调查报告的基本结构一般由标题、前言(或开头)、主体、结尾和署名5个部分组成。

1)标题

经济调查报告的标题有单标题与双标题两种形式。

(1)单标题　概括全文内容或揭示基本观点,如"当前商品房销售情况的调查和建议"。

(2)双标题　分正题和副题。正题揭示主旨,副题指明调查对象、内容和范围,如"让农民自由进入劳动力市场——关于'外出务工许可证'的调查与思考"。

标题的用语要求准确、简明、醒目。

2)前言

调查报告的前言一般写以下几方面的内容:

(1)说明调查的目的、依据以及调查的对象、范围、时间、地点,调查的项目,调查的方式和参加调查的人员情况。

(2)概括调查的主要内容,阐述基本观点。

(3)介绍被调查对象的基本情况。

前言的写法有三种:一是详写,以上的内容全部写出来;二是简写,即只简单地介绍调查的目的和对象,然后就进入主体;三是不写,就是不专门写前言,而是在主体叙述中概括前言的内容。

写好前言的关键在于简明扼要,又能引人注目,具有吸引力。

3) 主体

(1) 主体的内容　主体是调查报告的主要部分。不同类型的调查报告其内容各不相同,但是不论哪一种调查报告,必须根据其目的、要求和特点,将搜集到的资料进行认真的整理和综合分析研究来确定主体。

① 基本情况的调查报告主体:一般是根据所分类别将问题逐一说明。

② 反映情况的调查报告主体:一般包括基本情况、具体做法、主要经验和存在的问题四个方面。

③ 总结经验的调查报告主体:一般包括基本情况、取得的成绩、主要经验以及分析原因等四个方面。

④ 揭露问题的调查报告主体:一般包括存在的问题和产生这些问题的主要原因两个方面的内容。

(2) 主体的结构　主体部分在写作上的结构形式常用的有三种:横式结构、纵式结构、横纵式结构。

① 横式结构的写法:有些调查报告材料数据较多,反映的面也较广,需要分几个方面或几大部分来展开叙述和说明,或者从几个不同的角度反映事物的性质、特点、意义、作用、原因、发展趋势、存在的问题等。而这几方面、几部分之间的关系是互相并列的,在逐个阐述之后,再加以汇总,概括成总的观点,这样的写法为横式结构。如在《万户城镇居民消费问卷调查》中,对城镇居民消费的变化从以下不同的角度加以反映:一是吃的方面;二是穿的方面;三是住的方面;四是用的方面;五是行的方面;六是文化娱乐方面;七是医疗保健方面,然后得出城镇居民生活水平的变化和存在的问题,这采用的就是横式结构。

② 纵式结构的写法:纵式结构的写法通常是按照事物发展变化的时间先后顺序或沿着一个逻辑线索直线移动组织编写。

③ 横纵式结构的写法:它是横式结构和纵式结构的合二为一,横中有纵,纵中有横,互相结合。

(3) 主体的格式　调查报告主体的格式要根据其内容的繁简程度、包括的几个方面和篇幅的长短来确定。内容较多,篇幅较长的调查报告,可按其内容所包括的几大部分分开撰写,每一大部分列一个小标题,以概括这一大部分的主要内容;有些难以用简短的标题概括其内容的,也可以不列小标题,而是用"一、二、三……"标明序号;内容比较简单,篇幅较短的调查报告,也可用一大段加以综合叙述,不用小标题,也不用序号分段。

4) 结尾

结尾即结束语。结尾的内容可以是全文的概括总结,也可以指明存在的问题或发表作者对调查对象的看法,提出一些建议或设想。根据需要,结尾可以详写以上几方面的内容,也可写其中的某一部分;可略写,即用简单的文字加以概括,也可不写,主体结束,整个调查报告就算完成。

5) 署名

调查报告的署名,可放在标题下方,写明调查单位的名称或个人的姓名;也可以放在报告的末尾。在署名下方注明年、月、日。

3.3.2 经济调查报告的写作要求

(1) 经济调查报告必须以调查对象的事实为依据,用事实说话。要求搜集的资料、数据要真实可靠,整理分析的方法要科学,决不允许道听途说,主观臆造或弄虚作假。

(2) 经济调查报告的观点要明确。对调查对象持什么态度,得出什么结论,达到什么目的,必须明确,不可模棱两可,似是而非。

(3) 调查报告的结构要求层次清楚,符合逻辑性,重点突出。在达到目的,说明问题的前提下,文章的篇幅尽量缩短、精练。

(4) 调查报告一般采用叙述性的语言,并力求通俗、简明,表述恰如其分,忌用抒情、形容和夸张的手法。当然也可采用一些生动的群众语言把调查报告写得生动活泼一点。

要写好调查报告,一方面要搞好调查,搜集到丰富的资料,然后进行加工整理、研究分析,这是写好调查报告的基础和前提。"巧妇难为无米之炊",没有丰富的调查资料,是不可能写出好的调查报告的。另一方面,还要多看、多写、多练。多看好的范文,可以从中受到启发,获得教益;多写多练,就能积累经验,做到熟中生巧。

那么,在写作调查报告时,怎样才能做到观点和材料的统一呢?其具体方法有:

(1) 用典型材料说明观点　用材料说明观点,材料不一定很多,但必须是典型的。典型材料具有一定的代表性,一般都比较完整。运用这种材料,可以独立地、较充分地说明一个相应的观点。在表达方式上,可以做具体描述,也可以做概括叙述,无论采用哪种方式,都要以阐明观点为目的。

(2) 用对比材料说明观点　比较法是调查报告说明观点常用的一种方法,它具有很强的说服力,可以把观点阐述得更加深刻。当一事物不能充分说明问题时,把它同另一事物联系起来,两两相比,相得益彰,才能分高下、见优劣,从而说明观点。运用对比材料,可以采用今昔对比、内外对比、好坏对比、正反对比、成败对比、数学对比等方式。这样,能够使观点更加鲜明突出,增强说服力。

(3) 用统计数字说明观点　调查报告中常常运用统计数字来说明观点。要说明事物的性质,就不能不注意决定事物的质量的数量界限。调查报告中运用统计数字的方法一般有4种:一是绝对数;二是平均数;三是百分数;四是对比数。对数字的运用,必须反复核对,准确可靠,做到恰到好处。这样,才能揭示事物的本质特征和客观规律,才能增强调查报告的科学性和说服力。

(4) 用综合材料与典型材料相结合说明观点　这是调查报告写作时最常用的一种方法。为了说明一个观点,往往要对总的情况或同类情况做综合性概述,然后,再举一两个具体事例,以证明这一类情况是有坚实基础的。这种方式,既可以使人了解一般情况,又能看到具体情况,全面而不抽象,具体而不单调,见树见林,能充分说明观点。

(5) 用群众语言印证观点　在许多调查报告中,常常在阐述的关键之处,使用生动、形象、简洁、利落的群众语言深入浅出地对所论事物做出评价,或揭示事物本质特征,或概括说明一个观点,能够起到画龙点睛的作用。采用这种方式,不仅能够把问题阐述得更加鲜明深刻,通俗易懂,而且也大大增强了调查报告在阐述观点时的科学性和生动性。

3.4 几种常用的调查方法及调查表格的编制

3.4.1 调查方法

调查报告的写作离不开调查。调查的方法很多,这里介绍几种常用的经济调查方法。

1) 普遍调查法

普遍调查法又称普查法。它是对调查范围内的每一个个体进行毫无遗漏的调查,其覆盖面广,材料数据全面,从而达到对总体的准确的理解与认识。

普遍调查可以是全国性的,也可以是地方性的;可以是某一行业内的,也可以是某一单位内的普查。如人口普查、土地资源普查、水资源普查、受教育情况普查等。普查的要求很高,时间统一、表格统一、项目统一、填法统一,并有专门的组织机构(有时是临时组建)负责。

2) 典型调查法

典型调查法是在研究对象中有意识地选出个别或少数具有代表性的对象,进行深入、周密的调查研究。由于选用的对象少,可用较少的人力、物力、财力在较短的时间内对事物做深入细致的调查,一般适用于对新情况和新问题的调查。

3) 抽样调查法

它是从研究对象中选择部分样本(即部分对象)进行调查,然后用调查研究的结果来推断总体。抽样调查在选取样本时又有两种方法:即随机抽样法和非随机抽样法。

(1) 随机抽样法 随机抽样法又称概率抽样法,它的特点是:第一,遵守随机原则,即抽取对象样本时,总体中每一个个体的中选机会都是均等的,完全排除研究者或其他人的主观愿望。第二,可以从数量上推断整体,即要保证一定的样本数量,样本数量太少,就会影响调查的质量,以偏概全,易出偏差。随机抽样也分数种方法,常用的有以下几种:

① 简单随机抽样:即从总体中随意抽出一定数量的样本,比如采用抽签或摇号抽取法。

② 等距抽样:即从总体中按一定的标准和顺序编上号,然后按抽样的比例将总体划分成一个个相等的距离,抽取所需的样本。

③ 分层抽样:又称分类抽样,即将总体中的个体按一定的属性、特征或其他标准分成若干层次,如按性别、年龄、文化层次、收入水平等,然后再在各层次中采用简单随机抽样或等距抽样来选取样本。

(2) 非随机抽样法 非随机抽样法又称非概率抽样法,它是根据研究者的主观意志来选择调查对象,以此来判断事物的整体。由于非随机抽样法带有调查者的主观意愿,所以往往会出现偏差。

4) 统计调查法

统计调查,是指运用统计的原理和方法,搜集社会现象中各个有关方面的数据资料,并进行数量分析,从而找出社会现象的发生原因和发展规律,推断其发展趋势。可以利用定期或不定期的统计报表,对其中的大量数据分析研究,从中发现问题,以认识和掌握事物的发展规律和发展趋势;也可以为适应某一工作需要,专门组织统计调查。调查时,首先要系统搜集有关数据、资料,然后整理和汇总,最后统计分析,综合研究,提出工作建议。

5) 访谈法

访谈法是根据调查的内容,用访问、谈话、开座谈会的形式取得有关调查的资料数据。

6) 观察法

观察法是指调查者直接(或派人)到现场作观察,记录所需了解的事物情况,如到田头测算农作物产量,到商场测算顾客人数等。

3.4.2 调查表格的编制

调查表格分为发给调查对象填写的表格和调查人自己填写的表格两种。

1) **发给调查对象填写的表格**

用这种表格调查的优点是调查范围大、内容全面、项目规范统一、便于分析整理。缺点是工作复杂,常常不易填写准确。这类表格的编制要遵循以下原则:

(1) 目的要明确,范围要确定　不要为凑数而提些与主题不相关的问题。

(2) 要便于对方答复　问题设计要考虑被调查者的学识水平与心理特点。问题太专业化,对方不易理解;问题太笼统,对方无法回答。例如问人家:"收入多少?"就不明确,到底是指什么收入? 多长时间的收入?

(3) 便于统计　如果一个问题可选择的答案过多,就不便于统计分析了。如要调查文化程度情况,最好在调查表中固定列出各种文化程度(如大专以上、高中、初中、小学、文盲及初识字),不宜问别人是什么文化程度。

(4) 措辞要严谨,通俗易懂　用词不当、有歧义,就会影响准确性。

调查表的格式一般采用填空法,被调查对象在表格中填写数字即可。

如果是让被调查对象回答对某些问题的看法,设计调查表时一定要注意使对方回答问题时最省时、省事。一般采用的是是非法、选择法、序列法、短文法。

(1) 是非法　也叫二项选择法。调查人提问后,被调查人员只需回答"是"、"非"或"有"、"无"。例如:

问:"五年内您有买家用小轿车的意向吗?"

答:有□　　无□

(2) 选择法　调查人提出问题后,拟定若干答案以供被调查人回答时做出选择。例如:

问:"您购买大屏幕彩电的主要原因是什么?"(答案可任选一个或数个)

答:家中房间大□　　看起来舒服□　　保值□　　一步到位,十年不落后□
　　有钱□　　　　　性能优越□

(3) 序列法　调查人在提出问题后,拟定若干答案,被调查人可任选一个或数个答案,并且自行确定答案的先后顺序。例如:

问:下列空调中,你喜爱哪一种(或几种)? 请按喜爱程度排出次序。

　　春兰牌(　　)　　长虹牌(　　)　　海尔牌(　　)
　　美的牌(　　)　　日立牌(　　)　　松下牌(　　)

(4) 短文法　调查人提出问题,不设答案,被调查人可以自由发表意见。例如问:"在您眼里,春兰牌空调有哪些优点? 有哪些不足?"这种问题属于弹性题,它的优点是被调查人回答不受任何拘束,有可能收集到富有启发性的建设性意见。缺点是答案五花八门,资料的整理、统计较为困难。

2) **调查人自己填写的表格**

这类表格是调查人在对调查情况进行统计、分析后填写。一般有基本情况统计表、发展状况表、对比研究表、推算预测表等。编制哪些统计分析表及表格中所列项目要视调查目的而定。

[例文1]

农户借贷需求性质调查与分析

游碧蓉

（福建农林大学经济管理学院）

中国农村金融改革与发展是推动农村经济发展的关键。2006年后的几个"中央一号文件"都强调了农村金融在农村经济发展中的重要性。然而，一种金融制度只有与金融需求相吻合，满足了金融需求，才是有效率的金融制度。农户是农村的金融需求主体之一，是集生产经营单位和生活消费单位为一体的综合体，其借贷需求既有生产性借贷需求又有生活性借贷需求。所以，调查和分析农户借贷需求性质，使农村金融供给真正与农村金融需求相吻合，将有助于提高农村金融供给的效率，从而达到解除农村金融约束、促进农村经济发展的目的。

为了深入了解农户借贷需求性质及其影响因素，笔者对福建省漳州市华安县华丰镇的2个村庄进行调查，在此基础上总结出影响农户借贷需求性质的因素，并根据结论对农村金融发展提出几点建议。

一、华丰镇农户借贷需求性质调查

（一）被调查对象的特征和调查方法

华丰镇系华安县政府所在地，古称"茶烘"、"石宝"，因盛产茗茶、华安玉（九龙壁）而驰名。全镇人口30 880人，其中农业人口17 823人，占57.5％。笔者选择了该镇的罗溪村和下坂村作为调查对象。下坂村的收入是以传统农业为主，而罗溪村的副业和工业相对发达，选择下坂村和罗溪村进行综合调查较有代表性，在该调查基础上提出的农村金融发展建议对于全国农村来说具有普遍的适用性。

罗溪村位于华安县城南4公里处，全村土地面积约7平方公里，耕地面积约47公顷，人口2 780人，农副产品主要有李子、龙眼、杨梅、鳗鱼等，是全县最大的李子产地和鳗鱼养殖基地，加工业主要是华安玉奇石加工，享有"奇石村"、"生态十里大观园"、"水果村"等称号。下坂村与罗溪村仅一铁路桥之隔，全村土地面积约11平方公里，耕地面积约120公顷，人口3 275人，农副产品主要是李子、茶叶、龙眼等，加工业主要是板材加工。

本次调查采用随机调查的方法，共发放问卷100份，收回96份，扣除漏选或多选的问卷，实收有效问卷92份，涉及92个农户。其中，罗溪村共发放问卷50份，回收有效问卷47份；下坂村共发放问卷50份，回收有效问卷45份。

（二）影响农户借贷需求性质因素的调查与分析

调查发现，样本农户中71.74％（66户）有借贷需求，仅有28.26％的农户选择不需要贷款，这说明农户的借贷需求还较普遍。在有贷款意愿的农户中，表示其有生产性借贷需求的共有37人，有生活性借贷需求的共有29人（为了能更加明确影响农户借贷需求性质的因素，被调查者只能在生产性借贷和生活性借贷中选择一个，如果被调查农户对生产性借贷和生活性借贷都有需求，则按其更倾向于哪种需求进行选择）。那么，是什么因素影响着农户的借贷需求性质？笔者结合前人的研究成果及自己的调研，从农户家庭收入水平、农户家庭经营类型、农户年龄、农户受教育程度等角度进行分析。需要说明的是，在相关数据表格中生产性借贷需求比例和生活性借贷需求比例均是指在对应区间内有生产性借贷需求的农户数占该区间农户数的比重。由于罗溪村和下坂村的农户收入主要来源和经济发展水平不同,所以,在农户家庭收入水平以及农户家庭经营类型方面,罗溪村和下坂村的样本特征是分开探讨的。

1. 农户家庭收入水平。为了了解农户的家庭收入情况对农户借贷需求性质的影响,笔者把样本农户的家庭收入情况分成5组(表1)。从调查的情况看,罗溪村农户的家庭收入在10 000～50 000元的有较大比例的生产性借贷需求,家庭收入大于50 000元和小于10 000元的农户生产性借贷需求都不大。家庭收入大于50 000元的农户已有一定的结余,其积累的结余可以满足生产性资金的需要,所以不需要借贷;家庭收入小于10 000元的农户扩大生产的能力较有限,对生产性借贷的需求也不大。下坂村农户的家庭收入在10 000～30 000元的有较大比例的生产性借贷需求,但生产性借贷需求与生活性借贷需求总体上持平。导致这种情况的原因在于罗溪村和下坂村的非农产业发展程度不一样,下坂村农户相对于罗溪村来说扩大生产的机会更少,所以在同一个收入水平段,其生产性借贷需求更小。综合表1的调查结果,样本农户生产性借贷需求与家庭收入水平是呈先升后降的开口向下的抛物线趋势,而生活性借贷需求与家庭收入水平则呈负相关。

表1 样本农户2008年家庭收入情况及借贷需求情况

家庭收入	罗溪村($n=47$)				下坂村($n=45$)			
	户数(户)	占有效样本的比例(%)	生产性借贷需求(%)	生活性借贷需求(%)	户数(户)	占有效样本的比例(%)	生产性借贷需求(%)	生活性借贷需求(%)
小于5 000元	0	0.00	—	—	1	2.22	—	100.00
5 000～10 000元	5	10.64	—	80.00	8	17.78	25.00	37.50
10 000～30 000元	28	59.57	57.14	35.71	26	57.78	42.31	34.62
30 000～50 000元	9	19.15	66.67	11.11	8	17.78	12.50	12.50
大于50 000元	5	10.64	20.00	—	2	4.44	—	—

2. 农户家庭经营类型。样本农户中,罗溪村专门从事非农行业的人员比较多,而下坂村则是农业与非农业兼业的农户居多(表2)。调查数据显示,家庭经营类型为非农行业的农户,其生产性借贷需求所占的比重相对于其他类型的大;家庭经营类型为农业与非农业兼业的农户,其生产性借贷需求低于单一经营农业或非农行业的农户。家庭经营类型相对单一的农户对生产性借贷需求较大,可能是由于其收入来源比较单一,相对于收入来源比较多元的兼业农户,更希望通过扩大生产规模来提高收入水平。调查数据还显示,不管是哪种家庭经营类型,罗溪村农户的生产性借贷需求均大于下坂村。这是由于罗溪村的工业发展较快,扩大生产的机会较多,而下坂村的茶叶种植虽然正在兴起当中。但茶叶种植属于传统农业,相对于工业而言,其发展所需资金较少。在生活性借贷需求方面,样本农户都表现出经营农业的农户生活性借贷需求比较大,这也说明了经营农业比较利益较低的现实。

3. 农户年龄。调查结果显示了年龄和借贷需求性质之间的关系(表3)。26～35岁以及46～55岁的样本农户的生产性借贷需求比较大。可能的原因是26～35岁的人群,大部分处于家庭年龄的初期,生活负担还比较小,投资生产的意愿则比较大,所以其生产性借贷需求占该年龄段的样本数的比例就较高;而46～55岁的人群,其子女大部分即将完成学业或已踏入社会,他们所要负担的子女教育费用等相对减少,且他们的社会阅历相对丰富,投资的意愿会比较大,所以他们的借贷需求就由生活性借贷转向了生产性借贷。36～45岁这一人群的生活性借贷需求比其他年龄段的人大,因为这一年龄段的人,其子女大部分还在上学,而且大都处于义务教育阶段之后,上学费用较高,致使使其生活性借贷需求比较大。

表2 样本农户家庭经营类型与借贷需求性质的关系

家庭经营类型	罗溪村(n=47)				下坂村(n=45)			
	户数(户)	占有效样本的比例(%)	生产性借贷需求(%)	生活性借贷需求(%)	户数(户)	占有效样本的比例(%)	生产性借贷需求(%)	生活性借贷需求(%)
农业	10	21.28	40.00	50.00	15	33.33	33.33	60.00
兼业	15	31.91	33.33	46.67	23	51.11	26.09	13.04
非农行业	22	46.81	63.64	13.64	7	15.56	42.86	28.57

表3 样本农户年龄结构分布与借贷需求性质的关系

年龄段	占有效样本的比例(%)	生产性借贷需求(%)	生活性借贷需求(%)
25岁以下	5.43	20.00	20.00
26～35岁	22.83	42.86	9.52
36～45岁	28.26	20.00	64.00
46～55岁	38.05	60.00	28.57
56岁以上	6.52	16.67	—

4. 农户受教育程度。从样本农户受教育情况看,小学及以下学历的农户,其生活性借贷需求的比重相对较大;初中和高中学历的农户,其生产性借贷需求占比均大于生活性借贷需求;中专及以上学历的农户,其生活性借贷需求与生产性借贷需求基本持平(表4)。可见,受教育程度越高的农户,其见识往往越广,发展的动机越强烈,其生产性借贷需求越大。

同时,在调查过程中还发现,由于农户向农村金融机构申请生活性借贷往往很难得到满足,所以农户以生产性借贷的名义申请生活性借贷时有发生。而且由于农户是集生产和生活为一体的,生活上的资金需求对于生产性资金需求来说更具有刚性,在农户面临生活困境的时候,必然是通过减少生产性资金来解决困难,所以有一部分农户原先确实是以扩大生产的目的向金融机构申请贷款,但由于意外或突发的事件使生活性资金需求扩大,这时就容易将生产性借贷转变为生活性借贷。

表4 样本农户受教育程度与借贷需求性质的关系

样本农户受教育程度	样本农户数(位)	占比(%)	生产性借贷需求(%)	生活性借贷需求(%)
小学及以下	53	57.61	13.21	33.96
初中	29	31.52	86.21	24.14
高中	6	6.52	50.00	33.33
中专及以上	4	4.35	50.00	50.00

(三)调查结论

1. 农户的生产性借贷需求规模持续上升。调查情况表明,罗溪村和下坂村的经济发展水平和经济发展模式不同,其生产性借贷需求也具有不同的规模,但总体上是以非农为主业、家庭收入为 10 000~50 000 元、年龄在 26~35 岁和 46~55 岁、受教育程度较高的农户家庭有较高的生产性借贷需求。根据这个结论,可以推断:农村中的生产性借贷需求将进入一个快速发展时期。这是因为:① 从纵向上看,自 2000 年以来,福建省农户家庭的平均纯收入均在此区间内(表5);从横向上看,2009 年绝大部分农户家庭收入是在此区间内(表6)。② 随着农村城镇化进程的加快,农村的非农产业发展也将进入一个快速发展的轨道。我国农户收入水平提高和农民创业机会增多,农户用于营利性投资和短期经营的借贷倾向将明显增强。③ 我国 1986 年开始实施 9 年义务教育,当年享受义务教育的学童目前正成为农户家庭的户主,年龄正处于 26~35 岁,其所受的教育及这个年龄段所体现出的创业激情,将使其对生产性借贷产生较大的需求。

2. 农户的生活性借贷需求得到释放。从调查结果可以看出,目前农户对生活性借贷还有较大的需求。虽然样本农户的生活性借贷需求与收入情况呈现反相关趋势(这意味着今后随着农民收入的增加,这部分借贷可能会减少),但这种结论是基于农户消费观念和消费结构不变的基础上得出的。事实上,今后随着政府对启动农村消费市场的日益重视及农村社会保障制度的完善,农户消费水平将提高,消费领域将不断扩大和丰富,生活性借贷需求将持续扩大。表7中的数据表明:在 1990—2009 年,福建省农民的恩格尔系数(食品支出占总支出的比例)由 1990 年的 60.0%下降到 2009 年的 45.9%。按照联合国的标准,恩格尔系数在 60%以上的属于绝对贫困型,50%~60%的属于温饱型,40%~50%的为小康型。所以,自 2000 年农村居民的恩格尔系数首次降到 50%以下,福建省农村消费结构就已越过一个质的界限,已从数量扩张型的满足温饱阶段转向注重生活质量的小康阶段。从表7可以看出,住房消费、家庭耐用品消费、文教娱乐用品及服务消费比重在逐步提高。农户消费结构变化表明,农民生活消费方式逐步由满足基本生活需要型向追求生活质量提高型转变、由重实物消费向物质和服务消费并重转变。在农户消费水平提高和消费结构改善的背景下,农户的生活性借贷需求将进入一个稳步上升的时期。

表5　2000—2009 年福建省农户家庭平均纯收入

单位:元

项　目	2000年	2001年	2002年	2003年	2004年	2005年	2006年	2007年	2008年	2009年
农户家庭平均纯收入	10 433	10 819	11 077	11 501	12 471	13 528	14 698	16 456	19 455	20 842

数据来源:《福建统计年鉴》(2000—2009 年)。

注:表中数据是根据农民人均纯收入和农民家庭平均每户人口数计算得出的。

表6　2009 年福建省按农民家庭纯收入分组情况

分　组	占调查总户数比重(%)	平均每户家庭人口数(人)	平均每人纯收入(元)	平均每户纯收入(元)
1 000 元以下	1.5	4.19	729	3 054.51
1 000~2 000 元	3.6	4.59	1 543	7 082.37
2 000~3 000 元	6.3	4.39	2 505	10 996.95
3 000~4 000 元	12.4	4.38	3 531	15 465.78
4 000~5 000 元	18.1	4.30	4 710	20 253.00
5 000 元以上	58.1	3.75	9 198	34 492.50

数据来源:《福建统计年鉴》(2009 年)。

表7 福建省农民人均生活消费支出

单位:元/人

项　　目	1990年	2000年	2006年	2008年	2009年
总计	707.97	2 409.69	3 591.40	4 661.94	5 015.72
食品	424.77	1 172.35	1 621.92	2 162.30	2 304.14
衣着	38.51	116.99	213.31	263.59	291.72
居住	118.11	350.72	563.85	777.51	821.21
家庭设备、用品及服务	41.62	110.24	167.33	222.86	260.68
医疗保健	19.54	87.38	162.26	197.85	219.02
交通和通讯	7.93	206.08	431.40	534.68	570.24
文教娱乐用品及服务	39.15	254.30	333.55	390.15	421.69
其他商品和服务	18.28	111.63	97.79	113.01	127.02

数据来源:《福建统计年鉴》。

3. 农村信贷约束仍然严重。调查发现,虽然样本农户中71.74%(66户)有贷款的需要,但能够获得正规金融机构信贷的农户仅为17户,正规信贷满足率仅为26%。这说明农户面临的信贷约束还较严重。关于农村信贷约束问题,众多学者认为主要原因在于金融机构对农户提供信贷的成本和风险都比较大。成本大在于对农户提供的信贷难以形成规模效应,而风险大的根源在于农户与金融机构之间的信息不对称,监督难。农户借贷过程中经常改变信贷的性质,就是监督难和信贷风险大的典型体现。因为农户是集生产与生活为一体的,所以对其贷款性质的监督十分困难,而农户改变了信贷性质,必然使信贷风险发生本质的改变。所以,银行为了节约成本、规避风险,自然就减少了对农户信贷的供给,与农户较旺盛的信贷需求相比,正规金融供给缺口就自然形成。

二、发展农村金融的几点建议

（一）增加生产性借贷有效供给

随着中国农村经济的不断发展,农村生产性借贷需求将较快增长,这要求农村金融机构要随着农村经济发展适当地增加信贷规模。针对下坂村和罗溪村经济发展不同导致农户对生产性借贷需求差异这一调查结果,建议农村金融机构针对不同地区和不同类型的农户,不断进行金融创新,设计多元化、个性化金融产品,根据不同服务对象和风险程度设置不同利率、期限、还贷方式,满足不同层次农户、不同经营类型农户的借贷需求,提高农村金融供给的有效性。

（二）创新农村消费信贷品种

农村中消费观念和消费结构变化,一方面要求农村金融机构要扩大消费信贷的规模,以满足农村释放出的消费借贷需求;另一方面要求农村金融机构适时地创新农村消费信贷品种,以提高农村金融服务供给的效率。结合农村消费的特征,目前,农村金融机构应以购房或建房消费贷款、教育助学贷款为突破口,积极拓展购房或建房消费贷款、教育助学贷款业务,并适时推出具有农村特点的新消费信贷品种,逐步地、有针对性地开展新的消费贷款业务。

（三）积极发展小型和微型农村金融机构

农村信贷约束的症结在于目前金融机构在农村开展业务上的成本、风险与收益上的不对称,所以,解决农村信贷约束问题关键在于既要解决信息不对称问题,又要培育能在农户信贷规模维持成本与收益均衡的农村金融机构。而小型和微型金融机构相对于分支众多的农村金融机构来说具有这方面的天然优势：① 小型和微型金融机构因受其实力的限制，其经营范围往往局限于某一村庄，从而在金融机构与农户之间形成一种重复博弈，在重复的交易中使双方的信息较为充分，金融机构的监督成本更低，也更能提供与农户需求相吻合的金融服务；② 小型和微型金融机构对场所的要求不高、内部机构简单，固定成本和管理成本小。因此，地方政府应贯彻国家适度调整和放宽农村金融机构的准入政策，引导小型和微型农村金融机构发展，如发展资金互助组织、村镇银行和社区银行等。当然，小型和微型金融机构对于农村金融市场来说是起一种补充的作用，不是对现在农村金融机构的替代，农村金融要缓解信贷约束，需要的是多种形式的金融机构。

（四）强调政府在农村金融中的作用

政府虽然不是农村金融的直接供给者，但对农村金融市场的发展起着重要的推动作用。上面所提到的增加农村生产性借贷的供给、创新农村消费信贷品种、发展小型和微型农村金融机构等，都离不开政府的引导和激励。目前，银监局应通过对农村贷款的总规模控制实行特别安排，确保每年新增农村贷款规模不低于上年实际新增的水平；通过对金融机构在农村的网点和分布情况、客户数量和业务规模、贷款质量、新增信贷投入量和增长率等项目的考核，对县域银行业金融机构支持"三农"经济的服务能力和水平进行综合评价，逐步将考核结果与县域银行业金融机构的业务和机构准入等行政许可事项挂钩；通过适当的财政补贴和税收优惠给在农村从事信贷业务的金融机构以补助，并在金融政策方面进行适当的倾斜等。同时，政府还应通过打击各种逃废金融债务的行为，开展诚信教育，建立个人信用评估和查询系统等活动来整顿社会信用环境，为金融机构支持农村发展营造良好的环境。

资料来源：《福建农林大学学报——哲学社会科学版》 2011(2)

[例文2]

内贸部关于××、××两省粮食企业亏损情况的调查报告

（××××年×月×日）

根据国务院领导同志的指示，今年9月，由内贸部牵头，国家计委、财政部、人民银行、审计署、农业发展银行等部门组成调查组，对××、××两省粮食企业严重亏损的情况进行了调查。现将调查情况报告如下：

一

按现行粮食企业财务核算制度统计，今年1～8月，××省国有粮食企业共亏损41亿元，比去年同期增加14.5亿元，是全国粮食系统亏损最多的省份。从检查了解的情况看，一些地方和粮食部门在工作上和经营管理中存在不少问题，主要表现在以下几方面：

一是擅自动用国家专储粮出口，错过经营时机，造成粮食企业挂账增加，加大了今年亏损。××××年，××省违反政策动用国家专储粮7亿公斤用于出口，后来由粮食企业收购议购粮补库，因市场粮价高而发生亏损。据审计部门××××年对全省粮食系统473个亏损大户的调查，截至××××年末，这些企业共发生价差和费用亏损3.8亿元，全部挤占银行贷款，再加上逐年的利息，到目前累计挂账约6亿元。××××年和××××年，南方玉米市场价格较高，此时产区本来应该向销区多销粮食，这样既能平抑过高的市场玉米价格，又能搞活粮食经营，结果××省一些地方粮食企业又错过了经营的好时机。××××年和

××××年该省销往省外的粮食(含出口)比××××年至××××年平均销售量分别少17.5亿公斤、29亿公斤。这不仅减少了企业正常的销售利润,而且造成库存积压,加大了利息、费用开支。

二是资金管理不严,不合理资金占用多。截至今年8月底,××省国有粮食企业的银行贷款余额为470亿元,其中没有用于粮油收购的资金高达195亿元,占银行贷款余额的41.5%。在这195亿元没有用于粮油收购的资金总额中,省粮食企业累计亏损挂账122.5亿元,占62.8%;因粮食调入省资金结算不及时,造成贷款拖欠、占压资金34.4亿元,占17.6%;其他挤占挪用的资金38.1亿元,占19.5%。其他挤占挪用的资金主要发生在以下几个方面:(1)国有粮食企业开展多种经营,共挤占收购资金7.26亿元。粮食企业兴办的多种经营项目,有相当一部分因投资决策失误、经营管理不善等原因已经亏掉。如××市××区50户粮食企业共投入6 000万元搞多种经营,已亏掉3 000多万元;××市粮食购销总公司建啤酒厂累计投资710万元,已亏掉647万元。××市粮食局直属企业搞多种经营业务占用收购资金2 178万元,全市共办60多家副营企业,仅国家粮食储备库就办有加工、种养、饮食服务等各种公司36家,已关停80%,其余也经营不景气,亏损严重。(2)搞固定资产投资或弥补固定资产投资超支,共挪用收购资金18亿元。××市新建1栋粮库,只安排了资金143万元,连征地费用都不够,为弥补该粮库投资缺口挪用收购资金2 589万元。粮食系统473个亏损大户××××年和××××年两年共挪用资金1 482万元用于购买小轿车。××县第二粮库和粮食购销总公司挪用收购资金48万元各购置桑塔纳轿车1辆。××县国家粮食储备库挪用收购资金72.3万元购置豪华轿车4辆;兴建职工宿舍、办公楼累计挪用收购贷款1.8亿元。××市粮食局××××年5月至××××年7月挪用收购资金1 056万元兴建"粮贸大厦"。××县粮食贸易市场在自有资金严重不足的情况下,于××××年5月至××××年末挪用收购资金682万元,新建了2 038平方米的"××大酒楼"。(3)累计未处理粮油超定额损耗和因灾损失占用资金6.5亿元。(4)发生其他挪用资金6.34亿元。这主要是由于一些县、市政府或有关部门强行摊派、借用国有粮食企业的商品、物资、资金造成的,有的地方甚至强令粮食企业为外单位贷款。××市政府××××年前要求粮食企业为地方酒厂借粮借款近5 000万元,至今还有4 853万元没有收回。截至××××年底,地方政府、有关部门和单位共挪用粮食系统473个亏损大户的收购资金达9 490万元。××县财政局截至××××年5月底,向县粮油购销总公司借款682万元,主要用于政府部门发工资;××县财政局借占县粮食购销公司175万元已达5年之久;××县财政局借占县粮油购销总公司250万元长达7年以上。

三是粮食企业人员过多,费用开支过大。××××年××省国有粮食系统在职职工人数为20.6万人,比××××年增加了12.4万人,平均每年增加6 800多人。××市国有粮食企业××××年底在职职工人数为6 481人,××××年底猛增到12 644人,4年时间差不多翻了一番,平均每年增加1 500多人。人员多造成费用支出增加,今年1~8月全省国有粮食企业支付的职工工资就达7.78亿元。

四是企业管理不严,漏洞很多。粮食企业的管理相当粗放。除资金管理混乱外,费用支出管理不严,肆意挥霍浪费、违法乱纪等问题都比较突出。个别企业招待费严重超支,仅××县粮库××××年就超支招待费57万元;私设小金库,如××县××粮库在××××年至××××年期间,采取截留收入、提高成本等手段形成小金库410万元,用于购置小轿车、吃喝招待等支出;资金体外循环,公款私存,如××市扶余区粮食企业体外循环的资金达3 000万元,××粮库就公款私存100多万元;私分钱物,一些粮食企业直接私分企业的商品给职工搞福利,如××市××区50户企业××××年和××××年两年共分煤11 440吨、分粮473吨、分豆油26吨,折款526万元。

五是地方政府和有关部门摊派多。有的地方政府和部门不仅不帮助粮食企业解决亏损问题,该补的不补,反而还要挤占挪用粮食企业的补贴,强借强占粮食企业的资金、物资,或者强行摊派各种不合理款项等。××××年××市政府要求该市粮食局为市特产开发总公司贷款200万元提供担保,结果借款单位到期不能归还贷款,导致粮食局在银行的存款被抵扣。近年来这类问题还有加重的趋势。××市国有粮食企业去年承担的各种收费和摊派达20多项,开支500多万元。

二

××省国有粮食企业的亏损势头也很猛。今年1~8月,该省粮食企业共亏损24.2亿元,比去年同期增亏13.5亿元,增幅为126%。从检查了解的情况看,一些地方和粮食部门在工作上和经营管理中同样存在不少问题。

一是执行国家宏观调控政策不坚决,在粮食经营上逆向操作。今年1~8月,××省粮食企业降低销售定购粮12.1亿公斤,其中小麦3.425亿公斤,大米8.44亿公斤,玉米0.235亿公斤。大米和玉米的平均销价每公斤分别比购价低0.54元和0.44元,增加企业亏损6.18亿元,占亏损总额的25.5%。另外,××省粮食企业在××××年、××××年市场粮价高时抢购粮食,今年以来销售不畅,造成库存积压,发生大量利息、费用开支,并且造成潜亏。

二是资金结构和使用不合理,挤占挪用收购资金比较严重。截至今年8月底,××省粮食企业银行贷款余额为327.5亿元,其中不合理占用资金134.2亿元,占银行贷款余额的41%。粮食企业因不合理占用资金多支付利息1年达10多亿元。在不合理占用资金中,除历史挂账和亏损占用外,因上马多种经营项目,搞固定资产投资以及被外单位借用等原因共挤占挪用收购资金56.8亿元,占全部贷款的17%。挤占挪用资金主要发生在以下几个方面:(1)被副营业务和多种经营挤占挪用。××市粮食局从××××年至××××年先后挤占收购资金514万元办酒厂,因管理不善造成亏损,使贷款无法收回。(2)被固定资产投资挤占挪用。××××年1月至××××年5月,××省仅修建楼堂馆所一项就挪用资金3.69亿元。××市粮食集团公司从××××年开始,共挪用各基层粮管所议价粮油销售的回笼资金3 480万元,修建了一幢宾馆"××大厦",该宾馆从××××年开业以来,共发生亏损304万元。(3)被政府部门和外单位借款挤占挪用。××××年××省粮食企业承担社会各种集资摊派款1 586万元,内外部借支5 388万元,包括职工个人借支,企业内部承包经营借支、垫支以及部门借支。截至1996年末,××市妇联、财办、物价局、检察院、税务局和政府招待所等单位共向市粮食局借款162万元。(4)其他挪用造成资金亏空。受经济利益驱动,一些粮食企业挪用收购资金从事证券、期货、房地产投资,由于缺乏专业知识,涉足这些高风险行业的企业大多亏损。如××市粮食局××××年11月至××××年6月挪用粮食调销回笼款4 999万元,在上海、广州从事期货投资,导致亏损1 351万元。

三是消化旧挂账的资金没有完全落实到位。××市××××年以定购粮转所谓"专项销售",打算用其差价款作为消化挂账的资金来源,稻谷由每50公斤44元调高到74元,小麦由50公斤51.5元调高到81.5元,每50公斤价差均为30元,共转定购粮1.05亿公斤,折算价差款6 300万元。因这些粮食销价明显高于市场价,根本销不出去,目前仍积压在库,不但使消化挂账的资金落空,相反每年还要支付这批粮食的保管费用和利息2580万元。××县××××年拟通过定购粮升值款、折旧等消化政策性挂账及利息1356万元,占当年应消化总额的52.6%。这些资金在目前粮食销售不畅、企业亏损的情况下很难落实,结果以新增银行贷款还旧挂账。

四是企业人员多,管理不善,费用开支大。××省粮食企业××××年到××××年,人员增加了1倍多,平均每年增加1万多人,目前已达到28.2万人,1年需支付工资10.4亿元。据农业发展银行调查,××市××××年全市粮食系统36 527人,比××××年增加10 008人,增长37.7%,而同期商品经营量反而下降24.1%,仅此一项增加工资费用就达1.5亿元以上。同时,企业管理不善,费用开支大手大脚。××县粮食局在夏粮收购中管理不严,费用开支超标准每公斤0.01元,仅此一项多开支费用128万元。

五是地方政府对解决粮食企业的困难重视不够。不少县、市政府重粮食生产,轻粮食流通,在思想上认为粮食企业亏损都是上级政府的事,对粮食企业支持和关心不够。有的地方政府对主管粮食流通工作的部门,不拨给行政经费,将其转嫁给企业负担。××市粮食局今年1~8月共支出机关行政经费73万元,全部由企业负担。有些地方对粮食企业仓储设施少投入或不投入,完全依赖中央贷款解决,有的通过挤占收购资金扩建仓库。××市×××× 年以来,建库占用收购资金3 213万元,企业为此支付利息197万元。

【思考与练习】
1. 经济调查报告的特点有哪些?
2. 怎样才能写好一篇调查报告?
3. 调查报告的前言一般可以写哪些内容?调查报告的主体结构有哪几种形式?
4. 在下述内容中任选一项,确定一个题目,进行校内调查,并撰写一篇1 000字左右的调查报告。
(1) 关于学生道德品质方面的调查。
(2) 关于学生对专业、毕业、前途等问题的调查。
(3) 关于先进集体的调查。
(4) 关于学生中不良倾向的调查。
(5) 关于学生课外阅读情况的调查。

4 市场调查报告

4.1 市场调查报告的概念、特点和种类

4.1.1 市场调查报告的概念

市场是商品交换场所和交换关系的总和。市场调查就是运用科学的方法,有目的、有计划地去搜集、记录用户和市场活动的真实情况,对有关市场营销的各种情报资料,进行全面或局部的整理、分析和研究。市场调查报告就是市场调查研究后得出的合乎市场经济发展规律的结论性的书面形式。

市场调查的概念有狭义和广义之分。狭义的市场调查是以购买商品的个人或单位为对象,研究消费者对商品的意见和要求、购买欲望和动机;广义的市场调查,除上述内容外,还包括商品销售环境、需求量、价格、流通渠道、销售手段、竞争结构、市场政策法规等内容。

市场营销成功的关键在于成功的经营决策。一个好的经营决策只能以市场预测为前提,而市场预测又必须以市场调查为基础。由此可见,市场调查是市场预测、经营决策全过程中的一个重要组成部分。在市场变化快、企业内部条件和外部营销环境越来越复杂的今天,要搞好企业的经营管理,惟一的出路就在于加强市场调查,提高管理的科学性。

市场调查报告在经济领域里使用频率很高,是经济部门和企业单位进行市场预测、制定政策、做出经营决策的重要依据,也是企业增强应变能力和竞争能力、提高经济效益的重要保证。

4.1.2 市场调查报告的特点

1) 针对性

市场调查报告具有明显的针对性。进行市场调查是为了掌握市场行情,指导消费,以保证市场的健康发展。这就要求市场调查报告必须从市场实际出发,有针对性地调查市场营销的各个环节,以期掌握瞬息万变的市场情况。

2) 时间性

市场调查报告只有快速地反映变化着的市场,才能及时地为企业或主管部门提供决策时的参考意见。对企业来说,能及时了解国内外技术经济情报和市场需求等,无疑有利于提高自身的竞争能力,在竞争日益激烈的市场上夺得一席立足之地。

3) 实用性

市场调查致力于商业经济理论在商品流通领域中的实际运用,具有很强的实践性,其出发点和归宿都落实到对实际经济效益的追求。

4.1.3 市场调查报告的种类

市场调查的范围很广,凡是直接或间接地影响市场营销的情报资料,都是市场调查收集、分析、研究的对象。但是由于各个企业的业务性质、经营范围不同,需要寻求和解决的问题的答案不同,因而调查的种类也就不同。按调查的内容分,市场调查报告有以下几种:

1) 市场需求调查报告

市场需求是指一定时期、一定地区社会对商品有支付能力的需求。市场需求调查报告在内容上主要反映对本企业产品需求量和影响需求量的因素(突出表现在购买动机、购买力、潜在需求等三方面)的市场调查情况。消费者购买商品,先有购买动机,然后才产生购买行为,所以调查购买动机是市场需求调查的重要内容。能不能摸清消费者的购买动机,对产品能否适销对路影响很大。购买力是消费者实现购买行为的前提,是市场调查的首要任务。潜在需求的调查为企业发展新产品、开拓市场提供依据。

2) 消费者消费行为调查报告

主要包括消费者的分布地区和经济状况,消费者年龄、职业、文化程度的不同造成的消费习惯的差异,消费水平与购买心理的关系,消费者的消费动机、消费习惯、消费数量和次数,购买欲望与购买环境氛围的关系,广告对消费者的心理冲击和消费者认可广告与品牌的程度等内容。

3) 竞争对手的调查报告

这类报告侧重于对与本企业同类别的企业的生产能力、竞争能力及新产品的开发等内容的调查与分析,有时也涉及对方的决策、组织管理等。通过调查,一是以对手为参照物,判定自己在同行业中处于何种地位,以提高本企业产品的市场占有率和确定产品的发展方向和策略;二是掌握对手的情况,以提高自身的竞争能力,保证企业发展的活力。

4) 经营政策调查报告

这类报告侧重于本企业产品价格、广告、营销政策及技术、人力政策等的调查分析。通过调查,判定自身企业是否适应市场,营销政策是否合理,以便及时调整。

4.2 市场调查的内容和步骤

4.2.1 市场调查的内容

市场调查的内容十分丰富,有商品供求情况调查,消费者情况与消费心理调查,竞争对象调查,人力、物力、财力利用情况调查以及经营方向调查等等。为了说明方便,拟从商品角度,从买方和卖方两方面来阐述。

1) 对买方的调查

(1) 调查消费者情况 调查消费者也就是调查用户,它又包括以下一些内容:

① 消费者的数量、分布地区、人员构成。其中人员构成又包括消费者的年龄、性别、职业、民族、文化程度等等,这些是形成购买力的基本因素。

② 消费者的经济状况、消费水平、消费结构、对商品的消耗速度。这些是形成购买力的重要因素。消费者的经济状况发生了变化,他们对物质、文化的需求就会随之发生变化,那么,消费水平、消费结构、对商品的消耗速度也要发生相应的变化。

③ 消费者的购买动机、购买习惯、购买心理。购买动机指消费者在购买商品时是出于什么动机:是思虑再三考虑成熟后买的呢,还是偶然相见,心中一动买的呢?是被广告宣传所打动呢,还是接受了亲朋好友的建议呢?

购买习惯是消费者在日常生活中逐步形成的、较为固定的购物模式。比如,某甲喜欢喝啤酒,某乙喜欢喝白酒,某甲喜欢买名牌高档服装,某乙偏爱大路货,甚至处理货。消费习惯一旦形成,是不大容易改变的,除非消费环境发生了变化,或是消费者本身发生了变化,比如经济状况改善了,或是文化层次提高了等等。

购买心理是消费者购物时的心理活动。影响购买心理的因素是很多的。在购物时,有时消费者是由理智支配的,有明晰的思维活动;有时却是出于下意识、潜意识或者习惯方式所支配,这时,他们并没有很清晰的思路。

④ 消费者对商品的产地、企业、品牌,对新、旧产品的态度。比如,有的人习惯于买"经得住"、"用得惯"的老产品,有的人则喜欢新颖、别致、创新的新产品;有的人钟爱闽、粤货,欣赏它们的设计奇巧、色彩明丽、款式新潮;有的人则认定苏、沪货,看中它们的质量可靠,价格适中,实在耐用;还有的人认厂家、认商标。

⑤ 消费者购物时的时间、次数、数量。比如,江南人买菜多在清晨,而北方人多在下班后的傍晚。再比如,有人是未雨绸缪,提前购物;而有的人则事到临头,才去采买。

⑥ 消费者的意见。作为生产经营者,应该把消费者的意见视作"上帝"的声音。

⑦ 用户的增减趋势。了解用户的增减趋势,就可以明确产品的寿命周期,明确产品是处于销路增长的成长期,还是处于销路最好的稳定期,或者是处于销路衰减的衰退期,从而为企业正确决策提供科学的依据。

(2) 调查市场需求情况　主要包括以下一些内容:

① 当地市场的基本情况:包括市场规模、市场环境、市场特点、市场构成以及政治、经济形势。如人口,土地,气候,自然资源,能源,交通,生产力配置,工业生产能力,布局,农作物种类、产量,目前的经济发展状况、改革的进程等。

② 市场总需求量:也就是某种商品在市场中的饱和点。这种调查对国家和企业来说都是非常重要的。它可以避免因生产的盲目性而造成产品的供过于求,大量积压;或者供不应求,脱销断档。

③ 市场的潜在需求量及其投向:潜在需求量包括城乡居民的存款及未存入银行又未进入流通领域的闲散滞留资金。这些尚待实现的购买力随时可以变为现实的需求。

④ 市场需求变化的客观诱因:这是指因形成市场的客观条件发生变化而引起的市场需求的变化。它包括环境改变、人员流动、气候异常、自然灾害等等。

⑤ 市场需求变化的主观诱因:这是指因为一些社会的、人为的因素造成的市场需求的变化。它包括政府有关部门的政策、法规及消费导向,政府的调价措施,企业的广告宣传,社会上的流言"风潮"等等。

⑥ 本企业产品在市场上的现实占有率,占有率的变化趋势以及可能争取到的市场占有率。市场有如战场,要想在竞争中立于不败之地,就要"知己知彼"。这一条就是"知己",是企业具有自知之明必须要做的工作。

2) 对卖方的调查

对卖方的调查,可以分别从产、供、销三方面进行。

(1) 产方情况　调查产方情况,可以从以下方面进行:

① 生产企业：包括企业的数量、规模、分布情况、生产能力、生产管理、经济效益、交货能力等。还可以再细分，比如，交货能力又包括交货期限、数量、批量等。

② 产品：包括花色、品种、规格、数量、质量、性能、效用、价格、成本、外形、包装以及产品的市场占有率、消费者对它的评价等等。

③ 技术服务能力：包括技术服务的力量、组织机构、网点分布以及服务的态度、方法等等。

(2) 供方情况　调查供方情况，可以从以下方面进行：

① 供应渠道（国营主渠道、集体、个体或国外）、流转环节（一级批发、二级批发、代理）。

② 供应方式、方法。

③ 运输能力、方式、路线、成本和时间。

④ 仓储能力、状况、条件、成本。

(3) 销方情况　调查销方情况，可以从以下方面着手：

① 销售网点的布局与建设。

② 销售渠道（国营、集体、个体）、销售方式方法（批发、代理、零售）。

③ 销售能力、条件、状况、销售利率。

④ 销售人员素质，包括文化程度、业务素质、职业道德。

⑤ 促销活动，一般要调查广告的方式、时空、费用、效果，还可以调查展销情况。

⑥ 售后服务，包括售后服务能力、方法、费用、态度、效果。

4.2.2　市场调查的步骤

1) 准备阶段

市场调查的准备工作应包括以下几个方面：

(1) 确定调查目标　目标是调查的主体。明确目标也就是明确了调查报告的主题。

(2) 确定调查对象　当调查目标确定后，就要选择相关的对象使调查得以顺利实施，且通过对对象的调查实现调查目的。

(3) 确定调查重点　调查目标明确，调查重点就容易确定。如主要调查哪几个方面的情况，哪些在前，哪些在后。重点确定之后，才能有条不紊地展开调查。

(4) 确定调查方法　调查研究要借助于某种合适的方法去实施，才能保证调查报告的质量。

市场调查报告常用的调查方法有：普遍调查法、典型调查法、抽样调查法等基本方法及问卷调查法、观察法、访谈法等具体方法。由于这些调查方法在"经济调查报告"一章中已有介绍，在此不作详述。

在市场调查中，使用频率最高的是问卷调查法。问卷调查法是根据企业一定的目的和要求，事先设计和拟定一些相关的问题，要求被调查者书面回答，然后通过对答卷的分析得出结论的一种方法。问卷调查表的设计切忌繁琐或带倾向性，要明确反映调查目的，重点突出，内容具体，题目明了，能正确记录和充分反映被调查者回答的事实，并具有引导被调查者坦诚说出自己意向的功能。

2) 调查阶段

在调查的实施阶段，要用合适的调查方法去了解情况，搜集各有关材料、数据。

3) 分析阶段

分析就是对调查得来的资料进行统计、鉴别，做出判断。其顺序为：首先是整理资料，检查资料是否有误，是否完整，是否真实；其次要分类编号，可按内容规定设代号，也可按时间顺序编排类别号码，以便查找、使用方便；最后是统计分析，直观、准确地反映一些市场规律，做出评价或结论。

4.3 市场调查报告的结构与写作要求

4.3.1 市场调查报告的结构

市场调查报告的结构通常包括标题、前言、主体、结尾四部分。

1) 标题

市场调查报告的标题包括调查的对象、内容、范围等要素，一般应点明文种。标题要求突出主题，与内容相符，并做到简明、醒目、有新意，如"关于电冰箱销售情况的市场调查"。也可以在正题之外加上副题，正题揭示主旨，是调查的内容或观点，副题写出调查对象或范围。如"'泥巴换外汇'——陶瓷品出口情况调查"。

2) 前言

前言部分内容上一般交代调查的背景、调查的基本情况等，具体说来，应写明时间、地点、对象、范围、调查目的、经过、方法等，也可以表明基本观点或得出的结论。

有些市场调查报告省略前言，直接写调查报告的正文。这种情况多用于内容较单一、篇幅较短的市场调查报告。

3) 主体

这是调查报告的主要部分，包括调查情况及对情况的认识，调查中所获得的材料的性质和内在联系，对其进行科学地分类并按一定逻辑顺序进行安排。一般有以下三方面内容：

(1) 基本情况　这部分可按时间顺序进行表述，有历史的情况，有现实的情况，也可以按问题的性质归纳成几个类别加以表达，要求如实反映调查对象的现实面貌。写作时，一般情况可用叙述或说明的方法加以介绍，具体情况可用数字、图表加以详细说明。

(2) 分析或预测　通过对所收集资料进行分析研究并预测市场发展的趋势是市场调查报告的重要内容。市场调查报告虽然不以预测为重点，但通过对大量具体资料的科学分析，得出对市场前景的正确判断，以此作为企业生产、经营的参考依据，是十分必要的。

(3) 建议或措施　这是市场调查报告的落脚点，根据分析或预测得出的结论，建议采取的计划或措施。这一部分内容既要有针对性，又要有可行性。

4) 结尾

结尾是全文的收束部分。如写有前言，一般就要有结尾，以照应开头，或重申观点、或加深认识，这部分也可省略。

4.3.2 市场调查报告的写作要求

市场调查报告的写作除要符合一般应用文的写作要求，如主题明确，内容充实，语言准确、简练、朴实外，更要注意以下方面：

1) 注重事实,突出重点

事实胜于雄辩。只有用真实、准确、典型的材料说明问题,人们才会从市场的变化中摸清市场运行的规律,才能对人们的经济活动有指导作用。事实本身也是所要传递的信息,当作者从中发现了自己的观点后,其他人或许会从中看到其他的东西,这更要求必须注重事实本身。另外,市场调查报告的重点在于反映现存市场的情况,在写作上,要突出重点情况,不能面面俱到。

2) 注意观点和材料的统一

作者要在如实地反映情况的基础上提出有见地的分析意见和相应建议,做到材料与观点的统一。

3) 要讲究时效

时效性是市场调查报告存在的前提,惟有迅速、及时地反映瞬息万变的市场,才能充分发挥其应有的作用;反之,所搜集的资料或调查结果就会失效,甚至会产生负面效应。所以,在保证市场调查报告质量的前提下,要讲究时效性。

4) 保证调查结论的准确性,防止以偏概全

市场是一个多元化、全方位的网络系统,在明确调查内容和对象的前提下,必然涉及与之有联系的相关部分,不能孤立地看待局部市场,忽视全局,要能真实、准确、全面地反映市场情况。

[例文]

××市商品交易市场调查报告
××市统计局贸经科

为加强对商品交易市场的规划、建设和管理,市统计局、市工商局、市经贸委、市政府财贸办公室联合组织开展了全市商品交易市场的快速调查。现将调查情况报告如下:

一、全市商品交易市场发展基本情况

调查资料表明,××市目前共有乡镇及以上各类经政府主管部门批准、有固定交易场所、进行经常性常年交易并设有专职管理人员的现货商品交易市场48个(不包括农村集市),其中2009年、2010年市场年成交额均超亿元的市场有7个;市场累计固定资产总额达3.3亿元,市场摊位容量为13 284个,已出租摊位9 990个,出租率达75.2%。按市场类别分,有综合市场25个,其中工业品综合市场6个,农产品综合市场3个,其他综合市场16个;专业市场23个,其中蔬菜市场6个,木材市场4个,水产品市场、干鲜果市场、建筑材料市场、机动车市场、小商品市场各2个;家具市场、金属材料市场和旧货市场各1个。按经营状态分,常年营业的有40个,季节性营业的有6个,其他营业状态的有2个。

二、商品交易市场发展规模成果可喜

从调查的48个商品交易市场实现的市场成交总额、市场管理费总额、税金总额、摊位租金总额、营业面积五大指标来看,均呈逐年上升趋势。从调查结果看,2009年、2010年分别实现商品市场成交额15.3亿元、27.8亿元,2010年比2009年增长81.7%,增幅较大,其主要原因是2010年新增市场10个。从被调查市场实现成交额占全市全部商品交易市场成交的份额看,2009年为33.8%,2010年上升到66.6%,2011年1~6月份,商品交易市场成交

额达14.4亿元,占全市上半年全部商品交易市场成交额的48.6%,而且市场运营情况较好。市场管理费总额2009年、2010年分别实现274万元、364万元,2010年比2009年增长32.8%;2011年1~6月份实现199万元。从收取的市场管理费占市场成交总额的比重来看,呈下降趋势,2009年、2010年分别下降0.18%、0.13%,2011年1~6月份下降0.14%。摊位租金总额2009年、2010年分别实现627万元、696.6万元,2010年比2009年增长11.1%,2011年1~6月份实现428万元。上述调查表明,商品交易市场对社会的贡献越来越大。2009年、2010年分别实现税金总额1 692万元、2 082万元,2010年比2009年增长23.0%;2011年1~6月份实现税金总额1 223万元。随着经济与社会的发展,我市市场规模逐年扩大。2009年底商品交易市场营业面积为37.0万平方米,2010年底为43.6万平方米,比2009年底增长17.8%。超过亿元的商品交易市场2009年为7个,2010年为8个。2009年、2010年均超过亿元的7个商品交易市场,2010年分别实现的市场成交额为:××海货城12.00亿元,太阳城市场3.20亿元,××东关副食小百货批发市场1.80亿元,××人民商场1.17亿元,××金沙商场1.12亿元,××罗山商场1.10亿元,××副食品市场1.03亿元。

三、问题及建议

(1) 从调查的48家商品交易市场经营状况来看,市场摊位出租率达75.2%,尚有24.8%的摊位属新建市场,由于时间短还没得到充分利用。这表明我们在加大市场扶持措施,积极培育市场,强化招商力度,尽快使商品交易市场繁荣活跃诸方面还有很多工作要做。

(2) 从调查的48家商品交易市场的资料看,2009年、2010年均超亿元的7家市场,2009年共实现成交额11.3亿元,占全部的73.7%;2010年共实现成交额21.42亿元,占全部的77.0%,其余占市场总数的86.4%的市场成交额仅为6.4亿元,占全部的23.0%。这种情况明白无误地告诉市场主办单位及有关部门,在规范管理市场的同时,在税费等方面应给予市场一定的优惠政策,使市场先发展后受益,从而使市场进入一个发展、扩大、再发展的良性循环。

(3) 鉴于本市农产品资源丰富,具有特色的茶叶、瓜菜、干鲜果、石材等生产眼下已有一定规模,宜建立集批发、零售于一体的大规模专业交易市场,借鉴国内成功的做法,汲取先进的市场建设经验,广吸博纳,使各个层面的消费者和商界英才近悦远来,以求产生规模集散效应,这样无论对我们本市还是周边地区都有益处。

【思考与练习】
1. 市场调查报告有哪些种类?
2. 简述市场调查的内容和步骤。
3. 试分析例文的写作结构。
4. 按市场调查报告的写作要求,写一篇大学生在一个学期中的开支与消费情况的调查报告。

5 经济计划报告

5.1 经济计划的概念、特点、作用和种类

5.1.1 经济计划的概念和特点

1) 经济计划的概念

计划是人们事先对一定时期工作的打算和安排。凡党政机关、部门、团体、企事业单位和个人等,为了完成某一时期的工作或生产经营任务,从实际出发所进行的预想性部署和安排,均可称之为计划。

经济计划是人们对未来一定时期内的生产、生活和经济工作确定的目标、规定的任务、提出的要求、制定的实施方法和步骤的打算和安排,并将其写成的书面文字。

经济计划形式多种多样,明确地标出"计划"字样的书面文件是计划,常见的规划、纲要、设想、安排、打算、方案、重点、意见等也是计划。一般地说,"规划"、"纲要"时间跨度较大,涉及面广,要求比较概括;"设想",则是初步的、不成熟的、非正式的计划;"安排"、"打算"是期限较短、范围较小、内容较具体的计划;"方案"、"重点"、"意见"则往往是上级机关向下级单位部署一定时期的工作,交代方针政策,提供方法、措施,提出进度要求的计划性文件。

2) 经济计划的特点

(1) 具有明确的目标 制定经济计划必须有明确的目标,即在计划中要明确写出在一定时间内要完成什么任务,达到什么目标,获得什么效益。

(2) 具有很强的预见性 这是经济计划的根本特点。经济计划是一种尚未实现的预想、期望。经济计划的拟订是在分析前段成绩经验和教训,结合当前实际情况,预测未来发展趋势的基础上科学地制定出来的。没有预见性便没有经济计划可言。经济计划的预见性设想包括要做什么工作,达到什么目的,准备采用什么方法、步骤、措施,可能遇到什么困难等。

(3) 措施具有可行性 计划的可行性是实现预期目标的保证。计划中拟订的方法、步骤应是现实中可以实施的,指标也应该是经过努力可以达到的。因此,制订计划必须实事求是,计划的措施要具体,具有可操作性。

(4) 具有一定的约束性 经济计划一经通过、下达,就具有了约束力。因为具体可行的计划都在一定时限内规定了具体的任务,写明了实施的方法和步骤,实施者应该随时对照检查和督促,以期达到预期的目标。不能随意更改计划,即使要调整、修改也要经过一定的审批手续。

5.1.2 经济计划的作用

"凡事预则立,不预则废"。订好计划不仅是为了对未来工作和生产经营任务做到心中

有数,增强预见性,减少盲目性,而且是社会主义经济实行宏观调控的一项基础工作。经济计划的作用具体表现在以下几个方面:

1) 指导作用

有了计划,工作就有了方向、目标,就能指导人们更好地贯彻党和国家的方针政策,更好地完成所布置的各项任务,更合理地利用人力、物力和自然资源,实现有限资源的合理配置,减少盲目性给经济工作带来的损失。

2) 推动作用

工作目标、方向确定后,人们心中就有了底,知道要做什么,该如何做,在工作中不断激励自己,鞭策自己,推动工作,努力实现预定的计划目标。

3) 保证、监督作用

计划的制订,还可以方便有关部门、有关人员随时检查工作的进展、计划的落实情况,一旦发现问题,就可以及时地采取相应的对策、措施,进行处理、解决,以保证计划顺利完成。

5.1.3 经济计划的种类

1) 按计划的层次分

按计划的层次分为中央计划、地方计划和基层计划。中央计划包括国家计经委和中央各部门的计划;地方计划指省、市、自治区以及下面的市、县计划;基层计划主要指独立核算的企事业单位的计划。此外,还有部门计划、科室计划、车间班组计划、乡村计划等。

2) 按计划的时间分

按计划的时间分为长期计划、中期计划和短期计划。长期计划是关于发展经济的战略部署,一般指十年以上的远景规划。它具有战略性、纲领性、轮廓性和鼓舞性。中期计划主要指五年计划。五年计划是长期计划的具体化,也是我国计划管理的基本形式。短期计划,包括年度计划、季度计划和月计划等,其中以年度计划为主要形式。

3) 按计划涉及的范围分

按计划涉及的范围分有综合计划、行业计划和专项计划等。

4) 按计划的内容分

按计划的内容分为工作计划、生产计划、流通计划、财政信贷计划、分配计划、基本建设计划、人口计划等。

5.2 经济计划报告的写作程序、结构和内容

5.2.1 经济计划的写作程序

由于中长期计划和短期计划要求不同,写作过程也不完全一样。编制中长期计划一般要经过以下步骤:

(1) 总结和研究上一期计划的完成情况,收集和核实各种数字资料。在编制计划前,应深入调查研究,对完成或未完成计划的数字要逐一核实,防止虚报和瞒报。对不断变化的基本情况,也要逐项进行调查研究,这是制订计划的基础。

(2) 整理资料,进行经济分析。主要是分析本计划范围内经济发展的有利因素和不利因素;前期计划完成或未完成的主客观原因。要实事求是地肯定成绩,找出存在的问题。可

以与先进单位比,可以与本单位经济发展的不同时期比。

(3) 编制计划表格,作好综合平衡。这个阶段要进行大量的复杂而细致的统计、计算、平衡工作。任何一个数字的变动,都可能引起很多数字的增减,工作一定要细致。

(4) 提出计划初步方案,广泛征求意见。初步拟定的计划方案应有几种不同的设想让人们讨论分析。同时应邀请有关专家参加讨论。

(5) 选择最优方案,起草计划报告。方案选定并写好报告后,报请有关部门批准,批准后及时下达,组织下属单位制定相应的实施计划。

短期计划是落实中长期计划的工作安排,要求详细、具体、周密,但不需要经过上述复杂的过程。一般由负责制定的人或单位提出,经过讨论和审批即可实施。

5.2.2 经济计划的结构和内容

中长期计划同短期计划在写法上有明显区别。

1) 中长期计划报告的写法

中长期计划是计划单位较长时期的纲领性文件,因此要求严格,在写法上也有一定的格式。

(1) 标题 中长期计划的标题,一般由单位名称、时限、内容和文种四个部分组成。如"××县2001年至2005年农村社会经济发展规划"、"中华人民共和国国民经济和社会发展十年规划和第十个五年计划纲要"等。经济计划在上报审批时才加上"报告"二字。有的在上报审批时也不加"报告",而是在计划前另写一份请示审核的报告,而把计划作为附件。如果是征求意见、供讨论修改的计划,应在标题后注明"草案"或"征求意见稿"、"送审稿"等字样。

(2) 正文 正文一般分为序言、主体、结尾三部分。

① 序言部分:主要写编制计划的指导思想,即说明编制计划的根据、目的和意义。要简明扼要地对前期计划进行总结,包括取得哪些成绩和存在的问题以及现时的有利条件和不利因素。这些是编制计划的依据。关于制订计划的一些情况说明也可放在序言里。

② 主体部分:主体部分主要写计划的具体内容,一般分两个层次:

第一层次写明计划的具体项目、指标和要求。这部分要写得具体明确、中心突出、主次分明。指标要尽可能按照经济计划的指标体系和规范要求列写。可采用条文式,逐条逐项写明;也可采用表格形式,对计划项目逐一说明;还可以在条文之外另加附表。总之,要尽量给人以具体、明晰的印象。

第二层次要写明实现计划的步骤、方法和措施。

计划的主体内容,一般分条分项书写,这样既把问题突出,又显得眉目清楚。

③ 结尾部分:主要是提出要求和希望,或发出号召,或写明如何检查督促以及保证计划实施所采用的奖惩办法等。

(3) 落款 在正文的右下方,写上制订计划的单位名称和日期。如果标题上已写明单位名称,只要写上日期就行了。

2) 短期计划报告的写法

短期计划一般是生产经营单位对年内工作所做的安排,计划的内容一般比较单一,形式也比较灵活。有时只用简单的条文说明具体任务和安排;有时就是一张简单的计划表;有时以表格为主,在表前写一份简单的说明。

[例文1]

××市义务植树造林20××年春季工作计划
（草案）

根据全国五届人大第四次会议通过的《关于开展全民义务植树运动的决议》，希望我市广大人民群众积极响应党和政府的号召，人人争当义务植树的突击手，争当保护林木的哨兵，个个为绿化祖国贡献力量。为此，我市在今年春季要做好以下几项工作。

一、任务与要求

（一）我市今年春季计划造林面积××亩，植树××株。要求每人平均3～5株，栽下后要有人管理，保证成活，植树不要只用好地。春季植树造林要在植树节前基本完成。

（二）以市政府为领导，以各区为单位，以全民义务植树造林指挥部为指导的群众性的植树造林运动，具体要求：

1. 各机关、团体的领导要带头，并指定专人负责此项工作。
2. 充分发动群众组织好力量，采取分片包干的办法。
3. 要因地制宜，根据气候、土壤等不同条件，栽植不同品种的树。
4. 各苗圃要及时做好挖苗备运工作。
5. 加强各环节工作的检查，2月中旬作一次全面检查。

二、措施

（一）于2月下旬召开一次植树造林工作会议，参加人员：本市机关、团体、学校、工厂的有关负责人及政府区以上的主要负责人等。重点研究植树造林的各项准备工作，采取必要措施予以落实。

（二）加强各单位各部门的植树造林的领导工作，认真解决各单位存在的问题。

（三）抽调××名干部到植树造林第一线做具体指导工作。

（四）在植树节前把春季植树造林基本搞完。

××省××市政府
20××年×月

[例文2]

20××年下半年烤烟流转计划

20××年上半年烤烟商品流转计划业已完成。为了不影响各地安排工作和市场供应，请示省计委同意，暂下达20××年下半年烤烟流转计划。各地可按此安排工作。待国家计划下达后，再按国家计划执行。现将有关问题说明如下：

一、要做好收购准备，加快收购速度，努力完成或超额完成国家收购计划。要求在年底前，把应收的全部收上来。要积极帮助农民搞好后期田间管理，改进烘烤技术，提高烤烟质量，提高均价。质量、均价力争达到历史最高水平，即上、中等烟要占××％以上，均价达××元。

二、要根据边收购边调运的原则,积极安排调运。关于省外计划和出口计划,中央尚未下达,待中央计划下达后再另行通知。

附:20××年下半年烤烟流转计划表

单位:市担

地 区	期初库存	收 购	省内调入	销 售	省内调出	期末库存
合计	7 055	550 000		392 000		165 055
××市		30 000		27 000		3 000
××市	184	25 000		22 000		3 184
××市	250	14 000		13 000		1 250
××市	4 554	346 000		220 000		130 554
××市	1 594	30 000		25 000		6 594
××地区		5 000		5 000		
××地区	473	100 000		80 000		20 473

××省××公司
20××年×月×日

【思考与练习】

1. 计划与规划、设想、要点、意见、安排有何区别?
2. 编制中长期计划一般要经过哪些步骤?
3. 结合例文1,分析其结构及写作特点。
4. 结合自己的学习和工作实际,编写一份计划。

6 经济工作总结

6.1 经济工作总结的概念、作用和种类

6.1.1 经济工作总结的概念和作用

总结是对某一阶段工作、学习、生产或思想情况等进行回顾、检查、分析和研究并得出结论的过程。总结与计划不同。计划是事前的行为,而总结是事后的行为;计划侧重于对工作的安排打算,而总结侧重于对工作的回顾、分析,探索事物的发展规律;计划所要回答的是做什么? 怎么做? 何时完成? 而总结所要回答的是做了什么? 做得怎样? 该怎么办? 总结又分为口头总结和书面总结两种形式。经济工作总结是经济部门或单位对某一阶段经济活动进行系统的回顾分析、研究评价,并归纳出结论的书面形式。

经济工作总结的作用有以下几个方面:

(1) 经济工作总结是探索经济规律的有效途径。人们对经济规律的认识,往往是通过对日常错综复杂的经济活动和所呈现的千变万化的经济现象综合分析研究,实现从感性认识到理性认识的飞跃来完成的。这一过程,实际上就是经济工作总结的过程。

(2) 经济工作总结是推广先进经验的重要方法。要发展经济,一是要不断总结自己的经验,二是要学习和推广外地、外国的先进经验。而这些经验都是通过经济工作总结获得的。

(3) 经济工作总结是发现和克服工作中缺点、错误的重要手段。在经济工作中不可能不出这样或那样的问题,犯这样或那样的错误。通过经常总结,可及时发现问题、纠正错误,以保证经济工作的顺利进行。

(4) 经济工作总结是锻炼和提高经济管理人员素质的重要途径。"工作好做,总结难写",这句话道出了总结的重要性。经济管理人员往往是在经济工作的实践中不断总结提高、增长才干的。一个好的经济管理人员就要做到既善于工作,又善于总结。

6.1.2 经济工作总结的种类

经济工作总结有许多种类,可按不同的方法进行分类。

1) 按总结的范围分

按总结的范围分,有地区经济工作总结、部门经济工作总结、单位经济工作总结。

2) 按总结的时间分

按总结的时间分,有月度经济工作总结、季度经济工作总结、年度经济工作总结等。

3) 按总结的用途分

按总结的用途分,有汇报性经济工作总结、交流性经济工作总结(经验总结)。

4）按经济工作总结的涵盖面分

按经济工作总结的涵盖面分,有综合性经济工作总结和专题性经济工作总结。

（1）综合性经济工作总结　是指比较全面地总结一个地区、一个部门或一个单位在一定时期内整个的经济工作情况,即对前一段经济工作中的主要成绩、具体做法、经验体会、问题或教训以及今后的努力方向进行一一阐述。通过一份全面的经济工作总结,就能对这个单位的经济工作或活动有个整体性的了解。综合性经济工作总结一般按时间写作,如年度总结、季度总结、月度总结等。

（2）专题性经济工作总结　是指某个单位或部门对前一段时期,某一方面的经济工作、经济活动或问题所做的专门总结,如《关于××市财务清查工作总结》《植树造林的五大好处》。这类总结大致有三种类型：正面经验总结、反面教训总结及同时总结正面经验与反面教训。

6.2　经济工作总结的结构、内容和基本要求

6.2.1　经济工作总结的结构和内容

经济工作总结一般由标题、正文、署名和日期四个部分组成。

1）标题

综合性经济工作总结的标题一般包括单位名称、时间、内容和文种,如"××公司××年工作总结"。标题的形式可灵活多样,有些标题也可不标明"总结"二字,如"调整产业结构,大力发展特色商品生产"。有些总结既有正标题,又列出副标题,正标题表明总结的中心内容和范围,副标题表明总结的对象和单位名称。

2）正文

正文是总结的主要部分。正文的基本内容包括情况的概述、经验和教训及今后的打算这几部分。

从结构上来说,正文可分为前言、主体和结尾三部分。

（1）前言　这是正文的开头。几乎所有的经济工作总结,开头都有一段概述性文字,对全篇进行概括、提炼,起到提纲挈领、为主体内容的展开作必要铺垫的作用。具体内容包括总结时间、总结对象的基本情况、交代背景、主要成绩或问题的简要叙述。

（2）主体　这是经济工作总结的主要部分。具体内容主要写成绩和缺点（不足）、经验和教训。总结的目的就是要肯定成绩,找出不足,对成绩和不足要进行细致的分析。在本阶段具体做了哪些工作,成绩有多大,表现在哪些方面,是怎样取得的,要写得详细、具体,要有充分的事实材料和必要的统计数据；缺点（不足）有多少,表现在哪些方面,是属什么性质的,怎样产生的等都要交代清楚。

为了巩固成绩、克服缺点,在总结时,须对以往工作的经验教训进行分析、研究、概括、集中,并把它上升到理论高度来认识,从而揭示出事物的本质,找出规律性的东西,作为今后工作的借鉴。

（3）结尾　结尾通常写今后的打算（亦称努力方向）。这部分实质上是在总结经验教训的基础上,分析形势,提出任务,展望前景,表明决心。

就一篇总结而言,以上内容不一定面面俱到地都写上,可以有所侧重,或着重写成绩与经验,或着重写经验体会,或着重写缺点教训,一切都要从实际出发。

在正文写作中一般采用如下结构形式：

(1) 纵式结构形式　即按时间顺序或工作进程来写。具体来说是全文围绕总结的中心内容，先叙述具体做法，后写成绩、经验，最后写存在的问题及教训。这种结构层次清楚，前后贯通，一气呵成。一些综合性总结常采用这种写法。

(2) 横式结构形式　即把工作分为几个方面来写，各个方面之间彼此并列，又都为总结的中心思想服务。这样的结构通常要把经验体会上升到理论高度，归纳成几个并列的观点，然后按其内部的逻辑关系来安排内容层次。这种结构行文简要，眉目清晰。

(3) 纵横式结构形式　即在一份总结中既有纵式结构又有横式结构，它是按材料间的逻辑关系，把内容分为几个部分，每一部分又按时间顺序来写；或是以时间为序将整个工作分为几个阶段，每一阶段又分别归纳出一些经验和体会。这种结构的写法条理清楚，一目了然。

以上三种写法中，可以用小标题将各部分、各方面的内容概括出来，分别论述；也可以将各部分内容用序数词"一、二、三……"加以划分，每一部分加上段旨，表达各层次、各阶段的内容。加上小标题或加上段旨的写法可以更好地明确作者的主要观点，也便于理解、阅读各部分的内容。

3) 署名和日期

最后写上单位名称及总结的具体日期。单位名称已列在标题中的则不写。

6.2.2　经济工作总结写作的基本要求

写经济工作总结有"三忌"，即忌流水账、忌就事论事、忌浮夸虚假。为此，写经济工作总结时要做到以下几点：

1) 要有正确的指导思想和明确的目标

树立正确的指导思想是写好总结的根本保证。总结必须以党的方针政策为指导，坚持用全面的、客观的、辩证的观点去总结所做的工作，是成绩就要充分肯定，但不要夸大；是缺点就要勇于暴露，不要文过饰非。一定要实事求是地反映本单位、本部门的工作情况。这样，总结的目的才能做到有的放矢，重点突出。

2) 要深入调查研究，坚持实事求是

进行深入细致的调查研究，是写好总结的重要前提。因为总结是建立在本地区本部门或本单位经济工作实际基础之上的，而不是凭空想象、主观臆造的。要透彻、深刻地反映经济活动实际，就必须做深入的调查研究，收集和掌握第一手材料，在此基础上，坚持运用一分为二的观点去进行分析研究，形成观点，发表见解，用材料来说明成绩、经验，归纳成规律性的东西，只有这样才能做到透过现象揭示本质。在总结中恰当地肯定成绩和主流，揭示存在的问题，可有效地杜绝片面性、主观性和以偏概全现象，写出一份既能突出重点、特点，又能反映全面实际情况，观点正确，具有借鉴意义的总结来。

3) 要抓住重点，突出典型，写出既有特色又有创新的观点

抓住重点，突出典型，把概括叙述和典型事例结合起来是撰写总结报告的常用手法。通过典型事例，可以使叙述的情况更加生动具体，使提出的观点更具有说服力。

一个单位的全部经济工作过程是复杂多元的，又是曲折多变的，在写总结时要突出重点，兼顾一般。主要部分或核心问题要写深写透，做到详略得当，切忌就事论事，罗列现象，面面俱到。每年的经济工作表面看上去似乎是简单重复，实质却是一个不断发展、不断创新的过程。总结就是要写出工作中的新情况、新经验，并上升为理论，提出具有本单位特色的

新观点、新方法。这样的总结才有利于提高认识,改进工作。

4) 语言要准确、简洁

语言的准确性体现在措辞上要恰如其分,成绩或错误是"大"还是"较大"都要推敲使用,忌用模棱两可的词语,如"差不多"、"似乎"等。

[例文]

××市运输公司20××年上半年度工作总结

在市交通运输局党委的领导下,今年我们继续以整顿企业为中心,以完善经济责任制为重点,以提高经济效益为目标,做了大量工作,取得了一定的效果。上半年主要经济技术指标完成情况良好:运量比去年同期提高1.1%;周转量比去年同期提高9.2%;劳动生产率比去年同期提高7.8%;机车完好率比去年同期提高0.5%。

上半年具体抓了以下几项工作:

一、运输与管理

公司和各车队的业调人员以提高服务质量、扩大货源、发展生产为着眼点,组织合理运输,提高经济效益,保证了生产财务计划的完成。

(一)运输

1. 组织承包合同业务,开辟新的货源阵地。业调人员深入到工厂、仓库、施工现场,尽可能承包运输业务。上半年签订运输承包合同××个,扩大了土方运量××吨,解决了全场70%以上的货源。

2. 积极开展长途运输和零担班车运输。针对一季度货源不足的问题,公司抓了对市场信息的调查研究,组织有关车队到山西协助拉煤,这样满足了本市的供煤需要。

3. 及时调剂平衡,组织合理运输。在公司的组织下,各车队从全局出发,互相支援,及时调剂货源,里程利用率从5月份开始回升,6月份达到53.1%,比原计划提高0.3%。

4. 公司和各车队注意及时解决定额执行中的问题,严格按期抽查,促进了定额管理,根据需要还制定了单项定额,加强了运费核算和结算工作,加快了资金周转。

(二)管理

1. 加强教育,加强运输服务质量管理。采取领导和群众相结合的方法,制定了《运输质量全面管理方法》《各岗位人员的工作质量标准》等,并印刷成册下发到各车队。各级领导以身作则,加强教育,狠抓质量管理的基础工作,发动群众人人重视质量,人人参加管理,人人按本岗位的质量标准办事。

2. 贯彻预防为主的方针,加强现场检查,使超载亏载现象有了较大的改进。4月份,公司抽查了××车次装载情况,绝大部分符合标准。

3. 大力提倡文明运输,坚决刹住野蛮装卸。各车队找问题、定措施,出现了"文明装卸光荣、野蛮装卸可耻"的新风尚。

二、安全行车(略)

三、车辆保修、节约能源

(一)车辆保修

上半年,更新了××辆解放牌老旧车,分配给五、六、七车队。各车队积极整车检查,在较短的时间内检查完毕,投入使用。新车投产后,各车队严格进行走合保养,使新车始终保持良好的车况。改革了现行保养制度,科学地确定保养里程,减少了浪费,降低了材料费用,提高了经济效益,节约了××万元。

(二)节约能源(略)

四、企业整顿

根据公司安排,各车队积极开展整顿工作,对照交通部整顿企业五项工作合格标准进行填平补充,加快了整顿进度,效果比较明显。

1. 各车队普遍加强了领导班子建设及思想政治工作。
2. 经济责任制不断健全和完善,管理的基础工作普遍加强。
3. 各项经济技术指标完成得较好,各车队都有一些指标达到历史最高水平。
4. 加强劳动纪律,全员培训;整顿财经纪律,健全财务制度;促进文明生产;改善职工生活福利等项工作都有明显的成绩,工作秩序和生活秩序普遍良好,职工的心情比较舒畅。

五、后勤工作

公司和各车队挖掘潜力,充分利用现有条件,统筹安排,改善职工的生产、生活条件。

今年,公司将要拿出××万元,安排××项家属宿舍工程。去年年底开工的家属宿舍楼,预计今年年底前可以完工,这将使住房紧张的状况有所缓和。与此同时,安排了一定资金,用以改善生产条件。

深入开展了卫生、医疗、食堂和计划生育等百分竞赛。炊事员建立了应知应会等级标准、岗位责任制和服务公约,使饭菜质量和服务态度有了新的提高;医疗工作逐步走向数据化、条理化、正规化;卫生工作坚持经常化。三、五车队继续保持了市级卫生先进单位称号。加强了计划生育的宣传、教育,进一步提高了职工的认识,一胎领证率达到××%,节育率达到99.6%。大搞绿化,植树近×××棵,铺草坪××平方米,美化了环境。

今年上半年,各项工作取得了一定成绩,但还存在一些问题,主要是:

1. 没有实现提高经济效益的奋斗目标。原因有客观因素,如油价提高、运距延长等,但从主观上讲,与公司调查研究不够,预见性差,措施不力也有关系。
2. 对运输服务质量,少数车队仍有忙时推货源,闲时抢货源的现象。有的司装人员和业调人员服务态度生硬。质量管理基础工作不扎实,发展不平衡。
3. 技术管理与当前企业整顿要求不适应,集权较多,统得过死,车队漏保、漏项的现象时有发生。
4. 节能工作尚有差距,没有实现百吨公里单耗汽油××升的奋斗目标。

针对以上问题,公司决心进一步提出整改措施,加强管理,挖掘潜力,群策群力,为提高全年经济效益抓好各项工作。

20××年×月×日

【思考与练习】

1. 经济工作总结应包括哪些基本内容?
2. 写经济工作总结应注意哪些问题?
3. 指出下面总结中存在的问题。

20××—20××学年个人总结

炎日当空,天上无一丝云彩,火辣辣的太阳简直叫人不敢出门,空中没有一点风,只有知了在树上不停地叫着,好像在说:"放假啦,放假啦"。又一学年过去了,我应该利用暑假对这一学年的学习情况做一些总结,以迎接新学年。

在这一学年里,我学习了成本会计、管理会计、审计原理、经济法、计算机应用、外贸会计、大学英语、经济应用文写作、体育、职业道德、概率论等课程,其中成本会计82分,管理会计86分,审计原理77分,经济法89分,计算机应用90分,外贸会计90分,大学英语72分,经济应用文写作68分,体育是中,职业道德是优,概率论是中。总的来说,成绩还是可以的,在班上属中等水平。其中计算机应用和外贸会计成绩好些,而大学英语、概率论和经济应用文写作差些。下一学期,我要继续努力,争取取得更好的成绩,最好都在80分以上,这样就可以获得奖学金,减轻家庭的经济负担,更可以在择业时增加自己的实力。

××班　×××

4. 写一份总结(关于学习、生活、从事的社会工作、打工经历等均可)。

7 经济活动分析报告

7.1 经济活动分析报告的概念、作用、分类和特点

7.1.1 经济活动分析报告的概念和作用

1) 经济活动分析报告的概念

经济活动分析是以国家法律和经济政策为指导,利用会计核算、统计核算、业务核算资料及其他信息资料为依据,对社会经济活动的过程及其结果进行系统的分析研究和评价。根据经济活动分析的结果而撰写的书面文字材料,就是经济活动分析报告。其中经济活动是指人们从事物质资料的生产及相应的交换、分配和消费的活动。企业的经济活动是指企业的全部经营活动,包括企业的生产与再生产的全部过程。

2) 经济活动分析报告的作用

撰写经济活动分析报告,无论对宏观的国民经济管理,还是对加强企业的经营管理,提高企业经济效益来说,都是一项十分重要的工作。具体地讲,经济活动分析报告的作用有以下几个方面:

(1) 有利于保证经济及财政制度的贯彻执行 经济活动分析报告是以经济理论为指导,以党和国家的经济政策为准则,对社会经济活动及其相互的经济关系进行实事求是的分析评价,及时总结经验,提出问题,提出措施,以改进工作。所以经济活动分析报告所提供的数据和情况都必须是科学的、准确的。根据报告所提供的情况,各级经济管理部门会采取措施,以保证经济政策及制度的贯彻执行。

(2) 为有关方面制定政策和计划提供参考依据 任何部门和企业都要依据客观要求进行决策,制定相应的计划,并在计划的执行过程中不断地调整,使企业的决策目标得以实现。经济活动分析报告能全面反映情况、指出存在的问题并对未来发展趋向进行预测,这就为有关部门改进工作、制定政策和计划提供了依据和参考。

(3) 有助于改善经营管理,提高经济效益 通过经济活动分析报告,有助于总结经验,找出不足,挖掘内部潜力,提出改进意见,进一步提高经营管理水平,实现最佳经济效益。

7.1.2 经济活动分析报告的分类

经济活动分析报告种类很多,按照不同的分类标准,可分为以下几类:

(1) 按分析对象的范围分 有宏观经济活动分析报告和微观经济活动分析报告。宏观经济活动分析报告是涉及一个国家或地区国民经济全局性问题的生产、流通、分配、消费、信贷、财政、价格的分析报告,其影响重大,事关全局,分析多着眼于总结经验教训,揭示内在规律,用以指导全局工作,如国家年度统计公报、国民经济计划执行情况的报告等。微观经济

活动分析报告是反映某部门、某企业、某种商品情况的分析报告。其影响较小,分析着重于某些具体问题,目的是为下一步做好该项工作制定措施,并提出具体安排。如产品成本分析,月、季、年财务分析或统计分析等方面的报告。

(2) 按经济活动的结构分　有条条经济活动分析报告和块块经济活动分析报告。条条经济活动分析报告是对行业、系统的经济活动进行分析而形成的报告。如农业部门系统、工业交通部门系统、财政金融部门系统的经济活动分析报告等,这些形成了国民经济活动门类的经向分析。块块经济活动分析报告是对地方各类经济活动进行综合分析而形成的报告,如某省(市)、某地区(市)、县(市)、乡镇经济活动分析报告,这些形成了国民经济活动地域的纬向分析。

(3) 按分析内容的广度和特点分　有综合经济活动分析报告和专题经济活动分析报告。综合经济活动分析报告是对社会经济活动进行全面的、系统的分析后写成的书面报告,如国家年度统计公报等。专题经济活动分析报告是对社会经济活动中某个关键问题或重要问题进行专门分析、研究后写成的书面报告。它具有反映情况及时,内容集中,目的明确,针对性和时效性强的特点,如农村劳动力转移情况的分析报告。

(4) 按分析对象的表现形态分　有实物形态分析报告和价值形态的分析报告。实物形态分析如产量完成情况分析、商品销售疲软的分析等,分析单位一般是法定计量单位,如吨、件、箱、台等。价值形态分析诸如流动资金使用情况分析、利润分析等。

(5) 按分析活动的程度分　有法定经济活动分析报告和选择性经济活动分析报告。法定经济活动分析报告是根据统计法规和会计制度确定的对象、报告时间所撰写的分析报告,如年度统计分析、财务分析等。选择性经济活动分析报告是根据生产经营需要或管理需要所进行的选择性的经济活动分析,没有法定的分析对象和报告时间。一些专题分析、典型分析即属此类。

(6) 按经济活动分析的主体分　有自我分析报告和监督分析报告。自我分析报告是生产经营活动的实践者对本单位经济活动情况的分析、评价。监督分析报告是指管理机关、执法机关对经济活动的分析,如审计、税务、物价部门检查情况的报告等。

7.1.3　经济活动分析报告的特点

经济活动分析报告的特点,主要有以下几个方面:

(1) 期限性　经济活动分析报告作为经济管理的手段,一般按月、季、年或特定的时间进行,用以反映这一期限中经济活动所呈现的情况和出现的问题。

(2) 定量性　经济活动分析报告主要是定量分析,分析中凡是可以量化的,都要用数量表示。所以经济活动分析报告离不开数据,数据是分析的主要依据,是立论的基础,在内容表达上,数据占较大的篇幅,通过数据分析经济活动的特点和规律,因而体现了定量性,而文字分析相对简明一些。

(3) 专业性　经济活动分析的专业性,决定了经济活动分析报告的专业性。如统计分析是由统计专业人员从统计学的角度对经济活动进行的实物量及价值量的分析,而财务分析则是由财会专业人员从财会的角度对经济活动进行的货币形态分析。

(4) 指导性　经济活动分析报告能及时对经济活动情况、问题进行研究评价,使有关部门以此为据,迅速采取措施,改进工作,为今后的发展指出明确的方向,对企业安排好下一步的工作有着积极的指导意义。

7.2 经济活动分析报告的基本结构及常用的分析方法

7.2.1 经济活动分析报告的基本结构

经济活动分析涉及内容广泛,分析方法各异,分析的目的也各不相同,由此决定了经济活动分析报告撰写方法的多样性。但是由于经济活动分析的基本手段和基本原理相同,因此经济活动分析报告的文体结构都有着通用的基本模式。一般包括标题、引言、主体和结尾四大部分。各部分写法及要求如下:

1) 标题

经济活动分析报告标题的写法有以下三种:

(1) 公文式标题 这类标题一般由单位名称、分析时间、分析对象和文种名称四个要素组成。其中也可根据具体情况省去标题中"关于"一词,文种名称中的"分析报告"一般可简化成"分析"。如"关于××省电子工业品进出口公司 2002 年度财务分析报告",这个标题也可写成"××省电子工业品进出口公司 2002 年度财务分析"。

(2) 论点式标题 标题本身就可以反映分析问题的要点或突出主题,为强调说明也可以加上副标题,如"我市房地产开发状况有喜有忧"、"加速流动资金周转——对企业结算方式的分析"。

(3) 直接用分析报告的建议或意见作标题 如"关于迅速整顿成品资金的建议"、"必须尽快解决结算资金大量增加问题"等。

2) 引言

这部分内容是概括地介绍分析对象的基本情况、分析报告的基本内容或进行分析的目的要求,还可以概括地写出客观形势。这部分的主要作用是为主体部分的写作和分析做好引导作用,给阅读报告的人一个总的印象,所以也叫"导语"。但并非所有的经济活动分析报告都要有引言,在写作时可省去引言而直述主体,但应在主体部分体现引言中应介绍的内容。

这部分的写法多种多样,直叙式写法较为常见,此外,还有结论式、对比式、提问式、评论式等常用写法,应视分析的对象和内容而决定。

3) 主体

这是经济活动分析报告的核心部分,是全文的精髓所在。通常有情况介绍、问题分析两部分构成。这部分应从分析的目的要求出发,利用数据及资料进行分析,从而得出正确的结论。在具体写作时,可先以文字说明为主,再辅以数据,也可以先列数据再附文字分析,也可两者穿插,边分析边列数据。总之要有情况、有数据、有分析,才能令人信服。在结构上,可采用并列式(将问题分成几个层次,各层次之间是并列关系),也可采用连贯式(按经济活动发展变化的过程和时间先后关系安排层次)。

法定分析报告的主体一般包括文字分析说明部分和应附的各种表格部分。说明分析在前,表格在后。文字分析部分由三方面构成:一是简介,扼要介绍单位基本情况和时段内经济活动的概况;二是成绩与问题,介绍时段内经济活动的主要收获、经验、问题、原因(包括成功的主要措施、经验、问题的根源、因素等);三是建议,根据经验与教训和下一时段的目标任务提出改进意见或建议。表格部分则是根据规定填写的各类表格,如财务分析,一般在文字分析说明之后附有资金平衡表、经济情况表、专用基金表等制度规定的表格。

特殊分析报告主要用叙述的方法进行经济数据分析,不必附带经济数据表格,而且其经济数据的运用更具有选择性和针对性,往往是成绩或问题的证明。

值得注意的是,主体中的文字说明,必须依据国家的方针、政策加以分析,要充分运用数据,做到有理有据,说理透彻,突出重点。不能就数字论数字,要结合当前生产经营中的实际情况,通过准确精密的数字和事实,揭示其本质问题。主体中的数据要准确、完整,才能全面地真实地反映某一问题的全貌。

4) 结尾

结尾写建议或意见。应在主体部分科学分析的基础上提出针对性措施或建议。这是进行经济活动分析的终极目的。这部分内容在写作时应注意:意见或建议要符合实际,明确具体,措施要切实可行。

结尾也可展望未来,预测形势,或再次强调重点;个别报告在结尾也有谈体会的。

5) 落款

报告的最后要有落款,在文章结束后的右下方标明撰写经济活动分析报告的作者或单位以及写作日期,以备查考。这些内容如标题下已写明,就不必再写了。

标题、引言、主体、结尾四个部分相互关联,有机统一,围绕分析的中心,提出问题、分析问题、解决问题。这种结构安排,反映了事物的内部联系,符合人们的认识规律,材料的组织也显得严谨。

7.2.2 常用的经济活动分析方法

经济活动分析的方法很多,主要有两大类:一是定性分析法,二是定量分析法。

1) 定性分析法

定性分析法是对社会经济活动所呈现的现象、过程和结果进行科学的、系统的分析研究和全面的、正确的评价,以总结经验,揭示矛盾和存在的问题,并找出其产生的原因,提出改进的方案和措施的一种分析方法。简单地说,就是要通过分析,说明是什么,为什么及怎么办。

2) 定量分析法

定量分析法是通过经济指标的分析评比,以揭示经济活动的经验和问题,找出产生的原因并提出改进方案和措施的一种分析法。定量分析的方法很多,这里仅介绍几种常见的分析方法。

(1) 对比分析法　又称比较分析法。它是将两个或两个以上的经济指标进行对比,找出差距和存在的问题,并研究这些差距和存在的问题产生的原因及其影响程度,从中找出改进措施的一种分析方法。具体有以下几种:

① 计划完成程度对比分析:以计划指标为基数,用绝对增减数和百分比相对数反映计划完成的数量和完成的程度。

② 结构对比分析:即以总体总量为基础计算各部分所占比重的对比分析,反映和衡量部分对总体的影响程度。

③ 生产要素利用程度分析:是对人、财、物等生产要素利用程度进行对比分析,以反映其利用效果。

④ 强度对比分析:对两个密切联系的不同性质的指标进行对比分析,以反映相辅相成

的经济现象发展的强度、密度、质量和利用程度等。如将资金指标与产值、销售收入比较,可求出资金利用率。

此外,还有用本地区、本单位与外地区、外单位先进的经济指标进行对比分析,借鉴外地区、外单位的经验,寻找本地区、本单位的差距,以不断提高经济管理水平。

(2) 动态分析法　动态分析法是采用动态数列对较长时间的经济发展变化情况和发展趋势进行比较研究,来全面分析、考察和评价经济发展速度和水平的一种分析法。常用增长量、发展速度、增长速度、平均发展速度、平均增长速度等指标来表示。

(3) 因素分析法　又称因素替代法或连环替代法。它是通过对组成某一经济指标的各个因素,按一定的顺序进行计算和分析,以确定这个因素对该经济指标的影响程度。计算时应按一定的顺序排列,假定其他因素不变的情况下,来分析某一因素的变化对总体的影响程度,并采取逐个替代的方法。企业的各项经济活动都是相互联系、相互制约的。一种结果的出现,往往是多种因素造成的。利用因素分析法可以比较清楚地探求出各种因素之间的相互关系以及这些因素与企业经营结果之间的关系。

(4) 综合比较法　这是将错综复杂、千变万化的经济活动中的多种指标进行综合比较、分析,以便找出经济活动的过程及其规律,提出改进措施的一种分析方法。经济活动过程中会出现各种错综复杂的现象,分析时要综合考虑,防止片面追求某一单项指标,以取得更好的经济效益。

7.2.3　撰写经济活动分析报告的程序

撰写经济活动分析报告一般要经过四个步骤:

1) 制定分析计划,明确分析的目的和要求

根据分析的目的和要求,制定一个简单易行的计划或提纲,以便有步骤地开展分析工作。分析计划或提纲的内容一般包括分析对象和目的、内容和要求、时间和地点以及组织分工等,这样便于分析工作有计划地进行,达到预期的目的。

2) 收集资料,掌握情况

收集资料,掌握情况是进行经济活动分析、撰写经济活动分析报告的基础工作和前提条件。因此,在分析工作一开始,就必须从实际出发,掌握真实可靠、系统完整的材料。一般分析时所必需的资料包括各种计划、报表、有关的原始记录、经济统计资料、通过调查研究所获得的情况,也包括收集系统外的市场信息、经济技术信息和政府有关经济的法规、政策信息等。

3) 利用科学的方法,进行分析研究

在掌握足够资料的基础上要按照国家的经济方针,针对研究的问题,采用科学的方法进行分析评价,找出差距,查明原因,得出结论,提出建议。

4) 执笔成文

将经过论证的分析结果以书面形式表现出来,以供有关部门阅读参考。撰写经济活动分析报告,一般应包括以下几方面的内容:概括叙述分析对象的基本情况;反映经济活动的主要指标和数据;简单介绍分析的过程和方法;指明查出的主要问题及其主要原因;提出切实可行的建议方案等。

7.2.4 经济活动分析报告的写作要求及注意事项

1）要掌握与分析对象有关的专业知识与业务情况

写经济活动分析报告必须首先掌握与分析对象有关的专业知识和业务情况,这是写好经济活动分析报告的前提和依据。

2）要有精确的数据和典型的材料

经济活动分析报告离不开数据,没有数据就没有分析,数据不可靠、不精确,分析的结果就不正确。数据既要有来自报表、账本等计划性的书面材料,也要有来自实际的调查研究所得的材料,要把两种数据结合起来分析,从比较中发现问题,容易找到问题的症结,便于提出改进的措施。同时,要注意抓典型材料,典型材料是最有说服力的,但要注意准确性。数据越精确、越充分,材料越典型,分析就越正确。

3）要运用正确而适当的分析方法

不同的分析方法有不同的优势,有的分析方法虽然正确但不一定适用。应根据分析的目的和对象运用正确而适当的分析方法。如分析的目的是为了揭示先进和落后的差距,或是为了判明分析对象自身的发展情况,用对比分析法为最佳;如要分析某种经济现象的产生、发展、影响程度和未来趋势,则用因素分析法最恰当。

4）叙述要精练流畅,说明要清楚,层次要分明,分析判断要准确

分析介绍中离不开叙述,指出问题或提出建议时离不开说明,因此,文字要精练,条理要清楚,分析判断要合乎事物发展规律,建议或意见要具体实在,不可层次不明,条理混乱。

5）要抓住主要矛盾进行分析

经济活动纷繁复杂,分不清主次,就不可能抓住带有规律性的东西,就找不到主要矛盾,分析评价就不可能准确、客观,问题就不能完全解决。所以写经济活动分析报告,一定要抓住经济活动中的主要矛盾进行分析,这样才能对未来的经济活动有指导意义。

[例文]

××市20××年上半年度经济运行分析

今年上半年以来,面对严峻的国际国内经济形势,全市上下认真贯彻落实市委、市政府"保增长、保民生,促发展、促进步"的各项政策措施,切实增加有效投入,积极扩大消费需求,全力稳定工业生产和外贸出口,推动全市经济逆势上扬,经济运行止跌企稳、逐步回升,发展态势好于预期。

一、经济运行的基本面

1."保增长"政策措施初见成效

① 主要经济指标逆势增长。上半年,全市实现财政总收入63.68亿元,同比增长19.8%;一般预算收入27.62亿元,同比增长15.8%,增幅位于苏州五县市之首,高于苏州平均水平8个百分点,其中6月单月实现一般预算收入4.98亿元,同比增长52.2%。完成工业总产值700.54亿元,同比增长5.3%,其中规模以上工业实现产值539.56亿元,同比增长2.0%。完成全社会固定资产投资131.4亿元,同比增长12.7%,增幅高于苏州平均水平2.1个百分点。预计上半年服务业增加值同比增长16%左右,消费品零售总额增长18%左右。

② 工业经济在不利环境中逐月回升。单月规模以上工业产值稳步走高,1~6月分别实现单月产值54.69、73.66、96.14、102.22、106.73和113.26亿元,2月份起环比增幅分别为34.7%、30.5%、6.3%、4.4%和6.1%,至4月份开始首次突破100亿元大关,6月份再创历史新高。部分主要行业保持较高增速带动工业经济回升,十大主要行业中,纺织、石油制品、化工医药、塑料制品、化纤加弹行业规模以上企业产值同比分别增长31.5%、25.8%、24.0%、17.4%和12.4%。综合效益指数回升较快,2~5月分别为145.2%、165.35%、180.42%和187.46%,5月份较去年同期提高了10.93个百分点。高新技术产业增长较快,上半年实现产值84.04亿元,同比增长8.9%,占规模以上工业产值比重达15.6%,较去年同期提高了0.5个百分点。民营工业增势明显,上半年实现产值224.11亿元,同比增长17.5%,高于规模以上增幅15.5个百分点。工业用电降幅逐月收窄,2月份以来,累计工业用电降幅分别为12.4%、10.3%、9.4%、8.8%和7.6%。

③ 服务业发展态势良好。服务外包增势强劲。全市共有各类服务外包企业85家,其中3家通过CMMI 3级认证,1家通过ISO 7001信息安全管理认证;上半年完成服务外包合同额5 859.16万美元,同比增长101.0%,离岸服务外包执行额2 799.56万美元,同比增长55.99%。现代物流稳步发展。太仓物流园区建成12.3万平方米仓库和3.7万平方米商务监管大楼,保税物流中心封关运作,耐克物流中心启动建设,新增物流企业28家。港口运输保持增长。上半年新辟内贸航线1条;实现货物吞吐量2 196.17万吨,同比增长25.5%;完成集装箱运量68.18万标箱,同比增长3%。休闲旅游加快发展。城厢镇电站村获批"全国工农业旅游示范点",金仓湖一期建成投运,郑和公园推介运作,恩钿月季公园等一批农业休闲项目亮点凸显,成功举办系列大型活动。金融业运行态势平稳,6月底全市金融机构人民币存贷款余额分别为641.5亿元和506.9亿元,分别比年初增长42.3%和31.9%;中长期贷款增长明显,上半年新增98.3亿元,占新增贷款总量的80.2%,其中基本建设贷款新增74.1亿元;短期贷款新增3.94亿元。

④ 固定资产投资增长快于上年。上半年,我市固定资产投资增幅为12.7%,增幅高于苏州平均水平2.1个百分点,也高于去年同期5.3个百分点。服务业投资快速增长,完成60.45亿元,同比增长31.2%,其中基础设施建设投资39.09亿元,同比增长25.3%,房地产投资15.91亿元,同比增长46.5%。个私投资趋于活跃,完成投资50.22亿元,同比增长51.7%,占投资总量的38.2%,较上年同期提高了9.8个百分点。工业投资略有增长,部分行业快速扩张。2月份以来,工业投资逐步扭转回落态势,上半年同比增长1.1%,食品饮料、纺织服装、橡塑制品和装备制造行业投资分别增长543.4%、148.3%、99.4%和55.1%。重点项目建设大力推进。上半年,我市60个重点项目完成投资57.56亿元,占年度计划的43.4%,开工建设46个,开工率76.6%。苏州市18个重点项目完成投资28.15亿元,占年度计划的59.0%,超序时进度9个百分点,其中万方码头和耐克物流中心项目投资大、进展快,分别完成投资3.7亿元和3.09亿元。省重点项目太仓港区三期工程进展顺利,完成投资11.13亿元,完成投资计划的87%。项目推进力度加大,四次举办开工开业仪式,其中开工奠基项目60个,总投资近100亿元。

⑤ 消费品市场持续繁荣。1~5月全市实现社会消费品零售总额39.08亿元,同比增长17.7%,其中市以下同比增长17.2%。餐饮服务快速发展。娄东宾馆、陆渡宾馆被评为"中华餐饮名店";"江海河三鲜美食节"活动成功举办。1~5月份,全市餐饮业实现营业收入6.87亿元,同比增长25.9%。车辆保有量持续增长,1~5月新增各类车辆4 111辆,同比增

长13.3%。

⑥房地产市场止跌回升。上半年,全市累计销售商品房61.4万平方米,同比增长102.4%,其中住宅47.41万平方米,同比增长113.2%;商品房均价4 486.5元/平方米,同比增长9.4%,其中住宅均价4 416.7元/平方米,同比增长11.6%。上半年个人消费贷款比年初增加8.8亿元,其中中长期消费贷款比年初增加7.5亿元,增长19.5%,其中,二季度个人消费贷款占上半年增量的66.6%。

⑦就业形势基本稳定。至6月底,我市城镇登记失业率控制在2.3%,仅高于去年年底0.1个百分点,低于苏州同期。上半年,全市市镇两级公共就业服务机构举办现场招聘会189期,招聘单位3 764家次,较上年同期增加了11.2%,累计安置就业8 742人。3月份起新增就业渐趋正常,宾馆餐饮、商贸零售、物业管理、纺织服装和电子装配等服务业和劳动密集型工业企业用工需求增长明显。

2. 开放型经济攻坚克难

①利用外资难中求进。1~5月,全市新批外资项目44个,完成注册外资5.73亿美元,同比增长6.6%,实际利用外资3.50亿美元,同比增长2.1%。超千万美元项目占据主导,21个项目新增注册4.34亿美元,同比增长3.4%,占全市总量的75.7%,其中超3 000万美元以上项目3个,新增注册1.45亿美元。项目平均规模增幅较大,达1 301.7万美元,同比增长23.6%。1~5月太仓港经济开发区新批外资项目23个,新增注册3.18亿美元,占全市总量的55.5%,实际利用外资2.69亿美元,占全市总量的76.8%。

②对外贸易低位徘徊。1~5月完成进出口总额19.8亿美元,同比下降36%,其中出口10.10亿美元,同比下降34%。一般贸易出口降幅小于加工贸易,实现出口额5.17亿美元,同比下降17%,低于加工贸易降幅28个百分点。内资企业影响小于外资企业,实现进出口总额3.85亿美元,同比下降12.7%,低于外资企业降幅27.3个百分点。机电产品影响较大,进出口额下降44.0%,纺织原料及纺织制品进出口额下降9%。

3. 区域合作积极推进

①接轨上海又增亮点。年初,我市与上海世博局签署《中国2010年上海世博会太仓游客中心合作框架协议》,成为长三角(全国)首个世博游客中心;市政府签约首期世博门票团购;娄东宾馆餐饮成功签约进驻世博园区。和嘉定区签订区域合作行动计划框架协议。产业和项目接轨情况良好,引进上海项目69个,新增投资22.59亿元,新增注册9.94亿元,占全部内资项目的30.1%。

②内资引进态势良好。上半年,全市共引进内资项目349个,新增投资总额81.37亿元,新增注册资金32.97亿元,同比增长12.2%,完成年度计划的78.5%,新增注册资金位居苏州五县市之首。二、三产业项目占比各半,119个工业项目注册资金16.56亿元,占全市总量的50.2%,228个服务业项目注册资金16.24亿元,占全市总量的49.3%。产业招商力度加大,引进钢材交易相关企业88家,其中钢材批发企业74家,注册资金3.67亿元,占全市服务业的22.6%。

4. 发展方式加快转变

①科技创新能力不断提升。科技载体建设日趋完善,国家级软件产业基地太仓软件园16栋软件楼和配套公寓楼竣工启用,安软等十家企业入驻;省级科技孵化器科技创业园新园即将开园,68家企业入驻运作;省高新技术企业服务中心江苏(太仓)LOFT工业设计园开园营运;科技服务中心建设加快推进。高新技术企业申报工作顺利开展,首批通过3家,

另有8家已公示。与上海交大、华东理工、中科院上海分院3家国家级技术转移中心共建国家技术转移联盟太仓工作站。1～5月,专利申请量达1 161件,同比提高58.2%,专利授权量达540件。

②节能减排大力推进。第一人民医院迁建工程等6个项目被确认为苏州市建筑节能示范项目,占苏州全市19个示范工程的近1/3。积极做好节能技改项目的申报工作,上报国家级节能技改项目4个,省级项目9个,已获批7个。加强节能宣传工作,14个部门联合举办了节能宣传周活动。认真开展重点行业的限期治理工作,共验收提标改造项目30个,关停并转项目9个。组织实施排污权有偿交易试点工作,已完成COD年排放量10吨以上的40家企业网上申购、核定和公示工作,总计申购5 052.84吨,申购金额达1 027.18万元。

③现代农业创新发展。以工业园区思路建设的现代农业园区上半年投入2.85亿元,已入驻项目22个。恩钿月季公园正式开园,玫瑰庄园、蝴蝶兰花玻璃温室、生态餐厅、明珠观赏鱼休闲垂钓中心、百果园等一批农业生态旅游项目稳步推进。陆渡—浏河现代设施农业示范区创新运作,现已形成多亩设施蔬菜生产核心区,蔬菜储存加工配送中心正式启用,组建蔬菜合作社,采取"公司＋合作社＋基地＋农户"四位一体的运作模式,有效带动农户增收。农业产业化经营水平不断提升,上半年13家省市级龙头企业可实现利税、利润分别为4 969万元、3 870万元,同比分别增长27.5%和37.6%,带动农户约6万户,同比增长20%,人均收益5 100元,同比增长15.9%。农村改革不断深化,上半年新增农村新型合作经济组织44个,累计已达459个。

二、主要问题及原因分析

上半年,我市经济止滑回升,逆势上扬,但经济运行中的问题和矛盾仍比较突出,主要是一些经济指标的增速明显回落,企业经营效益下滑,开放型经济遭遇更多挑战,经济向好的基础还不够稳固等。

1. 经济增长速度放缓

今年一季度,我市地区生产总值增长9.3%,而一季度、上半年、前三季度和全年的GDP增幅分别为16.8%、18.3%、14.5%和14.6%。从工业产值完成情况看,今年的1、2月份呈现负增长,累计同比分别下降20.3%和11.4%;3月份开始同比出现增长,但增长速度十分缓慢,规模以上工业增速仍低于全部工业增速。工业用电量还未止跌回升。

2. 企业效益明显下降

受全球金融危机蔓延、外部需求减弱、企业成本上升、产品价格回落等因素影响,前5个月全市规模以上工业的销售、利润的同比增幅分别为－5.5%和－0.9%,全市规模以上工业企业亏损面达31.8%,较上年同期上升4.7个百分点,亏损额较上年同期增长30.2%。

3. 外贸形势依然严峻

多年来,开放型经济一直是我市保持经济较快增长的重要支撑,但今年1～5月进出口总额和出口额双双较大幅度全面下降。前5个月单月出口额环比增幅分别为－8.6%、－40.7%、44.5%、－0.5%和－6.2%,环比仅3月份呈现增长。

4. 内需拉动的可持续性尚不稳固

今年以来,我市固定资产投资的增幅虽高于苏州全市的平均增幅,但从投资结构分析,工业投资增幅低于全社会固定资产投资增幅11.6个百分点,且高新技术产业投资仅7.44亿元,同比下降15.8%;服务业投资虽有31.2%的高增长,但其中基础设施和房地产投资分别占64.7%和26.3%,生产性服务业投资明显不足。从新增就业人数来看,虽呈逐月上升趋势,但安置就业人数只占去年同期的50%左右。就业不足、企业利润的下滑等因素,必然导致可支配收入的下降,从而影响最终消费。

经济增长放缓的主要原因有几个方面:一是外需减弱直接对外向型经济造成较大影响。我市的外贸出口依存度达到50.3%,而且加工贸易比重较高。去年下半年以来,先是加工贸易进口同比跌幅明显高于出口跌幅、进口总额中进口设备和进口原材料大幅减少,直接导致了全市外贸的下行走势;其后外贸出口订单的锐减,使工业生产因此而明显下行。外向型经济是一把"双刃剑",我市制造业的发展直接得益于利用"两种资源、两个市场"的政策引导,但外部市场、国际环境变化带来的不确定因素和潜在风险也在增加,在全球化市场风险日益增强的情况下,本土经济的抗风险能力也面临严峻考验。二是经济发展方式转变不快。从我市经济发展的深层次看,经济转型升级的任务十分繁重,几年来经济的高速增长一定程度上掩盖了诸如新型工业化推进不快、产业竞争力不强、自主创新能力明显不足、高新技术产值占比徘徊不前等矛盾,在国内外宏观经济环境出现较大波动的情况下,这些矛盾和问题便凸显出来。三是发展后劲不足,大项目储备不足,优势产业优势企业的培育不够。四是经济发展软环境建设尚有缺憾,机关行政服务效率、企业经营环境营造等方面都有明显不足。

三、形势预判及下阶段工作重点建议

目前预期,今年经济运行将走出前低后高的"保增长"路线图。从国际环境看,全球制造业下滑速度已开始放缓,经济信心有所恢复。从国内情况看,内需增长良好,投资和消费均快速增长,中国制造业采购经理指数(PMI)已连续4个月出现回升,中国经济在下半年率先见底回升的预期明显增强。在积极的财政政策和宽松的货币政策拉动下,我市经济回暖迹象也正在增多,企业对当前环境的适应能力、抗压能力也正在不断增强,预计全年是先低后高的基本走势。工业经济在支柱产业的带动下将较快回升。从企业类型来看,内资企业好于外资企业,内需企业好于外贸企业。从具体行业来看,纺织服装等产业由于刚性需求以及国家出口退税政策刺激将领先增长;化工产业随着国际市场价格回升而持续反弹;医药等行业受国家扩大内需政策以及医疗卫生体制改革等的推动,仍将继续保持较快增长;电力能源行业将随经济回暖而保持平稳增长;金属制品及加工、通用设备制造、电子设备制造等行业受金融风暴冲击影响较大,短期内恢复增长的难度较大。受工业生产及大宗商品和原材料价格不稳定影响,物流等生产性服务业短期发展面临较大困难。外贸出口面临的总体环境较为严峻,不确定性因素较多,尤其是欧美等传统主要出口市场持续低迷,预计今年出口增幅将明显回落。投资在经济增长中的作用将更加突出。我市近些年来的快速发展很大程度上取决于投资与出口两驾马车的拉动,随着出口对GDP的拉动作用趋弱,投资成为推动经济增长的主要动力,预计投资不仅在今年经济增长中的贡献度会进一步提高,并且投资的领域和范围、投资的质量与规模也将成为决定今后区域经济发展环境与可持续发展能力的重要方向标。保持消费稳定增长则更大程度上依赖于国家实施积极扩大消费需求政策。我们要抓住当前的良好机遇,坚定信心、攻坚克难,努力完成全年的目标任务。

1. 继续下大力气保增长、促发展

① 加大拓展外需力度。进一步落实国务院关于完善出口信用保险政策、完善出口税收政策、大力解决外贸企业融资难问题、进一步减轻外贸企业负担、完善加工贸易政策、支持各类所有制企业"走出去"以带动出口等稳定外需的6项政策措施。相关部门要加强协调配

合,通过加大财政、金融政策支持力度,支持外贸企业转变外贸发展方式,调整出口结构,重点促进优势产品、劳动密集型产品、自主知识产权产品和高新技术产品出口,努力保持我市出口产品在国际市场的份额。创新对外贸易预警机制,搭建政府部门、中介组织、出口企业三者之间的信息网络桥梁,提高企业应对国际贸易摩擦的能力,扭转出口下滑过快态势。

② 着力缓解中小企业融资困难。争取金融机构扩大信贷投放,金融机构当年新吸收的存款大部分用于当地发放贷款,其中绝大部分投向中小企业。加快推进中小企业担保机构的增资组建工作,做大中小企业融资担保平台;加大财政投入,建立多种模式的信用担保体系;扩大融资担保覆盖面,提升担保规模;完善担保风险防控措施,研究财政反担保措施。进一步拓宽中小企业融资渠道,积极扶持小额贷款公司发展。

③ 加强经济运行监测。进一步加强经济运行分析制度与工作平台建设。坚持经济运行监测例会制度,完善部门沟通、协作、协调制度,实现跨部门信息快速交流、情况互通;健全与重点企业信息交流制度,加快上情下达和下情上传速度;建立与行业协会的信息交流制度,加强行业经济运行监测预测工作;探索建立全市联网的经济运行监测分析系统平台。进一步加强经济运行信息数据库建设,夯实经济运行监测预测基础。进一步加强经济运行中的重大问题、突出问题以及热点问题的专题调研,提高经济运行监测预测水平。

④ 进一步提高行政服务效率。深化"四诊式"服务。进一步清理与压缩审批事项,梳理与简化审批程序,完善"一个窗口对外"的服务机制,扎实推进"两集中、两到位"工作,优化与提升服务水平。全面整合全市公共企事业单位便民服务的资源,建立"一个窗口、一个网站、一个号码"的便民服务机制。继续放大"一表制"便民服务系统的优势,实现更大更广范围的资源共享。

⑤ 全面落实更加积极的就业政策。加大就业援助力度,切实帮助城乡零就业家庭等困难群体解决就业难题,积极解决大学生就业困难,着力促进大学生就业。

2. 进一步增强内需动力

① 着力推进项目建设。加大争资争项力度,紧密跟踪国债、地方政府债券、中央预算内和部委专项资金安排方向争资争项;紧紧抓住国家、省产业调整和振兴规划出台的重要机遇,对投资结构进行调整和优化,促进重大产业完善布局。加快推进重大项目前期工作,抓好项目开发,策划大项目,力争有项目进入省以上"十二五"规划;加强项目前期工作配合,积极协调解决项目的土地供应、信贷投放、环境准入、项目核准等关键性问题。加快重点项目建设,严格落实重点项目建设责任制,对今年确定的重点项目和政府实事工程,要加强跟踪促建,确保年度目标任务全面完成。优化重点项目建设环境,建立重点建设责任单位联席会议制度,及时通报情况,调度有关事宜。加强重点建设协调服务,建立部门联动快速反应机制。

② 继续扩大消费。大力发展旅游业,落实鼓励旅游产业发展的扶持政策,对旅游招商项目给予优惠与奖励,实施旅游发展以奖代投政策,完善推进旅游区域协作的政策措施,提升旅游人气,扩大旅游份额。促进房地产市场健康发展,落实降低住房交易税率、下调个人住房公积金贷款利率和首付比例、降低二手房交易税收负担、调整建设项目规费收取标准、合理调控房价等政策,稳定和培育住房消费增长点。刺激汽车消费,拓展电子信息、通信产品、教育培训、家政服务、文化娱乐、体育健身、休闲旅游等消费。推动特色商业街建设,扶持"老字号"的创新发展。支持发展餐饮、住宿业,进一步降低餐饮、住宿业经营成本,采取分步实施办法,逐步实行规模型餐饮、住宿业与工业用电同价政策。加快城乡市场建设,推进农贸市场改造升级,积极支持农副产品批发市场升级改造、菜市场标准化改造。扩大农村商业

服务网点覆盖面,提高统一配送能力和综合服务功能。

3. 推动企业可持续发展

① 鼓励和支持企业进行技术创新及实施品牌战略。加大技改奖励,对大额技改投入,按新增设备投资额的一定比例实行一次性奖励;推行技改项目贷款贴息,对设备投资额达到一定规模的技改项目,按照一定比例给予贷款贴息。推动实施名牌战略,加大政策激励力度,创造良好的市场环境,使资源配置政策向名牌企业倾斜,鼓励更多的企业争创品牌。引导我市企业进一步增强品牌意识,把培育品牌、经营品牌、推介品牌与增强企业核心竞争力紧密联系起来,大力发展一批技术含量高、竞争力强、市场占有率大的知名产品,争创著名商标、驰名商标和国家、省级名牌产品,国家免检产品。

② 推动民营企业改革。加大宣传的力度,积极引导民营企业内部产权制度改革;深化金融体制改革,为民营企业的产权制度创新提供资金支持。完善产权交易市场,加速产权流动;完善经理人市场,规范经理人行为;完善资本市场,鼓励和积极推动符合上市条件的民营企业上市融资。

4. 加大招商引资力度

① 明确招商引资主攻方向。利用世界经济大调整机遇,加大对欧美企业和台资企业特别是世界500强企业的招商力度;借国家规划产业振兴之机,加大对"中"字头企业的招商力度;抓住世博经济以及沿海地区产业"转移复兴"之机,加大对上海、珠三角、浙江等重点地区的招商力度。

② 整合招商资源,充分发挥我市区位优势,打响"中国制造业十佳投资城市和亚洲制造业示范基地"、"中国石化和化学工业最具投资价值园区"、"中德企业合作基地"、"省国际服务外包基地城市"等品牌。

③ 创新招商机制,强化产业链招商,加强服务业以及新兴产业领域招商。围绕启动盘活低效利用土地、闲置厂房和停滞项目资源,开展存量招商;围绕挖掘现有项目的增资扩股潜力,开展零地招商。积极探索股权并购和境外上市等方式,扩大利用外资规模。精心策划包装一批开发潜力大、发展空间大、市场前景好、支撑作用强、投资回报高的重大产业项目,吸引战略投资者。完善项目信息处理、重大项目论证、项目跟踪推进等机制,提高引进项目质量和洽谈成功率。加强与重点客户、重大项目以及有长期合作的客商之间的联系和沟通,使客商在时机成熟后把我市作为投资首选地。

④ 优化投资环境。进一步加大创业载体的投入力度和推进强度,搭建优质平台。积极应对形势变化,适时、适当调整招商政策,切实强化各项优惠政策的扶持力度。优化服务,促进以商招商,以企引企。

本文摘自文秘114 http://www.wenmi114.com

【思考与练习】
1. 什么是经济活动分析报告?其特点是什么?
2. 经济活动分析报告与调查报告、经济总结报告相比有何异同?
3. 经济活动分析报告中经常运用的分析方法有哪些?
4. 撰写经济活动分析报告的基本程序是怎样的?
5. 经济活动分析报告的基本结构由哪些部分组成?

8 可行性研究报告

8.1 可行性研究报告的概念、特点和作用

8.1.1 可行性研究报告的概念

可行性研究是指在制定某一建设或科研项目之前,对其实施的可行性和有效性进行全面分析论证的一种决策程序、决策手段。它要求对该项目的技术政策、技术方案、技术措施、工程规模等与建设或科研项目相关的一切因素进行全面的技术论证和经济评估,从而向投资主体推荐一种最佳的技术方案,为该项目的决策和实施提供充分的科学依据。表明可行性研究的结果和观点的书面文字材料,就叫可行性研究报告。

可行性研究最早于20世纪30年代由美国人在开发田纳西流域时开始推行使用,以后,这种方法不断充实与完善。第二次世界大战后,这种方法得到迅速发展并被广泛接受。我国自1980年开始将可行性研究列为工业投资的一项重要程序。1987年由国家计委纳入基建程序。现在,可行性研究已进入政治、经济、社会各个领域,成为各级领导机关进行决策前研究的一个必要的环节。当前,在基本建设、外资引进、技术引进、承担国外工程建设任务等方面,编写可行性研究报告已作为一项制度规定下来。申请工业贷款、农业贷款也要把可行性研究作为一项必要的条件。总之,可行性研究的必要性、重要性,已被人们普遍认识并广泛运用。

8.1.2 可行性研究报告的特点

1) 严格的论证性

可行性研究报告是在项目建设前,从经济、技术、财务、市场销售等方面对该项目进行综合分析论证,并就法律法规、方针政策、环境保护、科技发展以及对社会的作用和影响,做出科学的论证与评价的书面表达形式,具有严格的论证性。论证是否科学严谨直接关系到项目能否立项以及实施的结果。

2) 分析的系统性

在可行性研究报告中,它要求解答的问题是:该项目应否实施,何时实施,如何实施等问题。因此,在可行性研究报告中,作者必须围绕影响建设项目的各种因素进行全面系统的分析。这种可行性分析既是宏观的,又是微观的;既有外部环境因素,又有内部条件。可行性研究实际上是一个系统工程,只有进行系统分析后撰写的可行性研究报告,才能得出正确的合乎实际的结论。比如有些项目,对局部有利但对全局未必有利,有些则相反;有些项目会有很好的经济效益,却不见得有什么生态效益,有些则反之。最后决定是否投资上马,那就需要全面系统的分析,这样才能立足于大局,立足于未来,做出合理的选择。

3）缜密的科学性

可行性研究报告不仅要阐明项目在技术和经济上所依据的理论、原理,说明它的科学性,还要运用大量的数字、资料来论证该项目在技术上、经济上是否可行。对材料的分析要本着客观、科学的态度,实事求是。

4）内容的综合性

可行性研究报告涉及范围非常广泛,一般涉及市场需求、技术上的可能性、资金的预算等多方面的内容,大型项目的可行性研究报告就更复杂,因此其研究在内容上具有综合性,在撰写时需要多方面人员的合作。

8.1.3 可行性研究报告的作用

1）为投资决策提供科学依据

搞好可行性研究,重视建设前的分析研究工作,可以避免盲目投资建设可能出现的问题,诸如有些项目效益低下,甚至没有效益;或因环境交通因素考虑不周出现生产资源不足甚至匮乏;或因对市场缺乏了解引起的生产工艺落后、产品更新缓慢,跟不上市场需要;或因环境意识不强造成各种污染等诸多问题。

2）有利于政府职能部门的宏观调控

投资项目,尤其是大中型投资项目的确定都需要政府或有关主管部门的审批。在项目同整体规划相适应的情况下,拟建项目能否得到政府部门的批准,可行性研究报告起着关键作用。

3）是保证资金来源的手段

大部分准备上马的项目,首先就有资金筹措问题,可能请求上级拨付,或向银行贷款,或由外商投资,或与其他企业合作。无论谁投资,他们都要借助于可行性研究报告了解项目的可行性和项目建成后的投资效益,进而确定投资规模和投资方向。因此,可行性研究报告是拟建单位争取国家财政部门支持,争取国内外投资的手段。

4）有效防止官僚作风,提高科学管理效益

可行性研究报告是在充分调查研究、分析综合的基础上经过专家科学论证鉴定后形成的一种基本可靠的结论性、权威性意见,这对防止长官意志,提高经济建设和科学管理效益具有重要作用。

8.2 可行性研究报告的结构与写作要求

8.2.1 可行性研究报告的结构

不同内容的可行性研究报告,其结构差异较大,下面分别加以说明。

1）可行性研究报告的一般结构

可行性研究报告一般由标题、正文、附件组成。

（1）标题　标题亦即可行性研究报告的名称。标题一般由单位名称、可行性研究对象和文种三部分组成。通常用"关于……"引导可行性研究的对象,如《××娱乐中心关于世界娱乐城的可行性研究报告》。也可省略"关于"这样的引导词,如《××印染厂技术改造可行性研究报告》。

(2) 正文　　正文是可行性研究报告的核心部分。通常由前言、主体、结尾三部分组成。

① 前言：内容包括项目名称、项目主办单位及主要负责人、可行性研究工作班子、研究工作的依据和范围、项目背景资料、项目的必要性、经济意义、采用的分析方法及有关的政策文件等。

② 主体：可行性研究报告的主体应包括以下几方面内容：

a. 项目概况：项目概况包括项目的名称、基本内容、主要产品、建设性质和目的等。对项目的前期工作的依据和进度情况也要做简要说明。

b. 市场分析：主要有需求、供应、市场范围、生产规模、竞争能力等情况分析。这部分内容应以市场调查和市场预测为基础，应对拟建或改建项目的现在与未来市场的供求状况进行分析比较，考虑行业规划与国民经济规划的要求，对项目的建设规模做出评价。

c. 建设条件：这部分内容主要分析资源、工程地质、水文地质条件、燃料动力供应与交通运输、协作配套项目的落实情况，环境保护治理方案、企业地址选择的合理性等，还应分析施工力量、施工技术、施工材料物资供应的可能性和经济性等。

d. 工艺技术：这部分主要评估项目所采用的设备、工艺技术是否先进、适用，是否符合我国国情。

e. 投资计划及财务预测：这部分主要对总投资、投资内容、资金筹措等进行评估。也包括对产品成本、销售收入、各项经济技术指标及税金估算、盈利水平、偿债能力、贷款利率及条件等基本数据的审查分析。

f. 企业经济效益：主要分析计算企业财务净现值和财务内部收益率、投资利润率、投资利税率、投资创汇率等。

g. 国民经济效益：这部分主要按照影子价格评估项目建成后对国民经济所作贡献的大小。一般包括经济净现值、内部收益率、净产值内部收益率、纯收入净现值、纯收入内部收益率、经济净现值率、投资净效益率等指标。

h. 风险分析：这部分主要通过分析影响项目财务效益和国民经济效益不确定因素的变化，考察这些因素变化后对项目财务效益的影响程度。

③ 结尾：这是整篇研究报告的概括和总结。通过报告提供资料和数据的分析比较，提出结论性的意见，表明自己的态度，对重点问题及关键性内容要再次强调，以证实报告的可行性。

④ 署名及日期：承办此项可行性研究的单位、负责人以及有关的经济、技术、财务等人员要在报告结束之后的右下方签名盖章，写上成文日期。这部分内容虽少，但很重要。这些内容也可移至标题下。

(3) 附件　　在可行性研究报告的主体结束后，往往还加上一些附件，如试验报告、论证材料、计算附表、附图等。附件要尽可能全备，为阅读者提供详细的参考材料，以增强可行性研究报告的说服力。

2) 基本建设可行性研究报告的基本结构

基本建设可行性研究报告的主体一般由十部分组成：

(1) 总论　　主要说明项目提出的背景，概括说明项目的规模、标准、经济效益和现实意义，说明提出该项目研究的依据。

(2) 需求预测和拟建规模　　一般包括市场需求预测、销售预测和建设项目的比较方案，用数字或表格加以说明。

(3) 资源、原材料、燃料及公用设施情况　写作时应注意建设项目不同,叙述的侧重点也应不同。

(4) 建设地址和外部条件　介绍几个待选地点的自身条件、外部环境和发展趋势,用图表和数字加以说明和估算,最后应选定一个最佳的地址。

(5) 设计方案　主要叙述新建项目的主体构成和所涉及的范围,包括为项目服务的附属设施的状况。

(6) 环境保护　预测拟建项目对环境可能产生的影响,提出保护环境、治理"三废"的方案。

(7) 劳动组织及人员培训。

(8) 实施进度。

(9) 投资估算和资金筹措。

(10) 财务和经济效益评价。

最后,明确地说明研究结论,指出该项目可行或者不可行。

3) 中外合资经营企业可行性研究报告的基本结构

中外合资经营企业可行性研究报告一般由以下四项构成:

(1) 标题　一般包括双方合资经营单位的名称、合资经营企业名称和文种三部分,如"××市××厂与美国××公司合资经营××制药厂的可行性研究报告"。

(2) 导言　一般简要介绍双方合资经营单位的名称和共同经营的企业名称以及决定合资经营的历史背景、依据和经济意义;承担可行性研究的单位、研究方法和简要过程。

(3) 正文　主要对可行性因素进行论证,一般包括:企业名称、地址、双方负责人;项目提出的缘由;合资双方的实力和经营方针;技术与设备;组织机构及定编人员;经费概算和来源;经济效益分析等七项内容。

(4) 落款　由双方代表署名盖章,并写明具体时间。

8.2.2　可行性研究报告的写作要求

1) 实事求是,真实可靠

可行性研究的质量直接关系到项目能否成立以及实施的成败。因此,在整个研究过程中,一定要恪守实事求是的原则,以精益求精的科学态度对待研究中涉及的各种问题。对各种数据和有关内容,报告中必须绝对真实可靠,不能从地方或个人情感角度去思考。所采用的研究方法应该是科学的,推理和论证应该严密充分而不是主观臆断。不能为了达到项目上马的目的,胡编乱造,盲目乐观地预测,否则研究者的失误将会给投资者带来不可挽回的损失。

2) 全面系统,论证严密

可行性研究报告是向上一级部门报批项目的依据,要善于从材料的分析中顺理成章地得出"可行"的结论。因此要注意研究分析内容的全面性、系统性。可把项目分解为若干部分,按步骤进行分析论证,既有精细的分析和研究,又有综合的论证和评定。分析要有理有据,材料要确凿,要论证的问题不能出现疏漏,最终要得出项目是否可行的结论。另外,可行性研究是投资前的活动,是对可能遇到的问题和结果的估计,因此,必须强调要进行深入细致的调查研究。

3) 结构紧凑,行文规范

可行性研究报告的篇幅较长,写作时有一定难度,要注意把握好叙述和材料之间的关系,使结构紧凑而不松散。表达要简洁,措辞要严密,要根据不同项目的可行性研究合理安排写作结构,进行规范书写,做到结构紧凑、逻辑严密、行文规范、语言简洁。

[例文]

××休闲度假农庄可行性研究报告

1 总论

1.1 项目背景

1.1.1 项目名称:××休闲度假农庄

1.1.2 承办单位:本项目由海南××休闲农业发展有限公司和××村合作开发

1.1.3 报告编制依据

(1)《投资项目可行性研究指南》(试用版)。

(2)《建设项目经济评价方法与参数》(第三版)。

(3)《国务院关于推进海南国际旅游岛建设发展的若干意见》。

(4)《2010 年中央一号文件》。

(5) 相关设计规范标准。

1.1.4 项目提出的理由与过程

《国务院关于推进海南国际旅游岛建设发展的若干意见》中指出,海南要"走生产发展、生活富裕、生态良好的科学发展之路";要"积极发展服务型经济、开放型经济、生态型经济,形成以旅游业为龙头、现代服务业为主导的特色经济结构";着力提高旅游业发展质量,打造具有海南特色、达到国际先进水平的旅游产业体系;注重保障和改善民生,大力发展社会事业,加快推进城乡和区域协调发展,逐步将海南建设成为生态环境优美、文化魅力独特、社会文明祥和的开放之岛、绿色之岛、文明之岛、和谐之岛。

2010 年,中央一号文件又一次以"三农"问题为关注内容,这是新世纪以来的连续第 7 个关注"三农"的中央一号文件。农民人数在我国还占大多数,农民的增收问题是一个系统工程,而农民增收所带来的社会和经济效益更是不可小觑。城镇化是不可逆转的过程,但是单纯地让农民进城在中国是行不通的,如何使农民就地转移、就地实现就业、转型、增收,是值得探讨的话题。

现代休闲农业恰恰是一条很好的道路,而"公司+集体+农户"的新农村综合发展模式更是一种值得探索的发展模式。

《国务院关于推进海南国际旅游岛建设发展的若干意见》指出,积极推动热带特色农业与旅游相结合,制定实施观光农业、休闲农业支持计划,建设示范基地,拓展农业发展和农民增收空间。

而在今年 1 月召开的海南省委五届六次会议上通过的《中共海南省委关于加快海南西部地区开发建设的若干意见》更进一步提出,将以文明生态村为基础建设一批特色旅游村。选择一批靠近城边、主要干道边、重点景区边的文明生态村,突出西部乡村特色和民族特色,建设一批体现热带风光、黎苗族文化、海港渔村风情的特色旅游村。要从村庄环境整治和旅游化改造入手,使特色旅游村集生态文明和旅游功能于一体,成为与重点旅游景区、中心城市、县城镇、主题旅游镇相配套的乡村旅游点。

综上所述，本项目的提出正是响应国家和海南省政府的号召，为社会主义新农村和国际旅游岛的建设出力，为丰富国际旅游岛内容，提升农村旅游档次，解决"三农"问题应运而生的。

1.2 项目概况

1.2.1 拟建地点：本项目位于琼海市××村。

1.2.2 建设规模与建设内容

根据需求分析，我们尽可能充分地展示海南本土自然和文化特色的内容，提供尽可能周全的服务，还要尽可能地保持原汁原味的风土人情。很好地切入不同游客的不同需求环境，让游客玩得开心，我们获得收益，当地农民增加收入。本着这样的原则，我们在不破坏原有生态环境的情况下建设如下内容：

（1）建设10 000平方米供游客居住休憩的休闲农舍。

（2）建设4 000平方米村民会所（包括村委办公、医疗等集体公共设施），丰富和提升农村村民文化生活。

（3）建设500平方米农家餐厅，同时满足500人就餐需要。

（4）建设500平方米农事展览及产品销售厅。

（5）改造千亩荒地，建设各种果园、耕作园、橡胶园、全国蔬菜储备基地、绿色无公害农业基地、立体样种植基地。

（6）各园区主题休闲公园。

1.2.3 主要建设条件

本项目为休闲农业发展项目，××村地处博鳌控制区范围，交通方便，过往客源充足，利用当地的荒山荒坡地，无须占用耕地，地理位置优越。

1.2.4 项目建设进度

本项目计划于2010年4月开始，2011年10月一期完工，可以开门迎客；2013年10月项目全部完成。

1.2.5 项目投资和筹资方案

本项目总投资为1亿元，第一期投资2 000万元，筹资方案为资本金加银行贷款。

1.2.6 主要技术经济指标

主要技术经济指标见下表。

项目主要技术经济指标表

序号	项目名称	单位	指标
1	项目占地面积	亩	1 000
2	建筑面积	平方米	15 000
3	建筑密度	%	1.3
4	容积率		0.022 5
5	绿地率	%	90.7
6	投资估算	亿元	1
9	年均营业收入	万元	1 728
10	年均利润总额	万元	1 188
11	年均净利润	万元	891
12	投资净利润率	%	8.91
13	财务内部收益率（税后）	%	10.21
14	投资回收期（税后）	年	11.22

1.3 结论与建议

本项目的提出是响应国家和海南省政府的号召,是为社会主义新农村和国际旅游岛的建设出力,为丰富国际旅游岛内容,提升农村旅游档次,解决"三农"问题应运而生的。本项目的实施是中国特色城市化道路探索的需要,是提高人民群众生活品质的需要,是海南建设国际旅游岛的有益尝试,符合经济社会发展的总体战略部署,有助于促进和谐社会的发展。本项目的实施就是要发展农村生产,创造富裕舒适的田园生活,而休闲农业发展必须以良好的生态环境为基础,探索"天人合一"的生态友好型经济发展的和谐之路。

2 项目必要性分析

2.1 项目规划相关文件(略)

2.2 项目建设的必要性

海南岛地处热带北缘,属热带海洋季风气候,素来有"天然大温室"的美称,这里四季如春,空气清新、风景宜人。近年来,海南文明生态村的建设极大改善和美化亮化了乡村环境,四季瓜果飘香的海南岛为休闲农业的发展提供了广阔的腹地和丰厚的物质基础。为此,海南制定了全省休闲农业发展计划,以推动休闲农业为重点,加快发展农村第三产业。通过开展创建100个休闲农业示范基地评选活动,争取农业部示范试点项目资金的支持。重点建设20个各具特色的省级休闲农业示范基地并挂牌,引入有实力的企业加盟,推出休闲农业线路,争取列入农业部休闲农业"百千万工程",以助推国际旅游岛建设。海南是全国第一个成立省级休闲农业机构的省份。2009年10月30日,在全国休闲农业旅游农业工作会议上,农业部对该省成立休闲农业发展局来推动休闲农业发展给予高度评价。据了解,目前,海南省建有各类旅游休闲农业园区133个,吸纳就业人数1.45万人,年营业收入达1.32亿元。方兴未艾的海南休闲农业,在海南建设国际旅游岛的大背景下更加值得期待。

3 项目选址

3.1 海南岛概况(略)

3.2 项目区位优势(略)

4 建设项目定位分析(略)

5 项目实施的可能性(略)

6 投资估算及财务评价

6.1 投资估算

休闲农庄总投资1亿元,具体项目如下:

(1) 拟建村委会暨农庄服务大楼4 000平方米,每平方米造价1 000元,共计400万元;装修及设施共计180万元;合计580万元。

(2) 拟建风情农舍1万平方米,单价800元/平方米,共计800万元;装修及设施、床上用品、电器等共计300万元;合计1 100万元。

(3) 建设农家餐厅500平方米,每平方米造价1 000元,共计50万元;装修及设施共计30万元;合计80万元。

(4) 建设农事展览及产品销售厅500平方米,每平方米造价1 000元,共计50万元;装修及设施共计30万元;合计80万元。

(5) 改造千亩荒地,建设各种果园、耕作园、橡胶园,预计投资500万元。

(6) 各园区主题休闲公园,预计投资200万元。

(7) 庄园内及村内道路、基础设施建设共计1 000万元。

（8）土地及地上物补偿费预计600万元。

（9）项目运作资金5 000万元。

（10）机动资金860万元。

6.2　盈利能力分析

（1）该项目自2010年5月开工建设，预计2011年10月一期竣工并交付使用。自2011年11月正式对外营业，到2022年年底前应全部收回投资，经营期限定位30年。

（2）餐厅预测每天营业额3 000元，即每月9万元，全年108万元，按50%毛利计，净收益54万元。

（3）休闲农庄客房收入，500间客房按年平均入住率60%计，每间客房每晚150元，运营成本按照收入的30%计算，客房的年净经营收益可达1 134万元。

（4）餐厅加客房全年净收入1 188万元。

（5）根据2007年3月16日通过的《中华人民共和国企业所得税法》，企业所得税税率按25%计。经计算得出本项目年平均利润总额为1 188万元，年平均所得税297万元，年均净利润为891万元，按照和农村集体的收益分配比例，20%归集体所有，属于公司的利润为712.8万元。投资净利润率为8.91%。

6.3　财务评价

项目投资财务内部收益率　　　　　10.21%

财务净现值（IC=8%）　　　　　　6 541万元

投资回收期　　　　　　　　　　　11.22年

6.4　财务评价结论

通过对项目进行财务经济分析计算，财务净现值大于零，财务内部收益率大于基准收益率。项目具有较好的盈利能力、较强的偿债能力，项目的经济效益较稳定。综合上述分析可以看出，本项目在技术上先进，经济上合理，操作上可靠，投资回收期较短且风险小，项目可行。

7　社会评价

7.1　项目对社会的影响分析

7.1.1　农民就地实现就业

本项目集休闲娱乐、观光旅游、采摘体验、科学教育、居住度假于一体，计划接待规模可满足每日500人入住、200人会议、上千人观光就餐，将需要大量的工作人员，届时不仅年轻人、壮劳力可以就地就业，甚至老年人也可以找到合适的工作岗位。

7.1.2　增加农民收入

本项目进入以后，不仅可以实现当地农民通过就业增收，同时，大量的农副产品需求，当地的农家乐或家庭旅馆也会由于大量的不同层次客源的进入而受益。

7.1.3　实现农民科学种田

通过本项目的规划和带动，农民将彻底改变传统的耕作方式，实现科学种田、设施种田、无公害种田、根据市场需求种田，树立农民的现代经营意识，从而实现农民自身的城镇化革命。

7.1.4　实现立体种养殖

发展循环经济，进行高度集约的庭院经济模式。农户通过庭院的种养殖发展生态环保、低碳无污染的庭院有机农业，为本项目提供健康的农产品货源，并带动周围农村发展。

7.1.5 实现农村基础设施的改善

通过本项目的发展带动文明生态村的建设,本项目将为农民争取和提供村内基础设施的建设投资,彻底改变村容村貌,将建设大型、中型和小型各类沼气设施设备,利用沼气发电、提供燃气,实现生态、环保、低碳目标,发展循环经济。

7.1.6 教育和影响农民转变观念

我们将从海南大学聘请旅游、地产、农业等方面专家做临时咨询或长期顾问,把他们最先进的思想转变成现实,实现各方面的创新,争取成为海南乃至全国农村发展的标兵。

7.1.7 探索新型城市化道路

城市化过程中,无论是大量农民工"候鸟式"迁徙,还是城市扩张式的"被迫"城市化,都存在着显而易见的弊端,而且不可能在海南复制。本项目实施过程中将探讨一种就地田园式城市化的全新发展模式,改变农民的生活习惯和思想观念,但并不增加城市负担,也不会带来一夜暴富、不劳而获的消极影响。

7.1.8 顺应海南建设国际旅游岛战略的需要

海南过去的旅游存在低水平重复、低质量服务、低价格竞争的恶性循环,国际旅游岛建设就需要彻底改变这种状况。要做到"让有钱人有地方花钱,花了还想带朋友来花";"让普通老百姓愿意花钱,花了钱高兴,觉得值";"让当地政府和百姓赚了吆喝又赚到实惠,而不仅仅是外地有钱人的天堂"。本项目建设的各种探索性尝试,将一贯秉承这种思路,将农村就地城市化,比城市还方便,比农村还安逸。

7.1.9 社会主义新农村就是生产发展、生活富裕、生态良好

本项目的实施就是要发展农村生产,创造富裕舒适的田园生活,而休闲农业发展必须以良好的生态环境为基础,探索"天人合一"的生态友好型经济发展的和谐之路。

7.2 社会评价结论

综上所述,本项目对提高当地居民就业、收入、生活水平以及村容环境都具有促进作用;对当地基础设施建设和社会服务容量可能产生的压力较小;与当地不同利益相关者、各级政府部门和现有技术文化状况适应性较高。

8 可行性研究的结论

(1)本项目的建设是满足人民群众日益增长的生活水平的需求,是提高休闲农业服务水平和当地群众的生活水平的需要,有助于促进经济及和谐社会的发展。

(2)项目的建设符合中央一号文件精神和海南建设国际旅游岛战略的需要。

(3)项目建设的设施完善,采用的设计方案合理,投资估算合理,经济效益和社会效益显著,建设方案可行。

综上所述,本项目的建设是必要的,也是可行的。

【思考与练习】

1. 什么是可行性研究报告?
2. 可行性研究报告主要包括哪些内容?
3. 可行性研究报告的写作目的是什么?
4. 阅读本章例文,从内容构成和写作要求的角度评析例文,并掌握可行性研究报告的写法。

9 经济预测报告

9.1 经济预测报告的概念、特点、作用和种类

9.1.1 经济预测报告的概念、特点和作用

1) 经济预测报告的概念

预测就是根据现有的资料,依照事物发生、发展和变化的规律,对某一事物或现象的未来状况、形态做出估计和推测。

经济预测就是在一定理论指导下,以经济发展的历史和现状为出发点,以统计资料和调查研究资料为依据,在对经济过程进行深刻的定性分析和严密的定量计算基础上,对经济发展的未来演变做出有科学依据的判断。经济预测报告便是反映经济预测的分析研究过程及其结果的应用文。

为了切实把握经济发展的趋势以及相互联系的各种变化因素,人们经常需要采用经济预测的方式,对经济发展的趋势进行分析、测算和判断,以加速经济发展。经济预测是科学决策的基础,是制订计划的前提,是实现企业现代化的工具。

2) 经济预测报告的特点

(1) 预见性 经济预测报告所反映的内容具有事先预告的特点。它是在广泛调查的基础上,通过全面分析研究有关的数据资料,判断经济活动的发展趋势,提出合理建议,并为制定经营管理的决策提供依据。

(2) 时效性 经济预测报告必须快速反映变化着的市场,以最快的速度将信息传递给决策部门和管理部门,信息的价值与提供信息的时间往往是密切相关的。所以时效是经济预测报告的生命,准确及时的经济预测报告有利于企业在竞争激烈的市场上夺得一席立足之地。

(3) 针对性 撰写经济预测报告是为了掌握市场行情,保障企业的正常运营,保证市场的健康发展。所以经济预测报告要有针对性地调查市场营销情况,以掌握瞬息万变的市场行情,为生产经营决策提供依据。

(4) 科学性 经济预测报告必须具有科学性,分析必须能够反映客观经济规律。因为它直接关系到有关部门或企业下一步的计划和决策,所以在进行经济预测时,要进行全面系统的分析研究,找出规律性,做出科学的预测。

3) 经济预测报告的作用

(1) 经济预测报告是"探索未来之窗" 预测是联系现在和未来的桥梁。它以各种历史的和大量调查研究的资料为基础,通过运用各种信息、资料、数据,大量采用观察、归纳、演绎、数学模型和实验等科学方法,对客观事物之间的历史与未来、宏观与微观、原因与结果以

及各种因素之间的交叉影响进行科学分析、测算或估算,并通过经济预测报告的形式,勾画出未来经济发展的轮廓,描述和揭示经济的变动趋势。因此,人们把经济预测报告称为"探索未来之窗"。

(2) 预测是计划、决策的基础　随着社会主义市场经济的发展,经济预测已成为人们进行决策和计划的重要前提,从事经济管理的必要手段,在国民经济各部门及生产、分配、流通、消费各环节广为采用。通过经济预测,能够清楚社会需要的变化、相关部门的发展变化、世界各国同类行业的发展趋势以及市场动向。这种在时间、空间上更为广阔的经济预测及其报告,已成为确定战略、制定政策、进行决策、编制计划的重要依据和基础。

(3) 经济预测是加强企业管理,提高经济效益的重要手段　企业通过预测获得的各种经济信息,特别是市场信息,不仅可以检验企业的管理水平,也可以指导企业的生产方向和销售流向。任何企业都希望能使自己获得最好的经济效益,而决定企业经济效益的一是现代管理水平,二是对信息的了解程度和适应能力。经常性的预测,无疑有利于掌握有关动态,为企业的经营管理指明方向,使企业在市场竞争中处于有利地位,立于不败之地。

9.1.2　经济预测报告的种类

经济预测报告,根据不同的标准就有不同的分类。一般可按预测范围、预测时间、预测内容、预测方法等标准进行划分。

1) 按预测范围分

经济预测报告可划分为宏观经济预测和微观经济预测两大类。

(1) 宏观经济预测　一般是就整个国民经济范围的经济现象和经济活动进行的预测。如国民生产总值及其增长率,国民经济各部门中工业与农业、轻工业与重工业的比例关系以及国民经济发展速度等的预测。宏观经济预测是制定国家计划的主要依据之一。

(2) 微观经济预测　是指在一个企业、一个乡(镇)、村范围内所作的经济预测。它以企业或乡(镇)、村的经济活动为研究对象,预测其发展变化。如一定时期的产销量、产品销路、资金需要量等的预测。微观经济预测是制定企业经济发展规划的重要依据。

2) 按预测时间分

经济预测报告可划分为近期、短期、中期、长期预测四大类。

(1) 近期预测　是指对不到1年时间的经济情况所作的预测。

(2) 短期预测　一般是对1年左右时间经济发展前景所作的预测,这种预测对于安排生产、供销、劳动力、财务等计划都十分重要。

(3) 中期预测　一般指2~3年的预测。这种预测一般是针对某些项目在短期内的变化情况很难准确反映其变化趋势而进行的。如企业的生产能力、产品的生产成本与价格等。

(4) 长期预测　一般是指超过5年,甚至更长时间的经济发展前景所作的预测。通常属于战略性预测。如投资方向、社会消费结构变化等均采用长期预测。它是制定经济发展5年计划、远景规划、确定经济长期发展任务的依据。

3) 按预测内容分

经济预测报告可分为社会需求预测、资源预测、财政收入预测、劳动就业和人才培养预测、开发预测、产品发展预测、居民生活水平预测等等。

4) 按预测的方法分

经济预测报告可分为定性预测和定量预测两大类。

（1）定性预测　是指预测者深入实际、深入群众进行调查，了解实际情况，结合有关历史资料，经过研究、综合、分析所写的预测经济发展前景的报告。

（2）定量预测　是指运用数学模型，分析各种影响经济变化的因素之间的函数关系，通过计划或图表的方法，预测经济前景的报告。

在经济工作中，一般常见的经济预测报告有：

1）市场预测报告

这是预测市场对企业产品总的需求量的报告。它是企业或地区、乡（镇）、村拟定产品生产计划的重要依据。

2）销售预测报告

这是预测企业产品在市场上的销售量（即市场占有率、产品的竞争能力）的报告。它是企业改进经营方法，扩大销售量的重要依据。

3）资源预测报告

这是预测企业生产所需资源（包括原料、能源）的来源及其保证程度的报告。它是确定企业生产所需原材料品种、规格、数量、期限和供应单位，制定原材料、能源节约代用计划的重要依据。

4）生产预测报告

这是在市场、资源预测的基础上，为制订生产计划而进行产量预测的报告。其具体内容包括企业生产能力预测，改建、扩建、技改投资预测，计划期各种产品的产量预测。

5）成本预测报告

这是在生产预测的基础上，预测企业产品一定时期的成本水平的报告。它是企业有计划地降低活劳动和物化劳动消耗，控制节约各项费用，降低成本，提高经济效益的重要依据。

6）技术预测报告

这是预测同行业发展中的新产品，生产中的新技术、新材料及其对市场需求的影响的报告。它是企业制定科学研究新的发展规划、确定产品更新换代的重要依据。

9.2　经济预测的常用方法

经济预测的方法大致分为两大类：一类是定性预测法；另一类是定量预测法。

9.2.1　定性预测法

定性预测法也称判断预测法、调查预测法、经验预测法等。它是对预测目标性质的分析。这种方法是依据预测者掌握的知识和经验，在认识客观经济规律的基础上，以主观认识为依据，对未来经济的发展进行分析和判断。定性分析虽也有数量内容，但其主要目的不在于准确推算数据，而在于判断经济活动的发展前景。

德尔斐法是近二三十年来较为盛行的一种定性预测方法。它一般选择近20位专家，用系统的程序，采取不具名和反复进行的方法，草拟调查提纲，提供背景资料，轮番征询不同专家的预测意见，有时经过四五轮的往返，使专家的意见趋于一致，得出一个比较统一的预测结果。在征询过程中，专家们始终互不见面、互不知名、互不联系，各自独立表态。

9.2.2　定量预测法

定量预测法也称数学预测法、定量分析法、统计分析法、客观分析法等。它是对预测对象的量化分析。它概括比较完备的经济资料,运用一定的数学方法,对影响经济变化的各种因素进行数量分析和测算,从而推断未来的经济发展趋势。定量分析具有规范化的程序。运用这种方法,必须掌握足够的数据,否则会使预测失误。它的优点是比较客观,不受预测者主观倾向的影响。但由于影响经济发展的因素随机变化性较大,因此有些预测单凭数字是不够的,况且有些影响比如政治因素、自然因素等,也不是数据所能涵容的。

定量预测法具体又分经济同期曲线法、模拟预测法、平均数预测法等几种方法。此外,还有相关分析预测法、对比预测法、经济计量分析预测法、因果预测法等等。

定性预测和定量预测在实践中常常是结合使用的,因为定性分析可以把握定量分析的大体轮廓,定量分析也可印证定性分析结论的正确、合理和可靠程度。一般只有两者相互补充,才能较为准确地预测出某项预测对象未来的发展结果。

9.3 经济预测报告的基本结构与写作要求

9.3.1 经济预测报告的基本结构

经济预测报告的基本结构一般由标题、正文、署名三部分组成。

1) 标题

经济预测报告标题要鲜明、醒目。常见的标题形式有新闻式、公文式、文章式。

(1) 新闻式 这种标题类似新闻报道的标题。这种形式的标题又有两种写法,一种是单标题,如"××省(市)水果价格趋降";另一种是双标题,如"秋后农民购买力投向重建房、保生产、压穿用——××县秋后农民购买力投向变动趋势预测"。

(2) 公文式 这种标题通常有预测时限、预测区域、预测对象和预测文种四部分组成,如"2007—2008年上海家用轿车需求量预测报告"。在实际写作中,常用将"报告"二字省略,如"××年××市蛋禽市场预测"。

(3) 文章式 这类标题不要求预测时限、区域、对象、文种齐全,可根据内容需要取舍,标题只要能够突出主题即可。有时,因预测内容是泛指,需要社会周知,标题也可不标明预测时间和预测区域,如"电信资费调整预测";有时,标题内已含有预测的意思,就不再使用"预测"二字,如"纯棉织品市场前景的展望"。

下面介绍几种典型的标题标法:

(1) 在标明预测对象外,着重强调预测范围的标题,如"从全国范围看手扶拖拉机产销情况及前景"、"从全县范围看蛋禽产销趋势"。

(2) 在标明预测对象外,着重强调时间的标题,如"2001—2005年锻压机械产品需求量的初步预测"、"对××地区2001—2005年啤酒需求量的预测"。

(3) 在标明预测对象外,着重强调采用何种方法进行预测的标题,如"运用定性分析预测农药需求趋势"、"运用回归模型法预测家具需求趋势"。

2) 正文

经济预测报告的正文由前言、主体两部分组成。

经济预测报告的前言部分主要写预测的动因、目的、时间、地点、范围、对象、经过、采用方法,使人对报告有一个总体印象。也可以概述报告的主要内容。

经济预测报告的主体是正文的核心部分,一般由三部分内容组成,即概况、预测、建议,其中,概况是预测的基础,预测是报告的核心,建议是预测的延伸。

(1)概况　概况部分是对预测对象的发展历史和现状作系统而简要的回顾和说明。在介绍预测对象时一般要选择具有代表性和典型性的资料和数据,根据预测目标的需要,或介绍主要情况,或提出、揭示某一个问题,或通过横向和纵向的比较,表明经济运动的节奏和发展规律等等。在具体写法上,可以区分基本情况和有关问题,由远到近,逐层交代;也可以根据事物的运动过程依次陈述;还可以从不同侧面概括特点,反映趋势等。总之,写法可灵活多样,不拘一格。写好概况是写好预测报告的基础和前提。

(2)预测　预测部分是预测报告核心的部分。它集中反映预测的成果,反映预测的过程和结论,是预测报告的价值所在。写这一部分时,应该按照连贯、相关、类推的原则,概括预测的内容、目的和要求,在上述概述的基础上,对历史和现状进行综合分析,运用一定的预测方法,排除不确定性因素,做出科学的定性预测和定量预报,或预言发展前景,或推断未来趋势。总之,要做出科学的结论。在表述时要做到:综合分析有根有据;判断结论明确肯定;语言叙述井然有序。

在表述方法上,可根据预测对象和预测方法的不同,采用如下两种写法:一种是平列式,也叫横式,即从不同的角度、不同的侧面做出趋势预测。这种写法比较适用于采用调查预测法情况下的预测报告的编写。另一种是递进式,也叫纵式。它从选择预测方法和建立数学模型入手,逐步推导出预测结果。这种写法一般适用于采用统计预测法情况下的预测报告的编写。上述两种方法在具体写作时,有条文式、直述式、块条式等形式。条文式就是在编写预测部分时,分条列项进行逐条逐项的分析。直述式就是直接分段表述分析、推断过程。多用于短小的经济预测分析。块条式就是将主体先划成几部分,必要时在每部分中再分条陈述,多用于比较复杂的综合性的经济预测。

(3)建议　建议或称结尾是预测报告的合理延伸。这部分是写根据预测的结论所提的建议和措施。需要注意的是,所提内容应该是对决策机关有参考价值的,因此所提建议要有的放矢,措施要切合实际。只有这样才能作为有关部门和决策机构的决策依据,从而达到经济预测报告的目的。

当然,就经济预测报告的主体而言,除采用建议的方式结尾以外,还有其他多种结尾方式。有的总结全文,深化主旨;有的概括未来,展望前景;但也有一些报告没有明显的结尾部分,全文由总到分说完为止。

3) 署名

最后由报告作者署名并写上成文时间。

9.3.2　经济预测报告的写作要求

经济预测报告是着眼于未来的一种可供科学决策的重要依据,这就要求在撰写此类报告时,必须使报告建立在广泛的调查和严密的科学论证的基础之上,而不是靠描写、形容和某些修辞手法去感染读者。具体写作要求有如下几点:

1) **目标要明确,层次要分明**

经济预测报告要紧紧围绕所提目标进行撰写。如果搜集和分析统计的资料不能紧扣目标,则撰写出的预测报告就完全失去其应有的价值。

一项经济预测活动的范围往往很广,内容也很丰富,为了使报告达到预想的效果,就必须按照事物本身的条理性来组织、安排先后顺序与结构,使撰写的内容不散、不乱,条理清晰、层次分明。为此,一般可采用提出问题、说明问题、分析(预测)问题、解决问题的顺序来写。

(1) 提出问题 就是在预测报告的开头,先总的交代预测的目的和所要解决的问题。

(2) 说明问题 就是在报告中按照预测的需要,分别说明调查所得到的各种资料和数据以及影响经济活动前景的各种因素,为后面介绍预测过程奠定基础。

(3) 分析(预测)问题 就是在报告中按照一定的预测方法,介绍对问题的分析和预测过程。

(4) 解决问题 就是预测报告的最后,提出预测的结论性意见和解决问题、改进工作的意见以及应该采取的相应措施。

2) 论据要有力,推理要严密

一份成功的经济预测报告,它的预测论据必须是有力的,预测推理必须是严密的,其预测结论也就必然是可行的。

(1) 预测报告论据要有力 首先是指资料和数据要真实,没有丝毫水分;其次,报告所选用的资料要反映事物的本质,有典型意义。如果所选资料不具备典型性,就不能反映事物的本质。

(2) 报告的论证推理要严密 是指报告中所反映的预测过程、方法是科学的、合理的,测算是准确的,分析推理是符合逻辑的。预测是研究未来,是对未来情况的估计和推断,但绝不是空想。这就要求人们必须根据过去和目前的情况来预测未来,根据已知推测未知,根据主观的经验教训、客观的资料与条件、演变的逻辑与推断来寻求未来变化的趋势,将预测切实建立在科学的基础之上。

3) 业务要熟悉,程序要严格

预测工作是一项综合性很强的工作,所涉及的范围广、内容多、业务复杂。要做好预测工作,拿出一份确有价值的预测报告,开展预测工作起码要具备以下三个条件:

(1) 预测过程必须严格按规定的程序办。根据决策的需要,一般预测程序是:

① 确定预测目标、内容、期限;

② 进行调查研究、收集整理数据资料,对已有资料做出初步的分析和评价;

③ 选择恰当的预测方法进行预测,做出预测结果;

④ 对预测结果进行检查、分析、评价;

⑤ 撰写预测报告。

(2) 对预测业务要熟悉。除必须熟悉预测工作的程序、基本技法和要求外,还要具有一定的相关知识,如经济学、统计学、逻辑学等有关知识。

(3) 要有一定的应用文写作知识和文字表达能力。经济应用文写作要求语言朴实,表达准确,而忌讳滥用华丽的辞藻、夸张的手法。这样才能使人一看就懂,而不至于产生歧义或误解。文字要规范,有关专用名称和数据的表达一般不宜简化,且表达方式要求统一。

[例文1]

2010—2020年我国轿车市场需求预测分析

一、汽车消费市场现状

无论城市公共交通运输业如何发展,私人汽车的发展也是必不可少的。汽车可以实现"门到门"的运输方式,是任何交通工具都无法比拟的。汽车满足了人们快节奏工作和生活的需要,扩大了人们活动的空间,提高了人们的生活质量、工作开放度和劳动生产效率,因此私人汽车的普及成为城市现代化的标志。发达国家汽车发展的历史证明：汽车产业发展的关键是私人汽车的发展，轿车进入家庭是促进汽车产业发展的重要转折点。

进入 21 世纪，我国轿车消费一直在高速增长，但与发达国家相比，目前我国轿车的人均拥有量仍然很低。虽然近几年出现"轿车热"，但私人轿车消费仍处于启动阶段，与此对应，轿车产业也仅处于初期发展阶段，整个产业的年产量还不及一个大型跨国公司的年产量。人们生活水平的提高，基础设施建设的加强，汽车维修市场的逐渐规范以及进口汽车关税的不断下降，造成了近几年的购车热潮，长期以来被压抑的购车力量最终爆发，甚至出现"井喷"现象。今后轿车消费的快速增长将成为我国汽车行业发展的主流。

二、2010—2020 年中国汽车市场需求预测

中国汽车需求量预测是国内外经济界都非常关注的问题。我国汽车保有量的增长基本上是随国民经济的增长而增长，1990—1998 年，我国 GDP 年均增长率为 10.8%，汽车保有量从 551 万辆增至 1 319 万辆，年均增长率为 11.5%，弹性系数为 1.06。

假设中国的经济增长仍按当前的速度，通过模型预测出的 2010 年和 2020 年我国汽车保有量的预测值分别为 9 626.18 万辆和 31 317.37 万辆，其年均增长率为 13.6%。

三、需求预测的理性检验

下面主要从人均国民收入、汽车价格下跌、道路条件的改善这 3 个影响汽车需求量的主要因素来分析上述预测的合理性。

1. 人均国民收入提高

在经历了 20 世纪 80 年代轻纺工业和耐用消费品工业充分发展的阶段以后，中国正处于初步工业化之后，以重化工业、高新技术产业为主导的工业化加速发展阶段。根据发达国家的经验，汽车产业在工业化过程中起着至关重要的作用，它附加值高、产业相关度广、对相关产业的拉动作用明显，在国民经济发展的一定阶段可成为主导产业。目前我国的汽车产业已经达到一定规模，2003 年汽车生产量列世界第 4 位。我国经济发展的目标已经确定：2010 年的 GDP 比 2000 年提高 1 倍，2020 年力争比 2000 年翻 2 番，即 2010 年我国 GDP 接近目前中等收入国家的平均水平，这将为汽车市场扩张提供较好的经济动力。

我国是一个收入差别很大的国家，根据世界银行统计，2000 年我国的基尼系数是 0.458，2007 年我国居民总体基尼系数仍在 0.5 附近，我国最高收入的 10% 家庭的收入占全国总收入的 30.4%，第二个 10% 家庭的收入是全国的 16.2%，两部分加起来占全国家庭总收入的 46.6%，而其余 80% 家庭的收入都低于全国收入的平均值。2006 年胡润富豪上榜 500 位富豪拥有的总财富达到 11 000 亿元，占全国总收入的 27.99%。2007 年胡润富豪上榜 800 位富豪拥有的总财富达到 34 452 亿元，占全国总收入的 67.15%。可见高收入家庭的收入占全国总收入的比例呈增加趋势。

在一些发达城市、东南沿海相当多的地区，人均可支配收入比全国人均可支配收入的实际值要高许多，呈现明显的进入汽车社会的特征。随着居民可支配收入的稳步提高，我国城乡居民存款大幅度增加，对汽车的消费需求越来越大。

2. 汽车价格下降

中国汽车保有量的迅速增长，除了因为人均 GDP 高速增长之外，还同汽车价格下降有关。美国和日本汽车业的发展经历证明：在汽车业的发展过程中，只有激烈的价格战才能迫

使企业提高生产效率,增强核心竞争力。根据我国加入WTO承诺,从2005年1月1日起,我国限制轿车进口的关税税率将下调至30%,汽车进口配额也将取消,这都会使汽车市场的竞争更加激烈。关税下降,进口车的价格进一步走低,同时进口配额的取消使大量进口车涌入中国,必将挤压国产车市场,促使国产车的价格下降。据国家信息中心有关官员推测,关税每降低1个百分点,会带动车价下降0.3~0.5个百分点。

  3. 道路条件改善

  汽车的发展,对道路提出了较高的要求,于是建立现代化的宽阔的公路是汽车发展的必然。

  公路的密度和里程,决定汽车的行驶范围和汽车可能抵达的地方。公路的密度越大,里程越长,汽车行驶的范围越广,抵达的地方越多,越有利于发挥汽车的作用;公路的等级和质量对汽车行驶速度,通过能力,行车安全性、舒适性以及能源消耗等均产生重大影响。以高速公路和一般公路相比,汽车的行驶速度可提高1倍以上,汽车通过能力可提高数倍;以铺装道路与非铺装道路相比,行车的安全性、舒适性显著提高,并可达到节约能源的目的。

  1990—2005年,中国汽车拥有量年平均增长28.58%,公路里程年平均增长5%,公路对车的增长弹性接近0.4,远远高于1979—1991年的0.1的水平。其中,1995—2006年公路增长8.2%,而汽车拥有量增长13.5%,公路对汽车的增长弹性为0.6。表明我国公路基础设施增长与汽车保有量增长的关系得到了很大的改善,这种势头一直将延续10~20年。预计中国公路运输设施和城市基础设施建设投资的迅速增加以及政府鼓励汽车消费的政策的逐步实施,将进一步促进汽车消费量增长。综合考虑上述因素,表明文中对我国汽车需求量预测是合理的。

四、结语

  我国经济发展水平的提高和国家启动内需政策的进一步加强,轿车进入家庭已经不再是中国人的梦想。21世纪的前20年,将是我国汽车产业发展的关键时期,2010—2020年,我国汽车的年需求平均增长率有望达到13.6%左右,2010年和2020年我国汽车保有量将达到9 626万辆和31 317万辆。

    资料来源:《武汉理工大学学报》第30卷第6期,作者喻小军,杨双会,谭建

[例文2]

2010年我国生猪市场分析与2011年展望

  近几年来,中国农产品价格多次演绎大涨大落的行情,生猪市场也不例外(见图1)。从2005年到2006年上半年,猪肉价格开始出现持续下滑,一路跌至10.1元/kg。2007年在猪肉市场供给严重不足的时候,猪肉价格又快速上涨,至2008年3月,大幅上扬至22.8元/kg。从2008年4月至2009年5月,国内猪肉价格大幅下滑,从22.8元/kg回落至14.1元/kg。2009年下半年猪肉价格有所上涨,但幅度有限。进入2010年,受多种因素影响,"过山车"式的行情对养殖户的心理造成了巨大考验。

一、2010年猪肉价格走势

  从图2中可以看出,2010年我国猪肉价格变动大致可以分为4个阶段:

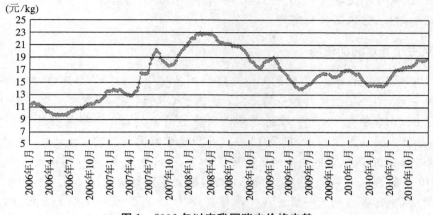

图 1　2006 年以来我国猪肉价格走势

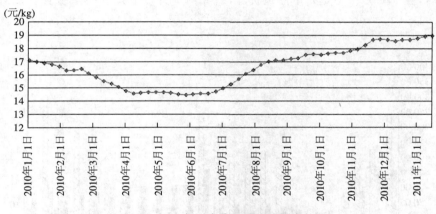

图 2　2010 年以来我国猪肉价格走势

第一阶段,快速下跌期。2010 年 1 月到 4 月上旬,全国猪肉价格快速下跌,由 1 月初的 17.08 元/kg 跌至 4 月上旬的 14.55 元/kg,跌幅 14.8%。春节期间本是猪肉消费旺季,但生猪价格却不升反降,生猪养殖户遭受严重打击。根据国家发展和改革委员会(以下简称发改委)价格监测中心监测,3 月 3 日全国大中城市生猪平均出场价格为每千克 10.46 元,比 2 月初下降 7.2%;猪粮比价为 5.5∶1(猪粮比价的黄色警戒线),比 2 月初下降 7%,显著低于生猪生产盈亏平衡点。

第二阶段,震荡调整期。2010 年 4 月中旬到 5 月底,在国家加大生猪市场调控下,国内猪肉价格止跌,进入震荡调整期。3 月 12 日,在猪粮比价连续 4 周低于 6∶1 这个盈亏平衡点的情况下,发改委指出将"适时采取收储等措施加强市场调控"。直到 4 月 13 日和 20 日,商务部会同财政部、发改委、农业发展银行先后两次公开竞价收储中央储备冻猪肉,随后不少省份冻肉收储计划陆续启动,使猪价出现止跌回暖迹象。但是,进入 5 月份,猪肉价格又开始呈下跌走势。生猪价格持续走低,主要原因还是供大于求,消费低迷。对此,5 月 20 日和 6 月 2 日,国家又开始执行第三第四批冻猪肉收储政策,以稳定生猪市场价格。

第三阶段,快速回升期。2010 年 6 月到 2010 年 10 月底,在国家冻猪肉收储政策的拉动下,猪肉价格开始快速回升,由 6 月初的 14.52 元/kg 迅速上升至 10 月底的 17.79 元/kg,涨幅高达 22.5%。

第四阶段,高位稳定期。2010年11月到12月,受国家稳定物价的宏观政策影响,国内猪肉价格涨势趋缓,进入高位稳定期。

二、2010年生猪养殖利润走势

从图3中可以看出,2010年我国生猪养殖利润呈现明显的"V"形走势,和2009年的利润走势基本一致,均为年初便开始一路下滑,年中进入亏损状态,下半年开始一路上行,进入盈利状态。但2010年与2009年利润走势也有明显的差别,2009年年初养殖利润开始下跌,直至5月份才进入亏损状态,但2010年2月份春节期间便跌破了4.4∶1的猪粮比价盈亏均衡线,进入亏损。2009年亏损期仅保持了2个多月,但2010年亏损期近5个月。

从2010年的利润走势来看,2010年1月份,生猪养殖利润为152元/头,由于受多方利空因素的影响,生猪养殖利润一直呈现下滑趋势,到4月份跌至一年中的最低点,此时养殖利润为-91元/头,处于严重亏损状态。随后,受国家收储冻猪肉政策的有力支撑,养殖利润开始好转,但5、6月份仍是处于亏损状态,一直到7月份养殖利润才由负转正,进入盈利状态。

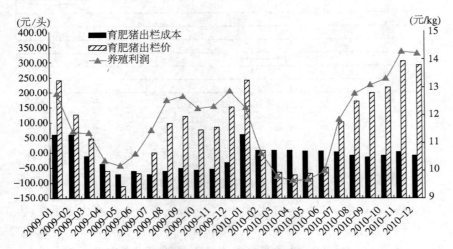

图3 2009年以来我国生猪养殖利润走势

三、2010年猪肉价格影响因素分析

2010年1月初开始,猪肉价格持续下跌,春节消费旺季并未对生猪市场产生明显的刺激效应。此次生猪价格下跌速度较快,波及范围广,短短几周生猪价格就跌至盈亏平衡线以下,导致部分养殖场(户)出现亏损,养殖积极性受到一定影响。猪肉价格的持续下跌引起国家的高度重视,4月中下旬国家先后两次启动冻猪肉收储政策,带动猪肉价格止跌回升。但好景不长,进入5月份,猪肉价格又开始下跌。面对持续下跌的猪肉价格,国家又连续进行三次冻猪肉收储政策。进入6月份,根据季节性指数,6月中下旬通常为生猪市场回暖时期,再加上国家收储政策的拉动,猪肉价格开始回升,7月份开始猪粮比价回升至盈亏平衡点之上,养殖户开始进入盈利状态。

1. 受扶持政策影响,国内生猪存栏及产能保持较高水平

2006—2007年,国内猪肉价格出现过一次大的波动,主要受猪蓝耳病在南方省市大面

积流行影响,生猪价格下跌,造成许多养殖场(户)减少存栏量,并导致2007年至2008年初市场生猪供给出现严重短缺。由于猪肉供不应求,生猪价格在2007年间不断上涨。据监测,2007年12月28日全国仔猪平均价格为17.91元/kg,毛猪为15.95元/kg,鲜肉为21.35元/kg,均达到历史高位。为确保市场有效供给,确保猪肉价格基本平稳可控,国家和地方政府相继出台了一系列扶持生猪生产的政策措施:一是对农户饲喂的能繁母猪每头补贴100元;二是对规模以上养殖场(户)猪舍标准化改造、基础设施、防疫等配套设施的建设实施补贴;三是对能繁母猪实施保险;四是实施生猪良种补贴。在国家政策以及高涨的价格刺激下,生猪存栏数不断增加,供给也逐渐回升。由于生猪从仔猪到出栏一般在半年以上,到2008年第三季度,猪肉供给紧张的局面得到缓解,生猪价格开始回落。

2009年1月,发改委、财政部、农业部等六部委联合发布并实施了《防止生猪价格过度下跌调控预案(暂行)》。该预案确定的调控目标为:生猪存栏不低于41 000万头,能繁母猪存栏不低于4 100万头,能繁母猪在存栏总量中的比重为10%。农业部农业畜牧司的统计数据显示,2007年末全国生猪存栏量为4.19亿头,2008年末达到4.68亿头,2009年末为4.69亿头,2010年末为4.54亿头。由于当前生猪存栏量仍处于较高水平,预计今后一段时间内市场仍将面临较大的供应压力。

2. 疫情直接影响市场供应量

生猪疫情一直是养殖业需要高度关注的热点问题。自2010年年初农业部公布了部分省份的口蹄疫疫情之后,全年区域性的猪病便此起彼伏,从未消停。尤其是上半年的猪价暴跌,和病猪扰市直接相关。2010年2月下旬,广东省农业厅召开情况通报会表示,涉及的发病生猪数量达1 474头,扑杀处理共计8 382头。据报道,当时出现严重口蹄疫疫情的省份有广西、广东、福建、四川、浙江、山东、河北、河南、辽宁及吉林,全国80%以上的省份均出现疫情。为规避风险,一些地区出现生猪提前出栏、集中出栏的现象。散养农户将活重80 kg/头的生猪出栏,与正常情况下100 kg/头出栏相比明显减轻。据商务部统计,2010年前2个月全国规模以上生猪定点屠宰企业生猪屠宰量5 833.3万头,同比增长23%。生猪供给激增,但消费需求稳定,加剧了供大于求的矛盾。

上半年生猪市场价格持续低迷,让多数养殖户的积极性大大受挫,加之前期疫情的困扰,养殖户纷纷清栏出售,这也为后期价格的攀升提供了催化剂。进入7、8月,生猪市场迎来小阳春,生猪价格迅速回升。

3. 国家政策调控是不可忽略的关键因素

2010年年初开始,受生猪存栏量高位及需求疲软的影响,国内生猪市场价格曾经一路走低,加上玉米价格的高位运行,国内生猪养殖业出现了全行业亏损的局面,猪粮比价2月初跌破6:1的盈亏临界点,3月初跌破5.5:1的黄色警戒线,4月初跌破了5:1的红色警戒线,并且连续多周运行在5:1的红色警戒线之下。为了稳定生猪生产,国家先后启动了五批冻猪肉收储计划。

第一次收储:2010年4月13日,经国务院批准,商务部会同财政部、发改委、中国农业发展银行公开竞价收储2010年第一批中央储备冻猪肉。此前,商务部已在云南、广西等旱灾地区定向收储了部分中央储备冻猪肉。

第二次收储:2010年4月20日,国家公开竞价收储第二批中央储备冻猪肉,以充分发挥中央储备的调节作用,继续稳定国内生猪市场价格,切实保护生猪养殖户的生产积极性。

第三次收储:2010年5月20日,国家公开竞价收储第三批中央储备冻猪肉。此次收储继续采用公开电子竞价方式进行,屠宰加工企业参与热情高,竞价积极,共有92家企业参加竞标,最终有50家企业竞卖成功。收储库点主要分布在山东、安徽、河北、河南、四川、福建、吉林等12个地区。

第四次收储:2010年6月2日,国家公开竞价收储第四批中央储备冻猪肉。此次收储仍采用公开电子竞价方式进行,共有120家企业参加竞标,其中有69家企业竞卖成功。收储库点主要分布在山东、河南、湖南、江苏、四川、河北、辽宁、黑龙江等14个地区。下一步,商务部将继续密切跟踪生猪市场形势变化,会同有关部门认真做好中央储备冻猪肉收储和生猪市场调控工作,促进生猪市场稳定发展。

第五次收储:2010年6月30日,国家公开竞价收储第五批中央储备冻猪肉。此次收储仍采用公开电子竞价方式进行,共有131家企业参加竞标,其中有53家企业竞卖成功。

在国家政策的扶持之下,国内猪肉及生猪市场价格从6月份开始恢复性上涨,猪粮比价7月中旬开始恢复在6∶1的盈亏点之上运行,养殖业开始进入全面盈利状态。

进入第四季度,国内大宗商品价格均出现大幅上涨,为稳定物价,国家开始密集出台一系列调控措施,当然生猪市场也不例外。为了缓解快速上涨的猪肉价格,确保市场猪肉供应,国家开始执行冻猪肉抛售政策。在2010年12月15日商务部召开的例行发布会上,商务部发言人姚坚透露,商务部2010年的猪肉储备释放,较好地平抑了价格波动,保障了市场供应。

四、2011年猪肉价格走势展望

根据目前生猪生产现状以及影响生猪生产的养猪户心态、饲料价格、疫情和市场需求等因素综合分析,预计2011年上半年生猪和猪肉价格将保持平稳趋升态势,生猪养殖将持续处于盈利状态。从整体上看,2011年全年生猪生产效益要好于2010年。

1. 生猪存栏量低于去年同期

生猪存栏量是决定市场供应量的主要因素。农业部统计数据显示(见图4),2009年12月份,我国生猪存栏量为46 900万头,由于春节后国内的生猪疾病导致生猪大量死亡而引起存栏量大幅下滑,2010年1月份下滑至45 500万头,降幅近3%,2月份生猪存栏量为44 330万头,下降幅度为2.57%。截至5月底,我国生猪存栏量为43 370万头,较上月下降0.53%,处于2009年以来的最低点。6月份开始,生猪存栏量开始呈现增加趋势,截至12月底,生猪存栏量为45 380万头,但仍低于2009年同期水平。目前的存栏水平略高于国家的调控目标,能够确保市场供应,满足市场需求。

2. 作为主要饲料原料的玉米价格上涨,养殖成本增加

玉米作为生猪饲料的主要原料,其市场价格和猪肉价格变动及养殖利润具有一定的联系。一般来说,生猪价格波动直接影响养殖场(户)的补栏积极性,而存栏数量和饲料需求直接挂钩,进而对主要原料的玉米、豆粕行情产生影响。虽然生猪生长各个阶段的饲料配方比例各异,但玉米在饲料中始终是不可或缺的,其添加比例为饲料总量的55%～70%,豆粕为10%～20%。玉米品种在饲料中比重最高,虽然小麦、稻谷可以部分替代,但数量有限。据统计,2009年国内玉米消费量约1.46亿吨,其中近2/3用于饲料消费,而饲料消费的近一半来自养猪业。因此,玉米价格的变动情况直接影响饲料价格走势,进而影响养殖成本。

受2009年东北产区玉米减产、农民惜售以及收购主体入市积极性提高影响,2010年度以来国内玉米价格出现持续上涨。据中华粮网价格监测显示,截至2010年12月底,全国中

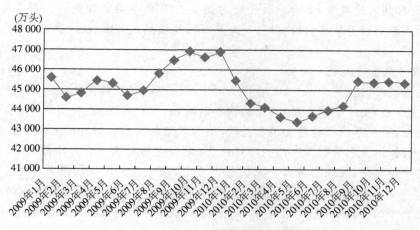

图4 2009年以来生猪存栏量变化情况

等玉米主要粮油批发市场成交均价为2 014元/t,较上月底上涨17元/t,较2009年底上涨240元/t。展望2011年玉米价格走势,业内分析师普遍预计玉米价格仍有一定的上涨空间。因此,2011年随着玉米原料价格走高,饲料成本上涨,生猪养殖业正在付出"高代价",这也是后期价格上行的一个重要因素。

3. 宏观经济环境有利于大宗农副产品价格的上涨

中央经济工作会议提出,2010年我国将实施稳健的货币政策,预计2011年整体货币政策将适度从紧,但不会出现明显紧缩。市场普遍预计国内全年新增贷款6~7万亿元,增长15%~16%,这可能预示着2011年的流动性依旧保持相对充裕。此外,由于人民币升值预期和国内利差,热钱流入可能比较明显,从流动性的角度看,有利于包括猪肉在内的大宗农副产品价格上涨。

4. 国家政策调控,猪肉价格避免大幅波动

国家颁布的《防止生猪价格过度下跌调控预案(暂行)》规定,当猪粮比价低于9∶1时,按5种情况执行:当猪粮比价在9∶1~6∶1之间(绿色区域),做好市场监测工作,中央和地方正常猪肉储备规模主要满足应急和救灾的需要;当猪粮比价连续4周处于6∶1~5.5∶1之间(蓝色区域)时,政府启动三级响应机制,根据市场情况增加必要的中央和地方冻肉储备,并着手做好实施二级响应的前期准备工作;当猪粮比价连续4周处于5.5∶1~5∶1之间(黄色区域)时,政府启动二级响应机制,进一步增加中央政府冻肉储备,同时要求主销区和沿海大中城市增加地方冻肉储备,还可以适当增加地方政府的活体储备;当猪粮比价低于5∶1(红色区域)时,启动一级响应机制,较大幅度增加中央冻肉储备规模,对生猪调出大县的养殖场(户)发放补贴以及适当限制猪肉进口。

当市场上猪肉价格大幅上涨,出现供不应求的情况时,国家也会及时投放储备冻猪肉,以保障市场供应,稳定市场价格。

从近几年的政策执行情况来看,国家的收储及投放政策能够在一定程度上稳定市场价格,避免市场价格的大幅波动。

5. 疫病影响的不确定性

疫病问题仍是困扰我国生猪产业发展的一个严峻问题,我国生猪养殖较分散,集中度较低,同时伴随的就是饲养环境差、技术水平不到位等问题,甚至部分地区存在为减少成本而

饲喂变质、发霉饲料的现象，最终导致疫病的发生。2010年年初的蓝耳病及年中发生的高热病等都严重影响到生猪产业的稳定，因此疫病问题依然是2011年生猪养殖不可忽视的关键因素。

6. 消费需求呈持续放大趋势

随着我国经济的快速发展，人民生活水平不断提高，饮食结构也发生了质的飞越。20世纪80年代以前，由于资源不足，人民的饮食以粮食、素食为主，改革开放以后，人们的收入水平不断提高，城乡居民间接粮食消费持续增长，城镇居民的食物消费正向动植物并重的方向发展，与此同时，人们食物消费结构不断优化，对肉类的需求一直处于增长状态。在中国肉类食品消费结构中，近几年猪肉一直占65%左右，居于领先地位。国家统计局数据显示，1990—2007年我国猪肉人均消费量呈上升趋势，猪肉消费占肉制品消费比重逐渐下降，城乡消费差距逐渐缩小，城区户外消费增加。预计以后猪肉消费量将继续增加，且猪肉消费将从家庭消费逐渐向户外消费转移。

节选自中华粮网

【思考与练习】

1. 简述经济预测报告的特点。
2. 试述经济预测报告的基本结构与写法。
3. 从报纸上选一篇经济报道进行加工，改写成一篇经济预测报告。

10 经济管理条规

10.1 经济管理条规的概念、分类和特点

10.1.1 经济管理条规的概念和分类

经济管理条规是指各地区、各部门以及各基层经济单位以国家的宪法、经济法律和经济政策为准则,结合各自的具体情况而做出的一些补充性的说明或辅助性规定。我国是一个经济大国,各地区、各单位的情况千差万别,国家只能从总体上制定一些经济法律和经济政策,各地区、各单位必须根据各自的具体情况,制定必要的经济管理条规,协调各方面的经济关系,保证经济活动的顺利进行。随着经济体制改革的不断深入,为了发挥地方和企业的积极性,经济管理条规已成为地方和企业经济活动中必不可少和普遍采用的一种文体。

经济管理条规的种类很多,从文体上来说,可以细分为条例、规定、章程、制度、办法、细则等;以制发单位来说,又可分为国家各级政府部门的经济管理条规,各主管部门的经济管理条规和各基层单位的经济管理条规等三大类。不同文体、不同单位制发的经济管理条规各自发挥其不同的职能。

10.1.2 经济管理条规的特点

经济管理条规虽然种类很多,但是它们都具有以下共同的特点:
(1) 针对性　经济管理条规都有一定的适用范围和适用对象,在一定的范围内起作用。
(2) 强制性　经济管理条规制发后必须严格执行,不能违反,如有违反,要受到不同程度的处罚。因此,这类文件在规定人们"应该"或"不应该"的界限时,往往还要规定违反后的处罚意见,以强制人们去遵照执行。
(3) 政策性　经济管理条规是以国家的法律、政策为准则,其各项条款不能违背国家的有关法律、政策。
(4) 条文性　经济管理条规的写作采用条文式,要求简单明了,使人一目了然。

10.2 经济管理条规的写作方法

条例、规定、章程、制度、办法、细则等经济管理条规一般都有统一的格式、内容和统一的写作方法。

10.2.1 经济管理条例

1) 经济管理条例的概念及特点

经济管理条例是对某一经济法律、法令、政策的补充性说明或辅助性规定。其内容是对上述的经济法律、法令、政策所涉及的某一方面的经济活动、管理工作或有关的管理机构、管理人员的任务及权限做出的原则性规定。

条例是一种强制性和约束力都很强的规范性公文,是具有法律效力的文件,只能由政府机关及其职能部门制定和颁发。

2) 经济管理条例的结构与写法

经济管理条例的结构一般由以下三个部分组成:

(1) 标题　由主题和文种两部分组成。例如,"建设工程勘察设计合同条例","企业职工奖惩条例"等,条例标题的格式均如此,没有例外。

(2) 签署　条例签署的位置一律放在标题下面。包括发布机关、发布的日期,如果是经过会议形式通过的条例,必须注明会议名称和通过日期。如《建设工程勘察设计合同条例》(一九八三年八月八日国务院发布)。

(3) 正文　正文是条例的主体部分。由制定条例的目的、依据,条例内容,条例的实施说明三部分组成。条例的目的和依据部分用来说明制定本条例的法律依据和政策依据,强调权威性。条例的内容是条例的核心部分,本部分须做出定性、定量、赏罚等规定,以保证条例付诸实施。条例法规性的强与弱、约束力的大与小就取决于这一部分。实施说明部分即附则部分,用以说明条例的生效实施、修订等问题。

条例的正文有两种格式:一种是分章分条式,全文分为若干章,每章都列一个标题,章下面再细分若干条。分章式的条例,第一章为"总则",最后一章为"附则",中间各章为"分则"。另一种是条款式,不分章。采取哪一种形式要根据条例的内容而定,内容比较复杂的,就分章撰写;内容比较简单的就采用条款式。

10.2.2 经济管理规定

1) 经济管理规定的概念

经济管理规定是国家机关、社会团体、企事业单位制定的,在一些重要事项上做出规范性要求,用以统一人们行动的法规性或地方规章性文件。它与条例的不同在于规定比条例更加具体、更加直接、更加简明,必须强制执行,只能按"规定"办理。

2) 经济管理规定结构与写法

经济管理规定与条例的结构大体相同,也包括标题、签署和正文三部分。

(1) 标题　规定的标题一般有两种写法,一是"事由(或内容)加文种"构成,如"增值税若干具体问题的规定";另一种写法,就是由"制发者加事由加文种"构成,如"国家税务总局关于贯彻实施税收征管法及其实施细则若干问题的规定"。规定文种的修饰语最多,如"若干"、"几项"、"有关"、"补充"等,这些修饰语要视具体情况灵活使用。有时可以不加"关于……的……"介词结构,更多的则使用介词结构。

(2) 签署　规定的签署有两种形式:一是在标题下面签署;另一种是在正文之后签署,也包括发布机关或发布日期。有些国家重要机关发布的规定,"发布机关"直接写在标题前面,如《国务院关于征收私营企业投资者个人收入调节税的规定》。

(3) 正文　规定的正文一般由规定的根据、内容和执行说明三部分组成。

规定的根据简略地叙述该规定的背景和做出该规定的必要性，有时作为第一条列出，有时作为序言放在开头。

规定的内容为该规定的主体。依照该项规定的事由的逻辑联系分条列出，文字要求明确、具体、合理、易行。

规定的执行说明部分是指该规定的适用范围、生效日期及与其他规定的关系。有些规定的执行说明部分还注明该规定的解释和修改权。

10.2.3　经济管理章程

经济管理章程一般是社会经济组织确定企业权利和义务的最基本的法律文书，是按照国家有关法律、法令和政策的规定制定的企业内部章法。其内容一般应包括以下十个方面：

(1) 开办宗旨　应根据国家有关经济政策和法令并结合所从事的行业和经营特点说明开办的目的和经营方向。

(2) 经济性质　根据经济组织生产资料所有制的类型和税后利润、劳动报酬分配原则所确定的经济性，我国的企业分为全民所有制、集体所有制、个体或私营企业等。

(3) 生产经营范围和生产经营方式　生产经营范围是指经济组织主要生产的产品、经营的商品或服务的项目等。生产经营方式是指该经济组织怎样生产经营。行业的特点不同，其经营方式各不相同。例如，生产性企业（公司）的经营方式一般为××产品的制造、加工；商业性企业（公司）的经营方式，一般包括批发、零售、代购、代销等。

(4) 资金总额及其来源　注册资本总额应包括流动资金和固定资金的总和，并分别说明其资金的来源，注册的固定资金应说明其固定资产的构成情况。必须说明的是，银行贷款或租借的房屋、设备均不能作为自有资金注册；对于财政部门，上级主管部门批给的资金应说明提供的单位及数额；属于集资的应说明集资的对象及偿还办法；职工入股的应说明入股、退股的原则和办法。

(5) 经济组织的名称和地址　经济组织的名称要写全称，不得简化。地址应写明该企业（公司）所在的省、市、县（区）、乡（镇）、村、街（路）、门牌号。

(6) 组织机构和法定代表人　应写明以下事项：① 最高权力机构确立的原则及其职权。② 内设机构的状况，特别是财会机构、账目设置和财会人员的配备情况。③ 法定代表人的产生、任免办法、任期及职责。④ 法定代表人的姓名及批准机关。

(7) 从业人员　应写明从业人员总数、构成情况及其应享受的权利和应尽的义务以及录用、辞退、开除的原则和办法。

(8) 利润分配形式和劳动报酬的分配办法。

(9) 联合企业应说明联合成员的名称、经济性质、投资方式和数额。

(10) 章程的有效期、修改权。

10.2.4　经济管理制度

1) 经济管理制度的概念

经济管理制度是经济主管部门或经济组织的管理机构为了保证经济活动的正常进行而对内部的各个部门、各种人员所制定的活动准则。例如，作息制度、考勤制度、请假制度、财务管理制度、物资保管制度、安全保卫制度等。

2) 经济管理制度的结构与写法

制度的写法比较灵活,没有什么固定的格式,一般由标题、正文和落款(包括制定单位和日期)三部分组成。

(1) 标题　一般由"单位名称(适用范围)加内容加文种"组成。如"××大学财务管理制度"。也有"内容加文种"组成,如"实验室管理制度"。

(2) 正文　正文内容一般由制定因由、制度条文、实施要求几部分组成。结构一般有两种形式,一种是章条式,即将制度内容分成若干章,每章又分若干条。另一种是条款式,这种制度只分条目不分章节,适用于内容比较简单的规章制度。

(3) 落款　签署单位名称和制定的日期。一般放在文末右下角。

因制度在一定范围内具有法定效力,因此在写作时要讲究规范性,用语应该简明扼要、严密,层次清楚。

随着经济体制改革的不断深入,经济责任制已成为我国经济活动中普遍采用的管理制度。经济责任制的内容一般包括责任、权力和利益三个部分。制定时必须做到责任明确、权力适当、利益合理,有利于调动各方面的积极性,促进经济的发展。

10.2.5　经济管理办法

1) 经济管理办法的概念与特点

经济管理办法是指某项工作的主管部门对某项经济活动做出的具体安排或提出的措施、做法的规范性应用文。经济管理办法具有具体、详细和可行等特点。

2) 经济管理办法的结构与写法

经济管理办法的写作结构与规定、条例差不多,也包括标题、签署和正文三个部分。

(1) 标题　有采用"办法内容加文种"组成,如"会计证管理办法";或者由"制发者(或适用范围)加办法内容加文种"三部分组成,如"江苏省征收屠宰税暂行办法"。

(2) 签署　包括发文单位和时间,一般放在文末右下角,由国家行政机关制定的比较重要的办法,一般放在标题之下。

(3) 正文　办法的正文包括制定因由、规范条款、实施说明三部分。正文的结构一般由总分式(包括"序言加条款"式、"总则加分则加附则"式)、条目式两种。与条例、规定的结构非常相似。

办法与其他规范性管理条规相比,措施和方法更为具体,在写作时,特别要注意行文的明确和条款的清晰。

10.2.6　经济管理细则

1) 经济管理细则的概念

经济管理细则是对某一条例、规定或办法所做出的具体的补充说明。经济活动是万花筒,是千变万化的,而经济管理条例、规定或办法一般原则性很强,很难适应千变万化的具体情况。凡是根据上级经济管理部门或上级经济组织发布的条例、规定或办法,结合本地区、本单位、本部门的具体情况,制定出详细具体的补充性与辅助性说明的公文,就称之为细则。在制定细则时,一方面要以有关条例、规定或办法为准则,另一方面又要适应本地区、本单位的具体情况,切实可行,落到实处。因此细则在写作时必须体现出一个"细"字。并不是原有规则之外再来一个"补充规则",也不是所有的"规则"和"办法"都需要"补充规则",而是把上级的有关规范,根据实际施行的需要具体化、细密化。

2)细则的结构与写法

细则的结构一般由标题、签署、正文三部分组成。

(1)标题 细则的标题一般由"制发者(或适用范围)加事项加文种(细则)"构成。如"江苏省全民所有制小型商业企业租赁经营国有资产产权管理实施细则"。也有些细则由"事项加文种"两部分组成,如"境外国有资产产权登记管理暂行办法实施细则"。

(2)签署 细则签署的单位和时间一般放在标题之下,用括号括注,若标题中有了制发,则签署可不必加单位。

(3)正文 细则的正文一般由细则依据、细则条文、施行说明三部分组成。其结构与规定、条例相似。

[例文]

江苏省经济技术开发区管理条例

第一章 总 则

第一条 根据《中华人民共和国宪法》和有关法律、法规,制定本条例。

第二条 本条例适用于本省境内经国务院批准设立的经济技术开发区(以下简称开发区)。

第三条 开发区是在所在市人民政府领导下,有明确的地域界限,实行国家赋予优惠政策的经济技术区域。

开发区旨在发展对外经济技术合作,引进外资、先进技术、先进设备、人才和科学管理方式,以兴办外商投资、出口创汇、高新技术项目为主,相应发展第三产业,加强与省内外的经济技术合作,促进对外开放和经济技术的发展。

第四条 鼓励外国的公司、企业和其他经济组织或者个人(以下简称外商),在开发区内投资兴办产品出口企业和先进技术企业以及科研机构、基础设施等。

外商投资的方式可以采取:

(一)与省内外的公司、企业或者其他经济组织合资经营、合作经营;

(二)独资经营;

(三)我国法律允许的其他合作方式。

第五条 鼓励省内外的公司、企业、科研单位、高等院校在开发区内投资开发新技术、新工艺、新产品、新材料,兴办中外合资经营企业、合作经营企业、合作科研机构和基础设施。

第六条 开发区内任何单位和个人,必须遵守中华人民共和国的法律和法规,其所在开发区的财产和其他合法权益,受法律保护。

第七条 开发区内不得兴办污染环境而无切实治理措施的项目、技术落后或者设备陈旧的项目、产品属于我国产业政策禁止或者限制生产的项目以及我国法律法规禁止的其他项目。

第二章 行政管理

第八条 开发区管理委员会(以下简称开发区管委会)是开发区所在市人民政府的派出

机构,对开发区实行统一领导和管理。

第九条 开发区管委会行使下列职权:
(一) 制定开发区的总体规划和发展计划,报上级批准后组织实施;
(二) 按规定负责审批或者审核开发区内的投资建设项目;
(三) 负责开发区内的基础公用设施的建设和管理,管理开发区内的土地和房地产业;
(四) 按照国家有关规定,管理开发区的进出口和对外经济技术合作工作;
(五) 管理开发区的财政收支;
(六) 规划和管理开发区的环境保护工作,兴办开发区的公益事业;
(七) 对市属各有关部门设在开发区内的分支机构的工作,进行监督和协调;
(八) 制定开发区内有关行政管理的规章制度并检查执行;
(九) 依法处理开发区内的涉外事务;
(十) 所在市人民政府授予的其他职权。

第十条 根据工作需要,经所在市人民政府批准,开发区管委会设立办事机构,负责开发区内的行政管理事务。

第十一条 开发区内工商行政管理、外汇管理、银行、海关、商检、检疫、税务、文教、土地、公安、保险等工作,由所在市的有关部门或者由其设在开发区的办事机构办理。

第三章 注册与经营

第十二条 在开发区投资兴办企业和其他事业应当符合国家产业政策和开发区发展规划,并依法办理土地使用证、营业执照、税务登记等手续。

第十三条 开发区内的企业、事业单位,应在开发区设立的中国银行或者国家批准的其他银行开户,并办理有关外汇事宜。

开发区内的公司、企业和其他经济组织的各项保险,应当向在开发区内设立的中国保险机构或者国家批准的其他保险公司投保。

第十四条 开发区内的企业应当在开发区内设立会计账簿,按规定向开发区管委会和其他有关业务主管部门报送季度和年度会计报表。年度会计报表须经在中国注册的会计师验证并出具证明。

第十五条 开发区内的企业终止,应当按法定程序对资产和债权、债务进行清算,并办理有关手续,经工商行政管理机关注销登记后,投资者剩余的资产可以依法出卖或者转让,外商的资金可以按有关规定汇出境外。

第十六条 开发区内的企业应当执行国家有关劳动保护和劳动保险的法律、法规和规定,保证职工在文明、安全、卫生的条件下进行生产和工作。

第四章 优惠待遇

第十七条 开发区内外商投资的生产性企业,减按百分之十五的税率征收企业所得税。其中经营期在十年以上的,经企业申请,有权机关批准,从开始获利的年度起,第一年和第二年免征所得税,第三年至第五年减半征收所得税。

按上款规定减免企业所得税期满后,产品出口企业凡当年出口产品产值达到该企业当年产品产值百分之七十以上的,减按百分之十的税率缴纳企业所得税;先进技术企业可以延长三年减半缴纳企业所得税。

开发区内的生产性外商投资企业,免征地方所得税。

第十八条 外商将其从开发区内企业分得的利润,在中国境内再投资兴办、扩建产品出口企业或者先进技术企业,经营期不少于五年的,经申请所在市税务机关核准,全部退还其再投资部分已缴纳的企业所得税税款。如该项投资在不足五年内撤出的,应当缴回已退的税款;用于其他再投资的,按《中华人民共和国外商投资企业和外国企业所得税法》的有关条款执行。

第十九条 外商在中国境内没有设立机构而有来源于开发区的股息、利息、租金、特许权使用费和其他所得,除依法免征所得税的以外,均减按百分之十的税率征收所得税。其中以优惠条件提供资金、设备或者转让先进技术的,经有权机关批准,可以给予进一步减免所得税的优惠。

第二十条 开发区内的外商投资企业发生年度亏损,可以从下一年度的所得中提取相应的数额加以弥补;下一年度的所得不足弥补的,可以逐年提取所得继续弥补,但最长不得超过五年。

第二十一条 开发区内企业生产的出口产品,除国家限制出口和另有规定的产品外,免征关税,并按照国家有关规定,免征增值税、消费税或者退还增值税和消费税税款。

第二十二条 开发区内的外商投资企业生产经营所需水、电、气、通讯设施,应当优先保证供应。水、电、气费按当地国有企业同一收费标准计收。

第二十三条 开发区内的外商投资企业建设和生产需要的原材料,当地物资部门要优先安排供应,其价格与供应当地国有企业原材料的价格等同。

第二十四条 开发区内的外商投资企业按银行规定可用现汇或者固定资产向银行抵押,申请贷款。外商投资企业的流动资金和临时周转资金,各开户银行在贷款指标中优先贷放。外商投资企业因生产经营需要,可以向国外筹借资金,由企业自借自还。

第二十五条 开发区内的外商投资企业同时享有国家和我省有关法律、法规规定的各项优惠待遇。

第二十六条 开发区内的国内投资企业,根据国家、省、市有关规定享受优惠待遇。

第五章 附 则

第二十七条 开发区所在市人民政府应当及时审批开发区内企业、事业单位申报的需要批复和解决的事宜。省人民政府对开发区所在市人民政府申报的开发区需要给予批复的各种文件,必须从接到之日起一个月内给予批复;批准证书和工商营业执照,必须在十日内办理完毕。

第二十八条 开发区内的劳动管理、土地使用管理等,按照国家和我省有关规定执行。

第二十九条 香港、澳门、台湾的公司、企业和其他经济组织或者个人在本省开发区投资兴办的企业,适用本条例。

第三十条 省人民政府批准设立的开发区,除国家规定的经国务院批准设立的经济技术开发区专门享受的优惠待遇外,均可参照本条例执行。

第三十一条 本条例自公布之日起施行。

——发布部门:江苏省人大(含常委会) 发布日期:2004年6月17日

【思考与练习】

1. 经济管理条规有哪些特点？
2. 经济管理的企业内部章程一般包括哪些内容？
3. 联系学校实际写一份管理条规。

11 财会报告

11.1 财会报告的概念、特点、作用和种类

11.1.1 财会报告的概念

财会报告全称财务会计报告,是指企业对外提供的反映企业某一特定日期财务状况和某一会计期间经营成果、现金流量的文件。财会报告包括财务会计报表、财务会计报表附注和财务情况说明书。财务会计报表主要包括资产负债表、利润表、现金流量表及相关附表。财务会计报表附注是为了便于会计报表使用者理解会计报表的内容而作的解释。财务情况说明书是对企业生产经营、财务等重要情况作进一步的文字说明。

11.1.2 财会报告的特点

1) 专业性

财会报告的内容所反映的都是财会实践活动,在表述形式上多用财会专业术语,通过对各种核算指标、计划指标、利润指标的分析来体现财务现状。

2) 真实性

财会报告必须如实、客观地反映企业的经营状况,不夸大,不缩小;文中所用的数据和事实都必须准确无误。

3) 分析性

财会报告多用比较法、因素分析法、预测分析法来分析财务活动与财务现状,通过透彻的分析,展现企业或部门经营状况,为下一步工作的开展提出合理性、前瞻性、科学性的意见或建议。

4) 说明性

财会报告多用比较说明、数字说明、图表说明来写作,体现了会计专业与数据和图表密不可分的特点。

11.1.3 财会报告的作用

(1) 财会报告是企业加强和改善经营管理的重要依据。只有规范、明晰的财会报告才能使企业从中发现问题,进而解决问题,不断提高经营管理水平,提高发展质量和效益。

(2) 撰写财会报告有利于加强对企业的经济监督,严明财经纪律。

(3) 财会报告可为投资者和债权人在进行投资决策和信贷时提供可靠的依据。

11.1.4 财会报告的种类

财会报告也称为会计报告。按照不同的标准,它有如下分类:

1) 按财会报告反映的内容分类,可分为静态财会报告和动态财会报告

(1) 静态财会报告　是指综合反映企业在某一特定时点资产、负债和所有者权益的会计报表,如资产负债表。

(2) 动态财会报告　是指综合反映企业一定时期内经营成果或现金流量的报表,如利润表和现金流量表。

2) 按财会报告编报时间分类,可分为月度报告、季度报告、半年度报告和年度报告

(1) 月度报告　简称月报,每月末编制一次,用来反映企业在本月份内的经营成果和财务状况。一般只包括几种最主要的会计报表,如资产负债表和利润表。

(2) 季度报告　简称季报,在每季度末编制,用来反映企业在季度内的经营成果和季末的财务状况。季度报表至少包括资产负债表和利润表。

(3) 半年度报告　简称半年报,是在每个会计年度的前6个月结束后对外提供的财务会计报告,包括规定对外提供的会计报表、会计报表附注和财务情况说明书。

(4) 年度报告　简称年报,又称年终决算报告,在年末编制,它包括规定对外报送的全部会计报表、会计报表附注和财务情况说明书,用以全面反映企业的财务状况、经营成果和现金流量的情况。

3) 按财会报告的编制单位分类,可分为单位财会报告、汇总财会报告

(1) 单位财会报告　是指由企业在自身会计核算基础上,对账簿记录进行加工后而编制的会计报表,主要用以反映企业自身的财务状况、经营成果及现金流量的情况。

(2) 汇总财会报告　是由企业主管部门或上级机关根据所属各单位报送的会计报表,连同这些单位的会计报表简单汇总编制的综合性会计报表。汇总会计报表通常采用按上下级隶属关系逐级汇总的办法编制,用来反映一个部门或一个地区的经济情况。

4) 按财会报告的服务对象分类,可分为对外报告和对内报告

(1) 对外财会报告　主要是向企业外部公开报出的、供各类报表使用者(包括企业内部使用者)使用的通用会计报表。这类报告的内容、种类和格式均由会计制度设计制定,企业必须按照规定的时间及时编制并报送,不得随意变更会计报表的格式和内容。如资产负债表、利润表和现金流量表均为对外报表。

(2) 对内财会报告　是向企业内部管理人员提供的、供他们在进行预测和决策分析时使用,而不对外公布的会计报表,包括各种用于企业内部经营管理决策、财务预算、产品成本和业绩评价等报表。内部会计报表一般是根据企业内部管理的需要编制,其种类、内容和格式可由企业自行设计确定。

11.2　财会报告的基本结构和写作要求

11.2.1　财会报告的基本结构

财会报告由标题、正文、落款组成。

1) 标题

标题由单位名称、年限、分析内容、文种组成。例如,《×××公司××××年财务会计报告》。

2) 正文

财会报告的正文主要由财务会计报表、财务会计报表附注和财务情况说明书构成。财务会计报表主要包括资产负债表、利润表、现金流量表及相关附表。财务会计报表附注是为了便于会计报表使用者理解会计报表的内容而作的解释。财务情况说明书也称财务分析报告,是对企业生产经营、财务等重要情况作进一步的文字说明和分析。其中,会计报表是财务会计报告的主体和核心。

(1) 会计报表　是由几种不同的报表、附表及相关资料构成的一个体系。会计报表是以日常会计核算资料为主要依据,按照一定的格式加以汇总、整理,用来总括地反映企业财务状况、经营成果和现金流量的文件。根据《企业会计制度》的规定,企业应编制和向外提供的基本会计报表包括资产负债表、利润表、现金流量表。此外,资产负债表和利润表还有一些相关的附表。

从会计报表的一般结构来看,由于每一张会计报表所反映的内容不同,所以可将其设计成不同的格式。但就其基本结构来看,会计报表一般由表首、正表和补充资料组成。

① 表首:表首在报表的上端,应标明报表的名称、编制单位、编制报表的时间、计量单位、报表的编号等。其目的在于让报表的使用者明确该报表反映哪一个单位、哪一特定时日和期间的财务活动情况。

② 正表:正表是会计报表的主体,应将某一特定报表所反映的基本内容归纳到适当的类目中,通过一定的结构格式排列反映出来,以便报表使用者从中找出分析有关问题所需要的信息参数,满足使用者的要求。

③ 补充资料:补充资料是对表内某些项目内容的详细补充或说明,一般列在正表的下端。补充资料是报表正式项目之外的资料,它的设置便于报表的使用者更好地阅读,理解报表项目,分析企业的财务状况。

(2) 会计报表附注　是为便于会计报表使用者理解会计报表的内容而对会计报表的编制基础、编制依据、编制原则和方法及主要项目等所作的解释。《企业财务会计报告条例》规定,会计报表附注至少应当包括下列内容:

① 不符合基本会计假设的说明。

② 重要会计政策和会计估计及其变更情况、变更原因及其对财务状况和经营成果的影响。

③ 或有事项和资产负债表日后事项的说明。

④ 关联方关系及其交易的说明。

⑤ 重要资产转让及其出售情况。

⑥ 企业合并、分立。

⑦ 重大投资、融资活动。

⑧ 会计报表中重要项目的明细资料。

⑨ 有助于理解和分析会计报表需要说明的其他事项。

(3) 财务情况说明书　是为了解和评价企业财务状况和经营成果所提供的书面资料。根据实际需要,它也可以独立成文,此即侧重于用文字表述来说明情况和分析问题的财务分析报告。《企业财务会计报告条例》规定,财务情况说明书至少应对下列情况作出说明:

① 企业生产经营的基本情况。

② 利润实现和分配情况。

③ 资金增减和周转情况。
④ 对企业财务状况、经营成果和现金流量有重大影响的其他事项。
3）落款
落款由财会报告单位名称、成文时间构成。

11.2.2　财会报告的写作要求

为了保证财会报告质量，充分发挥财会报告应有的作用，在编制财会报告时，应力求做到内容完整、数字真实、计算准确、指标可比、编报及时。

1）内容完整

在编制会计报表时，必须按照会计制度统一规定的报表种类、格式和内容来填写。凡属会计报表上规定应填列的指标，不论是表内项目，还是补充资料及附注，都要填列齐全，不得漏编、漏报或者任意取舍。如果有的项目无数字填列时，应在金额栏内划一横线，表示此项目无数字填报。对报表中某些需要说明的项目，可在相关项目后用括号注明，或利用附表、附注及其他形式加以说明，以便报表使用者理解和利用。

2）数字真实

会计报表所列的数字必须是客观、有根据的，要如实反映出企业经济活动的实际情况，不得带有任何个人偏见和主观色彩，不要受外界影响。为了确保会计报表反映真实、准确，提供的信息可靠而有用，在编制会计报表时应依据经过仔细计算、核实无误的账簿记录，不允许使用估计或推算数字代替实际数字，更不允许以各种方式弄虚作假、隐瞒、谎报、篡改数字，人为夸大或缩小经营成果。

3）计算准确

会计报表各项目的金额数字主要来自于日常的账簿记录，但这并不意味着报表上的数字完全是账簿记录的简单转抄。会计报表中有些项目的金额需要将有关账户的期末余额进行分析、计算后才能填列，而且报表项目之间也存在着一定的数量关系。因此，编制会计报表时，对有关项目的金额，必须采用正确的计算方法来加以确定，从而保证会计报表数字的准确性。

4）指标可比

会计报表提供的信息必须满足企业内部和外部不同使用者的相关需要，为使用者提供有用的信息资料，并且便于报表使用者在同一企业之内及不同企业之间进行比较。这些信息资料可以帮助使用者评价企业的过去，判断企业的现在，预测企业的未来，有助于使用者进行经济决策。因此，编制会计报表时，企业在不同时期的指标和同类型企业之间的报表指标在计算和填列方法上，应当尽可能口径一致，不得随意变动，如固定资产折旧的计提方法、材料的计价方法，成本、费用的归集和分配方法等。如果由于客观情况变化而必须变动的，应当在报表附注中加以说明，既要说明变动的原因，也要说明变动后对指标的影响，以便将变动的信息传递给使用者。

5）编报及时

会计报表提供的资料，具有很强的时效性。只有及时编制和报送会计报表，才能为使用者提供适合其需要的有价值的信息资料。所以，会计报表必须按规定的期限和程序及时编制、及时报送，以便报表使用者及时了解编报单位的财务状况和经营成果，也便于有关部门和地方财政部门及时进行汇总。要保证会计报表编报及时，必须加强日常的核算工作，认真做好记账、算账、对账和财产清查、调整账面工作;同时加强会计人员的配合协作,使会计报表编报及时。

[例文1]

资产负债表

会企01表

编制单位:　　　　　　　　　　　　　___年___月___日　　　　　　　　　　　　　单位:元

资产	期末余额	年初余额	负债和股东权益	期末余额	年初余额
流动资产:			流动负债:		
货币资金			短期借款		
交易性金融资产			交易性金融负债		
应收票据			应付票据		
应收账款			应付账款		
预付款项			预收款项		
应收利息			应付职工薪酬		
应收股利			应交税费		
其他应收款			应付利息		
存货			应付股利		
一年内到期的非流动资产			其他应付款		
其他流动资产			一年内到期的非流动负债		
流动资产合计			其他流动负债		
非流动资产:			流动负债合计		
可供出售金融资产			非流动负债:		
持有至到期投资			长期借款		
长期应收款			应付债券		
长期股权投资			长期应付款		
投资性房地产			专项应付款		
固定资产			预计负债		
在建工程			递延所得税负债		
工程物资			其他非流动负债		
固定资产清理			非流动负债合计		
生产性生物资产			负债合计		
油气资产			股东权益:		
无形资产			实收资本(或股本)		
开发支出			资本公积		
商誉			减:库存股		
长期待摊费用			盈余公积		
递延所得税资产			未分配利润		
其他非流动资产			股东权益合计		
非流动资产合计					
资产总计			负债和股东权益总计		

利 润 表

会企02表

编制单位：　　　　年　　月　　　　　　　　　　　　单位：元

项　　目	本期金额	上期金额
一、营业收入		
减：营业成本		
营业税金及附加		
销售费用		
管理费用		
财务费用		
资产减值损失		
加：公允价值变动收益（损失以"一"号填列）		
投资收益（损失以"一"号填列）		
其中：对联营企业和合营企业的投资收益		
二、营业利润（亏损以"一"号填列）		
加：营业外收入		
减：营业外支出		
其中：非流动资产处置损失		
三、利润总额（亏损总额以"一"号填列）		
减：所得税费用		
四、净利润（净亏损以"一"号填列）		
五、每股收益		
（一）基本每股收益		
（二）稀释每股收益		

[例文2]

××股份有限公司 2010 年财务分析报告

一、基本情况（略）

二、财务比率分析

　　××公司分析中所计算的各项财务比率，依据的是2002年财政部颁布的评价指标体系，共四个大类，分别反映一个企业的财务效益、营运能力、偿债能力与发展能力；每一类里又包括基本指标两个，共计8个，净资产收益率、总资产报酬率、总资产周转率、流动资产周转率、资产负债率、已获利息倍数、销售增长率和资本积累率；在每类基本指标中又设修正指标若干，共计12项。为了简单起见，本文分析中只计算每类指标中的基本指标，不再计算修正指标。

　　（一）财务效益类指标

　　1. 净资产收益率　　2010年的净资产收益率为10.41%，2009年的净资产收益率为10.52%。

　　2. 总资产报酬率　　2010年的总资产报酬率为11.39%，2009年的总资产报酬率为10.98%。

分析：从财务效益指标看，公司的净资产收益率呈下降态势，下降幅度为0.11%；而总资产报酬率却呈上升态势，上涨幅度为0.41%。到底是什么原因产生了这样的状况呢？通过计算，2010年与2009年相比，公司的净利润增长2.28%，息税前利润增长7.47%，总资产增长3.57%，净资产增长3.35%，因此可以认为出现净资产收益率和总资产报酬率增长态势不一致的主要原因是由于息税前利润增长幅度大于净利润增长幅度。进一步观察，可发现该公司2010年的所得税比2009年增加31.94%，而2009年比2008年增加的幅度只有12.76%。可见，所得税是影响上述两项指标增长方向不一致的主要原因。

（二）营运能力类指标

1. **总资产周转率** 2010年的总资产周转率为0.4931，2009年的总资产周转率为0.43000。

2. **流动资产周转率** 2010年的流动资产周转率为0.8520，2009年的流动资产周转率为0.7257。

分析：这两项指标反映的是企业资产管理方面的效率。从2010年与2009年的数据来看，该公司的资产管理效率有所好转；但与标准值比较，公司的这两项指标也只是接近良好水平，与优秀水平相比还有一定差距。这说明在资产管理方面，该公司还有潜力可挖，需要进一步提高企业的资产周转率，进而提高企业的盈利能力。

（三）偿债能力类指标

1. **资产负债率** 2010年的资产负债率为9.63%，2009年的资产负债率为9.44%。

2. **已获利息倍数** 由于公司2009年与2010年年度的财务费用均为负数，所以其已获利息倍数的计算结果没有实际经济意义，这里就不再计算该指标。

分析：该公司的资产负债率不到10%，一方面说明企业具有极强的偿债能力；另一方面也说明该公司在利用财务杠杆增加自身盈利水平方面做得还不够。根据标准值，资产负债率可达到40%，因而适当增加企业的债务规模，发挥债务的财务杠杆功能，应当被列入公司管理当局的议事日程。从财务费用（主要是利息收入）来看，该公司连续3年均为负数，尤其2009年比2008年增长121.36%，而2010年与2009年基本持平。这说明该公司掌握着大量的货币资金，有相当一部分存于银行，并未参与企业的价值创造过程，这在一定程度上形成生产要素的浪费。2009年，该公司的货币资金占总资产和流动资产的比重分别为42.22%和71.97%，2010年的比重分别为35.05%和61.35%，具体数据也说明该公司所持有的货币资金量过大。

（四）发展能力类指标

1. **销售增长率** 2010年的销售增长率为18.79%，2009年的销售增长率为6.63%。

2. **资本积累率** 2010年的资本积累率为3.05%，2009年的资本积累率为3.66%。

分析：公司的销售增长率呈上升态势，增长幅度很大，超过良好水平，而资本积累率却呈下降态势，还达不到平均水平。究其原因，一是由于主营业务成本增长过快所致，2010年比2009年增长28.92%，而同期的主营业务收入仅增长18.79%，这导致其净利润增长幅度不大，仅为2.28%。这可能与我国的宏观经济环境有一定联系，从内部挖掘潜力以节约生产成本、提高生产效率也成为公司的当务之急。二是该公司的现金股利支付率过高，2010年的股利支付率达到74.33%，从而导致其资本积累率较低，不利于公司的长远发展。

三、其他分析（略）

四、其他分析体系（略）

五、建议

　　从总体来看，××公司是一家业绩相当不错的上市公司，多项指标都处于优秀或者良好水平。但在激烈的市场竞争中，一家公司的经营就好像逆水行舟，不进则退。因而不能满足于现有的业绩，应该居安思危，未雨绸缪，积极增强企业实力，为公司可持续发展提供各方面的支持。

　　1. 抓住现有的大好时机，适当扩大生产规模。我国进入新一轮经济快速发展时期，对灯具的需求势必会大幅增加，该公司 2010 年的销售收入比 2009 年增长 18.97%，远远高于 2009 年的 6.63%，也说明了市场对其产品的需求有大幅度的增长。因而抓住有利市场时机，扩大企业的生产规模，将有利于企业的长远发展。

　　2. 适当减持货币资金，将其用于公司价值的创造过程。公司将大量的货币资金存于银行，不仅是要素资源的浪费，而且也会影响到企业在公众中的形象，让人觉得公司管理当局缺乏进取和创新的精神。

　　3. 降低现金股利支付率，增强公司可持续发展的能力。资本积累率达到 5% 左右才是正常的平均水平。而该公司 2010 年的资本积累率只有 3.05%，与良好水平和优秀水平相差甚远，2010 年该公司的可持续增长比率只有 2.67%，持续发展能力较低，这将会影响到公众对该公司长远发展的预期，进而影响公司价值。

××股份有限公司
2011 年 3 月 15 日

【思考与练习】
1. 什么是财会报告？其特点是什么？
2. 财会报告有何作用？其种类有哪些？
3. 财会报告的写作内容、结构是怎样的？
4. 财会报告的写作要求有哪些？
5. 结合专业实训和企业调研，写出简要的××企业财会报告和财务分析报告。

12 审计报告

12.1 审计报告的概念、特点、种类和作用

12.1.1 审计报告的概念

审计是由国家独立的专门机构和人员依法对被审计单位的财务状况、经营成果及遵守财经法纪等方面所进行的监督活动,是综合评价被审计单位财务的真实性、合法性和效益性的活动。审计工作一般由上级财务主管部门、审计部门或委托的会计师事务所担当。

审计报告,也称审计报告书或查账报告书。它是审计人员在审计终结阶段对审计项目所作的反映审计结果和审计人员意见及建议的书面文字材料。按照审计工作规程的要求,每一项审计项目完成之后,都必须编制审计报告。编制审计报告是整个审计工作最后也是最重要的一个环节,一项审计报告不仅是对审计项目的审计过程和结果的全面总结,而且是审计机关对审计结果做出审计结论和处理决定的前提和依据。

12.1.2 审计报告的特点

审计报告是经济监督活动的书面报告,它的特点可归纳为以下几点:

1) 法制性

审计报告是法律规定的专门机构依法对被审计单位做出的评价报告。其结论在一定的权限内具有法律权威性和强制性,被审计单位必须按规定贯彻执行。对拒不执行审计结论和决定的,可依法给予相应的制裁。

2) 独立性

审计活动的整个过程都受法律保护,审计机关依法独立行使审计监督权,不受其他行政机关、社会团体和个人的干涉。因此,审计报告当然也同时具有独立性,它所反映的审计结论不受任何其他文书或意见的干扰影响,这就有效地保证了审计报告的可信度。

3) 公证性

审计机关是执法机关,审计报告中所核实的情况、做出的决定,都具有公证的性质。因此,撰写审计报告必须讲究真实性、正确性、合法性,以保证审计报告的有效性。

12.1.3 审计报告的种类

审计报告因审计的范围、对象、组织等不同而有着不同的分类。一般说来,审计报告的种类划分为以下几种:

1) 按审计的范围分

按审计的范围分,审计报告可分为综合审计报告和专项审计报告两种。

(1) 综合审计报告是针对被审计单位全部财务工作或经济效益审计结果所写的审计报告，一般应反映全部经济活动指标的审计结果。

(2) 专案审计报告是对财务工作的某个方面或影响经济效益的个别指标进行审计，也包括对某个特定事项进行的专门审计。

2) 按审计组织分

按审计组织分，审计报告可分为内部审计报告和外部审计报告两种。

(1) 内部审计报告是单位或部门内部审计机构的审计人员编制的报告。内部审计报告由于内部审计的权威性往往不及国家审计，不免带有某些局限性。

(2) 外部审计报告是由外部审计机构的审计人员编制的报告，在我国包括政府审计报告和社会审计报告两类。政府审计报告(即国家审计机关的审计报告)具有权威性和约束力。社会审计报告即由审计师事务所、会计师事务所等社会审计组织所作的报告，除受政府委托外，多数审计报告是为了鉴证。

3) 按审计内容分

按审计内容分，审计报告可分为财务审计报告、财经法纪审计报告、经济效益审计报告。

(1) 财务审计报告是证明性审计报告。财务审计的范围包括被审计单位的财务凭证、账簿、报表及有关资料，财务收支状况、账务处理状况，目的是确定这些资料是否真实、准确、可靠，财务收支是否合法，账务处理是否符合财务会计制度。

(2) 财经法纪审计报告是专案性审计报告。财经法纪审计一般由审计、财政、银行、税务等部门或该单位主管部门实施，依据国家法律法规、财经纪律，对被审计单位或个人的遵纪守法情况进行评审。其目的是揭露违法犯罪行为，提出处理意见。该类报告也是经济犯罪的查证材料，在司法量刑时具有证明作用。

(3) 经济效益审计报告是反映和评价被审计单位是否通过降低消耗而获得最大劳动成果的报告。其侧重点在于对被审计单位的工作提出建议和措施。

4) 按报告的文字详略程度分

按报告的文字详略程度分，审计报告可分为长文式审计报告和短文式审计报告。

(1) 在长文式审计报告中，审计人员对审计项目的概况、问题、结论及建议都要加以详细阐述。全面审计报告都为长文式(或系统报告式)。

(2) 在短文式审计报告中，审计人员对所报告的内容只需作简明扼要的叙述。专项审计报告多为短文式(或简单扼要报告式)。通常情况下，短文式审计报告都采取固定制式。

5) 按审计的时间分

按审计的时间分，审计报告可分为定期审计报告和不定期审计报告。

12.1.4 审计报告的作用

审计报告的作用从根本上说是由审计的职能作用所决定的，也是审计职能的重要体现。它集中表现在以下几个方面：

(1) 审计报告是国家审计机关做出审计结论和处理决定的重要根据。审计结论和处理决定是在审计报告的基础上通过审计会议讨论审定形成的，没有审计报告，便没有审计结论和处理决定。

(2) 审计报告是被审计单位执行审计结论和改进工作的重要依据。在做出审计结论和处理决定后，附发的审计报告具有法律约束力，并对被审计单位改进工作具有重要指导作用。依据审计报告落实每一项具体的处理意见,依据审计报告采取一些切实可行的改进措施,有利于被审计单位今后更好地开展有关工作。

(3) 审计报告是实现审计目的的重要保证。每一项审计都有它的特定目的,要达到预期的审计目的,除了做好审计实施阶段的各项工作外,编制好审计报告是重要一环。只有审计报告,才能表明审计目的是否真正达到。

(4) 审计报告是社会经济管理部门和经济立法机关改进调控手段的重要参考。财政、税务、工商、金融、物价等综合经济管理部门可以通过审计报告了解各自监督管理过程中存在的问题及薄弱环节,改进部门管理工作。经济立法机关可以通过大量的审计报告所披露的带有倾向性或规律性的问题,不断完成经济立法工作和逐步强化经济调控职能。

(5) 审计报告是检验和衡量审计人员水平、审计工作质量的重要手段。审计报告实际上也是审计机关工作成果的一种总结,通过它可以检查审计工作任务的完成情况,衡量审计人员政策业务水平和工作质量的高低,推动整个审计水平的提高。

(6) 审计报告是审计机关权威性的重要体现。审计机关的审计人员对某一审计事项的结论和意见都集中反映在审计报告中,所以审计机关做出审计决定的权威性在很大程度上取决于审计报告的客观公正性,而客观公正性正是审计报告权威性之所在。故审计报告对审计机关权威性有重要影响。

12.2 审计报告的撰写程序与基本内容

12.2.1 审计报告的撰写程序

各类审计报告的撰写一般情况下要经过下列五个步骤:
1) 整理审计实施记录

在审计实施过程中,审计人员记录、收集了大量资料,但都比较零散。因此,要对这些资料进行从头至尾的仔细查看、整理和集中,并按其不同类别进行归纳,列出问题、理清脉络、去粗取精、去伪存真、反复筛选,使审计资料条理化、系统化。

2) 研究核实审计资料

在上述审理工作结束后,审计人员要逐项认真研究核实审计资料。一要查看审计的目的是否达到,审计工作方案是否全部落实;二要对审计出的问题进行核实,核实证据是否完整,数据是否真实,手续是否齐全,问题是否清楚,如果这些方面还有未尽事宜,需再核实补充完善,直至完全符合要求。

3) 归纳确定审计报告内容

在审计资料核实完善之后,审计人员应开始研究、归纳、确定审计报告的内容,即哪些问题应写入报告,这些问题的性质及产生的主客观原因;哪些问题可以简略或不写入审计报告,都要首先确定好。在此基础上,针对每个问题的具体情况确定审计处理意见。这里特别要注意法律、政策、制度依据的准确性。对被审单位的工作如何评价,提哪些审计建议,都要讨论,一一确定。

4) 拟定审计报告写作提纲

撰写审计报告一定要事先拟定好写作提纲,即使文字工作很熟练的同志也是如此,因为这是事关审计报告质量的重要一环。写作提纲要从确定写入审计报告内容中的资料里概括出来,不能随意杜撰。一般来说,提纲是具体材料的提炼,表现为观点与材料的关系。而提纲有大小之分,大提纲和小提纲是包含与被包含的关系。提纲如何归纳分类,主要由审计报告的内容、性质和目的来确定,没有一成不变的拟定方式和固定的内容。

5) 撰写审计报告

根据拟定的提纲撰写审计报告。初稿形成后,审计人员要组织讨论修改。定稿后,要同被审计单位交换意见。如果被审计单位的意见被采纳,还应再修改审计报告;如果被审单位的意见不被采纳,应把被审计单位提出的书面意见连同审计报告初稿一并上报派出审计人员的审计机关。

6) 审定审计报告

审计报告初稿最后要由审计机关领导或审计会议审定。在审定审计报告时,同样应充分考虑被审单位的意见。根据讨论审定意见所做出的审计结论和处理决定,以审计机关或主管单位的名义下发被审单位执行。

12.2.2 审计报告的基本内容

不同种类的审计报告有着不同的报告内容,这是由审计对象的差异性所决定的。但从一般意义上说,凡属审计报告,其报告的基本内容又有其共同之处。也就是说,不论何种审计报告都有其共性的、必须报告的基本内容。它主要包括以下四个方面:

(1) 关于审计任务的说明,如审计的内容、范围、审计方式、时间及审计人员组成、审计依据等。

(2) 审计发现的主要问题。

(3) 对审计事项的评价和结论以及对产生问题的原因和责任的分析。

(4) 审计人员的建议和意见。

12.3 审计报告的结构和样式

12.3.1 审计报告的基本结构

审计报告在长期的使用过程中形成了较为固定的格式,通常由标题、主送单位、正文、落款、附件等部分组成。

1) 标题

审计报告的标题一般由审计机关名称、被审计单位名称、审计内容、文种构成。例如,"××市审计局对××大学使用世界银行贷款的审计报告"。有的在标题中省略审计机关,只标明被审计单位、内容和文种,如"关于××厂资产负债表的审计报告"。

2) 主送单位

主送单位即审计报告的受文单位,要写全称或规范的简称,如××市审计局、×××进出口公司等。书写时相当于书信的开头称呼,要顶格写,后边以冒号引领正文。

3) 正文

审计报告的正文包括导言、主体与结尾三个部分。

(1) 导言 导言亦即审计报告主体的开头部分。这一部分主要写明审计的依据、时间、内容、范围、审计方式及有关情况的概括说明等。这部分结束后往往用"现将审计情况(结果)报告如下:"一类的语句引出下文。

(2) 主体 这部分主要应重点撰写与审计事项有关的事实。它一般包括以下几方面内容：

① 被审计单位的基本情况：概述被审计单位的基本生产经营情况，包括单位的经济性质、生产规模、经营状况及部门和机构设置等。有时也可以把审计结果和对被审单位总的评价放在这一部分。

② 审计中发现的问题：这一部分是审计报告需要阐述的重点。列入审计报告的问题，除了要说明事实外，还要分析问题产生的原因。通常，论述审计中的问题采取主从和并列两种结构。所谓主从结构，首先是要摆出问题，然后再进行论证和认定。专项经济案件审计报告一般采用这种结构形式。所谓并列结构，即围绕中心论点，并列若干问题。这是审计报告中阐明审计事实常用的结构形式。

③ 提出审计决定：这部分是针对上述第二部分审计出来的问题，确定其性质、责任，依据国家法律、法规、政策及制度等规定和标准分别对问题一一提出处理意见。

④ 做出评价和提出意见或建议：这部分实际上包括评价和建议两方面内容。所谓评价，就是通过审计活动，对被审单位做出的结论性评语，这与第三部分的内容应该有所区别。一般情况下，评价分为肯定性评价和否定性评价两种。如对审计事项，通过审计查证，证明合法、合规、合理，应作肯定性评价；如对审计事项通过查证，发现违法、违纪、违规，应作否定性评价。报告的"评价"部分也可放在第一部分先作交代。所谓建议，就是针对审计中发现的问题而提出的旨在改进被审单位工作的意见和要求。建议在审计报告中很重要，建议的采纳和落实有利于审计目的的实现，在审计报告中应占有相当重的分量。

(3) 结尾 结尾一般运用公文惯用语，如"特此报告"、"以上意见当否，请审批"等。

4) 落款

在正文结尾的右下方，要签署审计单位和审计人员的名称。凡是参加审计的人员，都要签名盖章，以示负责。日期习惯在签名下一行书写。日期书写要完整，年、月、日俱全，以备查考。

5) 附件

主要是将查证出问题的证明材料，如有关凭证、账表、证据的影印件等，作为审计报告文字说明部分的补充和佐证，附在正文之后，这也是审计报告结论的依据。附件的作用绝不是可有可无的。可先在正文落款位置的左侧上方注明附件的名目、份数，然后将其附于正文后面。

12.3.2 审计报告的基本样式

由于审计报告的种类不同，审计的任务、对象、范围不同，特别是审计事实的千差万别，因而其具体样式不可能完全相同。常见的审计报告样式有文章式、条款式、表格式、综合式、批示结论式等。

1) 文章式

文章式即像写文章那样按段落或层次叙述。这种样式多用于审计对象牵扯事情较多，问题比较复杂，交办或委办单位需要详细了解所有情况以便做出处理的审计报告。

2) 条款式

条款式将报告内容分列成若干条目，扼要说明。这种样式多适用于审计对象单一、问题较简单明朗的审计报告，重点在说明问题和做出结论，对有关事情经过的情况简单叙述或干脆将其省略。

3) 表格式

表格式即由审计部门根据一般性和经常性的审计内容和要求,事先设计出一整套报告表格。审计结束后,由审计人员逐栏目填写。这种样式方便简捷,但难以显示具体情况或问题细节,有时只得再加附件来补充。

4) 综合式

综合式是由文章式、条款式和表格式三种样式联合组成,使审计报告既有详述情况的文字和分析问题的文字,又有归纳清楚简洁的条文,便于把握要点,记忆关键,还有反映全面情况或专项审查项目的图表,使人一目了然。整个报告图文并茂,全面具体,但篇幅大,编写时间长。

5) 批示结论式

这是一种特殊的报告样式,更准确地说是一份证明材料,篇幅短小,行文准确、简洁,多用于只需要证明经济活动的某种情况是否属实,或对被审计单位的经济活动状况作出评价之类。

一般情况下,外部审计报告大多采取文章式;内部审计报告,特别是单位内部审计报告一般采用表格式。无论采用哪种形式,都要服从于审计报告的内容。

12.4 撰写审计报告的基本原则与要求

12.4.1 撰写审计报告的基本原则

客观、公正是审计工作必须遵循的基本原则。审计报告是整个审计工作的重要组成部分。因此,撰写审计报告也必须坚持和执行这一原则。要做到这一点,撰写审计报告时必须牢牢把握以下三个方面:

1) 内容必须以事实为根据

报告所依据的事实必须如实地反映事物的本来面貌,是什么就是什么,绝不能有半点虚假,更不能离开事实随意拔高、推理或想象。总之,要让事实说话,让有确凿证据、证明的事实说话。

2) 结论必须以法律为准绳

审计的结论必须符合国家的法律、法规、制度,符合党的路线、方针、政策,即要依法审计,依法做出结论。绝不能以权代法、以言代法、以情代法、另立标准。审计报告要体现审计监督的严肃性和权威性,就必须坚持以法律为准绳。

3) 力求完整和统一

无论审计事实、审计评价,还是审计结论,都必须注意全面性和完整性,以反映审计对象总体的客观情况,绝不能挂一漏十,以偏概全,更不能"一点论"。审计报告必须与审计目的相一致。

12.4.2 审计报告的写作要求

不同类型的审计报告有不同的写作要求。从共性角度来看,审计报告的撰写有如下几点基本要求:

1) 掌握政策,观点正确

撰写审计报告是一项政策性很强的工作,撰写人员必须掌握国家的有关政策、法规和财经纪律,站在维护国家、群众利益的立场上正确地评价被审单位的现状,用全面的、发展的眼光看问题。只有这样,才能充分体现审计工作客观、公正的原则,才有助于做出正确的结论。

2) 职责分明,重点突出

审计的目的是促进被审计单位不断改善经营管理,提高经济效益。反映在审计报告上,是非功过必须划清,不能含糊其辞或似是而非。特别是涉及责任问题,一要定性准确,二要有所着落,切忌模棱两可或悬浮空中,否则被审单位无法执行。撰写审计报告必须抓住重点问题,在撰写过程中,对重点问题一定要充分展开,表述清楚;对一般问题可以概述,甚至可以略去。如果大小问题事无巨细一概罗列,不仅冲淡主题,而且使上级审计机关难以准确做出决策,削弱审计报告应有的作用。

3) 材料确凿,结论正确

结论的正确源于材料的确凿。写作时一定要反复核对有关事实和数据,确保审计意见、审计结论符合客观实际。如目的是为了查清某个对象是否贪污,就必须用事实、用凭证来证明其采用了什么手段、贪污了多少等。用事实说话,才能使审计报告的公正性得以实现。

4) 表述准确,建议可行

审计报告陈述的事实要准确,数据要精确,依据的法规、政策要明确,不能有丝毫的差错。措辞要准确得体,朴实明白。是"完全属实"还是"基本属实"? 是"偷税"还是"漏税"? 诸如此类表述一定要清楚。特别是结论性、关键性的语句,一定要字斟句酌,运用准确。对被审单位提出的意见或建议要切实可行,不能忽视被审单位的具体情况,提出过高的要求。要做到这一点,一是建议或意见要切合被审单位实际,要根据被审单位存在的问题"对症下药";二是建议或意见要具体,切忌抽象,说大话空话。

12.5 几种常用的审计报告

12.5.1 资产负债表审计报告

1) 资产负债表审计报告的性质和作用

(1) 资产负债表审计报告的性质　资产负债表审计报告是审计人员在对被审单位的资产负债表进行审计后向被审单位、审计机关或委托单位及其他有关单位出具的表明审计意见的文书。

资产负债表审计报告主要用于证明被审单位在资产、负债、所有者权益等会计事项的处理方面和在其报表中所反映的内容是否真实地反映了该单位在会计期末的财务状况、偿债能力及营运能力,是否符合国家的法规和财务制度规定及有关的合同、章程等要求,以及资产负债表的编制是否符合公认的会计原则。

(2) 资产负债表审计报告的作用

① 证实评价:通过对被审单位的资产负债表中的各项数据进行核实,来证明被审单位的资产结构、偿债能力、经营业绩、投资效益等财务状况,并发表意见,做出客观公正的评价。

② 提供信息:一份客观公正的资产负债审计报告,可以为各级财政、税务、工商等职能管理部门以及被审单位的上级主管部门提供有关情况,使这些部门将其作为指导、管理工作

的依据,也可以为企业的债权人及有关投资者提供企业的偿债能力、经营业绩、投资环境等有关方面的信息,以便他们对投资做出恰当的决策。

2) 资产负债表审计报告的种类

根据《注册会计师查账验证报告规则(试行)》的规定,审计人员可以根据查账验证资产负债表的不同结果,出具三种基本类型的审计报告。

(1) 无保留意见的资产负债表审计报告　如被审计单位在会计处理中,完全遵守国家法规、财务制度等有关规定,所使用的会计方法前后一致,资产负债表等有关会计报表编制恰当,反映充分,审计人员在执行查账验证时未受限制,可以出具无保留意见的审计报告,表示被审单位的资产负债表真实、合法、正确、恰当。

(2) 反对意见的资产负债表审计报告　如被审单位在重要的会计事项的处理方法及资产负债表中重要项目的编制方法上前后不一致,违反有关法规、制度或资产负债表中的内容不真实,有严重错误等,且被审单位对以上问题都拒绝接受、不予调整时,可以出具反对意见的审计报告,表示被审单位的资产负债表不真实、不合法、反映不恰当。

(3) 拒绝表示意见的资产负债表审计报告　如审计人员在对被审单位的审计过程中,受到主客观条件的严重限制,无法对有关重要的会计事项进行查证,无法确认资产负债表重要项目的情况,难以表示意见的,则可出具拒绝表示意见的审计报告,表示无法对该资产负债表出具审计意见。

3) 资产负债表审计报告的写作格式和基本内容

根据中国注册会计师协会颁布的《注册会计师检查验证会计报表规则(试行)》中的规定,资产负债表审计报告的主要内容和写作格式如下:

(1) 收文单位名称　即审计报表的接收者,可以是国家审计机关,也可以是委托人单位,如×××审计局、×××董事会、×××公司。

(2) 审计过程概述　这部分是审计的开头,主要是对审计的依据,被审单位的资产负债表的名称和时间,审计工作中所引据的有关法规、制度、准则等文件名称,以及实施查证的审计程序和审核方法等作简要的概述。

(3) 审计中的问题　若被审单位的资产负债表中存在有违反法规、制度、会计准则方面的问题,造成资产、负债、所有者权益内容不真实的,则应简要说明问题产生的事因、时间、金额、使用的手法及错误的性质。对资产负债表中重要会计项目严重失实的部分,可将其加以调整,并予以说明。无保留意见的资产负债表审计报告因其内容符合有关规定、原则、要求,编制真实、正确、恰当,所以可不写这部分内容。

(4) 审计结论　这部分是审计报告的结尾,是审计人员在资产负债表审计结束后发表的意见,如所审计的资产负债表是否恰当反映了被审单位的财务状况,有关会计事项的处理是否符合相关的法规、制度的规定,资产负债表的项目分类和编制方法是否前后一致,是否符合中国公认的会计原则等。对有问题的资产负债表,须作保留意见、反对意见或拒绝表示意见的,则应作明确的表态。如写明被审的资产负债表不能恰当地反映该单位的财务状况,或者在查证过程中因受限制而无法实施审计、无法确认该资产负债表的真实情况等。审计结论必须客观、公正、实事求是,并且要对其真实性、正确性、合法性负责。

(5) 附件　附件是审计资产负债表时所用的有关报表资料,如资产负债表、损益表、财务状况变动表、利润分配表、外币资金情况表、委托单位和管理部门所要求的其他有关附表和资料及审计人员对有关问题的说明材料。附件是审计报告的补充和佐证,也是审计人员做出审计意见的依据。

(6) 署名和日期　正文结束,在附件的右下方署上审计人员的名字(可以是注册会计师,也可以是注册审计师),并注上审计单位的名称(各级审计机关或会计师事务所、审计师事务所)和地址,加盖印章,最后署上具体的年、月、日,日期应当写全称。

12.5.2　资产评估报告

1) 资产评估报告的性质

资产评估报告是由资产评估机构(包括审计师事务所、会计师事务所、资产评估事务所)受权对被评估单位的资产(包括固定资产、流动资产、无形资产等其他资产)按照有关法规、制度的规定,运用科学的评估方法,公正、合理、真实地评估其价值,并就其评估的结果写成的审计报告书。资产评估报告有助于被评估单位的主管部门、国有资产管理部门和有关投资者了解掌握被评估单位资产增减、经营效果等方面的情况,以便做出指导或投资决策。

2) 资产评估报告的特点

(1) 真实性　资产评估报告是评估人员在调查研究之后,运用科学的分析方法对企业资产所作的如实的反映和结论。一份好的资产评估报告必须体现以数据说话的基本特点,不仅要求具备充分的数据数量,而且要保证数据质量。

(2) 规范性　这主要体现在资产评估报告一般具有相对稳定的写作格式,报告的基本内容和主要项目都比较定型。

(3) 结构性　资产评估报告应层次分明、条理清晰,力求简洁易读。因此,资产评估报告一般都要遵循循序渐进、由浅入深、由一般到特殊、由概况到主题的原则。

3) 资产评估报告的写作格式和基本内容

(1) 标题　标题的写法一般包括被评估单位的名称、资产评估的内容范围(如是对固定资产的评估,还是对流动资产、无形资产或其他资产的评估)和文种,如"关于××厂固定资产实有情况的评估报告"。

(2) 委托单位的名称。

(3) 正文　正文包括评估说明、被评估企业的概况、资产评估情况、企业财务分析评价、企业环境与潜力评价、存在的问题、总评价、建议等内容。

① 评估说明:包括评估目标,它是资产评估工作的总体要求和目的;评估原则,它是资产评估工作的基本依据;评估范围,它是指在报告中应根据评估目的确定的主体范围;评估方法,它是指评估中使用的各种方法,如消账、查库、对证、计算方法和评估标准等,应在报告中说明。

② 被评估企业的概况:包括企业的名称、所有制性质、隶属关系、地理位置、历史概况和发展历程;企业法人代表、组织机构、人员素质与构成;企业产品种类、生产规模、市场状况、质量状况、赢利水平;企业潜力与发展目标。

③ 资产评估情况:包括固定资产评估情况、流动资产评估情况、专项资产分析评价、无形资产评估情况。

④ 企业财务分析评价:包括产品成本、盈利水平、市场占有率;投资纯收益率、投资创汇率、投资回收期;货币资金、结算资金、销售与利润分析评价;各种会计报表的综合分析与评价。

⑤ 企业环境与潜力评价:包括企业的资源条件、物料供应条件、交通运输条件、自然地

理条件、技术环境条件、社会文化环境、环境保护措施、潜力分析。

⑥ 总评价:要概括分析评价企业各种资产的状况、产品数量和质量保证程度、技术的先进程度和新旧程度、生产条件、企业经济效益水平、盈亏状况、资产总价值等

(4) 附件　　附件是评估时所用的反映资产价值的各类会计报表、证明材料及其他有关文件资料。资产评估报告通常包括如下附件:

① 资产评估汇总表、明细表;
② 与评估基准日相关的会计报表;
③ 评估的方法说明和计算过程;
④ 资产评估机构评估资格证明文件复印件;
⑤ 被评估单位实有资产的证明文件复印件;
⑥ 其他有关的文件资料。

(5) 署名和日期　　正文结束,在附件的右下方署上资产评估机构负责人、评估项目负责人以及参加评估人员的姓名、行政职务、专业技术职务,并加盖印章。最后署上具体的年、月、日。

4) 资产评估报告的写作要求

(1) 要全面、具体　　资产评估报告要全面反映整个评估过程,对资产的分布、数量、原有价值、现有价值、评估原则、评估方法、计算标准等都应作全面、具体的反映,不能有疏漏。

(2) 客观、公正　　对资产价值的评估要真实、客观、公正,做到评估有原则、计算有依据、方法合理、数据准确、写作规范、评价客观,这样的资产评估报告才具有真实性、公正性。

(3) 要简洁,详略得当　　在评估时,对一些大的项目、重要的项目应做具体的文字说明,对一些小的项目如流动资产下的各项内容则可用表格将具体的数额、金额填入其中,这样更简洁、明了,有详有略,主次分明。

12.5.3　验资报告

1) 验资报告的性质

验资报告是由注册审计师或会计师根据企业提供的有关文件资料(如合同、凭证等),对其投入的注册资金进行验证核实,在确认其投入资本的真实性和正确性后,向委托单位出具的书面审计报告。它是工商管理部门对被验单位是否发给营业执照的依据。

2) 验资报告的写作格式和基本内容

(1) 标题　　验资报告的标题大多采用公文标题的写法,由介词"关于"引出被验单位的名称,加上文种"验资(审计)报告"组成,如"关于××有限公司的验资报告"。

(2) 收文单位名称　　即委托人单位的名称。

(3) 正文　　验资报告的正文一般可分为验资的缘由、验资的项目和结论两部分。

① 验资的缘由:这一部分主要写验资的依据,如接受谁的委托,验资时引用的法规文件名称,被验资单位的名称,验资的范围、时间等内容。

② 验资的项目和结论:这一部分主要是对验资的各方面情况作真实而准确的反映以及一些必要的文字说明。如出资的方式,注册资金数额,实际到位金额,其中货币资金数额多少,实物折成资金多少,场地折合资金多少,双方出资比例多少,是否与有关合同、章程等文件内容相一致,所注册的资本是否符合国家的有关政策规定等。最后用"特予以验证"作为结束语。

(4) 附件　　附件主要是指一些与验资有关的证明材料,如企业的负债表、银行的存款

单、企业的章程、合同、有关实物资本的证明、营业执照副本等。

(5) 署名和日期　包括验资人签名、盖章,验资人单位盖章及验资报告的书写日期。

3) 验资报告的写作要求

验资报告的写作是一项十分严肃的工作,必须坚持原则,实事求是,客观、公正,依法办事,真实、准确地反映验资结果,不允许弄虚作假,隐瞒有关事实,做出不实不当的证明。

[例文1]

资产负债表审计报告

一、无保留意见的资产负债表审计报告

ABC股份有限公司全体股东：

我们审计了后附的ABC股份有限公司(以下简称ABC公司)财务报表,包括20××年12月31日的资产负债表,20××年度的利润表、股东权益变动表和现金流量表以及财务报表附注。

(一) 管理层对财务报表的责任

按照企业会计准则和《××会计制度》的规定,编制财务报表是ABC公司管理层的责任。这种责任包括:(1) 设计、实施和维护与财务报表编制相关的内部控制,以使财务报表不存在由于舞弊或错误而导致的重大错报;(2) 选择和运用恰当的会计政策;(3) 做出合理的会计估计。

(二) 注册会计师的责任

我们的责任是在实施审计工作的基础上对财务报表发表审计意见。我们按照中国注册会计师审计准则的规定执行了审计工作。中国注册会计师审计准则要求我们遵守职业道德规范,计划和实施审计工作以对财务报表是否存在重大错报获取合理保证。

审计工作涉及实施审计程序,以获取有关财务报表金额和披露的审计证据。选择的审计程序取决于注册会计师的判断,包括对由于舞弊或错误导致的财务报表重大错报风险的评估。在进行风险评估时,我们考虑与财务报表编制相关的内部控制,以设计恰当的审计程序,但目的并非对内部控制的有效性发表意见。审计工作还包括评价管理层选用会计政策的恰当性和做出会计估计的合理性,以及评价财务报表的总体列报。

我们相信,我们获取的审计证据是充分、适当的,为发表审计意见提供了基础。

(三) 审计意见

我们认为,ABC公司财务报表已经按照企业会计准则和《××会计制度》的规定编制,在所有重大方面公允反映了ABC公司20××年12月31日的财务状况以及20××年度的经营成果和现金流量。

(四) 强调事项

我们提醒财务报表使用者关注,如财务报表附注×所述,ABC公司在20××年发生亏损×万元,在20××年12月31日,流动负债高于资产总额×万元。ABC公司已在财务报表附注×充分披露了拟采取的改善措施,但其持续经营能力仍然存在重大不确定性。本段内容不影响已发表的审计意见。

××会计师事务所　　　　　　　　　　中国注册会计师：×××
（盖章）　　　　　　　　　　　　　（签名并盖章）
中国注册会计师：×××
（签名并盖章）
中国××市
　　　　　　　　　　　　　　　　　20××年××月××日

二、保留意见的资产负债表审计报告（审计范围受到限制）

ABC股份有限公司全体股东：

我们审计了后附的ABC股份有限公司（以下简称ABC公司）财务报表，包括20××年12月31日的资产负债表、20××年度的利润表、股东权益变动表和现金流量表以及财务报表附注。

（一）管理层对财务报表的责任

按照企业会计准则和《××会计制度》的规定，编制财务报表是ABC公司管理层的责任。这种责任包括：(1)设计、实施和维护与财务报表编制相关的内部控制，以使财务报表不存在由于舞弊或错误而导致的重大错报；(2)选择和运用恰当的会计政策；(3)做出合理的会计估计。

（二）注册会计师的责任

我们的责任是在实施审计工作的基础上对财务报表发表审计意见。除本报告"三、导致保留意见的事项"所述事项外，我们按照中国注册会计师审计准则的规定执行了审计工作。中国注册会计师审计准则要求我们遵守职业道德规范，计划和实施审计工作以对财务报表是否存在重大错报获取合理保证。

审计工作涉及实施审计程序，以获取有关财务报表金额和披露的审计证据。选择的审计程序取决于注册会计师的判断，包括对由于舞弊或错误导致的财务报表重大错报风险的评估。在进行风险评估时，我们考虑与财务报表编制相关的内部控制，以设计恰当的审计程序，但目的并非对内部控制的有效性发表意见。审计工作还包括评价管理层选用会计政策的恰当性和做出会计估计的合理性，以及评价财务报表的总体列报。

我们相信，我们获取的审计证据是充分、适当的，为发表审计意见提供了基础。

（三）导致保留意见的事项

ABC公司20××年12月31日的应收账款余额×万元，占资产总额的×%，由于ABC公司未能提供债务人地址，我们无法实施函证以及其他替代审计程序，以获取充分、适当的审计证据。

（四）审计意见

我们认为，除了前段所述未能实施函证可能产生的影响外，ABC公司财务报表已经按照企业会计准则和《××会计制度》的规定编制，在所有重大方面公允反映了ABC公司20××年12月31日的财务状况以及20××年度的经营成果和现金流量。

××会计师事务所　　　　　　　　　　中国注册会计师：×××
（盖章）　　　　　　　　　　　　　（签名并盖章）
中国注册会计师：×××
（签名并盖章）
中国××市
　　　　　　　　　　　　　　　　　20××年××月××日

三、否定意见的资产负债表审计报告

ABC 股份有限公司全体股东：

我们审计了后附的 ABC 股份有限公司（以下简称 ABC 公司）财务报表，包括20××年12月31日的资产负债表，20××年度的利润表、股东权益变动表和现金流量表以及财务报表附注。

（一）管理层对财务报表的责任

按照企业会计准则和《××会计制度》的规定，编制财务报表是 ABC 公司管理层的责任。这种责任包括：(1)设计、实施和维护与财务报表编制相关的内部控制，以使财务报表不存在由于舞弊或错误而导致的重大错报；(2)选择和运用恰当的会计政策；(3)做出合理的会计估计。

（二）注册会计师的责任

我们的责任是在实施审计工作的基础上对财务报表发表审计意见。我们按照中国注册会计师审计准则的规定执行了审计工作。中国注册会计师审计准则要求我们遵守职业道德规范，计划和实施审计工作以对财务报表是否存在重大错报获取合理保证。

审计工作涉及实施审计程序，以获取有关财务报表金额和披露的审计证据。选择的审计程序取决于注册会计师的判断，包括对由于舞弊或错误导致的财务报表重大错报风险的评估。在进行风险评估时，我们考虑与财务报表编制相关的内部控制，以设计恰当的审计程序，但目的并非对内部控制的有效性发表意见。审计工作还包括评价管理层选用会计政策的恰当性和做出会计估计的合理性，以及评价财务报表的总体列报。

我们相信，我们获取的审计证据是充分、适当的，为发表审计意见提供了基础。

（三）导致否定意见的事项

如财务报表附注×所述，ABC 公司的长期股权投资未按企业会计准则的规定采用权益法核算。如果按权益法核算，ABC 公司的长期投资账面价值将减少×万元，净利润将减少×万元，从而导致 ABC 公司由盈利×万元变为亏损×万元。

（四）审计意见

我们认为，由于受到前段所述事项的重大影响，ABC 公司财务报表没有按照企业会计准则和《××会计制度》的规定编制，未能在所有重大方面公允反映 ABC 公司20××年12月31日的财务状况以及20××年度的经营成果和现金流量。

××会计师事务所　　　　　　　　　　中国注册会计师：×××

（盖章）　　　　　　　　　　　　　　（签名并盖章）

中国注册会计师：×××

（签名并盖章）

中国××市

20××年××月××日

四、无法表示意见的资产负债表审计报告

ABC 股份有限公司全体股东：

我们接受委托，审计后附的 ABC 股份有限公司（以下简称 ABC 公司）财务报表，包括20××年12月31日的资产负债表，20××年度的利润表、股东权益变动表和现金流量表以

及财务报表附注。

（一）管理层对财务报表的责任

按照企业会计准则和《××会计制度》的规定，编制财务报表是ABC公司管理层的责任。这种责任包括：(1)设计、实施和维护与财务报表编制相关的内部控制，以使财务报表不存在由于舞弊或错误而导致的重大错报；(2)选择和运用恰当的会计政策；(3)做出合理的会计估计。

（二）导致无法表示意见的事项

ABC公司未对20××年12月31日的存货进行盘点，金额为××万元，占期末资产总额的40%。我们无法实施存货监盘，也无法实施替代审计程序，以对期末存货的数量和状况获取充分、适当的审计证据。

（三）审计意见

由于上述审计范围受到限制可能产生的影响非常重大和广泛，我们无法对ABC公司财务报表发表意见。

××会计师事务所　　　　　　　　　　　中国注册会计师：×××

（盖章）　　　　　　　　　　　　　　　（签名并盖章）

中国注册会计师：×××

（签名并盖章）

中国××市

20××年××月××日

[例文2]

资产评估报告

××市××树脂化工厂：

我所接受贵厂委托，根据国家有关法律、行政法规和制度的规定，本着客观、独立、公正、科学的原则，按照公认的资产评估方法，对为企业改制而申报的全部资产和负债在2011年7月31日所表现的市场价值做出了公允反映。

现将资产评估的情况及评估结果报告如下：

一、委托方及资产占有方概况

××市××树脂化工厂位于××桥××镇××村，注册资金为人民币45.3万元，法定代表人：××，经济性质：集体企业，经营范围：T31固化剂、环氧树脂油漆、氯化橡胶涂料、纸塑胶粘剂、醇酸树脂、橡胶密封制品制造、机械零部件加工。

二、评估目的

企业改制。

三、评估范围

按贵厂申报评估的全部资产和负债为准。

四、评估基准日

本项目资产评估基准日是 2011 年 7 月 31 日。

五、评估原则

1. 遵循独立性、客观性、科学性的工作原则。
2. 遵循资产持续经营原则、替代性原则和公开市场原则。
3. 遵循产权利益主体变动原则。

六、评估过程

经过清查盘点、核实资产、现场勘察、后期综合等阶段，做出资产评估报告书。

（一）前期准备工作阶段

由委托方与评估机构商谈评估事宜，经双方明确评估目的、评估基准日、评估对象和范围后签订资产评估业务委托协议。评估机构拟定评估方案和计划，并指导委托方清查、填报评估申报材料以及搜集准备材料。

（二）现场评估阶段

评估机构按照拟定的评估方案和计划以及实际情况，组织人员进场进行检查核实资产，对涉及评估的全部资产和负债各科目审核，搜集取证资料，检测鉴定资产，根据评估目的和规范要求选择评估方法和计算公式，针对具体对象进行评定估算，分析确定评估结果，撰写评估报告。

（三）评估汇总阶段

根据各评估人员工作底稿和反映情况，分析验证评估结果，汇集评估工作底稿，评估机构内部审验评估报告，向委托方汇报评估结果和情况，接受评估质疑，修改和完善评估报告。

（四）提交报告阶段

经评估机构内部审核及与委托方交换意见后，视具体情况，修改或完善评估报告后正式提交资产评估报告书。

七、评估论据

1. 国务院 1991 年 91 号令《国有资产评估管理办法》。
2. 国家国有资产管理局国资办发(1992)36 号《国有资产评估管理办法实施细则》。
3. 国家国有资产管理局国资办发(1996)23 号文转发的《资产评估操作规范意见(试行)》。
4. 财政部财评字(1999)91 号《资产评估报告基本内容与格式的暂行规定》。
5. 《企业会计制度》。
6. 与委托方签订的资产评估委托协议。
7. 委托方提供的评估申报明细表。
8. 委托方指定的评估对象和范围。
9. 估价人员现场实际勘察的结果。

八、计价标准及评估方法

本次评估采用重置成本标准及与其相配套的评估方法。

九、评估结果

本所对贵厂申报的全部资产和负债的评估结果如下：

项目	评估值（元）
资产	1 871 157.49
负债	1 128 127.36
净资产	743 030.13

本次评估后的净资产为人民币 743 030.13 元，大写：人民币柒拾肆万叁仟零叁拾元壹角叁分。

十、特别事项说明

1. 本次评估结果是反映评估对象在本次评估目的下，根据公开市场原则确定的现行公允市价，仅为本评估目的服务，没有考虑将来可能承担的抵押、担保事宜以及特殊的交易方式可能追加付出的价格等对评估价值的影响；我们也未考虑评估目的实现后委托方应为该资产承担的费用和税项等可能影响其价值的任何限制和纳税准备。

2. 本资产评估报告结果是对评估基准日委托方所委托评估资产价值客观公允的反映，未考虑特殊的交易方可能追加或减少付出的价格等对其评估价的影响，也未考虑国家宏观经济政策发生变化以及遇有自然力和其他不可抗力对资产价格的影响。

3. 本项评估是在独立、公正、客观、科学的原则下做出的，本公司及评估人员与委托方及资产占有方没有任何直接或间接的利益关系，评估人员在评估过程中恪守职业规范进行了公正的评估。

4. 评估基准日后资产数量等若发生变化，委托方在资产实际作价置换时应予以充分考虑，并按原评估方法进行相应调整。

5. 除上述特别事项以外，我们未考虑委评资产将来可能欠负的债务或其他可能承担的或有负债、或有损失以及由于未决诉讼可能带来的经济纠纷。

6. 本评估结论系根据上述原则、依据、前提、方法和程序得出的，只有在上述原则、依据和前提存在的条件下成立。

7. 本评估报告依据委托方提供的评估申报明细表和 2011 年 1 月至 2011 年 7 月会计账簿和凭证及当前报表以及相应的实物资产为基础进行评估。

8. 以上评估结论是本评估机构出具的，受本机构评估人员的职业水平和能力的影响。

十一、评估报告法律效力

1. 本评估报告成立的假设条件是依据所评估资产现有用途不变并持续经营以及评估基准日所表现的特定经济环境的前提下，为本报告书所可列明的目的而提出的公允价值在颇大程度上依赖委托方提供的资料。

2. 本报告的作用依照《国有资产评估管理办法》国务院 1991 年 91 号令，财政部财评字(1999)91 号文关于印发《资产评估报告基本内容与格式暂定规定》的通知，国家国资局制定的《国有资产评估管理办法实施细则》，财政部财评字(1998)136 号《关于改进资产评估确认工作的通知》等法律法规及有关规定发生效力，本报告含有若干附件构成报告的主要组成部分，与本报告具有同等法律效力。

3. 本评估结果有效期为一年（自评估基准日 2011 年 7 月 31 起），在有效期内，可以本评估结果作为作价参考依据，超过一年，需重新进行评估。

4. 本评估结果在委托方真实、完整地提供资产评估清查申报表和其他有关资料并保证资产安全、完整的基础上，以委托约定目的为有效。本报告书对评估结果用于其他方面未作进一步探讨。本所对评估结果的可辩护性负责，承担的法律责任限于本次评估工作范围之内。

5. 本资产评估报告书专委托方所使用，报告的全部或部分内容不得见诸于公开媒体。本所承诺：未经委托方同意，不以任何方式向第三方提供报告书全文或部分内容，国家法规有规定者除外。

资产评估机构：××市××会计师事务所　　　　法定代表人：
（盖章）　　　　　　　　　　　　　　　　　　（主任会计师）

　　　　　　　　　　　　　　　　　　　　　　（签名、盖章）×××

中国　　江苏　　南京　　　　　　　　　　　　评估项目负责人：

　　　　　　　　　　　　　　　　　　　　　　（注册资产评估师）

　　　　　　　　　　　　　　　　　　　　　　（签名、盖章）×××

××××年×月×日

　　　　　　　　　　　　　　　　　　　　　　评估项目复核人：

　　　　　　　　　　　　　　　　　　　　　　（注册资产评估师）

　　　　　　　　　　　　　　　　　　　　　　（签名、盖章）×××

[例文 3]

验 资 报 告

××有限责任公司（筹）：

我们接受委托，审验了贵公司（筹）截至 2010 年 8 月 18 日申请设立登记的注册资本首次实收情况。按照法律法规以及协议、章程的要求出资，提供真实、合法、完整的验资资料，保护资产的安全、完整是全体股东及贵公司（筹）的责任。我们的责任是对贵公司（筹）注册资本的首次实收情况发表审验意见。我们的审验是依据《中国注册会计师审计准则第 1602 号——验资》进行的。在审验过程中，我们结合贵公司（筹）的实际情况，实施了检查等必要的审验程序。

根据协议、章程的规定，贵公司（筹）申请登记的注册资本为人民币××元，由全体股东分××期于××××年××月××日之前缴足。本次出资为首次出资，出资额为人民币××元，应由××和××于××××年××月××日之前缴纳。经我们审验，截至××××年×月×日止，贵公司（筹）已收到××和××首次缴纳的注册资本（实收资本）合计人民币×

××元(大写)。各股东以货币出资××元,实物出资××元。

(如果存在需要说明的重大事项增加说明段,如果没有需要说明的事项可省略此段)

……

本验资报告供贵公司(筹)申请设立登记及据以向全体股东签发出资证明时使用,不应被视为是对贵公司(筹)验资报告日后资本保全、偿债能力和持续经营能力等的保证。因使用不当造成的后果,与执行本验资业务的注册会计师及本会计师事务所无关。

附件:
1. 本期注册资本实收情况明细表
2. 验资事项说明

××会计师事务所 （盖章）　　　　中国注册会计师:×××　（签名并盖章）

中国××市

××××年××月××日

(以上验资报告格式适用于拟设立有限责任公司股东分次出资首次验资)

【思考与练习】
1. 什么是审计报告？它有哪些种类？
2. 审计报告的基本结构怎样？撰写审计报告的原则是什么？基本要求有哪些？
3. 资产负债表审计报告可分为哪几种类型？各有何特点？
4. 资产负债表的审计报告在写作中包括哪些内容？
5. 什么是资产评估报告？资产评估报告在写作中包括哪些内容？
6. 什么是验资报告？验资报告应包括哪些内容？

13 纳税检查报告

13.1 纳税检查报告的概念和作用

13.1.1 纳税检查报告的概念

纳税检查又称税务检查,即税务机关依照税法对纳税人履行纳税义务情况进行监督检查。纳税检查是国家赋予税务机关的一项职权,是实现依法治税的基本环节和重要保障。

纳税检查报告是税务人员在完成对企事业单位、个体经营者等纳税单位和个人的纳税检查后,就检查的情况、检查的结果、对问题的处理向上级领导提交的书面报告,是税务检查结果的综合性书面反映。纳税检查报告又称纳税检查表,是纳税检查的专用文书。

13.1.2 纳税检查报告的作用

纳税检查报告是对被检查单位或个人履行纳税义务情况的真实反映,它可以促使被检查的单位和个人自觉纳税,也可以及时发现被检查单位和个人在纳税方面存在的问题。如有无拖欠税款,有无偷税、漏税行为等。另外,通过纳税检查,还可以了解被检查者的经营状况,帮助企业改进管理、扭亏增盈,为进一步开辟税源,加强监管,确保国家财政收入的完成发挥积极的作用。

13.2 纳税检查报告的基本结构和写作要求

13.2.1 纳税检查报告的基本结构

1) 标题

"纳税检查报告"的标题一般由被检查单位或个人的名称、时间范围、纳税检查项目名称和文种构成,如"关于×××厂2010年企业所得税缴纳情况的检查报告"。

2) 正文

纳税检查报告的正文一般由导言、基本情况概述、存在的问题、处理意见和建议等部分构成。

(1) 导言　这一部分通常包括以下内容:纳税检查的依据、目的,被检查单位或个人的名称,检查的起讫时间,检查的项目等,如企业的所得税、增值税、营业税、消费税、个人所得税等。

(2) 基本情况　这一部分通常包括被检查对象的经营规模、经营范围、所有制性质、收益状况、各项税种交纳情况、采用的检查方法等方面的内容。

(3) 存在的问题　在检查中,根据有关税务法规,如发现有拖欠、偷税、漏税等问题必须加以揭露,作如实反映。在反映时要写明错误的实质或问题的性质、涉及的税款金额、采用的手法等方面内容,如乱摊成本、挤占利润、伪造盘亏、虚列成本、巧立名目滥发奖金等。

(4) 处理意见和建议 即针对被查对象存在的问题,依据有关税务法规,提出相应的处理意见,如调整有关的账务,补交或追缴税款,还可根据问题的严重性,处以罚金,建议给予行政处分或将案件移交司法机关处理。

3) 附件

纳税检查报告的附件包括有关的财务报表、查账的底稿,有关的凭证复印件、证明材料及其他有关资料。

4) 署名和日期

在附件的右下方写上税务检查人员的姓名,所在税务机关的名称,并加盖印章。在签名的下方写上具体的年、月、日。

13.2.2 纳税检查报告的写作要求

纳税检查报告一定要实事求是,反映的问题要确切,引用法规文件要准确,分析评价要贴切,处理问题要公平、正确,语言文字要明确。不能随意夸大事实,乱扣帽子,也不能避实就虚,避重就轻,以免给国家的税收造成损失。

[例文1]

国税局税务稽查报告

纳税人识别号
案件编号 (2010)356♯
登记注册类型 有限责任公司
纳税人名称 ××××动物营养有限公司
法定代表人姓名 ×××
检查期间 2008.01.01—2009.12.31
检查类型 专项检查
检查人员 ××× ×××
稽查实施时间 2010.10.20—2010.12.11

根据××国税稽[2010]第356号《税务稽查任务通知书》的工作安排,我检查组于2010年10月20日至12月11日对××××动物营养有限公司2008年1月1日至2009年12月31日执行税法的情况进行了检查。现将检查情况报告如下:

一、企业基本情况

××××动物营养有限公司成立于2007年8月21日,属小规模纳税人;主管税务机关为××市××区国税局,经营地址在××市×××××,登记注册类型为有限责任公司;注册资本:人民币118万元;主要经营范围:添加剂预混料、饲料添加剂、浓缩饲料的生产和销售。该公司于2008年被批准为饲料免税企业,当年按照主管税务机关的免税批复对其免税产品的税金进行了免税。

该公司2008年销售收入总额128 991.18元,应纳税额7 739.47元;已缴税金7 739.47

元,当年根据免税批复(×国税发[2008]150♯文件)免税,当年退税7 739.47元。2009年销售收入总额1 519 966.30元,应纳税额86 035.83元;当年根据免税批复(×国税发[2009]33♯文件)免税86 035.83元;无欠税。

经查,该公司的会计核算不健全,主要表现在:

1. 未按财务、会计制度的规定设置"银行存款"、"现金"日记账对货币资金进行核算。该公司在购、销货物后,记账时其款项大量自行填写为"现金"收付。经查,无收付原始凭据,且"现金"的收、付大部分都未通过该公司设立的银行账户,采取坐支现金方式。该公司账上不能完整反映出经营活动中货币资金的实际收、付情况。

2. 该公司未按财务、会计制度及税收相关法律对免税企业的要求办理业务,对原材料的购领和产品的存销都未设立"原材料明细账"和"产成品库存明细账"进行核算;对原料购进和产品销售,都是以非常简单的流水账与人工记忆相结合方式来管理该公司的产成品和原料。

3. 该公司既为免税企业,对其所生产的免税产品和应税产品未登记翔实的"生产记录"和"产品成本明细账",仅在现设的账目中将每月免税产品按一定的总额计入账中,而产品的实际生产情况和成本明细构成都无从考证。

二、发现的问题及处理依据

(一)增值税

问题1:该公司应税产品销售未作销售收入。

该公司2008年3月至2009年6月将应税产品"8种微量元素"分别销售给了"××市××县××××饲料厂"、"××市××饲料添加剂有限公司"和"××市××区××粮油有限责任公司",应税产品实现销售收入金额合计163 500.25元,应交增值税9 254.73元;而该公司未将上述已实现的销售额入账,也未向主管税务机关申报纳税{详见《税务稽查底稿(2)》NO:1♯及案卷资料复印件1♯第31页至35页;复印件7♯(第129页至131页);复印件8♯(第133页至141页);复印件11♯(第154页至195页);《情况说明》279页至280页、第281页至283页、第296页和297页}。

处理依据:根据《中华人民共和国增值税暂行条例》第十九条第一款、二十三条第二款,《中华人民共和国增值税暂行条例实施细则》第三十三条第一款,《中华人民共和国税务征收管理法》第六十三条之规定。

企业意见:承认事实,接受处理。

检查组意见:鉴于该公司销售应税产品未作销售收入漏计增值税的行为,对其追缴增值税9 254.73元并处以一倍的罚款,即处以9 254.73元的罚款;且加收滞纳金4 057.74元(详见《滞纳金计算表》第297页)。

问题2:该公司应税产品销售收入按免税产品销售收入入账。

该公司2008年3月至2009年6月销售应税产品"8种微量元素"给"××市××区××粮油有限责任公司",其应税收入(含税)39 344.50元按免税收入入账,分别在当年已享受免税税金2 227.05元{详见《税务稽查底稿(2)》NO:2♯及案卷资料复印件1♯第31页至35页;复印件11♯(第154页至195页)}。

处理依据:根据《中华人民共和国增值税暂行条例》第十九条第一款、二十三条第二款,《中华人民共和国增值税暂行条例实施细则》第三十三条第一款,《中华人民共和国税务征收管理法》第六十三条,《中华人民共和国税务征收管理法实施细则》第四十三条之规定。

企业意见：承认事实，接受处理。

检查组意见：该公司应税产品收入按免税产品收入入账且已申报，并在当年享受免税政策，因此对其已享受的免税追缴增值税2 227.05元，并处以一倍的罚款即2 227.05元；加收滞纳金758.05元(详见《滞纳金计算表》第297页)。

（二）普通发票

问题1：该公司违规领购并使用他人空白发票。

该公司于2008年3月至10月销售应税产品一批，取得由"××市××饲料药物添加剂厂"提供的加盖其财务专用章的空白普通发票五份(发票号码分别为NO.7001320♯、NO.7024341♯、NO.7024345♯、NO.7024348♯ NO.7024291♯)，并将此五份普通发票开具给"××市××区××粮油有限责任公司"{详见《税务稽查底稿(2)》NO：3♯及案卷资料复印件11♯(第154页至195页)}。

处理依据：根据《〈中华人民共和国发票管理办法〉实施细则》第四十七条第(一)款、第(四)款和《中华人民共和国发票管理办法》第三十六条之规定。

企业意见：承认事实，接受处理。

检查组意见：对该公司违规领购并使用他人空白发票行为处以3 000元的罚款。

问题2：该公司开具的普通发票上下联货物名称不一致。

该公司于2008年6月至2009年7月销售应税产品一批，开具普通发票三份(发票号码分别为NO.5005078♯、NO.5014172♯、NO.5005100♯)。经查对，此三份发票的发票存根联及发票联填写货物名称不一致{详见《税务稽查底稿(2)》NO：3♯及案卷资料复印件1♯(第31页至35页)、复印件11♯(第154页至195页)}。

处理依据：根据《〈中华人民共和国发票管理办法〉实施细则》第四十八条第(二)款、第(六)款、第(七)款和《中华人民共和国发票管理办法》第三十六条之规定。

企业意见：承认事实，接受处理。

检查组意见：对该公司开具的普通发票上下联货物名称不一致行为处以3 000元的罚款。

问题3：该公司开具的普通发票上下联填写的购货单位名称不一致。

该公司于2008年6月至2009年5月销售应税产品一批，开具普通发票三份(发票号码分别为NO.5005547♯、NO.5011205♯、NO.5011222♯)。经查，上述三份普通发票的发票存根联及发票联填写的购货单位不一致{详见《税务稽查底稿(2)》NO：3♯及案卷资料复印件2♯(第37页至45页)}。

处理依据：根据《中华人民共和国发票管理办法》第二十三条、三十六条和《〈中华人民共和国发票管理办法〉实施细则》第四十八条第(二)款、第(六)款之规定。

企业意见：承认事实，接受处理。

检查组意见：对该公司开具的普通发票上下联填写的购货单位名称不一致行为处以2 000元的罚款。

问题4：该公司开具发票的发票联未加盖其"财务专用章"。

该公司于2008年3月5日销售应税产品一批，开具普通发票一份，发票号码NO.5014164♯，发票联上加盖的财务专用章是"××××动物药业有限公司财务专用章"，而非该公司的财务专用章{详见《税务稽查底稿(2)》NO：3♯及案卷资料复印件11♯(第154页至195页)}。

处理依据：根据《中华人民共和国发票管理办法》第二十三条、三十六条和《〈中华人民共和国发票管理办法〉实施细则》第四十八条第（六）款、第（十五）款之规定。

企业意见：承认事实，接受处理。

检查组意见：对该公司开具发票的发票联未加盖其"财务专用章"的行为处以2 000元的罚款。

综上所述，该公司以上问题共计应补增值税22 963.56元，滞纳金4 815.79元，罚款10 000元。

检查人员：×××　×××

××××年××月××日

××市××区国税局稽查科

××××年××月××日

[例文2]

税务稽查报告
（2010）苏地税稽字80020101号

案件编号	33000000001002001	纳税人名称		××有限公司
纳税人代码	33000002030405511	经营地址		××区××路××号
法定代表人	×××	注册类型	股份制	稽查类型	专案稽查
稽查所属期	2010年01月01日—2010年12月31日	起止日期		2011年04月09日—2011年05月08日
检查人员	×××			

根据稽查任务通知书及科内工作安排，我组于2011年4月9日至5月8日对该单位2010年1月1日至12月31日的纳税情况进行了调账检查。在检查过程中，我们采用抽查和逆查相结合的方法，重点审核了该单位2010年度的账册、报表、凭证、合同、申报表等纳税资料，检查了该单位的地方各税、基金、费的申报缴纳情况。现将具体检查情况报告如下：

一、基本情况：

该单位系市贸易局下属公司，主要经营国内贸易、经外经贸部门批准的自行进出口业务等，经营方式为批发。该单位执行股份有限公司财务制度，成本结算采用售价全额核算方法；2010年实现商品销售收入1 000 000 000元，利润总额950 000元，纳税调增50 000元，计税利润为1 000 000元，企业所得税实行查账征收方式。其缴纳地税情况如下：（略）

二、发现的主要问题：

1. 2010年10月使用过期租赁收入发票001#—020#，收取租柜收入100 000元，挂在"其他应付款"贷方，未按规定计入收入申报纳税（见附件1及工作底稿一、二）。

2. 2010年11月在"营业外支出"科目中列支工商罚款5 000元，年终企业所得税申报时未作纳税调增（见附件2及工作底稿一）；"管理费用"中列支假饮食业专用发票（已委托发票管理处鉴定，确认为假发票）两份（号码00262#、00282#），合计金额5 000元（业务招待费未超支）（见附件3及工作底稿一、二）。

续　表

> 3. 2010年房产税应缴28 000元,实际申报纳税18 000元,少申报10 000元(见附件4及工作底稿一)。
> 三、处理意见与依据:
> 1. 营业税:根据《中华人民共和国营业税暂行条例》第一条、第四条规定,对上述存在问题的第1点应查补营业税:100 000×5‰=5 000元。
> 2. 城建税:根据《中华人民共和国城建税暂行条例》第二条、第三条规定,对上述存在问题第1点应查补城建税:5 000×7%=350元。
> 3. 教育费附加:根据《征收教育费附加的暂行规定》第二条和苏地税发(2007)065号文的规定,对上述存在问题的第1点查补教育费附加:5 000×4%=200元。
> …………

【思考与练习】

1. 什么是纳税检查报告?
2. 纳税检查报告主要包括哪些内容?
3. 根据以下资料,拟写一份纳税检查报告。

2010年12月初,××市地方税务局稽查局根据计划安排,对××市××房地产公司进行了税务稽查。该房地产公司是一家民营企业,2008年由国有企业改制而成,2009年实现销售收入2 567.45万元,账面亏损79.6万元。

稽查人员初步对账簿、凭证进行检查后发现该单位存在下列问题:(1)向客户收取优良工程奖38.59万元,未作收入,也未申报缴纳营业税金及附加;(2)营业外支出中列支行政性罚款5万元;(3)业务招待费超支9.78万元。

为深入了解该单位的真实经营情况,稽查人员首先到实地进行调查。通过从该单位取得的销售平面图与实物房产逐一进行核对发现,该单位开发一期项目共有门面房192间,已实现销售181间,同时还发现在该公司开发的小区1号、2号楼销售台账上一户未销售,而现场两幢楼实际入住率均达到90%以上。

为解决账务和实地检查中发现的疑点,稽查人员分两路:一是到规划部门对该单位应付规费的真实性进行调查,二是对该单位的财务人员进行询问。在规划部门,稽查人员了解到,2009年由于市政建设的需要,经市长办公会会议研究决定,该房产公司承担市区某路段的改造,费用在其应缴的规费中抵算。而该单位实际支付该路段的改造支出费用97万元在2010年底前已全部结转销售成本。显而易见,该单位同时计提的110万元规费是一笔重复的不需支出的规费,意在于扩大成本、隐藏利润,从而达到偷税的目的。

询问中,财务人员在有力的政策宣传和证据面前,不得不承认该单位偷税的事实,即除预收房款不入账之外,还有下列问题:(1)部分房租未入账;(2)1号楼和2号楼是拆迁回迁安置楼,已全部安置完毕,拆迁成本直接对冲,对拆迁安置的营业税未申报缴纳;(3)每季度的临工工资实质上是支付给个人的借款利息;(4)以工程款抵冲购房款;(5)为隐藏利润,将二期工程的开发成本提前结转到第一期开发成本之中;等等。

稽查人员结合上述证据,对账簿又一次进行检查,最终将问题一一查清。

该单位采取收入不入账、虚拟支出、重复支出、多结转成本等手段少缴国家税款,稽查人员共查补并追缴税费147.76万元。其中,营业税51.56万元,城建税3.61万元,教育费附加和教育地方附加费2.06万元,房产税4.2万元,企业所得税78.33万元,个人所得税8万元,加收滞纳金2.14万元,并处罚款72.85万元。根据《中华人民共和国税收征收管理法》第六十三条和《中华人民共和国刑法》第二百零一条第一款的规定,因该单位偷税金额巨大且达到规定比例,涉嫌构成偷税罪,已将有关材料移送司法部门处理。

14 经济法律文书

14.1 经济法律文书的概念、作用、特点和种类

14.1.1 经济法律文书的概念与作用

经济法律文书是指在生产、经营和经济管理活动中的行为主体,为实现其权利义务的履行,而依法制作的具有法律意义和价值的一系列文书的总称。它包含有规范性和非规范性文书两种。在本书中则是指我国的司法机关、仲裁机关、公证机关和其他组织及当事人,为从事经济活动或规范经济活动,依照法定程序建立各种经济关系、处理各种经济纠纷等而制作的具有法律意义和价值的文书。这类经济法律文书是针对个别的经济活动而制定的,并仅对特定经济活动当事人发生约束力。

经济法律文书作为适用法律的表现形式,不仅是经济活动的凭证,而且对社会主义法制建设和经济生活的调整有着极其重要的作用。这些作用主要表现在:

(1) 在经济领域中,它是具体贯彻、实施经济法律的重要手段或工具。
(2) 它是调整社会经济关系,促进国家经济建设又好又快发展的重要保障。
(3) 它是法制宣传的重要环节之一。无论是该类文书的写作,还是该类文书的执行都是一件具体、生动的法制教育实例。
(4) 它是建立经济生活司法档案,提供经济立法及其他立法依据的重要素材。
(5) 它是监督检查司法机关和准司法机关及其他人员工作质量的重要标尺。

14.1.2 经济法律文书的特点

1) 制作依据法律的规定性

法律的规定性是经济法律文书所具有的最主要特征。各种经济法律文书是什么性质,由谁制作、由谁审批,采用什么格式,制作的内容和要求是什么,如何收受和送达等。都是依照国家实体法、程序法与法规来确定的,是经济活动中运用法律的产物。任何单位和个人都不能随心所欲地进行制作。

2) 内容体现法律原则

制作经济法律文书在内容上要体现出一个基本原则,即"以事实为依据,以法律为准绳"。这一基本原则制约着经济法律文书制作的全过程,决定着经济法律文书的材料主旨、章法结构、语言表达等。它具体表现在以下方面:

(1) 叙事必须真实 经济法律文书的内容大都离不开事实的叙述,一切道理都是建立在事实的基础之上的。所以,经济法律文书中凡是涉及具体事实的表述,都必须真实无误,客观地反映事实的真相,而且应有确实、充分的证据来证明事实的存在。

（2）说理以法为据　经济法律文书的说理是针对事实进行法律的分析和评断。只有以法律为准绳才能分清合法与违法、有理与无理，才能形成正确的结论。

（3）明确适用法律　引用法律条款是经济法律文书内容的一个重要组成部分。解决实体问题要有实体法的条款作为依据，解决程序问题要有程序法的条款作为依据。

3）行文符合规范格式

经济法律文书既要体现法律的严肃性，又要在实践中方便使用，因而在表达形式上必须有一定的规定性。制定任何一种经济法律文书必须依照既定的格式写，不允许别出心裁，另搞一套。

4）功能上的法律效用

经济法律文书在功能上具有法律效力或法律意义，这是其他任何经济应用文都不可能具有的。国家法律机关制作的法律文书代表着国家的权力和意志，有着法定的强制力，任何单位和个人不得抗拒和违反。有些法律文书虽没有法律效力，但却是诉讼过程必经的程序或必备的手续，如司法笔录、诉状等，在法律上有着特定的意义和作用。

14.1.3　经济法律文书的种类

经济法律文书种类很多。对这些内容不一、形式多样的经济法律文书可以从不同角度进行分类。

1）按制作形式划分

（1）表格式经济法律文书　又叫填写式经济法律文书。其主要内容、格式都已形成统一、固定、程式化的东西，仅以少量文字按其表格已示内容的项目填写即可。如：经济合同公证申请书、经济案件应诉通知书等。

（2）文字式经济法律文书　又叫制作式经济法律文书。其主要的文字内容由制作者对具体法律性经济活动事实的叙述、法律条文的援引、法律事实的性质和特征的判断所构成。如：经济案件的起诉状、经济案件的判决书、经济案件的裁定书等。

2）按制作主体的不同划分

（1）经济司法文书　这是国家司法机关处理经济诉讼案件依法制作的具有法律效力或法律意义的公文的总称，如人民法院的裁判文书、公告等。

（2）经济准司法文书　这是由公证、仲裁机关为明确经济法律关系的权利、义务内容或为处理经济纠纷而制作的经济公证文书、经济仲裁文书及有关文书。

（3）经济非司法文书　这是指在经济活动中，当事人或者经济纠纷诉讼代理人为保护其自身权益而制作的各种权利申请，如专利权的申请书、经济诉讼过程中的各种申请书等。

3）按经济法律文书的不同法律性质划分

（1）公证类经济法律文书　如公证书、代书文书等。

（2）仲裁类经济法律文书　如仲裁申请书、仲裁裁决书等。

（3）诉状类经济法律文书　如起诉书、上诉状、答辩状、申诉状等。

（4）裁判类经济法律文书　如民事判决书、民事裁定书等。

（5）其他类经济法律文书　如聘请法律顾问合同书、授权委托书等。

14.2　经济法律文书的写作要求

经济法律文书不同于其他经济应用文，它作为一种具有法律性质的文书有着自己独特的写作技巧和特点。写出主旨突出、语言得体、格式规范的高质量的经济法律文书,不仅要求写作者在写作中要有一种端正的写作态度,实事求是、严肃认真,引用法律准确,还要求写作者熟练掌握制作经济法律文书的规范性要求。具体地讲,写作经济法律文书的基本要求有以下几点:

1) 内容上,必须尊重客观事实,体现国家政策法令

(1) 要求制作的经济法律文书所反映的经济活动事实是对客观事实的描述,而不是虚假或者夸张了的带有主观片面色彩的思想反映。

(2) 要求引用的法律条文要准确。只有这样,才能保障法律实践的质量,有效地保护公民、法人自己的各项合法权利。

2) 在语言文字上,要求精练、准确、严肃

(1) 精练 是指语言精确简练,言简意赅,通俗易懂,给人以"一目了然,一语中的"之感。

(2) 准确 是指记叙事实准确、阐明道理准确、引用法律条文准确和交代处理意见准确。这就要求制作经济法律文书时既要准确地遣词造句,又要特别注意准确地使用标点符号,否则就会造成严重后果。

(3) 严肃 是指不夸张、不虚构,一是一、二是二,是则是、非则非,不能无中生有,歪曲事实真相。

3) 在结构上,必须坚持程式化

一般的经济法律文书要必备三大部分:首部(包括制作机关、编号、当事人的基本情况、事由等)、正文(包括经济纠纷的事实、处理意见等)与尾部(包括说明、交代有关事项、签署日期、附注事项等)。这三大部分依次排列,位置固定,不能倒置。而且,每部分中所含的内容要素也有固定的排列次序。首部要按制作机关、标题(含文种)、编号、当事人的基本情况、事由等顺序排列。主体要按事实、性质、理由、处理意见的顺序排列。尾部要按有关交代事项、签署、日期、用印、附注事项等顺序排列。

14.3 几种常用经济法律文书的基本内容、格式

14.3.1 仲裁申请书

1) 仲裁申请书的概念

仲裁申请书是指民事、经济纠纷的当事人,为维护其合法权益,根据事前或事后达成的仲裁协议,依法向约定的仲裁委员会提请仲裁解决纠纷的书面请求。

制作仲裁申请书的法定条件为:第一,必须是合同纠纷;第二,必须依据仲裁协议提出申请;第三,应当向仲裁委员会提出仲裁申请。仲裁机构根据双方当事人达成的仲裁协议和一方当事人的仲裁申请书受理案件。仲裁委员会收到仲裁申请书之日起5日内,认为符合受理条件的,应当受理,并通知当事人;认为不符合受理条件的,应当书面通知当事人不予受理并说明理由。仲裁申请人如委托代理人办理仲裁事项,应当向仲裁机构提交书面委托书。仲裁申请人应按被申请人和组成仲裁庭的仲裁员人数提交副本。

2) 仲裁申请书的内容

仲裁申请书应当载明下列事项:

(1) 当事人的姓名、性别、年龄、职业、工作单位和住所,法人或者其他组织的名称、住所和法定代表人或者主要负责人的姓名、职务。

(2) 仲裁请求和所依据的事实。

(3) 证据和证据来源、证人姓名和住所。

3) 仲裁申请书的写作格式

仲裁申请书由首部、正文、尾部、附项组成。

(1) 首部　依次写明标题、当事人身份事项和仲裁请求。

① 标题:居中写明"仲裁申请书"。

② 申请人基本情况:如系公民,应写明姓名、性别、出生年月日、民族、职业、工作单位及职务、住所等;如系法人或其他组织,则写明单位名称、住所和法定代表人或者主要负责人的姓名、职务。如申请人委托仲裁代理人,可在申请人项后写明代理人的姓名、单位及其地址、电话号码或律师姓名、所在律师事务所的名称。

③ 对方当事人姓名、性别、出生年月日、民族、职业、工作单位及职务、地址等。

④ 案由:即提请仲裁的事项。涉外仲裁申请书则应写明申请人所依据的仲裁协议,即当事人订立仲裁协议的时间、地点、对所发生的争议同意仲裁的及确定由哪个仲裁机构仲裁。

⑤ 仲裁请求:即当事人通过仲裁要解决什么问题。一般包括两项内容:一是要求提起仲裁程序;二是在经济争议方面,依法向对方当事人索要财产的具体数额。

(2) 正文　正文写事实和理由。

① 事实:就是经济争议发生的经过。应具体写明争议发生的时间、地点、原因、经过、结果等。重点写明当事人之间争议的由来、发生、发展的经过;当事人之间权益争议的具体内容和焦点;实事求是地说明被诉人应承担的责任。

② 理由:即针对对方当事人争议的事实,用法律规定衡量、阐明是非责任,并写明申请人提出仲裁申请所依据的程序法条款。既要根据事实和证据,概括地分析对方争议的性质、被申诉人违约所造成的后果及其应承担的责任,又要阐明申请人的要求所依据的法律条文、合同规定或国际惯例,以论证其要求的正确性及合理合法性。

③ 写明申诉人指定的仲裁员的姓名,或委托仲裁委员会主任指定。

(3) 尾部　所写内容有以下几项:

① 仲裁申请书所提交的仲裁机构的名称。

② 申诉人的名称,并签名盖章。如委托仲裁代理人,代理人也应签名、盖章。

③ 申诉的年月日。

(4) 附项

① 仲裁申请书里所列书面证据和证明文件,按序号装订在仲裁申请书后。

② 副本份数:一般按4份加被申诉人人数提供。

③ 声明:在涉外仲裁中,有时将"指定仲裁员的函"的内容作为声明,一并附上。

14.3.2　申请执行书

1) 申请执行书的概念

申请执行书是民事案件判决后,当事人一方要求另一方执行判决中规定的义务,而向人民法院提出请求以强制手段促使对方当事人执行法院判决的一种申请性文书。

2) 申请执行书的使用范围

一般是在经济纠纷案件或其他民事案件之后,当败诉人不履行或拒不履行已经发生法律效力的民事判决书、裁定书、调解书以及法律规定由法院执行的其他司法文书中确定的义务时,对方即可向法院递交申请执行书,请求执行判决。但必须在法定期限内,超过规定期限就丧失了申请执行的权利。

3) 申请执行书的写作格式

申请执行书包括标题、首部、正文、尾部四个部分。

(1) 标题　写明"申请执行书"字样。

(2) 首部　写明申请人的姓名、性别、年龄、民族、籍贯、职业、住址。申请人是企事业单位、机关、团体的,写明单位的全称和所在地,法定代表人的姓名、职务及其他基本情况。

(3) 正文　正文分成两部分:

① 申请理由和具体要求。

② 被申请人的基本情况和拒不履行判决、裁定及其他法律文书的情况及其经济状况、偿还能力和财产所在地等。

(4) 尾部　尾部包括三项内容:

① 致送单位。

② 申请人签名、盖章。

③ 申请时间。

4) 申请执行书的写作要求

(1) 要合法　应依照法律文书规定的内容和期限提出。

(2) 要明确　申请执行的事项应当明确清晰,不能笼统含混。

(3) 要具体　不仅要把具体理由阐明清楚,而且要求交付的金钱必须有具体数额,归还的特定物要有具体名称。

14.3.3　民事起诉书

1) 民事起诉书的概念

民事起诉书是指当事人和他们的法定代理人为维护其合法的民事权益不受侵害,根据事实和法律,按法定程序,向人民法院控告被告人的侵权行为或违约行为,并依法要求追究被告人的民事责任时递交法院的书面申请。

2) 民事起诉书的内容

起诉书应当记明下列事项:当事人的姓名、性别、年龄、民族、职业、工作单位和住所,法人或者其他组织的名称、住所和法定代表人或者主要负责人的姓名、职务;诉讼请求和所根据的事实与理由;证据和证据来源,证人姓名和住所。

3) 民事起诉书的格式

民事起诉书由首部、正文、尾部组成。

(1) 首部　首部由标题和基本情况组成。标题应写明"民事起诉书"或"起诉状"。基本情况即陈述原告与被告的基本情况,是自然人的,则写清姓名、性别、年龄、民族、籍贯、职业、工作单位、地址等;是单位的,则写清单位名称、地址和法定代表人的姓名与职务。

基本情况按照先原告后被告的次序依次列写。

要写明被告人的姓名、性别、年龄、籍贯、民族、文化程度、所在单位和所任职务、住址。

姓名按户籍簿写;性别不能有误;年龄写足岁(被告人犯罪时不足十八周岁的可写出生年月日);籍贯由省写至县(直辖市则写市或由市写至县);民族要写准确;外籍被告人要写明其国籍;文化程度按文盲、小学、初中、高中、中专、大专、大学等实际情况写;所在单位写全称;所任职务写具体;住址是城镇的写市、镇的路、弄、号、室,乡村的写乡、村、组。被告人如有前科但不构成累犯的,则在写完上述项目后另起一行写明何时、何地、犯何罪、被何法院、判处何种刑罚、刑期及终止日期。

(2) 正文 正文是民事起诉状的核心,包括以下必备内容:

① 诉讼请求:诉讼请求应具体写清原告请求人民法院依法解决的有关民事权益争议的具体问题,即诉讼标的,如赔偿损失请求、恢复原状请求等。

② 事实与理由:主要阐释原被告之间民事法律关系存在的事实以及权益发生争议的基本情况,并就双方发生争议的权益的性质、被告侵权或违约行为的性质、危害结果以及被告应承担的民事责任加以阐述和论证,以说明原告诉讼请求提出的真实性、合理性与合法性。

③ 证据和证据来源、证人姓名和住址:依次列举证据及证人情况,说明证据的可信性,以便人民法院查证核实。最后,正文一般以"根据法律有关规定,特向贵院提起诉讼,请依法公正裁判"来结束正文。

(3) 尾部 尾部包括四项内容:
① 致送法院名称,应写明全称。
② 起诉人姓名或名称。
③ 起诉时间。
④ 附项内容。

4) 民事起诉书的写作要求
(1) 以事实为根据,不要主观臆断。
(2) 诉讼请求要明确具体,诉状要条理清楚。
(3) 不要使用过激的言词,要掌握一定的分寸。

14.3.4 民事反诉书

1) 民事反诉书的概念

民事反诉书又叫民事反诉状,是民事诉讼的被告人就原告人起诉的同一事实,向人民法院提交的请求适用同一种诉讼程序,与原告人的起诉合并审理、并追究原告人相应民事责任的法律文书。

反诉是在民事诉讼过程中,被告为了维护自己的合法权益,反过来向原告提出新的、独立的诉讼请求,以便抵消、限制原告请求的权利的一种诉讼手段。民事反诉书是被告人指控原告人的书面依据,也是人民法院对原告人的本诉、被告人的反诉适用同一诉讼程序合并审理的基础。

2) 民事反诉书的内容

反诉可以单独提出,也可以与答辩一起提出。反诉人应是本诉中的被申请人,而其所提的反诉请求应与本诉基于同一法律关系,即基于同一事实和同一争议内容,否则不能构成本诉法律关系中的反诉;同时,反诉的请求标的应与本诉不同,否则只能视为答辩,不能视为反诉。

3) 民事反诉书的写作格式

民事反诉书由首部、正文、尾部、附项组成。

（1）首部　首部包括标题、当事人身份的基本情况、反诉请求等。

① 标题：居中写明"反诉书"或"反诉状"。

② 当事人身份的基本情况：写明反诉人和被反诉人的姓名、性别、民族、职业、工作单位及职务、住址等。反诉人、被反诉人是法人、其他组织的，应写明其名称和所在地址以及法定代表人（或主要负责人）的姓名和职务。委托律师代理的，应写明代理律师的姓名及律师所在的律师事务所名称。

③ 反诉请求：反诉请求是反诉人向仲裁机构提起反诉的主张和要求，要写得明确、具体。

（2）正文　正文主要写明提出反诉的事实与理由。

① 事实：应写明与本诉同一的和相关联的事实，在写事实经过和原因时应着重写明被反诉人在事实陈述中有何缺漏不实及虚假，并补充新的事实。

② 理由：根据有关法律条文、合同规定和国际惯例，分析论证；阐明本案的性质，被反诉人的责任；提出解决纠纷的意见。

③ 证据：反诉人提出的证据的名称、份数和证据来源。有证人的，应写明证人姓名和住址。书面证据和证明文件的份数，应按被反诉人人数和向法院应交份数提交。

（3）尾部　尾部包括法院名称、反诉人署名、反诉时间等。

① 致送法院名称，应写明全称。

② 反诉人署名。反诉人及反诉人授权的代理人签名及盖章。反诉人是法人或其他组织的，应写明其全称，加盖公章；另行写出其法定代表人（或主要负责人）的姓名、职务，并签名或盖章。

③ 反诉时间。

（4）附项　附项中要写明反诉书副本的份数，按被反诉人人数和向法院应交份数提交。

14.3.5　答辩状

1) 答辩状的概念

答辩状是在民事诉讼活动中，被告或者被上诉人提出的一种应诉的文书。它是被告或者被上诉人对于原告或者上诉人向人民法院起诉或上诉他侵犯了民事权利或者与其发生了争执的事实和理由的反驳，也就是对起诉状或上诉状的答复。其作用在于反驳对方无理的或者违法的起诉或上诉，从而维护本人的合法权益。

答辩状在下述两种情况下提出：一是原告向第一审人民法院起诉后，被告针对起诉状提出答辩状；二是案件经第一审人民法院审理终结后，一方当事人不服一审判决，依法向二审法院提出上诉，针对上诉人的上诉提出答辩状。前者称一审答辩状，后者称二审答辩状。提出民事答辩状是民事诉讼的一审被告人或二审被上诉人的一项重要的诉讼权利。

2) 答辩状的写作格式

答辩状通常由首部、正文、尾部组成。

（1）首部　首部包括标题、答辩人的基本情况和答辩主张。

① 标题：一般应反映文书名称、案件性质和诉讼程序，如"民事答辩状"、"民事被上诉答辩状"。

② 答辩人的身份事项和答辩主张，应写清两项内容：一是答辩人的姓名、性别、年龄、籍贯、民族（外籍的写国籍）、工作单位、职业、住址。二是答辩的主张。由于诉讼程序不同，民事答辩状和民事被上诉答辩状在行文时有所不同。如系民事答辩状则写"答辩人于××年××月××日接到你院通知，并收到原告×××起诉状副本，阅后甚感原告请求无理，并违反××法××条××款的有关规定，因此，请根据下列答辩意见，驳回原告之诉，并判令原告负担本案诉讼费用。"如系民事被上诉答辩状则写"××年××月××日××区人民法院对××（原告姓名）诉××（被告姓名）××（案由）一案所作的［××］××××××法民字第×号民事判决书，事实清楚，证据充分，判处正确，上诉人的上诉理由是不成立的。请求根据答辩意见驳回上诉。"

（2）正文　主要包括答辩理由和意见。这是答辩状的核心部分，如针对起诉状或上诉状所提出的事实、证据、理由和法律依据，据理反驳。制作时可根据案情，从以下几方面反驳：

① 如果起诉状或上诉状在事实的真实性、证据的可靠性和法律的适用上并非均有问题，答辩的锋芒应针对有问题的部分进行反驳。因为，有时答辩虽然只是驳倒诉状的个别论点，但却可能以此推翻整个诉讼。

② 如果起诉状或上诉状所引用的材料或论证都站不住脚，那么答辩状就可以针对其材料的虚假和论证的错误，根据事实和法律进行反驳。

③ 由于原告或上诉人经过充分准备，他们所提出的诉讼请求往往有相当的根据，是不可能轻易被驳倒的。这时答辩状就不能局限于原告或上诉人所提出的材料，而应从自己这一方面提出能够驳倒对方的诉讼请求所必需的新的事实材料，并根据这些新提出的事实依法做出推翻对方诉讼请求的结论。这种答辩状的结构是：提出推翻对方诉讼请求的新事实；引用证人证言或书面证据证明这些事实；引用适用于新提供的事实的法律，做出结论。

（3）尾部　通常将答辩主张再简要地强调一下，如"基于上述事实和理由，请求人民法院驳回原告（或上诉人）的全部请求"之类；最后由答辩人署名，并写上日期即可。此外，还要写明答辩状副本份数。

民事被告为了改变诉讼地位，在答辩状中还可以对原告提出相反的独立诉讼请求，这就是所谓反诉。民事答辩状中的反诉内容必须具备三个条件：

① 反诉的当事人必须是原诉的当事人。
② 反诉必须以原诉为前提，能够与原诉合并审理。
③ 反诉的诉讼请求或者诉讼理由必须与原诉基于同一事实或者同一法律关系。

答辩状中提出反诉内容的目的，是为了与原诉共同审理，以抵消原告主张的权利，或者使原告主张的权利部分或全部失掉，甚至超出原告所主张的权利范围。因此，如果反诉成功，不但会使原告的请求部分或者全部失效，而且还有可能使被告得到超出原告起诉请求范围的权益。

［例文1］

仲裁申请书

申请人：××市钢窗厂
住所地：××市××区×××大街××号
法定代表人：张××，厂长，电话：×××××××

委托代理人：王××，××市××律师事务所律师
被申请人：××省××市××房地产开发公司
法定代表人：陈××，经理
案由：购销合同纠纷
仲裁要求：一、立即支付货款×××××元。二、赔偿损失费××××元。
事实与理由：

××××年×月×日，被申请人××省××市××房地产开发公司与我厂在××市签订购销合同一份，采购我厂生产的钢窗×××副。合同对钢窗的质料、规格、数量和单价都作了明确约定，交货日期为××××年×月份。我厂按期向被申请人交付了钢窗并经过合格验收，但对方却迟迟不支付货款，称有部分钢窗不符合要求；又称由于市场变化的影响，公司资金紧张，一时难于支付货款。由于××房地产开发公司违约拒不支付货款，我厂几次派人到××省××市往返交涉无果，致使我厂受到了很大的经济损失。

由于上述情况，根据原合同中约定的仲裁条款，特申请××仲裁机构予以仲裁。

此致
××仲裁委员会

申诉人：××市钢窗厂
××××年××月××日

[例文2]

申请执行书

申请执行人：李甲，男，48岁，汉族，××部××工业局×××研究所工人，住××市××区××街××胡同××号。

被申请执行人：李乙，男，38岁，汉族，××公司第四科工人，住××市××区××街××胡同××号。

申请执行事项：申请执行××市中级人民法院(10)民上字第103号民事判决书第2项。

事实和理由：

申请人与被申请人李乙因继承遗产一案，经××市××区人民法院2010年8月6日以(10)民字第32号判决书判决："遗产人李丙遗留坐落在×街第33号砖瓦平房五间，南北两间由被告李甲继承，东西三间的西侧一间半由第一被告李乙代位继承，东侧一间半由第二被告李丁代位继承。"申请人不服原判，提起上诉，经××市中级人民法院于2010年10月6日以(10)民上字第103号判决书判决："1.维持原判对各当事人应继承遗产所指定的房屋及其数量；2.被上诉人李乙在3个月内将其现住的按判决归上诉人李甲的两间房让出。"

自终审判决生效到现在已经3个月。其间，申请人于2010年12月17日、2011年1月17日及2月5日三次向贵院申请执行判决，贵院复信称："待研究后处理，我院等待中级法院的意见。"

申请人认为，本案既经中级法院终审判决，自应按判决生效之日起执行，贵院不能拖延。本人为了维护人民法院判决的严肃性，再次提出申请，请勿再拖延，尽速按终审判决执行。

此致
××市××区人民法院

申请人：李甲
2011年3月4日

[例文3]

民事起诉书

原告：××

被告：×××

第一被告：××大学出版社

第二被告：××新华书店总店

被三被告：××市图书大厦有限公司

第四被告：×××

第五被告：×××

案由：著作权纠纷

诉讼请求：

1. 判令被告停止侵权；
2. 判令第一、四、五被告连带承担损害赔偿责任人民币93 905元整；
3. 判令第一、四、五被告连带承担原告精神损害赔偿5 000元整；
4. 判令第一、二、三被告销毁未发行及销售的图书，返还侵权所得利润；
5. 判令第一、四、五被告连带承担赔偿原告制止侵权所支付的合理开支××××元；
6. 判令第一被告在××大学出版社网站(http://www.×××.com.cn)及中国软件开发网(http://www.csdn.net)主页明显位置登载一周道歉声明，并在《计算机世界》向原告登载赔礼道歉的声明；
7. 判令被告承担本案的诉讼费用。

事实和理由：

原告系《编程修养》、《用GDB调试程序》、《跟我一起写Makefile》文章的作者，在中国软件网(http://www.csdn.net)上发表了上述文章。

第一被告于××××年×月出版了《软件工程理论与实践》一书，该书在第13章13.3节中收录了原告《编程修养》一文，改为《程序员的修养》(字数：37千字)，占该书近1/10。该部分标明由××、×××编写，全书由×××统稿。该书由第二被告新华书店总店××发行所发行(应由新华书店总店承担民事责任)，由第三被告××市图书大厦有限公司等销售。

第一被告××大学出版社于××××年×月出版了《Linux C编程》一书，该书在第4章、第5章收录了原告《用GDB调试程序》及《跟我一起写Makefile》文章，改为《gdb调试器》、《使用make》(字数：137千字)，占该书的1/4。该书标明编著×××、×××、××，由第二被告新华书店总店××发行所发行,由××市图书大厦有限公司等销售。其中第四被告、第五被告在原告主张权利时,书面向原告表示道歉,并主动表示承担相应侵权责任。而第一被告未尽到基本的合理注意义务,主观过错及侵权事实明显,侵权后果严重,却一直拒绝承担相应侵权责任。

综上,上述被告侵犯了原告对作品享有的著作权。根据《中华人民共和国著作权法》等法律规定,向贵院提起诉讼,请依法维护原告的合法权益。

此致
××市××区人民法院

具状人:××
××××年××月××日

附:民事起诉书副本
证据材料

[例文4]

仲裁反诉书

反诉人:××市××商场,××市××区××大街×号
法定代表人:张××,总经理
被反诉人:××市××服装厂,××市××区××街×号
法定代表人:曾××,厂长
反诉请求:

1. 要求裁定被反诉人赔偿因其不按期交货和货物质量不符合合同规定而给我商场造成的经济损失××万元。
2. 仲裁费用由被反诉人负担。

事实与理由:

我商场与××服装厂于2010年2月在本市签约订购男西装500套,款式按××式制作;女西装300套,款式按××式制作。交货日期为2010年10月31日。签约之日,我方已付定金20万元,其余货款80万元约定全部货物交齐后一次付清。合同规定,如对方延误交货时间或产品质量发生问题,则需根据给我方造成的损失情况,经有关部门做出鉴定意见,根据鉴定意见,降低货价数额付给服装厂。在合同执行过程中,××服装厂制作的女西装300套虽然按期向我商场交货,但其质量却存在较严重的问题,现已经本市技术监督局做出质量鉴定,而男西装则延误一个月交货,错过了最佳销售季节。因此,我商场未能付给该服装厂所余货款。现××服装厂依据合同中仲裁条款向贵仲裁委员会提出申请,而我商场亦依法对××服装厂提出反诉。一是我商场预定的300套女式西装因存在严重质量问题(详见我市技术监督局的鉴定意见),二是500套男西装迟延交货一个月,均给我商场造成了一定的经济损失。目前仍积压该西装近100套。

此致
××仲裁委员会

　　　　　　　　　　　　　　　　　　　　　　反诉人：××市××商场
　　　　　　　　　　　　　　　　　　　　　法定代表人：张××
　　　　　　　　　　　　　　　　　　　　　　2011年×月×日

附：1. 反诉状副本1份。
　　2. 我商场经济损失明细表1张。

[例文5]

行政答辩状

答辩人：××市林业多种经营管理局，××市××街×号

法定代表人：李××，局长

因原告张××指控我局所作《(20××)×林罚字第×号处罚决定》对其处罚不当一案，提出答辩如下：

××市北郊松山林区发生火灾的情况：

××市北郊松山林区为国营林区。××市已有多次发布禁止游人在松山林区野炊、玩火等文告。特别在冬春干燥少雨季节，更是严格禁止游人组织各种活动。今年春季，由林业多种经营管理局会同公安局、教育局共同发布通知，禁止学校去松山组织春游，以防发生火灾。××市××中学也在学校广播中和教职员工大会上将上述通知予以全文传达。但该校××班学生依然违反规定，利用假日私自组织学生去松山春游。作为班主任的张××，不但不加劝阻、制止，反而出资支持帮助，并亲自参加，实际已成为此次违纪违法去松山林区春游的组织者；在春游中又公然与学生一起搞野炊，烤鱼煮饭，当学生李×肆意玩火时又不加管束制止，终造成此次火灾，致过火面达10亩之多，烧死幼树1 000多株；加上紧急动员附近工厂农村群众等参加救火人员300多人的半天的奋力扑救工作，使用汽车8辆，共对国家和集体造成直接经济损失达×万余元，并给××市造成了极为恶劣的影响。

事后，我局会同公安局、教育局对此次事件的责任人员分别做了处理。除直接肇事者××中学高二学生李×已被公安局拘留外，对××中学的张××做出了处以罚款××××元的处罚决定，并责令其通过此次事件做出深刻检查，并建议学校给予应有的校纪处理。

但是××中学张××不但不服处罚，还向人民法院对我局提起行政诉讼，要求撤销处罚决定，还歪曲事实地谎称他并非此次春游活动的组织者，并积极地参加了救人活动，对他的处罚属于处罚不当，构成侵权。

现就张××在诉状中对我局的指控和狡辩作如下答辩：

一、张××称，他仅仅是此次活动的被邀请者，而非组织者。张××身为××中学高二×班的班主任，是对该班学生负有行政责任的教师，特别是对学生班集体的活动应成为负有指导责任的校方代表。学生组织该班参加政府明令禁止的活动，作为班主任本应明确表态制止，而张××不但不加制止，却出钱资助，亲自参加，这使他实际已成为此项违纪违法活动的组织者和支持者。因此，张××对于这次发生火灾的恶果负有不容推卸的法律责任。

二、张××在诉状中自称，在火灾发生后曾"亲自率领学生积极扑火"。此点也与事实根本不符。火灾发生后，曾有三名同学积极参加扑救，但火势越烧越旺，难以遏止，张××见

势不妙,急令学生收拾野炊现场,并让学生赶快脱离火场,逃离下山。只是在附近前来救火的人群裹挟下,才不得不重新跟着救火群众上山扑救,并非什么"亲自率领学生积极扑火"。张××之所以制造这种谎言,其目的无非是想推卸自身的责任。

三、张××身为中学教师,对于政府的禁令明知故犯,知法犯法,理应受到法律的制裁。而在其诉状中竟然把自己降低到一个不懂法、不明理的普通青少年的水准之下,为自己的行为狡辩开脱,说什么只顾"照顾学生的情绪"和"为了维护班集体的团结"才同意组织此次春游,这显然也是一种无理的辩解,是站不住脚的。

总之,张××的行为已明显地违反了××市政府的政令,也触犯了我国森林法的有关规定,构成了较严重的违法行为,我局对他的处罚并无不当。

此致
××市××区人民法院

答辩人:××市林业多种经营管理局
代表人:李××
20××年×月×日

附:答辩状副本1份。

[例文6]

民事答辩状

答辩人:北京××网讯科技有限公司
地　　址:北京市海淀区北四环西路××号××国际大厦12层
法定代表人:李××　　职务:执行董事
电　　话:010-826211××　　邮编:100080

北京市海淀区人民法院(下称"贵院")受理的上海××音乐文化传播有限公司(下称"被答辩人")诉北京××网讯科技有限公司(下称"答辩人"或"本公司")录音制作权侵权纠纷案(下称"本案")。

答辩人认为,被答辩人的诉讼请求既没有事实根据也没有法律依据,恳请贵院依法判决予以全部驳回。

一、答辩人关于答辩理由的四个要点

(一)答辩人是一家中立的搜索引擎服务提供商,按照技术规则为网络用户提供全面有针对性的搜索结果,供用户查询和使用;

(二)答辩人没有提供涉案歌曲的下载服务;

(三)答辩人的搜索引擎服务系统(下称"搜索系统")依据技术规则对搜索结果自动生成链接列表,答辩人没有对任何被链接网站(页)进行非技术性的选择与控制;

(四)本案中答辩人的行为没有任何过错。

二、答辩内容所依据的事实与理由

(一)答辩人是一家中立的搜索引擎服务提供商

答辩人(www.××.com)主要为网络用户提供"新闻"、"网页"、"贴吧"、"MP3"、"图片"以及"网站"等信息的全面搜索引擎服务。答辩人所提供的"MP3"搜索引擎服务只是其中的一项,MP3搜索原理、技术和软件与本公司网页等其他搜索的原理、技术和软件完全一致,并且都是由程序自动完成整个流程。这种搜索方式在国外通常称为基于算法的搜索(Algorithmic Search)。

答辩人提供搜索引擎服务的过程为:网络用户向搜索系统发送搜索指令;搜索系统收到该指令后,依据技术规则,在世界互联网范围内自动地对与搜索指令相关的网页信息进行搜索;搜索系统取得搜索结果;搜索系统将搜索结果的列表提供给发出搜索指令的网络用户;网络用户自主决定是否对搜索结果的链接进行打开、打印或另存等操作。

因此,答辩人在提供搜索引擎服务的过程中,处于中立的沟通网络用户与搜索结果内容提供网站(页)之间的桥梁地位。尽可能地在搜索结果中展示所有客观存在的、与用户搜索指令相关的网页链接,这是包括答辩人在内的所有搜索引擎服务商共同追求的目标,是搜索引擎服务的一个本质特征,是广大网络用户希望通过搜索引擎服务最大限度地获得信息自由的真实体现,也是合法、合理、不损害公众利益前提下设定搜索引擎服务商承担法律责任的应有视角。

(二)答辩人没有为涉案歌曲提供下载服务

答辩人搜索引擎收纳的世界范围内各具特色作为搜索对象的中文网页约有8亿个。如果该网站(页)不采取禁止或限制被作为搜索对象的技术措施,答辩人的搜索引擎服务系统就能够从其中获取用户所搜索的信息或文件的种类,其中包括MP3等文件的链接地址。按照这些文件所在网页提供的相关信息,系统将自动地给这些链接命名。

接受网络用户的搜索指令后,答辩人的网络搜索引擎服务系统将自动地对搜索指令进行处理,以检测得到的链接速度为基础,按照搜索引擎通用技术规则,向网络用户提供以链接列表为表现形式的动态搜索结果。基于搜索结果,用户可以完成不同的操作。操作结果由用户的具体指令、所使用的计算机配置环境以及被链接网站(页)的控制代码等因素共同动态决定,不受答辩人搜索引擎功能的任何影响。

(三)答辩人的行为在本案中没有任何过错

答辩人非常重视包括对被答辩人在内的他人知识产权保护,并依据法律、法规等相关规定,在搜索引擎服务网站上发布了具有具体内容和实施步骤的"权利声明",为权利人维护权利提供了顺畅、有效和方便的途径。根据该"权利声明",任何人均可以通过向答辩人发送"权利通知"的方式,获得权利保护和救济。

就本案而言,答辩人没有任何侵犯被答辩人权利的故意。关于提供涉案歌曲的被链接网站(页)是否侵犯他人的权利,答辩人没有能力,也没有任何可能的手段加以判断;同时,也没有被任何权利人告知。所以,答辩人在对所链接网站内容是否侵权的事实不知情的情况下为网络用户提供中立的搜索引擎服务的行为没有任何过错。

综合以上各点,答辩人认为,即使被链接网站(页)构成对他人著作权的侵犯,由于答辩人仅提供中立的搜索引擎服务,不能避免侵犯著作权的行为发生,也没有著作权人提出确有证据的侵权警告,依据法律规定和最高人民法院的相关司法解释,答辩人不应当承担民事责任。

三、涉案歌曲被链接网站(页)的所有者是应当参加诉讼的当事人

答辩人只实施了提供搜索链接服务的行为,真正为网络用户提供涉案歌曲下载服务的行为人是被链接网站(页)所有者。判断答辩人提供的搜索链接服务是否构成侵权,应当以认定被链接网站(页)的所有者是否构成侵权为前提,而不能仅以被答辩人所声明的从未向

他人许可通过互联网向公众传播涉案歌曲就直接确定。如果涉案歌曲被链接网站(页)的所有者不参加诉讼,答辩人认为无法查明本案的事实。

　　综上所述,被答辩人的诉讼请求既无事实根据也无法律依据,请求贵院查明事实后判决予以全部驳回。

　　此致
北京市海淀区人民法院

答辩人:北京××网讯科技有限公司
××××年×月×日

【思考与练习】

1. 经济法律文书的概念、特点是什么?
2. 经济法律文书的结构一般由哪些部分组成?
3. 经济法律文书的写作要求有哪些?
4. 试述仲裁申请书、申请执行书、民事起诉书、民事反诉书、答辩状等几种经济法律文书的基本内容和格式。
5. 根据下面新闻资料,写一份起诉书。

　　据外电报道,由于雅虎上个月向在线博彩平台和社区 Xfire 提出了诉讼,如今 Xfire 针对 IM 专利向雅虎提出了反诉。

　　雅虎声称 Xfire 由网名为 Thresh 的 Quake 世界冠军丹尼斯·冯(Dennis Fong)和 Direct Hit 公司的前首席执行官 Mike Cassidy 建立,已经违反了第 6 699 125 条专利。该条专利中针对名为 GameProwler 的雅虎信使,为其描述了详细的游戏变量技术。

　　最开始的起诉在 2 月在美国联邦地方法院(加州北区)被提出。它称雅虎的 GameProwler IM 软件"允许用户使用一个游戏服务器与一个消息服务器相连接,从而让'密友'了解其他'密友'什么时候开始玩在线游戏,并能够很快加入该游戏。"

　　雅虎称 Xfire 发布了一个类似的软件,能够允许游戏玩家在线互聊。起诉称:"如同雅虎的发明一样,该性能允许某一用户看见其他被认证为'朋友'或者'密友'的用户,而他们是在用户计算机的即时消息窗口中指定的。另外,类似雅虎发明的是,这个产品允许用户通过即时消息程序的活动性来看'朋友'或者'密友'是否在线,也能够知道'朋友'和'密友'是否在玩游戏……被告没有从雅虎得到使用该性能的许可。"

6. 根据下面新闻资料,写一份反诉书。

　　新浪科技讯 美国东部时间 3 月 10 日 09:00(北京时间 3 月 10 日 22:00)消息,在线游戏平台和社区服务商 Xfire 今天宣布,该公司已经向美国地区法院提交了针对雅虎的应诉书和反诉书,以回应雅虎日前提起的针对 Xfire 的诉讼。

　　雅虎早些时候指控 Xfire 侵犯了其专利号为 6 699 125 的技术专利。Xfire 在提交的应诉书和反诉书中否认了雅虎所有的侵权指控。Xfire 在反诉书中称,雅虎提起诉讼的目的一是企图将 Xfire 挤出目前经营的业务,从而避免与 Xfire 在市场上竞争;二是迫使 Xfire 以远低于公平市场价值的价格将其专有技术出售或者授权给雅虎,以解决这起昂贵的法律诉讼。

　　Xfire 首席执行官迈克·卡西迪(Mike Cassidy)表示:"我们很失望,雅虎拒绝证明我们没有侵权,但事实将会证明这一切。"在今天(3 月 10 日)提交的诉状中,Xfire 要求雅虎撤回诉讼,停止不公正的商业行为,赔偿 Xfire 因此遭受的损失。

15　经济合同

15.1　经济合同的概念、特征和作用

15.1.1　经济合同的概念和特征

1) 经济合同的概念

合同是指两个或两个以上的当事人（法人组织或公民个人）为共同达到一定的目的，设立、变更、终止他们之间民事的或经济的权利义务关系的协议。合同有经济合同、民事合同、劳动合同、行政合同等。经济合同是合同中最常见的形式。依照《中华人民共和国经济合同法》（以下简称《经济合同法》）第二条规定，经济合同是"平等民事主体的法人、其他经济组织、个体工商户、农村承包经营户相互之间，为实现一定的经济目的，明确相互权利义务关系而订立的合同。"

2) 经济合同的特征

经济合同具有一般合同的特征，同时又具有以下自身的特征：

（1）经济合同当事人必须具备法律规定的合法资格。经济合同的当事人必须是具有法人资格的社会组织和依法取得营业执照的其他经济组织。公民个人（即自然人）不能成为经济合同的主体，除非是依法取得经营资格的个体工商户或农村承包经营户。

（2）经济合同是当事人为实现特定的经济目的而签订的协议。经济合同是为了实现特定的经济目的。从内容看经济合同主要运用在生产领域和流通领域，所确认的是生产和再生产过程中的商品交换关系。经济合同的经济业务性质是经济合同的本质特征。

（3）经济合同的双方（或多方）当事人的权利义务是对等的。当事人双方按照合同规定相互享有权利，相互负有义务，各自要为所得的财产利益向对方付出相应的代价或报酬，它是双向的、有偿的合同。所谓权利，是指法律所赋予的某种权益，一般包括从事经济活动的自主权、享有某种经济利益的所有权、要求他人（对方）做出相应义务的享有权和请求国家机关加以保护的权利等。所谓义务，是指合同当事人应履行的责任，包括维护国家利益和他人（对方）的合法权利的责任。

（4）经济合同必须遵循当事人双方（或多方）平等互利、协商一致、等价有偿的原则。经济合同的签订是当事人双方（或多方）的法律行为，在法律面前是平等的。任何一方不得把自己的意志强加给对方，任何单位和个人不得非法干预。

（5）经济合同具有法律约束力。《经济合同法》第六条规定："经济合同依法成立，即具有法律约束力，当事人必须全面履行合同规定的义务，任何一方不得擅自变更或解除合同。"任何一方违约，必须承担违约的经济责任，对受损的对方给予经济补偿。

15.1.2 经济合同的作用

经济合同无论是对促进整个国民经济的发展,还是保障经济单位和人民群众的经济利益都有着极其重要的作用。

(1) 经济合同是国家及各级经济部门、各个经济单位实施经济管理职能的重要手段之一。经济管理的方法有行政的方法、经济的方法、法律的方法和思想教育的方法等。当前国家以经济建设为中心,加强完善法制建设和利用经济手段管理经济已成为经济管理的两项基本措施。而经济合同肩负经济手段和法律手段这两方面的重要角色。

(2) 经济合同是实行经济联合,进行经济协作的桥梁和纽带。随着市场经济的不断深入发展,国际之间、地区之间、部门之间、单位之间的联合和协作日益发展,而它们之间的经济关系都是通过合同的形式建立起来的,因而经济合同已成为经济合作的桥梁和纽带。

(3) 经济合同是维护当事人合法利益和社会正常经济秩序的保证。随着社会主义市场经济的发展,社会经济关系错综复杂,经济纠纷也不断发生,经济合同将以法律的效力保护当事人的正常权益,同时也是政府部门和执法机关处理经济纠纷的依据,它有利于维护正常的经济秩序,保证社会主义经济顺利健康地发展。

(4) 经济合同也是企业实行经济责任制,提高经营管理水平的重要工具。当前我国从农村到城市,各行各业都推行了经济责任制,并把各方的责、权、利以合同的形式规定下来,所以经济合同的认真履行和合同制的不断完善是完善经济责任制,提高企业管理水平的关键。

15.2 经济合同的种类和主要条款

15.2.1 经济合同的种类

经济合同的种类,从涉及的范围分,包含三大类,即国内经济合同、涉外经济合同和中外合资经营企业合同。这三类合同在签订的要求上有较大的差别。

1) 国内经济合同

国内经济合同的种类很多。《经济合同法》中将经济合同划分为以下几种:

(1) 购销合同 购销合同是一方当事人将商品销售或转给另一方当事人,而另一方当事人获得商品并支付价款的协议。由于购销的形式和特点不同,购销合同的具体种类很多,主要有预购合同、购销结合合同、调剂合同、协作合同、供应合同、采购合同等。

(2) 建设工程承包合同 建设工程承包合同是按照国家规定的程序和国家批准的投资计划、计划任务书等,由建设单位或有关单位(发包人)与勘察、设计、建筑、安装工程单位(承包人)之间,就建设工程项目的约定,由施工单位完成,建设单位验收并付给工程费用的协议。企业签订此类合同时,要根据《建设工程勘察设计合同条例》和《建设安装工程承包合同条例》的有关规定明确各种条款。建设工程承包合同主要有建设工程勘察合同、建设工程设计合同、建筑工程合同、安装工程合同、总包合同等。

(3) 加工承揽合同 加工承揽合同是指一方(承揽方)用自己的设备、技术和劳动力为另一方(定做方)提出的品名、项目、质量等的要求进行加工、定做、修缮或完成其他劳动服务工作,从而获得报酬的协议。加工承揽合同主要有加工合同、定作合同、修缮合同、修理合同、其他加工承揽合同等。

（4）货物运输合同　货物运输合同是承运人将托运人的货物运送到约定的地点，托运人支付相应的报酬，而明确相互之间权利义务关系的协议。根据运输工具和运输方式的不同，货物运输合同主要有铁路货物运输合同、水路货物运输合同、公路货物运输合同、航空货物运输合同、联合货物运输合同等。

（5）供用电合同　供用电合同是指供电方根据约定供给用电方电力，用电方使用电力并向供电方支付报酬而明确相互之间权利义务关系的协议。

（6）仓储保管合同　仓储保管合同是指从事仓储保管业务的人为寄托人保管储存物品，并在约定的期限内应寄托人的请求返还该物品，由寄托人支付报酬而明确相互之间权利义务关系的协议。

（7）财产租赁合同　财产租赁合同是出租人将一定的出租财产交付承租人使用，承租人向出租人交付一定的租金，并于租赁关系终止后将承租的财产返还给出租人而明确相互之间权利义务关系的协议。根据租赁物的不同，财产租赁合同大体可分为两种：生产资料租赁合同和生活资料租赁合同。

（8）借款合同　借款合同又叫信贷合同，它是借款方向银行、其他部门或个人借款，并依约定归还相同数量货币，并向贷款方支付利息而明确相互之间权利义务关系的协议。

（9）财产保险合同　财产保险合同是指投保人交付保险费，保险人在保险的财产发生自然灾害或者意外事故遭受损失时予以补偿而明确相互之间权利义务关系的协议。

（10）科技协作合同　科技协作合同是国家科学研究机构或学校、企事业科技研究单位等为企业完成科学技术协作项目并获得报酬，而明确相互之间权利义务关系的协议。

（11）联营合同（联合经营合同）　联营合同是企业、生产单位和其他单位联合投资兴办工厂或服务行业、开设商店等，而明确相互之间权利义务关系所签订的合同。

（12）生产承包合同　生产承包合同是农村社区性合作经济组织的内部合同，是农业经济组织（出包单位）根据责任到村、责任到组、责任到户的要求与村、组、户（承包单位）之间的约定，承包单位向出包单位承包向国家交结的农副产品数量，上交集体的各项提留数量，出包单位向承包单位提供生产资料、资金，并在约定时间、责任范围内给付报酬和奖金、扣罚未完成任务的部分报酬的协议。

2）涉外经济合同

涉外经济合同指我国的各种经济组织或个人与外商之间订立的协议。常见的涉外经济合同有以下几种：

（1）工作合同　邀请外籍人士来华讲学或工作而签订的协议。

（2）科技文教协作合同　指我国与外国的有关组织为完成某个项目或文教交流、协作而订立的协议。

（3）经济合同　以对外贸易为主，亦有为对外加工承揽、借款等而订立的协议。

3）中外合资经营企业合同

中外合资经营企业合同指中外合资各方为设立合营企业就相互的权利义务等所达成的协议。这类合同一般不作细分。

15.2.2　经济合同的主要条款

经济合同的主要条款是指双方当事人订立经济合同协商的主要内容，是明确当事人双方权利义务关系的依据,必须具体、清楚、责任明确。经济合同的种类很多,其具体条款不同,但都必须具备《经济合同法》所规定的五项主要条款。《经济合同法》规定的五项主要条款如下:

1) 标的(指货物、劳务、工程项目等)

标的是双方当事人订立经济合同确定权利和义务共同所指向的对象。不同的经济合同有不同的标的,它可以是货物、货币,也可以是财产、工程项目,还可以是劳务、工作成果等,如采购合同中的标的是货物;建设工程承包合同中的标的是工程项目;技术推广合同中的标的是科技项目等。标的一定要明确、具体,没有标的或者标的不明确,双方的权利和义务就无从确定。

2) 数量和质量

数量和质量是标的的具体化。数量是用计量单位和数字来衡量标的的指标和尺度,它对于确定双方权利和义务的大小有着重要的作用。数量的计量方法和计量单位要按国家或主管部门的规定执行,如果没有规定的,可按当事人双方协商执行。计算重量的产品要注明是毛重还是净重。

质量是标的的具体特征,指产品的成分、效用、大小等,是标的的内在素质和外观形态的综合,包括标的名称、品种、规格等。质量条款必须符合《标准化法》和有关质量管理法规的规定,如国际标准、国家标准、地方标准等。此外,质量条款中应写明产品质量的检验方法、试验方法、动植物检验方法、验收期限等。

3) 价款或酬金

价款是获得标的物所交付的代价。酬金就是进行设计、施工、安装、承揽加工、运输货物等劳务应得到的报酬额。价款和酬金是否合理是关系到合同能否顺利实现的大问题,因此必须坚持等价有偿的原则,按照国家价格管理法和经济合同法律、法规中的有关规定合理定价,对合同履行期间由于市场价格浮动而多退少补的价格要在合同中写明。《民法通则》规定"价款约定不明确的,按照国家规定的价格履行。没有国家规定价格的,参照市场价格或同类物品价格或者同类劳务的报酬标准履行。"

4) 履行的期限、地点和方式

(1) 履行的期限　经济合同的履行期限指的是提供标的物和交付价款或酬金的具体时限。履行的期限可以是具体的年、月、日,也可以是一个阶段的时间。这个时间一定要具体、明确,不能含糊不清、模棱两可,以免造成经济损失。

(2) 履行的地点　履行的地点就是指交货、付款、施工或劳务的地点等。它对履行合同的费用和利益都有影响,因此应由双方当事人协商确定。

(3) 履行的方式　履行方式就是指用什么方式实现合同规定的双方义务,如交货、运输、计量、验收、估算等的方法。不同种类的合同有不同的履行方式。国家主管部门有规定的按规定执行,没有统一规定的,双方协议确定,但不管采用什么方式,都必须写清各自的责任和履行的次数(一次履行、分批履行)以及履行的人员(当事人履行或委托他人代为履行、向谁履行)。

5) 违约责任

违约责任即合同当事人任何一方不履行合同,或者不完全履行合同而应承担的法律责任。违约责任是为了维护当事人的合法权益,补偿其经济损失。因此,在合同中要明确规定违约条款,如偿付违约金和赔偿金多少等。

除以上五项主要条款之外,结算方式也是很重要的一项条款。《经济合同法》第十三条也明确规定:"经济合同用货币履行义务时,除法律或行政法规另有规定的以外,必须用人民币支付。"因此,合同条款中应具备有关银行结算和支付方法的条款。结算方式分为现金结算和转账两种方法。转账在异地间和同地内又分成不同的具体方式。不管采用哪种结算方式,都必须在合同上写明结算方式、结算单位、银行账号等。按经济合同性质的需要和当事人的要求,也可增加其他符合法律规定的条款。

15.3 经济合同的结构与写作要求

15.3.1 经济合同的书面形式

《经济合同法》第三条规定:"经济合同,除即时清结者外,应当采用书面形式。"书面形式的经济合同有三种写法:条文式、表格式、条文表格结合式。

1) 条文式

所谓条文式的经济合同就是把当事人双方商定的内容列成条款或分成几段的一种合同书写方式。因其可做到内容详尽、表述清楚、严密,故适用于标的比较复杂,条款内容需详尽细述,或当事人有某些特殊要求的经济合同,如建设工程承包合同、科技协作及技术转让等合同。条文式合同是书面合同的基本形式,是表格式合同的设计基础。

2) 表格式

表格式的经济合同是把当事人双方商定的内容制成表格,事先印好,签订合同时分别填入,不另拟文字的一种合同写作方法。

3) 条文表格结合式

这种合同一般是将有关商品的种类、单位、单价、金额等列成表格填写,其他有关事项(主要是双方或多方的权利和义务等)以文字加以注明。

经济合同的结构正趋于规范化、程式化,一般由各级工商行政管理机关统一印制,这样有利于合同的管理。如果没有统一印制的合同书,可由当事人双方根据经济合同法的规定议定。

15.3.2 经济合同的结构

经济合同有其特定的结构形式,主要由以下几部分组成:

1) 标题

标题提示合同的性质,由事由和文种名称构成。每一份经济合同都有一个以其内容和类型命名的标题,如购销合同、建设工程承包合同等。

2) 当事人名称

当事人名称就是签订合同双方单位名称。在合同名称下另起一行并排写当事人双方的单位或个人名称。单位名称第一次出现要写全称,以下行文为简称。在双方名称之后可分别加括号,注明"甲方"(一般以付款单位为甲方)、"乙方"(一般以收款单位为乙方)。也可以根据所写合同的种类分别用"×方"称呼。例如,购销合同用"供方"和"需方";建设工程承包合同用"发包方"和"承包方";加工承揽合同用"承揽方"和"定做方";货物运输合同用"承运方"和"托运方";财产租赁合同用"出租方"和"承租方";等等。

3) 正文

正文包括开头语、主要条款等。

(1) 开头语　一般用简明的语言说明签订合同的目的或依据,表明签订合同的态度。如"为了××××(目的),经双方协商,签订本合同,以资双方共同恪守。"

(2) 主要条款　又称必要条款,把经过当事人双方协商确定下来的经济活动内容逐条逐次写明。这些内容必须符合法律规定的经济合同的主要条款的要求,各项条款要书写清楚、严密、用词准确,当事人双方的权利和义务要明确具体,以避免因正文的缺陷而引起合同纠纷带来的麻烦。

4) 结尾

在正文下边另起一段写清楚当事人双方单位的全称,签订合同代表人姓名(签字、盖章)、签订合同的日期(年、月、日)。如果需要上级机关同意或鉴证机关鉴证的,也要把上级机关或鉴证机关的名称、意见及日期写明,并加盖公章。

5) 附件

如有表格、图样、实物等作为合同正文的附带材料,应在正文之下另起一行注明附件的名称及件数。

15.3.3　经济合同的写作要求

经济合同涉及的是当事人双方或多方的权利和义务,具有法律效力,因此经济合同的写作必须严肃认真。为确保经济合同的顺利履行,必须注意以下几个方面:

1) 经济合同的内容必须遵守国家的法律、法规

合同合法才能成立。所谓合法,就是要求合同的内容、签订的程序和具体的条款都要符合国家法律、法规。《经济合同法》第四条规定:"订立经济合同,必须遵守法律和行政法规。任何单位和个人不得利用合同进行违法活动,扰乱社会经济秩序,损害国家利益和社会公共利益,牟取非法收入。"否则,所订立的合同则为无效合同,无效合同没有法律效力。

2) 必须具备经济合同的主要条款

经济合同的主要条款是明确规定当事人各方权利义务的,是经济合同的核心,也是当事人切实履行合同,实现各自经济目的的基础和依据。残缺不全的经济合同,在法律上常常是无效的,或部分无效的;主要条款有遗漏的经济合同,会使履约出现困难、障碍,甚至导致经济纠纷。

3) 内容表述要具体、明确、周密

合同履行过程中发生种种歧解扯皮现象,往往是条文表述不具体明确所致。如只提"货到付款"或"款到交货",而不写明付款和交货期;只写"价格随行就市"而不规定价金;只约定"分批供货"而不明确什么时间供多少货;虽然有"违反合同就追究违约责任"一说,至于怎么"追究"、"责任"有多大,却笼统含糊;等等,由此造成合同不能顺利履行的情况,都是由于条文订得不具体不明确产生的后果。

4) 语言要简练、确切、规范

语言简练是为了使人一目了然,提高工作效率。

语言确切是为了便于履行,避免因此而发生纠纷,决不允许使用"左右"、"上下"、"大约"、"可能"之类模棱两可的词语;合同的有效期限也要用具体的日期确定;质量标准应用确切的文字表达清楚,容不得半点含糊;其他有关事项也要明确规定,甚至标点符号都要使用准确;金额除按财

会工作的要求用阿拉伯数字填写外,还要用中文大写的数字表明,数额的开头不能留空格,结尾除至"分"的金额外,都要用个"整"字,以防在合同履行过程中有空可钻。

规范化是指商品规范的通用名称,统一的度量衡单位,字体也要使用国家统一颁布的简化字,不可擅自简化;涉外合同中外文字的书写要按有关国家和国际惯例执行,以免因此而产生不应有的经济纠纷。

经济合同书写时要用毛笔或钢笔,如果有效期较短的也可用圆珠笔复写,但铅笔是绝对禁用的。如有涂改,必须双方盖章认可。

[例文 1]

购 销 合 同

签 约 地:＿＿＿＿＿＿＿＿＿＿＿＿
供　　 方:＿＿＿＿＿＿＿＿＿＿ 合同编号:＿＿＿＿＿＿＿＿＿
签订日期:＿＿＿＿＿年＿＿＿＿＿月＿＿＿＿＿日
需　　 方:＿＿＿＿＿＿ 合同有效期限至＿＿＿＿＿年＿＿＿＿月＿＿＿＿日止

根据《中华人民共和国经济合同法》规定,经双方协商,签定本合同,并共同信守下列条款:

商标	规格型号	品名	单位	数量	单价(元)	金额(元)	分期交(提)货数量		
合计金额(大写)									¥

质量标准:
＿＿＿＿＿＿＿＿＿＿＿＿＿＿＿＿＿＿＿＿＿＿＿＿＿＿＿＿＿＿＿＿＿＿＿＿＿

作价及结算方式:
＿＿＿＿＿＿＿＿＿＿＿＿＿＿＿＿＿＿＿＿＿＿＿＿＿＿＿＿＿＿＿＿＿＿＿＿＿

包装要求、费用负担:
＿＿＿＿＿＿＿＿＿＿＿＿＿＿＿＿＿＿＿＿＿＿＿＿＿＿＿＿＿＿＿＿＿＿＿＿＿

运输方式、费用负担:
＿＿＿＿＿＿＿＿＿＿＿＿＿＿＿＿＿＿＿＿＿＿＿＿＿＿＿＿＿＿＿＿＿＿＿＿＿

交(提)货方式、地点:
＿＿＿＿＿＿＿＿＿＿＿＿＿＿＿＿＿＿＿＿＿＿＿＿＿＿＿＿＿＿＿＿＿＿＿＿＿

验收方法:
＿＿＿＿＿＿＿＿＿＿＿＿＿＿＿＿＿＿＿＿＿＿＿＿＿＿＿＿＿＿＿＿＿＿＿＿＿

残次品处理方法：

违约责任：_____

其他：_____

本合同依法签订，即具有法律效力，供需双方必须全面履行合同规定的义务，任何一方不得擅自变更和解除，如确需变更和解除，应按《经济合同法》有关规定办理。

本合同一式_____份，双方各执正本一份，副本_____份，分送_____。

供　　方：(盖章)	单位地址：	供　　方：(盖章)	单位地址：
法定代表人：	代　理　人：	法定代表人：	代　理　人：
开户银行：	账　　号：	开户银行：	账　　号：
电　　话：	传　　真：	电　　话：	传　　真：
供方主管部门审核：	需方主管部门审核：	鉴证机关：	
		经办人：	
年　月　日	年　月　日	年　月　日	

××工商行政管理局监印

[例文2]

授予翻译权合同

甲方(著作权人)：　　　　　　　地址：
乙方(出版者)：　　　　　国籍：　　　地址(主营业所或住址)：
合同签订日期：　　　　　　　地点：

鉴于甲方拥有(作者姓名)(下称"作者")的作品(书名)(下称"作品")第____(版次)的著作权，双方达成协议如下：

第一条　甲方授予乙方在合同有效期内，在(国家、地区)以图书形式用(文字)翻译、出版____册(印数)上述作品译本(下称"译本")的专有使用权。

第二条　甲方保证拥有第一条授予乙方的权利。如因上述权利的行使侵犯他人著作权，甲方承担全部责任并赔偿因此给乙方造成的损失，乙方可以终止合同。

第三条　为翻译的目的，甲方应免费向乙方在____日内提供上述作品的____本加工副本。

第四条　乙方根据本合同第十七条的规定，为获得出版译本的权利，向甲方支付报酬，支付方式为：

(一)版税：(货币单位)[译本定价× ％(版税率)×销售数(或印数)](例如文学作品8％，科技作品10％)；

(二)一次性付酬：(货币单位)(例如文学作品每千字20元，科技作品每千字25元)，如果译本的最后定价高出预计定价，乙方应在译本出版后按____％增加向甲方支付的报酬。

乙方在本合同签订后____月内，向甲方预付____％版税，其余版税在出版后按____月结算分期支付，或在____月内一次付清。

第五条　乙方负责安排有资格和有能力的译者对作品进行准确的翻译,译者姓名和其资格证明应送交甲方,未经甲方事先书面同意,不得删节、增加或以其他方式修改作品。

第六条　有关译本的质量问题,由甲乙双方商定。

第七条　乙方将作者的姓名标注在译本的封面、护封和扉页的显著位置,并注明:"此版本(书名)系(乙方名称)与(甲方名称)于____年____月协议出版"。

第八条　乙方应于____年____月____日前出版译本。乙方因故未能按时出版,应在出版期限届满前____日通知甲方,双方另行约定出版日期,乙方支付逾期违约金,比例为____;乙方在双方另行约定的出版日期仍不能出版,甲方可以终止合同,乙方应向甲方赔偿损失,并支付违约金,比例为____。

第九条　译本一经出版,乙方应免费于____日前向甲方提供____本样书,并应尽力推销译本的复制品。

第十条　如果乙方希望增加____册(印数),____年内乙方可以自行决定增加印数,但应将拟定的印数和定价通知甲方,并于____日内按第四条规定的____方式向其支付报酬。如果乙方未在译本脱销后____月内再次重印译本,授予的权利回归甲方。

第十一条　未经甲方事先书面同意,乙方不得行使除第一条规定的译本的其他任何权利。

第十二条　未经甲方事先同意,乙方不得将所授予的翻译权许可任何第三方行使,译本也不得单独使用乙方自己的版本说明。

第十三条　如果乙方未在____日内支付本合同规定的报酬,如甲方不解除合同,乙方应继续履行合同支付报酬,并支付逾期违约金,比例为____;如果甲方解除合同,乙方应赔偿损失,并支付违约金,比例为____。

第十四条　除本合同明确授予乙方的权利之外,作品的其他所有权利由甲方保留。乙方希望取得的权利,应在本合同中明确约定。

第十五条　甲方有权核查译本的印数。如甲方指定第三方核查,需提供授权委托书。如乙方隐瞒印数,除向甲方补齐应付报酬外,还应支付违约金并承担核查费用。如核查结果与乙方提供的印数相符,核查费用由甲方承担。

第十六条　如果乙方违反了本合同的约定,又未能在甲方通知其____月内改正,或甲方已撤销不能履行的合同,本合同自动终止,授予乙方的翻译权回归甲方,乙方应向甲方赔偿损失,并支付违约金,比例为____。

第十七条　乙方委托____(银行)以____(票据)的方式向甲方支付报酬,并按____日中国国家外汇管理局的外汇牌价折算成合同确定的币种支付。

第十八条　双方因合同的解释或履行发生争议,由双方协商解决。协商不成,由____(仲裁机构)仲裁,或向____(法院)诉讼。

中国仲裁机构为_____仲裁委员会。

第十九条　因本合同纠纷提起的仲裁或诉讼,适用《中华人民共和国民事诉讼法》有关涉外民事诉讼程序的特别规定。

第二十条　本合同以中、____(外国文字)两种文字写成,两种文字具有同等法律效力。

第二十一条　合同的变更、续签及其他未尽事宜,由双方另行商定。

第二十二条　本合同自签字之日起生效,有效期为____年。

第二十三条　本合同一式两份,双方各执一份为凭。

甲方： 乙方：
（签章） （签章）
　年　月　日 　年　月　日

（国家版权局标准样式）

[例文3]

技术开发合同

一、合同登记编号

☐☐☐☐☐☐☐☐☐☐☐☐☐☐

项目名称：_____
委托方：
（甲方）_____
研究开发方
（乙方）_____
签订地点：_____省_____市（县）
签订日期：____年____月____日
有效期限：____年____月____日至____年____月____日
二、应达到的技术指标和参数：
三、研究开发计划：
四、研究开发经费、报酬及其支付或结算方式：

（一）研究开发经费是指完成本项研究开发工作所需的成本；报酬是指本项目开发成本的使用费和研究开发人员的科研补贴。

本项目研究开发经费及报酬：_____元。其中，甲方提供_____元，乙方提供_____元。如开发成本实报实销，双方约定如下：_____。

（二）经费和报酬支付方式及时限（采用以下第　　种方式）：
① 一次总付：_____元，时间：_____
② 分期支付：_____元，时间：_____；_____元，时间：_____。
③ 按利润_____％提成，期限：_____。
④ 按销售额_____％提成，期限：_____。
⑤ 其他方式：_____。

五、利用研究开发经费购置的设备、器材、资料的财产权属：
六、履行的期限、地点和方式：_____
本合同自____年____月____日至____年____月____日在_____（地点）履行。
本合同的履行方式：_____
七、技术情报和资料的保密：
八、技术协作和技术指导的内容：

九、风险责任的承担：

在履行本合同的过程中，确因在现有水平和条件下难以克服的技术困难，导致研究开发项目部分或全部失败所造成的损失，风险责任由_____承担(1. 乙方；2. 双方；3. 双方另行商定)。

　　经约定,风险责任甲方承担_____%
　　　　　　　　　乙方承担_____%

本项目风险责任确认的方式为：

十、技术成果的归属和分享：

（一）专利申请权：

（二）非专利技术成果的使用权、转让权：

十一、验收的标准和方式：

研究开发所完成的技术成果，达到了本合同第二条所列技术指标，按_____标准，采用_____方式验收，由_____方出具技术项目验收证明。

十二、违约金或者损失赔偿额的计算方法：

违反本合同约定，违约方应当按《技术合同法》第二十九条、第三十一条和《技术合同法实施条例》第四十二条、第四十三条规定承担违约责任。

（一）违反本合同第_____条约定，_____方应当承担违约责任，承担方式和违约金额如下：

（二）违反本合同第_____条约定，_____方应当承担违约责任，承担方式和违约金额如下：

十三、争议的解决办法：

在本合同履行过程中发生争议，双方应当协商解决，也可以请求_____进行调解。

双方不愿协商、调解解决或者协商、调解不成的，双方商定，采用以下第_____种方式解决。

（一）因本合同所发生的任何争议，申请_____仲裁委员会仲裁；

（二）按司法程序解决。

十四、名词和术语的解释：

十五、其他(含中介方的权利、义务、服务费及其支付方式、定金、财产抵押、担保等上述条款未尽事宜)。

委托方（甲方）	研究开发方（乙方）	中介方
名称（或姓名）	名称（或姓名）	名称（或姓名）
法定代表人	法定代表人	法定代表人
委托代理人	委托代理人	委托代理人
联系人	联系人	联系人
住所（通讯地址）	住所（通讯地址）	住所（通讯地址）
电话	电话	电话
开户银行	开户银行	开户银行
账号	账号	账号
邮政编码	邮政编码	邮政编码

【思考与练习】
1. 什么是经济合同？经济合同的种类有哪些？
2. 经济合同有哪些主要条款？
3. 写经济合同必须注意哪些问题？
4. 根据下列内容，试写一份购销合同。

根据需要，××化肥厂于××××年×月拟从××公司购进化肥原料矿石 450 吨，规格是含磷量不低于 25%，单价 150 元/吨，要求××公司保证质量，如期交货，并负责送货到厂，经厂验收后，凭收货单结算。货款在交货后 3 天内汇到××工商银行 8347 账户。双方如有特殊情况要变动合同内容，应提前 10 天通知对方，并经双方协商同意才能修改。否则，由此造成的损失由违约者负责赔偿。

合同一式四份。双方各执一份，双方主管部门存查各一份。合同经双方和签证单位签字盖章后生效，执行完毕作废。

16 商品说明书和广告

16.1 商品说明书

16.1.1 商品说明书的概念和作用

1)商品说明书的概念

商品说明书是对商品的性能、构造、功能、使用、保养等进行说明或介绍,让人们了解其特点,获得有关这一商品的知识,以便正确使用和保养该商品的一种应用文形式。

2)商品说明书的作用

一般来说,每种产品都应有说明书,特别是结构比较复杂的产品和新产品,更需要通过文字说明,让用户了解产品的性能、特点、使用方法等。

商品说明书的适用范围很广,其形式和内容随商品而异。简单的商品说明书就印在商品包装上,文字也不多,如许多药品,就将其成分、功能、作用、用法、用量等说明和药品名称、商标等印在一起。不少食品说明也与其类似。复杂的说明书则是一本小册子,随商品出售,如有些机器设备、家用电器等的说明书。它详细地说明产品的性能、构造、维修和保养方法等,有的还带有附图。因此,写好商品说明书,对于指导消费有重要意义。此外,商品说明书还有促销作用。当人们获得有关某一商品的功能、构造、使用等知识后,就会产生购买欲望。不过,商品说明书虽有促进销售的作用,但它不同于广告。广告以推销产品为目的,而商品说明书以说明产品为目的。广告中常使用"质量可靠"、"国内首创"、"实行三包"、"欲购从速"等赞誉和敦促消费者购买的文字。商品说明书则不能采用这种措辞,而只是客观地、科学地对商品加以说明。

16.1.2 商品说明书的写法

商品说明书的写法因商品而异,并无一定的模式。商品内容不同,写法也要变化,长短也看其需要。如药物说明书,侧重说明其功用、服法及注意事项;家用电器说明书,侧重说明性能、操作方法、维修和保养;食品说明书侧重说明其营养成分及食用方法;图书说明书侧重说明其内容;大型或结构复杂的机械说明书侧重说明其型号、原理、构造等。有的说明书写得简明扼要,只有几十个字;有的则写得很详细,多达几十页。其具体写法大体有如下三种:

1)综合式

综合式说明书就是用简短的文字,对商品的性能、成分、用途、规格等作综合说明(如例文1)。

2)条文式

条文式说明书是按项逐一说明商品的性能、用途、规格等。其内容可长可短(如例文 2)。

条文式的说明书有的写得很详细很长,甚至有的分章来写。如上海内燃机厂生产的 495A 型柴油机,使用说明书就是采用分章的形式,共有七章:

第一章:柴油机的主要技术规格和技术数据;

第二章:柴油机的主要结构;

第三章:柴油机的调整;

第四章:柴油机的使用;

第五章:柴油机的技术保养;

第六章:柴油机的安装连接尺寸;

第七章:柴油机的故障及其排除方法。

结构复杂的商品必须有详细的说明,否则使用、维修都很困难。

3) 图解式

图解式说明书就是在说明书中用图画配合文字说明,这样使人容易理解和掌握。

16.1.3 商品说明书的写作要求

写商品说明书一定要向用户负责,如实说明产品的情况,绝不可随意夸大,欺骗购买者。

1) 要有较强的说明性

说明书首先必须具有较强的说明性,也就是说,说明书必须将产品的主要特征、功能、要点作比较具体而详细的说明,由此对购买者进行正确的指导。

2) 要有较强的客观性

说明书必须以客观为前提,对产品的结构、特点、使用、保养等进行客观的介绍,不可随意夸大或忽略某一点。

3) 要有较严格的科学性

说明书的内容表述要尽量具有科学性,不可虚构,不可用描写、抒情、议论等表达方式。在语言上可以引用专业术语,特别是一些专门类的说明书,如药物服用说明书、专用仪表或机械类说明书。

4) 要通俗易懂

说明书的语言要清楚明白,通俗易懂,不可含混不清,以防引起误解。在语言表达上要简短明快,使人一目了然。必要时以图示相配合,这有助于一般用户能通过说明书看懂并学会简单的操作。

16.2 广告

16.2.1 广告的概念和作用

1) 广告的概念

"广告"一词是外来语,大约于 20 世纪初传入我国。英语中"广告"一词最早源于拉丁文,为"注意"与"诱导"的意思,其原意就是唤起大家的注意并将其诱导于某一特定方向的手段。现在"广告"一词就是指借助大众传播媒介,向所选定的人群告知商品、劳务或观念等方面的信息,有意识有计划地加以传递,以期引起受众产生购买或其他可取行为的活动。

广告有广义和狭义之分。狭义的广告，通常指的是商业广告或经济广告，它是一种盈利性的，面向目标市场的，通过各种媒体迅速传播商品或劳务信息的宣传活动，是广告主的促销手段。广义的广告除此之外，还包括政府公告，政党、人民团体的启事、声明、通告，公共宣传等。本书介绍的是狭义的广告。

在我国社会主义现代化建设中，商品经济越来越发达，市场开始从过去的卖方市场逐步向买方市场转化，企业越来越需要用广告向消费者传递商品或劳务信息，广告已成为现代社会一种重要的传播工具和宣传手段。

2) 广告的作用

(1) 传播信息，扩大流通　传播商品信息是广告的基本功能。它通过各种宣传活动，把商品或劳务的供求状况传递给公众，让公众了解商品的成分、性能、质量、特点、使用方法以及购买地点等，这样就缩短了商品与大众之间的距离，大大缓解了产销矛盾，从而节省供求时间，加速商品流通。

(2) 促进销售，繁荣经济　促进销售是广告的最终目的。广告不仅可以使消费者认识和注意商品，而且可以诱发消费者的一系列心理活动，引起消费者的兴趣和购买欲望，最后导致购买行为。当然，广告的促销，要以上乘的产品质量，良好的售后服务和合理的价格为基础。因此，企业要在市场上立于不败之地，就必须提高自身的市场竞争力，树立并保持良好的形象，由此使越来越多的优质产品和企业进入市场，从而促进经济的繁荣。

(3) 引导消费，改善生活　随着科学技术的进步，新产品不断涌现，借助广告可以使人们了解这些新产品，进而购买这些新产品，引导大众不断提高生活质量。有时，大量的不断的广告宣传可以引领新的消费时尚。

(4) 美化生活，教育大众　广告不仅是一门科学，也是一门艺术。一个好的广告，通过形象生动、色彩优美的画面，富有趣味的艺术语言，和谐动听的音乐旋律，不仅向人们传递商品信息，而且也可给人以赏心悦目的美的享受。同时，广告也不断地将新知识、新观念传递给大众，使大众不断接受某些积极的潜移默化的影响。

16.2.2　广告的基本要求

1) 真实性

真实是广告的生命。它既是保障广告主长期市场利益的条件，也是法律对广告的基本要求。1994年10月27日第八届全国人民代表大会常务委员会第十次会议通过了《中华人民共和国广告法》（以下简称《广告法》），并自1995年2月1日起施行。《广告法》是规范广告活动的基本法则。因此，广告必须真实可靠地向消费者介绍商品的质量、性能、特点或服务项目，以事实为依据，杜绝弄虚作假、虚构杜撰、浮夸失实。广告失实既关系到能否赢得消费者的信任，也关系到职业道德和企业的信誉问题。

2) 思想性

广告的思想性是指广告内容健康、格调高尚。广告不仅是一种经济现象，也是一种意识形态。它不仅传递着商务信息，同时对受众产生潜移默化的影响。因此，广告文应以健康、积极向上、富有情趣的语言文字来宣传商品，而不能用消极、颓废、低级趣味的内容和形式来引诱消费者。

3) 艺术性

广告的实际效果取决于它的艺术性。艺术性可以给真实性、思想性插上想象的翅膀，使广告上升至美学的高度。在广告制作中,可以采用美术、摄影、歌曲、音乐、诗词、戏剧、舞蹈、书法等多种艺术形式,形象而生动地表达产品的主题,使人们得到和谐、美妙的艺术享受。一则好的广告,本身就是一件艺术品。

4) 创造性

现代社会商品经济日益发展,广告充斥着生活的各个角落。没有独特创意的广告很难引起大众的注意或取得良好的宣传效果。因此,广告的创造性显得更加重要。广告的独创性表现在两个方面:其一是所传递消息的独创性;其二是表现手法的独创性。因此,在制作广告时,必须把握商品或服务的独特之处,并将它充分展示出来。同时,运用较为新颖的手法和语言,将商品或服务的独特性表现出来。广告文要避免形式呆板、枯燥无味、千篇一律的套话和缺乏特色的语言。当然,广告文也要注意避免怪异、危言耸听或词不达意。

16.2.3 广告的种类

1) 按传播媒介分

按传播媒介来分,广告主要有报纸广告、杂志广告、广播广告、电视广告、邮寄广告、交通广告、户外广告、传单广告、包装广告等。

(1) 报纸广告 即在报纸上刊登广告。报纸广告的优点是:发行量大、宣传覆盖率高、普及度广、传递迅速,可以有计划地连续或反复刊登,从而加深人们的印象;能保存、可查阅、费用适中。报纸广告的缺点是:平面信息,缺乏动感、音效。

(2) 杂志广告 即在杂志的封面、封底或插页上做广告。杂志篇幅多,可以对商品进行详细的介绍。封面、封底又可采用精美的彩色印刷,增加感染力。杂志广告的优点是:编制和印刷精美,纸质优良,能充分表现商品的质感;内容和阅读对象的专业性,增强了商品特别是专用商品广告的选择性;阅读周期长,传阅率高,易于收藏保管。杂志广告的缺点是:编辑和印刷周期长,机动性和传播时效性较差,读者范围有限,覆盖率低。

(3) 广播广告 广播是我国目前最大众化的传播媒介。它传播迅速、及时,不受地形、交通的影响,有强大的空中优势。虽然只是以声音传递,而且一传即逝,但如能发挥"先声夺人"这一特长,在撰写广告词时,重点突出,文字精练,提高艺术性,增添趣味性,加强知识性,是能收到好的效果的。广播广告的缺点是:消费者无法认知商品的包装和外观,电波转瞬即逝,给人印象不深刻,也不便查阅。

(4) 电视广告 电视广告最大的长处是能集中报纸、广播和电影的视听特色,声、像、色兼备,视、听、读并举,形象生动,表现力丰富,直观性强,宣传效果好。电视广告的缺点在于制作费用较高,一般小企业无法承受;电视广告覆盖率高,但选择性较差;受时间限制,一般无法详细介绍商品的特性。

(5) 邮寄广告 即通过邮局直接向广告对象寄商品目录、征订单、产品说明书等。这类广告针对性强,机动性大,费用低廉。其缺点是:声誉较低,容易被人随意抛弃。

(6) 交通广告 包括交通工具和交通设施场所内外的所有广告。其优点在于:流动性大,信息传播范围广,花费相对较少;旅游者为消磨时间,往往会耐心、仔细阅读交通广告,因此阅读率高;特别适合对交通、旅游等行业做宣传。这类广告的缺点是:广告对象较多,难以区分诉求对象;广告宣传受线路或区域影响,接触面窄。

(7) 户外广告 户外广告是指安置在建筑物上、交通线两侧、广场周围等处的广告,具体有大型路牌、霓虹灯、灯箱、电子显示屏、电子墙、横幅条幅、气球、模型、宣传橱窗等。这些广告的特点是：面积和体积大，位置显著；耀眼夺目，受注意度高；反复提醒，容易使人加深印象，能起到吸引顾客的作用。其缺点是：内容比较简单，无法详细说明商品特性；经久使用，外观效果就会减弱。

(8) 传单广告　传单广告主要指印制在单片纸张上，派人员散发的广告，属于视觉广告。这类广告的特点是：发放灵活，特别是由营销人员发放时，能有效地掌握诉求对象；传单制作比较简单，费用低廉；可以详细介绍产品。其缺点是：发行量有限，其散页形式易于丢失，不易查阅。

(9) 包装广告　指印制在商品包装物料外部的宣传文字。世界上许多发达国家的商品非常注重包装广告。包装广告的特点是：印制精美的包装，具有强烈的诱导作用；由于在制作工艺上的多样性，包装广告在造型结构、材料选用、生产工艺、画面设计和文字应用等方面形式多样；能提高商品的价值，即良好的包装广告对消费者认知商品的价值会产生重要影响。

2) 按广告内容分

按广告内容分，广告可分为商品广告、企业广告、社会广告、服务广告、文化广告、公益广告等。

(1) 商品广告　商品广告也叫产品广告，是以介绍产品的有关情况，促进商品销售为主要目的的广告，是广告中最常见的。商品广告可以根据其特征分成两类：一类是生活资料商品广告，另一类是生产资料商品广告。前者主要是以一般消费者作为对象，内容是生活中的日用消费品和耐用消费品，如食品、纺织品、服装、医药、化妆品、装饰用品、日用百货、卫生用品以及家用电器、家具、汽车、住宅等。后者以生产某类商品的单位为对象，内容是投入生产过程的各种生产要素，如机器、工具、原料、零部件等。

商品广告写作的重点应放在宣传产品的品牌、质量、功效、价格、生产厂家以及产品的优势上。同时，由于各类产品的性能、作用、使用者、使用情况各不相同，广告写作的手法和内容也应有所区别。一般说来，日用消费品广告的写作即宣传重点应放在商品的性能、功用上；食品、医药、化妆品类商品，因直接关系到消费者的健康和生活，其宣传重点应是商品的成分、性能、功效和使用方法、适用范围等；卫生类、小百货、装饰类商品的广告，其宣传重点应放在商品的特色和功效上；而家具、汽车、住宅等因价格昂贵，使用周期长，其宣传重点应该是品牌、性能、外观、款式、规格、使用方法、付款方式、售后服务等。

(2) 企业广告　企业广告是以介绍企业情况，树立企业形象，提高企业知名度为目的的广告。一般来说，企业广告要对企业的名称、标记、发展历史、社会地位、经营宗旨、服务方针、业务成就以及发展前景作详细的介绍。企业广告的写作要注重价值观念、整体规划、长期战略以及企业文化等。

(3) 社会广告　社会广告是指以向大众提供各种便利服务，或向社会大众征求帮助为主要内容的广告。这类广告主要包括招生、招聘、求职、寻人、换房、挂失、迁址、集会等信息的广告。社会广告一般要求篇幅短小、简洁明了、语言信息含量大。

(4) 服务广告　服务广告也叫劳务广告，是以介绍商品化有偿服务，促进消费者使用这些服务为目的的广告，如金融、保险、旅游、餐饮、中介、出租、维修等宣传广告。服务广告一般介绍服务项目、服务特色、服务方式、收费标准、服务承诺等。

(5) 文化广告　文化广告是指以传播科学、文化、教育、体育、新闻出版、文艺演出、影视节目预告等为主要内容的广告，如体育比赛、文艺演出、影视节目等的预告；科学文化、教育等方面活动的海报、通知;新闻、出版方面的相关活动的广告等。

（6）公益广告　公益广告是为慈善事业向社会筹资或社会各种公益机构所开展的旨在提倡社会公德、教育大众等宣传广告。公益广告的特点是非盈利性、慈善性、公共服务性。公益广告是向整个社会呼吁,希望引起大多数公众关注、同情和响应的一种宣传活动,它要求情真意切,富有感染性。

16.2.4　广告文的制作与撰写

1) 广告文的主题和题材

制作广告的首要问题是确定主题。因为围绕商品和商品销售要宣传的内容很多,但在一篇广告里不可能面面俱到,要根据实际需要,选择最能体现商品、劳务或观念的功用,最能突出它们的特殊个性的"核心点"来作为表现对象,即宣传重点。一则广告应该有明确的宣传重点。如商品在市场竞争中,一般要经历创牌、竞争和保誉三个阶段。在不同阶段,广告的主题应有区别。在创牌阶段,为了使人们认识新产品,应着重宣传商品的特点、效用和价值;在竞争阶段,应着重宣传商品在同类商品中的地位,宣传其过人之处;在保誉阶段,应着重宣传商品的声誉以及新产品的开发,以巩固其在市场上的地位,同时开发新市场。

广告的主题确定之后,要表现主题就要选择好题材。题材选得好,往往能有效地提高广告的宣传效果。一般在选材时,应抓住人们的心理特点,适应人们生理上、物质上和精神上的需要,这样人们比较乐意接受,如有关人们的身心健康,有关儿童的成长和生活,能给人以舒适和愉快,能给人以美的享受,有利于提高人们的工作效率等。

2) 广告文的结构及表现形式

一篇广告通常包含广告文(标题、文字说明、厂商地址)和视觉形象(绘画、照片、表演等)。广告文包括标题、正文、随文和广告标语。但应该指出,广告的媒体不同,广告的结构也不一样。四项都齐全的广告文多见于报刊上的印刷广告;单纯用广告标语,或标题、标语与正文合一的多见于灯箱、标牌、交通广告等;用标语、标题与画面结合的多见于电视广告。下面主要介绍报刊广告的写法。

（1）标题　标题是广告的眉目,它既显示广告的中心内容,又是区分不同广告的标志。人们看广告总是先看标题,后看内容。标题新颖、别致就能引起兴趣,诱读正文。根据统计分析,读广告标题的人是读广告正文的人的五倍。因此,有一个别致、新颖的标题,一则广告就成功了一半。

标题按其表述方式划分,可分为直接标题、间接标题和复合标题三类。

① 直接标题:就是在标题中直接介绍产品或劳务等信息。如"富达牌吸尘器"、"八月份新影片预告"、"四平联合收割机厂"(突出厂名)、"凤凰牌茉莉花茶"、"美的空调,原来生活是更美的!"等。

② 间接标题:标题本身并不直接介绍商品或劳务的信息和特点,而是选用文学描写方式加以描绘,从而引起消费者的关注。如某轮胎广告"只花几十元,再跑八万里",某打字机广告"不打不相识"等。

③ 复合标题:就是采用新闻标题的写法,包括引题、正题和副题。引题用来说明产品的意义或交代背景;正题用来点明广告的主要内容,副题是对正题内容的补充。例如:

以果为媒　发展联合
河南三门峡市第十届灵宝金城果会

二〇一〇年九月十日至二十日在灵宝县城举行

有的只有引题和主题,例如:

吉林省延吉插秧机制造厂
召开二〇一〇年插秧机订货会

(2) 正文　是广告中心部分,它是广告的主旨和主要内容所在,包括广告主办单位和商品名称、规格、性能、功效、使用方法、出售方法和接洽方法等。由于报纸版面和广播时间的限制以及从节约广告经费的角度来考虑,广告要简明扼要,不允许也不应该长篇大论,把事情说清楚就行。文字应浅显明白,不要故弄玄虚,不要说过头话。

广告正文的结构与文章的结构类似,一般也有开头、主体和结尾三部分。为了节省文字,有时开头和主体不分,或略去开头。

① 开头:就是首先对商品简要地加以说明。如"颖光一搽灵"脚气水的广告,正文开头就提纲挈领地说明"一搽灵"脚气水系以十多种中药为原料,经科学方法精制而成。

② 主体:用富有说服力的事实来说明产品的质量和功用,其写法多种多样。常见的有陈述体、目录体、问答对话体和文艺幽默体等。

a. 陈述体:这种广告用简洁朴实的语言,介绍商品的名称、用途、规格、特点等,使消费者了解商品的有关情况。如济南四达科技开发公司曾发过的标题为"粮食熏蒸杀虫剂——民用磷化铝"的广告,其正文就属陈述体:

"本品磷化铝含量56%,符合国标GB5452-85,主要用于粮食、烟草、药材的储存灭虫,杀虫效果好"。

"本品为三片塑料瓶装,每400斤粮用药一片,施药5~7天,即可预防或杀死害虫,不影响种子发芽,不影响食用。为方便用户购买,我公司长期办理邮购和批发业务。"

b. 目录体:用罗列一系列品名的形式介绍商品。虽然格式呆板,但条理清楚,一目了然,常用于商品和图书目录介绍。

c. 问答、对话体:问答体是用设问的形式,将消费者比较关心的问题提出来加以解答。这样能引起人们的注意,激发人们的求购欲,从而接受宣传的内容。问答体可分两种:一种是设问自答;一种是设问客答。如××电器厂所做的调压器广告,就采用设问自答的形式。先提出"电视机图像不清楚怎么办?"然后解答:"较常见的原因是电压不稳定所致。""如果把电视机的插头插在××电器厂生产的调压器上,上述的问题就迎刃而解了。"设问客答的形式,如××牙膏广告设问:"××牙膏疗效如何?请看各地用户来信"。其正文就刊登来自全国各地反映××牙膏质量好,能洁齿防病的赞誉信。对话体则是将广告的内容,用对话的形式表现出来,以提高人们的兴趣和注意力。特别是在广播、电视里配之以音乐或适当的人物对话、表演,其效果更佳。

d. 证书体:这种广告是借助历次评比中获得的奖赏来宣传本产品的优质。这种形式简单、醒目、富有说服力。如江苏××系列酒广告,就是突出宣传××特曲、××佳酿荣获北京第二届国际博览会银奖,别无其他主体内容。

e. 文艺、幽默体:在广播电台和电视台播发的广告中,有的像演戏一样,由播音员或演员担任不同的角色,通过某一特定情节的演播,达到介绍商品的目的。此法新颖别致,有现场感,如运用得好,会有很好的宣传效果。有的则用风趣的语言和活泼的形式(如相声、动画、木偶等)来宣传产品。其特点是形象生动,引人入胜。但是,在设计中要注意防止出现低级庸俗的情节。

（3）随文　也称附告,是正文后的必要的说明。它往往交代广告单位的名称、地址、联系人、电话号码、电报挂号、邮政编码、E-mail 等,以便消费者和用户联系。

（4）广告标语　广告标语又叫广告口号,它是广告者从长远销售利益出发,在一定时期内反复使用的特定宣传语句。其作用在于使消费者加深对企业经营特点和对商品、劳务的独特优良个性的理解、记忆和印象。这些心理因素往往无形中成为人们购买商品或选择劳务时的依据。因此,广告标语是现代广告常用的重要形式。

广告标语按其内容和心理效应,可分为赞扬式、号召式、情感式、综合式等。

① 赞扬式：就是直接陈述商品或劳务的优点或特质,使消费者容易记住。如雀巢咖啡的广告标语："味道好极了!"四川长虹电器股份公司的广告标语："天上彩虹,人间长虹。"

② 号召式：就是运用鼓动性语言,直接动员消费者购买。

③ 情感式：就是用富有联想和感情的语言描绘商品的优点。如南方黑芝麻糊的广告标语："一股浓香,一缕温暖——南方黑芝麻糊。"四通打字机的广告标语："输入千言万语,奏出一片深情。"

④ 综合式：就是综合上述各种形式,融合为一体的写法。

广告标语的写作要求与标题的拟写基本相同,但它的鼓动性更强。因此,其写作内容要标新立异,富有情趣,朗朗上口,简洁易记,有号召力。

[例文1]

＜绿盾＞美国护肤甘油说明书

【特　　　点】本品是采用美国甘油、橄榄油、维生素 B5 等原料制成的营养护肤品,可防治皮肤粗糙、皮肤小皱纹和皮肤炎症。本品对因皮肤干燥引起的冬季皮肤瘙痒、手足皲裂、嘴唇干裂有很好的效果,经常使用能使皮肤保持光滑润泽。

【用　　　法】可直接涂抹于面部、手足、腿等部位,亦可用于化妆前打底。请勿口服。

【生产标准】QB1994-94

【卫妆准字】07-×K-0106 号

【生产许可证】×K16-1080578

【生　产　商】苏州月中桂化工厂　　上海美宣化妆品有限公司监制

【咨询电话】021-62089990

【净　含　量】90ml

【保　证　期】三年　限期使用日期见瓶底。

[例文2]

"加合百服宁酚咖片"使用说明书

[药品名称]

　　通用名称：酚咖片

　　汉语拼音：Fenka Pian

　　英文名称：Compound Paracetamol Tablets

商品名称：加合百服宁

[性　　状]　本品为薄膜衣片。

[药物组成]　本品每片含主要成分为对乙酰氨基酚 500 毫克和咖啡因 65 毫克。辅料为：微晶纤维素，玉米淀粉，硬脂酸镁，欧巴代 Y-1-7000B 白色素，巴西棕榈蜡，异抗坏血酸，聚乙烯吡咯烷酮 K-29-32，尼泊金甲脂，尼泊金丙脂，交联聚乙烯吡咯烷酮。

[作用类别]　本品为感冒用药类非处方药药品。

[药理作用]　本品含有的对乙酰氨基酚能抑制前列腺素的合成而产生解热镇痛作用；咖啡因为中枢兴奋药，由于它能够收缩脑血管，减轻其搏动的幅度，故与解热镇痛药配伍，能增强镇痛效果。

[适　应　证]　适用于普通感冒或流行性感冒引起的发热、头痛及缓解轻中度疼痛，如关节痛、神经痛、偏头痛等。

[用法用量]　口服。成人一次 1 片，若持续高热、疼痛，可间隔 6 小时重复用药。24 小时内不得超过 4 片。

[注意事项]

1. 本品一日剂量不得超过 4 片，疗程不超过 7 天，用于镇痛不超过 5 天。若症状未改善，请咨询医师或药师。
2. 对本品任一组分过敏者禁用。
3. 服用本品期间禁止饮酒。
4. 不能同时服用含有与本品成分相似的其他抗感冒药。
5. 当本品性状发生改变时禁用。
6. 孕期及哺乳期妇女慎用。
7. 肝、肾功能不全者慎用。
8. 服用过量或有严重反应时请即去医院就医。
9. 儿童用量请咨询医师或药师。
10. 请将本品放在儿童不能接触的地方。

[药物相互作用]

1. 本品不宜与含有酒精的饮料，巴比妥类（如苯巴比妥）、解痉类（如颠茄）药物同服，因可造成肝损害。
2. 本品不应与氯霉素同服。
3. 长期使用本品特别是与其他解热镇痛药并用，有增加肾毒性的危险。
4. 如正在服用其他药品，使用本品前请咨询医师或药师。

[不良反应]　一般治疗量不良反应较少，可见厌食、恶心、呕吐、皮疹等。偶见白细胞缺乏症，正铁血红蛋白血症和血小板减少症以及其他过敏反应。

[贮存条件]　遮光，密封保存。

[规　　格]　每片含对乙酰氨基酚 500 毫克和咖啡因 65 毫克。

[包　　装]　铝塑包装，每泡罩内装 1 片，每盒 10 片。

[批准文号]　国药准字 H10960013

[有 效 期]　二年

[生产日期][产品批号][有效期至]　见包装盒

[生产单位]　企业名称：中美上海施贵宝制药有限公司
地　　址：上海闵行剑川路 1315 号
邮政编码：200240
电话号码：(021)64302740
传真号码：(021)64301498
网　　址：www.bms.com.cn

[例文 3]

CA3000 小型全自动咖啡机说明书

一、图示说明

1. 喷水/汽嘴
2. 盛咖啡豆容器及盖
3. 水箱松紧杆
4. 可拆卸式水箱
5. 前部可拆卸式顶板（用于检查及清洁）
6. 可拆卸式残渣盒
7. 喷嘴
8. 可拆卸式残液盒
9. 总开关（电源开关）
10. 咖啡豆研磨调节旋钮
11. 水/汽调节旋钮
12. "准备就绪"指示灯
13. "缺水"指示灯
14. "缺咖啡豆"指示灯
15. "残渣盒满"指示灯
16. "清洗"按钮
17. "1 小杯"按钮
18. "2 小杯"按钮
19. "1 普通杯"按钮
20. "2 普通杯"按钮
21. "1 大杯"按钮
22. "蒸汽喷射"按钮
23. "个性化咖啡"按钮（即用户自己配制）

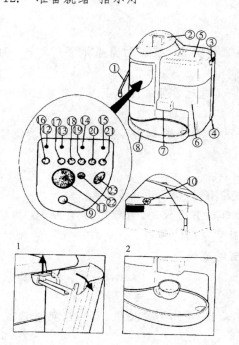
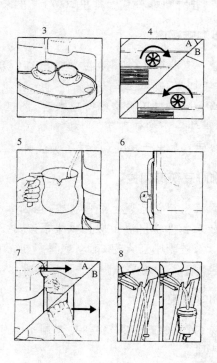

二、操作说明

1. 向水箱里注水并且将咖啡豆倒入容器中

打开松紧杆(3),向水箱(4)里注水(图1)。水箱里注满饮用水后,将其放回原位,固定。移去盒盖(2),加入咖啡豆。

提示:水箱可完全取出(松开松紧杆,将水箱朝外倾斜即可)。

2. 开机

接通电源,按下总开关(9),机器开始运行。控制面板上的"准备就绪"指示灯(12)开始闪烁,几分钟后,当指示灯不再闪烁时,表示该机已可使用。

提示:加热过程中,所有的出水功能会暂停(蒸汽喷射功能除外)。

3. 注水清洗

第一次开机或停用较长一段时间后,以下操作过程必须进行(建议:每次使用时,都做一遍)。

操作过程:"准备就绪"指示灯(12)不再闪烁时,按下"清洗"按钮(16),之前在咖啡出口(7)下面放一只杯子(图2)。

提示:水出干净后,该程序仍会持续5~10秒钟,在此期间,所有其他的出水功能暂停。

4. 咖啡豆的研磨

第一次开机使用时,以下操作过程必须进行。

操作过程:在咖啡出口(7)下面放一只杯子,向容器(2)里倒入咖啡豆。"准备就绪"指示灯(12)不再闪烁时,按下"个性化咖啡"按钮(23)。

5. 在磨咖啡豆时,检查一下"缺咖啡豆"指示灯(14),若灯亮,则再按一下"个性化咖啡"按钮(23)。

6. 若有咖啡粉从咖啡出口(7)流出来,即表示咖啡豆研磨完毕。

三、出咖啡程序

放一只杯(或2只杯)在咖啡出口(7)处(图2和图3),按照所需量揿下(17)~(21)按钮,按钮灯亮,表示工作开始。

当咖啡出口不再有咖啡出来时,按钮灯会熄灭,这时才可拿出杯子。如果在出咖啡时想中断,再按一下按钮即可。

提示:水出干净后,该程序仍会持续5~10秒钟,在此期间,所有其他的出水功能暂停。

四、咖啡豆研磨调校

本机出厂前已调至最佳状态,但因咖啡豆品种不同,仍须适当调整。

如果咖啡粉出得太慢且口味很浓,这表示咖啡粉磨得太细,须顺时针调节(10)旋钮(图4);反之,若咖啡豆太湿,则会磨得很粗,须逆时针调节(10)旋钮。

提示:至少需要调制2~3杯咖啡,方能看出调节效果。

五、咖啡自配

除(17)、(19)、(21)按钮可调制咖啡外(由工厂设定),用户按(23)按钮,可自己配制所需的咖啡。

其过程如下：

在咖啡出口(7)下面放一只杯子,灯(12)亮时,按下"个性化咖啡"按钮(23),持续至少4秒,直到按钮灯开始闪烁为止松开——咖啡开始流出；再按一下"个性化咖啡"按钮,即可关掉——咖啡停止流出。

提示：该机咖啡流出量的最大值及最小值由电子元件控制,当用户自配咖啡时,系统会自动控制,使其咖啡流出量不会超过极限值。

六、热水的应用

拉出喷嘴(1),在其下面放一茶杯或茶壶(图5)。"准备就绪"指示灯(12)亮以后,逆时针方向拨动旋钮(11),调节热水流出量。完毕,将旋钮顺时针拨回,并将喷嘴放回原位(图6)。

提示：如果旋钮(11)未完全复位,该机就不会启动工作。

七、蒸汽的应用

按住"蒸汽喷射"按钮(22)直至按钮灯不再闪烁。拉出喷嘴(1),把它插入装有溶液的茶缸(最好是高身杯)。慢慢地逆时针方向拨动旋钮(11),同时将茶缸向上做旋转运动,以便蒸汽充分流出。将旋钮(11)顺时针拨回,即停止喷汽。

然后,再按一下"蒸汽喷射"按钮(22),按钮灯熄灭,"准备就绪"指示灯(12)又开始闪烁。

此时,将喷嘴放入一杯清水中,再次逆时针方向拨动旋钮(11),清洗一下喷嘴孔,给杯中持续加水,直至"准备就绪"指示灯(12)不再闪烁,然后,顺时针方向拨回旋钮(11)。

提示：如果旋钮(11)未完全复位,该机就不会启动工作。

八、指示灯系列

"缺水"指示灯(13)：该灯亮,则表示水箱缺水或摆放位置不正；此时,所有出水功能暂停。

"缺咖啡豆"指示灯(14)：该灯亮,则表示需要添加咖啡豆或咖啡豆没有进入磨豆器里,若是后一种,搅拌一下即可。

"残渣盒满"指示灯(15)：该灯亮,则表示需要倒掉盒(6)里的咖啡渣了。如图7所示,取出顶板(5)和残渣盒(6),清空残渣盒,最后,恢复原位。

提示：应在开机状态下,做上述工作,以便系统储存记忆。

九、选配件：过滤器

若换装过滤器,首先松开松紧杆(3),把水箱(4)取出,拔掉过滤器,重新换一个新的。

提示：依据当地水质,建议2～3个月换一次。

十、水泵清空

若长时间不用,建议将水泵中的水清空。

若环境温度低于摄氏零度,则必须将水泵中的水清空。

具体步骤如下：

拔掉水箱中的吸管,将水箱复位,之后按前述"注水清洗"过程运行2～3次。

提示：清空过程中,若机器持续发出尖锐的声音(尖锐的声音是由于空气进入水泵管道而引的),则表示清空已完成。

十一、定期保养

用一块湿海绵清洗机器的外壳、水箱及残液盒。

十二、注意事项

购买时,若发现机内有咖啡粉,为出厂前测试所留下,属正常现象。

咖啡的成功制作,受很多因素的影响：每个人的口感、咖啡制作时环境的温度及湿度、水质、咖啡的新鲜程度及储存等。

咖啡豆必须经过烘炒并存放在阴凉、透气的地方。

咖啡豆研磨前,须检查一下咖啡豆里有没有杂物(如小石子等),因为它会损坏磨咖啡豆机刀。

使用"蒸汽喷射"功能后,应让喷嘴喷一喷水,以防堵塞。如果喷嘴被奶垢等堵住,用缝纫针疏通一下即可。

[例文 4]

为什么要看《国际先驱导报》

如果您的心是新的,您每一眼看到的世界都是新的。先驱者先知！超越狭隘,才能洞察趋势；把握时机,就是掌握命运。

·权威观点,全球视点·

《国际先驱导报》是一份依托《参考消息》报社丰富的信息资源和雄厚的采编实力,以前瞻视角纵览天下大事、观察新动向、引领新潮流、传播新观念的国际新闻周报。

·重剑有锋,思想无界·

《国际先驱导报》关注人,关注生存,注重思想交锋,包容不同声音。您看到的不只是文字,报纸的纤维中跳跃着真实而鲜活的思想。

·世界很近,角度更新·

《国际先驱导报》从中国角度看世界,从世界角度看中国。以前瞻性的视野、全球化的资讯和权威性的分析成就中国的思想者,让中国与世界一起从新视野走向新境界。

新华社参考消息报社主办,周五出版,全国发行。

邮发代号 1—65,每期 1.5 元,每年定价 76.5 元。

读者可到当地邮局订阅或到报刊零售亭直接购买。打电话,即可上门收订。

[例文 5]

"6401"字幕机
不是最好,但绝对一流

VGA 显示方式——满屏叠加,效果更加逼真。

同屏 256 种颜色——色彩鲜艳,绚丽,可作过渡色字及彩底。

各种新颖字体——行书、隶书、魏碑、花体、圆体等13种。

真三维特技动画——可使任意图形产生动画、特技。

硬件功能强大——两路视频输入输出；控制器自生 R·G·B 可调彩底；淡入淡出，色键扣像等。

随时备有现货，批、零兼营。

地址： （略）

邮编： （略）

TEL： （略）

[例文 6]

经典广告标语

1. 新一代的选择。The choice of a new generation.（百事可乐）
2. 智慧演绎，无处不在。Intelligence everywhere.（摩托罗拉手机）
3. 一朝拥有，别无所求。The first ever, the last you'll ever need.（精工手表）
4. 服从你的渴望。Obey your thirst.（雪碧）
5. 没有不做的小生意，没有解决不了的大问题。No business too small, no problem too big.（IBM 公司）
6. 感受新境界。Feel the new space.（三星电子）
7. 滴滴香浓，意犹未尽。Good to the last drop.（麦斯威尔咖啡）
8. 动态的诗，向我舞近。Poetry in motion, dancing closing to me.（丰田汽车）
9. 使不可能变为可能。Impossible made possible.（佳能打印机）
10. 只管去做。Just do it.（耐克运动鞋）

【思考与练习】

1. 说明书有什么作用？在写作上有哪些要求？
2. 为你拥有的生活用品写一份说明书。
3. 举例说明如何拟定广告的主题。
4. 以文体样式命名，常用的广告体式有哪几种？
5. 试写一则商品广告。
6. 试写一则公益广告，要求主题鲜明，感情真挚，构思新颖，语言简练。内容如下：
(1) 以"保护环境"为内容的公益广告词。
(2) 以"节约水资源"为内容的公益广告词。
(3) 以"爱护花草树木"为内容的公益广告词。
(4) 以"节约粮食"为内容的公益广告词。

17 招标书与投标书

17.1 招标与投标的概念及作用

17.1.1 招标与投标的概念

招标与投标是国内外经济活动中一种竞争性的商业行为。

所谓招标,是指对于一些适宜于承包的生产建设项目或经营项目,如有些工程需要他人或其他单位承办,或商店需承包、租赁,或有大批货物需出售时,招标人(也就是发包人或售货人)先把有关材料、条件或图样等对外公布,利用投标人之间的竞争达到优选买主或承包者,以达到征求合作对象的目的。所谓投标,是指愿意按招标人所提条件进行交易等商业活动的投标人,根据招标条件、要求,拟出详细方案,开列清单,向招标人提出订立合同的建议,以达到和招标人之间确立交易关系的目的。不言而喻,在整个招标与投标过程中,标书占据着特殊重要的地位,它直接关系到招标与投标的成功与否以及日后整个交易过程能否顺利进行。

17.1.2 招标与投标的作用

招标与投标是贸易成交的往来方式,在国际上广泛采用这种方式进行工程项目的建造或大宗商品的交易。1980年10月,我国国务院颁布了《关于开展和保护社会主义竞争的暂行规定》,其中指出:"对于一切适宜于承包的生产建设项目和经营项目,可以试行招标投标的方式。"随着经济体制改革的不断深入,竞争机制被引入社会有关领域,招标与投标也在更大的范围内得到了应用,以至有些行业或系统规定,某些投资项目或一定额度以上的投资规模,必须采取招投标方式确定建设施工单位。

实行招标与投标,有利于打破垄断,打破条块割裂,开展公平竞争;有利于加强横向经济联系,促进企业之间、行业之间、地区之间以至国际间的经济交流;有利于提高工程或商品项目的质量,缩短工程期或交货期,降低成本,提高经济效益;有利于为企业获得市场提供的机会和条件,并在竞争中求生存求发展;有利于放开眼界,学习各种先进技术和管理方法,改进生产工艺和进行科学管理;有利于市场经济在起步阶段有一个良好的环境,使之健康发展。

17.2 招标书与投标书的内容、结构和写作要求

17.2.1 招标书的内容和结构

招标书是在招标过程中首先使用的又是惟一的周知性文书。招标书的内容,有的是通过大众传播媒介发布,也有的是向有承担能力的投标者直接函发。根据其发布形式,招标书

又可称之为招标广告、招标通告、招标通知、招标启示等。尽管叫法不同,但写法大致相同。

1) 招标书的内容

招标书主要是对招标项目的介绍和招标具体事宜的说明。

(1) 招标单位情况　包括招标单位名称、基本情况、招标目的。

(2) 招标项目概况　包括项目名称、发包范围、现场地点、具备条件等。

(3) 承包方式　包括对投标者的资质要求。

(4) 质量、工期要求　包括保修要求。

(5) 价款结算及支付方式。

(6) 中标评定条件。

(7) 其他说明。

(8) 投标起止日期及地点、方式、费用等。

(9) 开标时间、地点、方式。

(10) 招标单位联系地点、电话、联系人。

2) 招标书的结构

招标书一般由标题、前言、招标事项、招标程序和结尾五部分组成。

(1) 标题　标题由招标单位名称、招标项目和文种构成,如"××房地产有限公司远洋大厦建筑工程招标通知",也可省略式表述,如"××厂招标启示"、"××工程招标书",或者就简单写成"招标书"。

(2) 前言　招标单位的工程项目(或产品)名称、规模(数量)、招标目的、招标范围是前言的四个组成要素。

写明这一部分,目的是让投标者清楚地知道,对这个项目是否有投标的可能或必要,如果想投标的话,是否属于应招对象。

(3) 招标事项　这是招标书的核心。要求以准确的表述和具体的数据,将招标项目的具体内容和各种要求,中标者的责、权、利等内容明确无误地写清楚。这一部分要求分项列条叙写。

(4) 招标程序　写明投标的起止时间,发送招标文件的方式、地点和日期,开标方式、地点和日期等。如果对投标者需作资格审查,这里也一并写明资格审查的时间和地点。

(5) 结尾　写招标单位名称、发文日期、地址、联系方式等。

有的招标项目内容繁复,为了正文的简洁,也可将项目的有关详细数据及说明作为附件在其下面列出名目,再将相关材料附于文后。

17.2.2　投标书的内容和结构

投标书是对招标邀约的响应和承诺,同时要提出具体的标价和说明与应标有关的事宜,是提供给招标人的备选方案。投标书又称为标书、标函,也有称投标申请书的。

1) 投标书的内容

投标书主要是对招标项目的应标并报出标价做出说明。

(1) 标书综合说明　分两个方面:一是对投标人自身情况的详细介绍;二是对所投标项目的确认。

(2) 标价　按招标的工程量报出总包价和单项造价,或对招标人的货物报出能接受的价格。

(3) 对所投标项目的质量承诺或应标措施、态度。

(4) 完成招标项目的时间。

(5)其他承诺及有关事项说明。

2)投标书的结构

投标书一般由标题、抬头、前言、主体、结尾五部分组成。

(1)标题　由投标单位名称、应标项目和文种构成,如"××单位××项目投标书"。也有省略式的,如"××单位投标书"或简写成"投标书"。

(2)抬头　即主送单位,也就是招标人名称。

(3)前言　写投标人的基本概况,诸如企业名称、性质、规模、资质等级、技术力量、应标能力等;对所投标项目的态度;投标的依据和主导思想。

(4)主体　叙写投标的经营方针、经营目标,完成所投标项目的具体内容、措施、步骤以及其他要说明的应标条件和事宜。这一部分作为投标书的重心所在,要求具体、完整,论证严密,有说服力,力求使招标者信服。

(5)结尾　签上投标人的名称、联系方式及投标日期。如果有附件,可在其下面列出名目,再将相关材料附于文后。

17.2.3　招标书与投标书的写作要求

1)要符合法律法规和有关规定

撰写招标书与投标书时,要认真依照国家的有关法律和政策规定,按国家颁布的有关招投标具体办法和技术规范,合理合法地拟定招投标文书。有效的招投标文书是签订经济合同的依据,受到法律的保护和约束。招投标书的内容一经确认,若任意更改会导致违约并承担相应责任。因此,写作中必须慎重地、按自身的实际能力确定目标,做出承诺。

2)内容要明确,重点要突出

招标书中的招标项目,其条件、规范、标准、要求等内容,投标书中的应标承诺,其能力、技术、措施、目标等,都应当明确无误地表述清楚,各项指标和具体措施要重点介绍说明,做到既有利于对方视内容做出正确判断,又为签订合约或进一步合作打下基础。

3)格式要规范,词语要准确

招投标是操作性很强的商业行为,讲究一定的程序和形式。招投标书与之相应,也要求写得规范有序。尽管根据不同的招标项目的内容和要求,招投标书的具体写法会有差别和变化,但其基本的格式都要掌握,同时要注意做到用语遣词明确无歧义,各种数据表述准确无误。另外,招投标文书要注意详略得法,力求简明、实用。

[例文1]

招 标 邀 请

湖北××化工集团股份有限公司(以下简称"需方")对2011年下半年所需的烟煤进行国内竞争性招标,兹邀请合格投标人前来投标。

1. 招标文件编号:M201101。

2. 招标货物名称:烟煤。

3. 招标货物数量:30 000吨。

4. 主要质量指标:发热量≥5 000大卡,挥发份≥20%。

5. 招标文件从2011年7月12日开始至7月20日每个工作日(公休日除外)在需方采购部出售,招标文件每套人民币1 000元(邮购另加50元人民币),售后不退。

6. 投标截止时间:2011年7月28日17时,逾期不予受理。

7. 投递标书地点:湖北省××市××化工集团股份有限公司采购部。
8. 通讯地址:湖北省××市××路××号××化工集团股份有限公司采购部。
邮政编码:×××××× ,电话:0717-××××××××
传真:0717-××××××××,联系人:×××

湖北××化工集团股份有限公司采购部
2011 年 6 月 12 日

[例文 2]

工程招标书

工程名称:广东××职业技术学院校区一期工程
招标人:广东××职业技术学院
联系人:×××
联系电话:0768-××××××××
招标代理:广东省××工程咨询公司
联系人:×××　×××
联系电话:020-××××××××、0768-××××××××
工程地点:广东省××市××县××镇××村××地段
建设规模:广东××职业技术学院校区一期工程施工,主要建设教学楼 A 区、教学楼 B 区、实验楼、食堂、学生宿舍楼(三栋)。一期建设用地 17.3 公顷,合 260 亩,总建筑面积 41 415 平方米。

资金来源:财政拨款、银行贷款、自筹等。总投资:5 800 万元。

招标内容及预发包价:广东××职业技术学院校区一期工程施工,依据中华人民共和国广东省轻纺建筑设计院设计的广东××职业技术学院教学楼 A 区、教学楼 B 区、实验楼、食堂、学生宿舍楼(三栋)建筑、结构、给排水、电气、消防安装全套施工图纸(总建筑面积 41 415 平方米)以及××市××建筑审图服务有限公司审图号:×建图审[2010-007]审查结果内容和经××市财政局审核的工程量清单包括的所有内容。本项目为房屋建筑工程施工总承包。预发包价:5 589.068 万元。

工期:自监理工程师下达开工令之日起,所有房屋建筑项目应在 60 个日历天内完成基础工程至主体框架结构二层,总工期为 270 个日历天。

投标人参加投标报名条件、必须提供的资料及须知:

一、报名条件

1. 具有独立法人资格,通过工商年审和资质年审合格并领取安全生产许可证的房屋建筑工程施工总承包一级以上(含一级)的施工企业;

2. 拟派驻本工程的项目经理具有一级资质和安全生产考核合格证书,拟派驻本工程的项目经理不得更换;

3. ××××年以来没有骗取中标和严重违约,经营中没有违法违规的记录及重大工程质量问题(报名时提供相关证明或企业承诺书原件);

4. 开标时,提供由银行出具的工程履约保证金 1 588 万元资信证明(银行汇票或保函的申请人必须是投标人)。

二、报名时必须提供的资料(原件报名时备查)

1. 法定代表人证明书,法人授权委托书,受委托人身份证;
2. 法人营业执照副本和资质证书副本;
3. 投标人自××××年×月以来已完工的房屋建筑工程施工业绩(包括中标通知书、合同书、竣工验收报告);
4. 拟派驻本工程的项目经理的资格证书和安全生产考核合格证书;
5. 由会计事务所审计的企业××××—××××年财务状况表;
6. 相关证明资料。

以上资料复印件一式三份,报名审查后原件退回。

三、外地企业中标后应在10日内到市建设行政主管部门办理备案手续。

四、资格审查符合要求的投标人将被通知购买招标文件(时间另行通知)。

报名时间:××××年×月×日至××××年×月×日止(上午9:00～11:30,下午2:30～5:30,节假日除外)。

报名地点:广东省××市建设工程交易中心(广东省××市××大道建设大厦×楼)。

[例文3]

建筑安装工程投标书(标函)

_____(建设单位或招标办公室):

在研究了_____建筑安装工程的招标条件和勘察、设计、施工图纸,以及参观了建筑安装工地以后,经我们认真研究核算,愿意承担上述全部工程的施工任务。我们的投标书(标函)内容如下:

标函内容	工程名称				建筑地点		
	建筑面积				建筑层数		
	结构形式				设计单位		
	工程内容						
	包干形式						
标价	总造价				每平方米造价		
	其中	直接费			其中	直接费	
		间接费				间接费	
		材料差价				材料差价	
		其 他				其 他	
开工日期			竣工日期			合计天数	
形象进度							
质 量		达到等级			保证质量主要措施		
施工方法及选用施工机械							

本企业概况如下:

企业名称							
地　　址				所有制类型			
审定企业施工级别				平均天数			
企业简历（包括成立年限）							
技术力量	工程师以上人数	助工人数	技术员人数	五级以上人数	平均技术等级		
准备情况施工机械							
营业执照	批准机关						
	执照号码						

我们特此同意,在本投标书发出后的_____天之内,我们都将受本投标书的约束。我们愿在这一期间(即从_____年_____月_____日起至_____年_____月_____日止)的任何时候接受贵单位的中标通知。一旦我们的投标被选中,我们将与贵单位共同协商,按投标书所列条款的内容正式签署_____建筑安装工程施工合同,并切实按照合同的要求进行施工,保证按质、按量、按时完工。

我们承诺,本投标书一经寄出,不以任何理由更改,中标后按有关要求签订施工合同和施工;一旦本投标书中标,在签订正式合同之前,本投标书连同贵单位的中标通知,将构成我们与贵单位之间有法律约束力的协议文件。

投标书发出日期:　　　年　　月　　日　　时

投标单位:(公章)

企业负责人:(签字盖章)

联系人:(签字盖章)

电话:

地址:

[例文 4]

中标通知书

G-BZCG012-20100818

××省××市政府采购中心

2010-09-16

×政采[2010]111 号

××贸易公司:

你单位参加了我中心组织的空调公开招标采购项目(招标编号:G-BZCG012-

20100818)投标,根据评标委员会的评选结果,经采购单位认定,确定贵单位为 C 分标中标单位,中标金额为(人民币大写):陆万肆仟伍佰元整(¥64 500 元)。

  现将有关事项通知如下:

  一、请于 2010 年 9 月 17 日 16:00 与采购单位签订合同,延期自误。

  二、签订合同地点:××市政府采购中心。

  三、签订合同时,请携带本中标通知书、单位公章,提供本单位的开户银行、开户名称及银行账号。

  特此通知。

2010 年 9 月 16 日

【思考与练习】

1. 什么叫投标书?招投标的作用主要有哪些?
2. 招标书与投标书分别由哪几个部分组成?能否省略某个部分或变动它的次序?
3. 从结构、内容、语言方面指出下面这份招标通知书的不足之处,并修正过来;然后根据修正后的通知书拟写一份投标书内容提纲。

招标通知书

  华中水泥厂 2 号窑易地建造工程前期准备工作已基本就绪。根据建设单位申请工程施工招标,建议采用议标方式。经资质审查和与有关部门商定,特邀请贵单位参加施工投标,并参与议标。现将工程议标有关事项通知如下:

  (1) 定于四月三十日在××市建委会议室召开议标交底会议,领取议标有关图纸资料,交押金人民币 300 元,交还资料退押金。

  (2) 标函内容说明

  ① 工程造价按照省预算定额,省建委、建行 200 号文件规定的费用标准以及当地材料调价表为依据进行报价。

  ② 主要材料价格报价,水泥、砖瓦按计内价由厂方提供,其余钢材、木材、石灰等主要材料按当地市场价格报价。

  ③ 建设工期按工程项目建设周期,根据企业管理水平和技术措施报投标工期。

  ④ 工程质量达到国家规定合格标准,创造优良单项工程,按规定给奖。结合企业技术力量和质量保证体系投标质量等级。

  凡按以上规定参加投标,并提供完整投标资料,对未中标者给予适当的投标补偿费。

  中标单位按投标报价、工期、质量等级以及优惠条件签订合同。

  (3) 招标纪律规定

  ① 对标函和报价在评标前应保密,不得泄露给他人或单位。

  ② 各投标单位不得串通舞弊,哄抬或压低标价,违者取消投标资格。

  此致

20××年××月××日

18 公文

18.1 公文的概念、特点及作用

18.1.1 公文的概念

公文是国家机关、社会团体、企事业单位用以处理公务的一种文书。它是传达贯彻党和国家的方针政策，发布法规，请示和答复问题，指导和商洽工作，报告情况，交流经验，推动工作的一种重要工具。

公文有广义和狭义之分。

从广义上讲，公文包括通用公文、专用公文和事务公文三大类。通用公文主要指国务院办公厅发布的《国家行政机关公文处理办法》中所规定的十三种；专用公文是指一定业务范围内由专门机关、组织等制发和使用的文书，如党务文书、军事文书、外交文书、司法文书、财务文书等；事务公文即不列入《国家行政机关公文处理办法》的公文种类系列，属各机关、社会组织内部常用的处理日常事务的公文，如计划、总结等。

从狭义上讲，公文仅指通用公文。行政机关的公文是行政机关在行政管理过程中形成的具有法定效力和规范体式的公务文书。本书所讲的公文，指行政机关的通用公文。当然，其中有些公文在格式和写法上也适用于企事业单位。

18.1.2 公文的特点

公文必须以法定机关或其领导人的名义制发，并要有法定的标志，如机关印章、领导人签署的手迹等。公文代表制发机关的决策与意图，对受文者在一定时期内发生效力，产生强制性影响。行文机关对行文负责，只有在必要时才可行文。公文与其他文体相比，有其鲜明的特点，主要表现在以下几个方面：

1) 政治性

公文作为处理公务的工具，必然反映统治阶级的意志，具有鲜明的政治色彩。任何性质的国家、社会政治集团，总是通过公文的发布和实施，规范人们的言行，确保统治集团对国家的统治和管理。所以，公文的内容必然体现国家的意志，具有鲜明的政治性。当前，党政机关、企事业单位、社会团体的公文都是为建设具有中国特色的社会主义政治、经济和文化服务的。

2) 权威性

公文的权威性来自国家机关的权威性。行政公文是党和政府行使其行政管理职能的重要工具，经济公文是经济管理部门行使其经济管理职能的重要手段，具有行政的权威性、强制性和约束性，下级必须贯彻执行，不得违背。

3) 程式性

公文是一种严肃的文体,有统一规定的名称、格式和行文关系。公文由文本格式、标题、主送机关、正文、附件、机关印鉴、发文日期、抄送单位、编号、机密等级和急缓程度组成。它的用纸、书写、装订都有统一要求;其文风和语言也自成一格,不能随意为之。

4) 发文单位的规定性

公文的发文单位必须是依法成立的并能以自己的名义行使权力和承担义务的国家机关、团体、单位或领导者个人。这里的"领导者个人"也不是以"自然人"的身份出现的,而是以一个组织的代表的身份出现的。公文一旦形成,其一切责任由发文单位负责,与拟稿人即通常所指的作者无关。

18.1.3 公文的作用

1) 领导和指导作用

公文既是领导机关传达贯彻党和政府方针政策的有效形式,又是传达工作决策的重要手段。党和政府的方针政策、各级领导机关的工作决策是各下属机关开展各种公务活动的指导原则和重要依据。领导机关主要通过发公文传达工作部署和工作意见,实施对下级机关、单位的具体领导和指导。一般来讲,直接的上级领导机关的公文对下级机关单位实施具体领导的作用;上级业务指导机关的公文对下级职能机关起业务指导作用。例如,国务院对农业部的发文,就对农业部起领导作用;农业部对各省农业厅局的发文,就对各省农业厅局起业务指导作用。

2) 规范和准绳作用

我国的各种法律,如《刑法》、《刑事诉讼法》、《农业法》、《农业技术推广法》等,都以公文的形式发布。国家行政机关的行政法规和规章,如《基本农田保护条例》、《乡镇畜牧兽医站管理办法》、《绿色食品标志管理办法》,也都是以公文形式发布的。这些法律、行政法规和规章,都具有法律的准绳和规范作用。国家各级权力机关、行政机关发布的命令、决定、通告、通知等,对各项工作和活动也起着准绳和规范的作用,在它的有效时间和空间范围内,任何单位和个人都不得违反。

3) 宣传和教育作用

党和政府各项方针政策的贯彻执行,各项工作任务的完成,都要依靠广大干部和人民群众的积极性和创造性。党和政府的各级领导人的讲话、一些宣传材料,经常通过公文的形式公布或印发。这些讲话和材料,是对干部和群众进行宣传教育的依据和教材。尤其是载有中央领导同志重要讲话的公文的发布和传达,在改革开放和经济体制改革的各项工作中,对全国人民都起着极大的鼓舞作用。这些公文是教育广大干部和群众的重要文献。

4) 依据和凭证作用

公文是重要的凭证史料,是检查、监督工作的重要依据。各类公文在完成它们的现实作用之后,都要立卷归档,成为档案。这些公文由于记载了一定历史时期内社会政治、经济和文化等方面的实际情况,具有提供根据、凭证作用,有的还能成为研究历史的第一手资料。

5) 联系和沟通作用

公文是一种重要的政务信息载体,在加强机关、单位间联系和信息沟通方面起着重要的纽带作用。在公务活动中,上下左右的机关、单位需要上传下达,相互联系,沟通信息,这种联系和沟通主要是通过公文的传递来实现的。例如,下级机关向上级机关汇报工作和反映情况;上级机关向下级机关传达党和国家的方针政策,下达工作决策,面向下级指导工作、答复问题;平级机关或无隶属关系机关间商洽工作,互通情况,一般都通过行文来实现。

18.2 公文的种类(文种)及其选用的原则

18.2.1 公文的种类

根据国务院办公厅2000年8月24日修订的《国家行政机关公文处理办法》的规定,行政机关的公文种类主要包括十三种。

1) 命令(令)

命令(令)适用于依照有关法律规定发布行政法规和规章;宣布施行重大强制性行政措施;奖惩有关人员。根据其不同用途,命令(令)可分为发布令、行政令、奖惩令三种。

(1) 发布令　主要用于发布法律、法规和规章。这类令一般都附有具体的法律、法规和规章等。

(2) 行政令　用于宣布采取重大强制性行政措施。这类令本身就是法令,不附带其他法律、法规和规章。任免令、特(大)赦令也属于行政令。

(3) 奖惩令　用于奖惩有关人员。奖惩令又可分为嘉奖令和惩戒令。

命令(令)具有高度的权威性、法定的强制性和语言的庄重性等特点,一经发布,制发机关所辖范围内的任何人都必须遵守。

2) 决定

决定用于对重要事项或重大行动做出安排,奖惩有关单位及人员,变更或者撤销下级机关不适当的决定事项。根据决定的不同用途可分为法规性决定、指挥性决定、知照性决定、奖惩性决定四种。

(1) 法规性决定　用于发布由政府机关制定的行政法规或规章。

(2) 指挥性决定　用于对某个问题、某种事项或某种行动进行决策性指挥。它又可分为政策性决定和规定性决定。

(3) 知照性决定　用于公布需要有关部门、人员或群众知晓的机构或人事重要变动情况或将采取的重大或必要的措施。

(4) 奖惩性决定　用于表彰有突出贡献的先进模范人物或处分犯有重大错误的人员。它又可分为褒奖性决定和惩处性决定。

3) 公告

公告用于向国内外宣布重要事项或者法定事项,可分为行政公告、专业公告两种。

(1) 行政公告　用于国家机关向国内外宣布重要事项。

(2) 专业公告　用于政府职能部门依据有关法令、法规,按法定程序公布有关事项。

4) 通告

通告用于公布社会各有关方面应当遵守或者周知的事项。

5) 通知

通知用于批转下级机关的公文,转发上级机关和不相隶属机关的公文;传达要求下级机关办理和需要有关单位周知或者执行的事项;任免人员。根据其不同用途,它可分为指示性通知、知照性通知、事务性通知、转达性通知四种。

（1）指示性通知　用于传达上级机关的决定、规定、指示或某方面的政策，向下布置需要执行与办理的工作或具体事项。

（2）知照性通知　用于向下级机关告知只需要知晓而不需要直接执行或办理的事项。

（3）事务性通知　用于要求下级机关办理一般性事务。如召开会议，布置工作，印发计划、本机关领导讲话、规章、任免和聘任干部等，都可使用此类通知。

（4）转达性通知　用于批转下级机关或转发上级机关及不相隶属机关的公文。

通知属于下行文范畴，其使用范围在所有文种中最为广泛，不受级别限制，无论哪一级行政机关都可以使用。

6）通报

通报用于表彰先进，批评错误，传达重要精神和情况。根据其不同用途，它分为表扬通报、批评通报和情况通报三种。

（1）表扬通报　用于表扬先进集体、先进个人、先进事迹。

（2）批评通报　用于批评坏人、坏事和事故。

（3）情况通报　用于传达重要情况以及需要各下属机关知晓的重要事项。

在实际工作中，要注意通报与通知的区别。二者虽然都有传达情况的作用，但其着重点和受文机关的办理情况都有所不同。通报着重于"报"，是报道和传播信息，通过好的或坏的典型人物和事例，对大家进行教育，或将有关重要情况告诉对方，使之了解。接到通报的受文机关可以根据各自的情况分别对待。而通知着重于"知"，是知后而行之，接到通知的主要受文机关对通知事项必须执行。

7）议案

议案用于各级人民政府按照法律程序向同级人民代表大会或人民代表大会常务委员会提请审议事项。

8）报告

报告用于向上级机关汇报工作，反映情况，答复上级机关的询问。

9）请示

请示用于向上级机关请求指示、批准。根据其不同用途，有请求指示的请示、请求批准的请示和请求批转的请示三种。

（1）请求指示的请示　用于对上级机关文件中规定的某些政策界限把握不准或对某些方针、政策、法律、法规、规章有不同理解或疑问，而本机关无权解释或不能擅自决定时，请求上级机关予以指示；工作中出现了新问题、新情况，而本机关过去的职责权限内从来没有处理过类似问题和情况时，请求上级予以指示。

（2）请求批准的请示　用于确定职能、增设机构、增加编制、上项目、列计划、要经费等，请求上级批准；对上级机关的决定需要变通处理时，请求上级认可；其他不经请示不能办的事。

（3）请求批转的请示　用于因公文内容涉及范围广，需要各有关方面共同贯彻执行时，请求上级领导机关审定或批准同意后批转有关方面执行。

10）批复

批复用于答复下级机关的请示事项。根据性质和用途，其种类可分为同意性批复、否定性批复、解答性批复三种。

11）意见

意见适用于对重要问题提出见解和处理办法。

12）函

函用于不相隶属机关之间相互商洽工作、询问和答复问题、请示批准和答复审批事项。根据其内容、性质和用途,函分为商洽函、问答函、请求函、告知函四种。

13）会议纪要

会议纪要用于记载和传达会议情况和议定事项。根据会议的不同性质,会议纪要可分为例会会议纪要、工作会议纪要、讨论会议纪要三种。

（1）例会会议纪要 例会是指按照有关规定定期召开的会议。多数机关都有例会制度。记载这种会议的讨论情况和议定事项的会议公文,叫例会会议纪要。

（2）工作会议纪要 工作会议是指为解决或协调工作中某些实际问题,召集有关单位或部门召开的专门性工作会议。记载这种会议讨论、议决事项的会议文件,叫工作会议纪要。

（3）讨论会议纪要 用以记载各种研讨会、座谈会、协商会等会议讨论情况、讨论成果的文件,叫讨论会会议纪要。

18.2.2 选用公文文种的原则

文种是公文重要的、不可缺少的组成部分,对公文效用的实现具有重要作用。正确地选用文种,能够维护公文的严肃性、权威性和有效性,保证受文者准确地理解作者意图,及时有效地处理公文;相反,不用、错用或生造文种则会给公文的效用带来损害。

一般地讲,国家行政机关在选用文种时应考虑本机关与主送机关的工作关系、本机关的工作权限以及行文目的和要求等几方面的情况,具体应遵循以下原则:

1）选用《国家行政机关公文处理办法》中规定的文种

《国家行政机关公文处理办法》所规定的十三个文种,是国务院办公厅根据我国国家行政机关的工作特点和实际需要而确定的,具有通用性、规范性、法定性和强制性的特点,各级国家行政机关行文时必须从这个范围内选用文种。如果国家行政机关行文时使用的文种超出这个范围,那么其公文文种就失去了国家行政机关公文文种应具备的规范性和通用性特征,就会使受文者不能正确理解发文者的发文意图,从而影响公文效用的实现和发挥,达不到发文目的。在实际工作中常会见到这样一些情况:有的机关把"安排意见"作为文种来布置工作,导致受文单位把公文内容既可理解成必须执行的指示,也可理解成仅供参考的建议;有的机关把用途完全不相同的两个文种——"请示"和"报告"合二为一,造出"请示报告"这一文种,向上级机关请求指示或批准,对此文件上级机关既可作为请示受理,予以答复,也可作为报告受理,不予答复,从而使此文件失去了强制受文单位答复的效用;有的把"文"、"事"、"问题"作为文种,诸如《关于报送×××的文》、《关于××××的事》、《关于×××问题》等;还有的干脆不用文种,如《关于××××》等等。无论是生造文种,还是不用文种,都是不规范的,在实际工作中应杜绝这种现象的发生。

2）依据行文关系选用文种

公文制发机关与受文机关之间存在着下级与上级、平级（包括不相隶属）、上级与下级三种关系。这三种关系决定了公文有上行文、平行文、下行文之分,也决定了公文必须按行文关系选用文种。

一般地讲,在选用文种时首先要明确该文的行文方向,在确定行文方向的基础上,再选用文种。如果是上行文,就应根据需要在请示、报告等文种中选用;如果是下行文,就应根据需要在命令(令)、决定、通知、批复、通报等文种中选用;如果是平行文,就应该选用"函"。

3) 根据公文制发机关的职权范围选用文种

根据自己的职权范围慎重选用文种,是各机关公文文种选用的重要原则之一。有些文种,并不是任何一级国家行政机关都可以使用的。如"命令(令)"这一文种,就不是任何机关都可以使用的。根据《中华人民共和国宪法》的规定,只有国家主席、全国人大常委会委员长、国务院总理、国务院所属各部委以及县以上人民政府的最高行政领导人才有权签署发布命令(令)。如果一个行政机关超越了自己的法定权限,选用了不该用的文种,就属于越权行为,那么它所制发的这份公文也就失去了效用。

4) 根据行文目的选用文种

所有公文都是为达到一定目的而制发的,而公文文种对公文目的的实现有着重要影响。每一文种都有其特定的适用范围,只在实现某一或某些行文目的时有效。因此,应选择最有利于表达和实现行文目的的文种。例如,某机关为请求上级机关批准某一事项而行文,如果该文文种选用请示,就最有利于表达和实现"请求上级机关批准"的目的,而若选用报告,该公文就往往得不到上级的批复。再如,要表彰一个先进人物,可以用命令(令)、决定、通知、通报等几个文种,究竟用哪个最好、最合适,就要看行文的目的。若这个先进人物的贡献特别大,而且具有重要意义,就可以由有关政府发嘉奖令;若先进人物在某方面有重要贡献,有关机关可以给他发出表彰性决定,授予称号、奖章、证书等;若上级机关需要号召有关人员向先进人物学习,则可以发号召学习的通知;若上级机关既要表彰先进人物,又要授予称号,给予物质奖励并阐述先进事迹的意义,就可发表彰通报。总之,各文种都有自己的适用权限、范围和功能,在使用时要注意区分。

18.3 公文的格式

公文的格式是指公文各个部分的组成形式或排列样式,以及公文用字、用纸的规格。国务院办公厅发布的《国家行政机关公文处理办法》对公文的格式作了规范性的规定。

18.3.1 公文的组成部分

公文一般由基本组成部分和其他组成部分组成。

1) 公文的基本组成部分

一般地讲,公文的基本组成部分是所有公文都必须具备的,主要包括以下五部分:

(1) 标题 公文的标题即公文的名称,是对公文主题的高度概括。其主要作用是揭示公文的主要内容,为查考、使用和管理文件提供检索标志。

公文标题一般由公文制发机关名称、事由、文种三部分组成。例如"农业部关于加强棉花田间管理的通知"这一公文标题,其中的"农业部"是该文的制发机关名称,"加强棉花田间管理"是事由,"通知"是文种。公文标题中除法规、规章名称加书名号外,一般不用标点符号。

公文制发机关名称、事由、文种三部分通常被称为公文标题的三要素,是公文标题不可缺少的组成部分。但在使用时有两个特殊之处:一是机关发文一般都带公文版头(文头),这时标题中的公文制发机关名称可以省略,例如《农业部关于印发〈农业部公文处理办法〉的通知》一文使用的是有"农业部文件"字样的公文版头,那么该文的标题就应简化为"关于印发〈农业部公文处理办法〉的通知";二是告示性公文中的公告、通告这两个文种的标题可以省略事由,例如"中华人民共和国农业部公告"、"北京市人民政府通告"。凡不属于以上两个特殊范围内的公文,其标题三要素都不可随意缺少或变动。

(2) 正文　正文是公文的主体部分,用于表达公文的内容、主题以及发文目的。

(3) 作者　即制发公文并对该公文负全部责任的机关。

(4) 印章或签署　印章是指作为机关权力象征的图章。以机关名义制发的公文除会议纪要和以电报形式发出的外都需要加盖公章,否则就视为无效。签署是指机关领导人在以其名义制发的公文正本的落款处签注的姓名或加盖的签名章。凡以机关领导人名义制发的公文均需签署,否则公文无效。

(5) 成文日期　是指公文成文的确切日期。一般公文的成文日期以领导人签发该文的日期为准;联合发文,以最后签发机关的领导人签发日期为准;经会议讨论通过才能生效的公文,以会议通过的日期为准;以电报形式发出的公文,以电报发出日期为准。一般情况下,除在正文中明确规定了公文生效日期的公文外,其他公文的成文日期即为公文开始生效的日期。

2) 其他组成部分

公文的其他组成部分应根据公文的具体情况决定取舍。

(1) 文头　文头也称版头,是公文制发机关的标记。其主要作用一是强调公文作者的归属,唤起受文者对公文权威性的意识;二是表明此公文是正式公文,使受文者认识到此件的重要性;三是表明公文性质或行文关系。

国家行政机关常用文头一般有下列三种构成方法:

① 由公文制发机关或部门的全称或规范化简称加"文件"二字构成,如"农业部文件"。

② 由公文制发机关全称加文种构成,如"中华人民共和国农业部公告"。

③ 单一由公文制发机关全称构成,如"中华人民共和国农业部"(部发函文头)。

(2) 发文字号　又称文件编号,是指发文机关对其制发的公文分类依次编排的顺序代码。其主要作用一是为统计和管理公文提供依据;二是为检索和引用该公文提供专指性代号。

发文字号由发文机关代字、发文年号、发文顺序号三部分依序构成。如"农发〔2003〕1号",其中"农发"是农业部的代字,是指该文是农业部发出的,"〔2003〕"是发文年号,指该文2003年发出;"1"是发文顺序号,指该文是农业部2003年发出的第1个文件。在发文机关代字中也可编入承办部门代字或文种代字。如"农办发〔2005〕32号",其中"办"字就是农业部办公厅的代字,表明该文是由农业部办公厅具体承办的。

一份公文只能有一个文号,联合发文标主办机关的发文字号。如《关于印发〈林业工作中国家秘密及其密级具体范围的规定〉的通知》是林业部与国家保密局的联合发文,林业部是主办单位,该文的发文字号是"林办字〔1996〕39号"。

在实际工作中,机关的发文是各种各样的。为加强对各种公文的统计和管理,各机关应对本机关各类公文的发文字号的编写做出统一规定。

(3) 签发人　指代表机关或部门核准并签发公文发文稿的领导人姓名。其作用是表明公文的具体责任者,督导各级领导人认真履行职责,把好公文质量的最后一关,提高公文质量。除上行文的签发人需在正式公文上标注外,一般公文的签发人只在发文稿纸上签写。

(4) 秘密等级　是指公文内容所涉及的国家秘密的等级,分绝密、机密、秘密三级。按国家保密工作有关规定,凡内容属于或涉及国家秘密的公文都应标注出秘密等级。在涉密公文上标注秘密等级的作用是表明该公文是涉密公文,要求有关部门或人员按国家保密工作的有关法规对之进行阅读、传递和管理,以确保该公文所涉及的国家秘密的安全。

(5) 紧急程度　是指对公文送达和办理的时间要求的标志。分别用"特急"和"急件"来表示。如果某公文是特急件,需要马上送达或办理,就应该在该公文上标注出"特急"二字;如果某公文是急件,需要在短时间送达或办理,那么就应在该公文上标注出"急件"的字样。在公文上标注紧急程度的作用是引起人们注意并为催办公文提供依据,以确保紧急公文优先得到处理,避免延误。

(6) 主送机关　即公文的主要受文者,指应对所收公文有实际办理或答复责任的机关全称、规范简称或统称。除一些特殊文种外,一般公文中都要注明主送机关。公文中标明主送机关的作用是概括表明公文的空间效力范围,明确对公文办理、答复负法定责任的机关。

当主送机关只有一个时,应写该机关全称或规范简称;当主送机关有数个并易于列举时,应并列写出;当主送机关很多,无法一一列举时,可以统称。如农业部向省、自治区、直辖市农业厅(局)行文,不可能把全国各省、自治区、直辖市农业厅或农业局的全称或简称一一列上,那么该文的主送机关就可以统称为:"各省、自治区、直辖市农业厅(局)"。

标注主送机关时,应注意标点符号的作用。主送机关末应用冒号;当主送机关较多时,还应依据主送机关的多少及其级别和相互关系分别选用逗号、顿号、括号。一般用法是把主送机关依据级别高低和性质的不同,分门别类,依次排列,每类内用顿号,类与类之间用逗号,类内平行机关称谓不同的,后一个或几个机关用括号括起来,如"各省、自治区、直辖市农业厅(局)、畜牧局、乡镇企业局,农业部直属企业、事业单位:"。

(7) 抄送机关　即公文的次要受文者,指除主送机关外需要执行和知晓公文的其他机关,应当使用机关全称、规范简称或统称。如果抄送机关较多,它的排列次序要分别按党政机关及机关级别和领导人职务的高低排列。同一性质及同一级别的机关之间用顿号,不同性质及不同级别的机关之间用逗号,以示区别。如农业部某公文的抄送机关是"抄送:国务院扶贫开发领导小组、国家计委、人事部,有关省、自治区人民政府办公厅、农业技术推广总站"。抄送机关标注结束后不用标点符号。

(8) 附件及其说明　附件指附属于公文正件的其他公文或材料,是公文的一个组成部分。其作用是对公文正文的内容进行说明、补充、证实、注释,使之更加具体和完善,为受文者正确理解和准确执行或办理公文提供依据和参考资料。

公文如有附件,应注明附件的顺序与名称。公文的附件一般有两类:一类是对公文正文起补充作用,与正文具有同等现实执行效用的附件;一类是公文正件中已申明仅供参考的附件。

附件说明指在公文正件中标注的公文附件的名称和序号。有附件的公文一般都应标注出附件说明。但下列情况的附件可视为正件的组成部分,可不予标注:① 随命令(令)发布的行政法规和规章;② 随转发通知、批转通知、印发通知一起下达的被转发、批转和印发公文。

(9) 主题词　是指揭示公文主要内容并经过规范化处理的名词术语,由反映公文主要内容的规范化名词或名词性词组组成。其作用是与公文标题相配合,进一步简要而准确地揭示公文内容,为使用主题检索法检索公文提供检索标志,同时也为利用计算机等现代化信息处理手段处理和管理公文奠定基础。

所有正式公文一般都应标注主题词。公文撰稿人必须按要求认真选词标引,核稿人应认真审核。

主题词选定和标引的方法是:第一步确定主题,即根据公文标题或公文内容,认真分析并确定出公文的主题。第二步确定关键词,即根据公文主题的含义,确定3~5个能够确切表达公文主题的关键词。第三步查表选词,关键词并不一定就是主题词,因此在确定好关键词后,要查阅本机关制定并使用的《公文主题词表》词目,将所确定的关键词,转换成为《公文主题词表》中的词。如果是上行文,应按上级机关的要求使用上级机关编制的《公文主题词表》中的词。如果在有关《公文主题词表》中查不到专指的主题词,可选用概念相近的主题词靠词标引。公文的文种一般是什么就标引什么。第四步组配排序,把关键词转换成主题词后,还要对主题词进行组配和排序。一份公文的主题词的组配排序的基本模式是:类别词加属类词加文种。例如:

农业部《关于黄淮海地区蝗虫大发生及控制措施的报告》,其主题词应是:农业、病虫害、报告。

农业部《关于印发〈农业部公文处理办法〉的通知》,其主题词应是:法规、秘书、通知。

农业部《关于协调解决美洲斑潜蝇和马铃薯甲虫封锁、控制及监测经费的请示》,其主题词应该是:农业、植保、经费、请示。

(10) 附注　是指对正文的某些内容或有关事项、要求的注解与说明,主要包括对正文中出现的名词术语和有关事项、使用方法等的解释和说明。其作用是既使正文简洁,突出主要问题的表述,便于阅读,又能保证该公文使受文者充分理解公文的意图和精神。

(11) 阅读范围　是指根据公文的性质、内容和要求确定的阅读及应执行的机关或人员范围。如"此件发至县团级"、"此件发至省军级"等。这类文件一般属于不列主送机关的多级下行文。其作用是明确公文的发放和阅读范围,便于对公文的管理。

(12) 印发说明　是对公文印制发出情况的介绍。其主要内容有承印制作单位、印发日期、印制份数等。其作用在于明确公文印制质量、时限的责任归属。

(13) 份号　是指根据同一公文定稿印制的若干份公文依次编制的顺序代码。其作用是为分发、清退、查找公文提供依据,便于对公文进行统计和管理。凡有机密、绝密密级标志的公文都应该显示份号。

(14) 无正文说明　是指当公文生效标志(印章)与公文正文不在同一页时,在载有生效标志的页面所标注的"此页无正文"的说明。其作用是维护公文的完整性和防止把公文生效标志移作他用。

18.3.2　公文的排版格式

公文的排版格式是指公文的文字书写格式和各组成部分的文字符号在载体上的排列规范。总的来说,公文的文字必须从左至右,自上而下依次横写横排(少数民族文字按其习惯书写、排版),正文的行长与图文区的宽度相等,每行25个字,每页20行。各组成部分按下列顺序从上至下,从首页至末页依次排列:

(1) 份号　位于首页顶端左上角,用阿拉伯数码编印。

(2) 秘密等级　位于首页顶端右上角,一般用3号黑体字印刷。"★"为国家秘密的标志,"★"前标秘密等级,"★"后标保密期限。

(3) 紧急程度　位于秘密等级的下一行,一般也用3号黑体字印刷。

(4) 文头　位于公文首页上端,占图文区面积近三分之一处以横线与下面相隔,这部分称为文头。其中发文机关名称即发文机关标识以大号宋体或标准体或隶书套红印刷。它一般居中排一行,如果字数较多,可把机关名称和文种各排一行;联合行文的公文一个机关占一行,主办机关排在前面。

(5) 发文字号　位于公文首页文头以下,居中排一行。一般用4号仿宋体字印刷。发文字号下横线的长度与图文区宽度相等,为红色实线。

(6) 签发人　位于发文字号的同一行,居右侧。一般是发文字号与"签发人"之间空两个汉字的位置,"签发人"与"签发人姓名"之间空一个汉字的位置。其印刷字体与字号应与发文字号相同。一般只有上报的公文才标注签发人。

(7) 标题　位于公文首页的红实线下空一行处,一般居中排一行或数行。分行时不得将属同一词或词组的文字拆开分置两行。标题的字号应大于正文的字号,用2号宋体字。标题中除出现法规性文件的标题外,不加书名号。

如果公文是经会议讨论通过或批准的,应在标题下加题注,即应居中标出:"××××年××月××日经××会议第×次会议通过(批准)"。该题注用圆括号括住,字号小于标题字号。

(8) 主送机关　位于标题以下,空一行从左至右顶格排列,回行继续顶格,一般用3号仿宋体字印刷。

(9) 正文　位于主送机关以下,按自然段依次排列,每段开头空两格,回行顶格,一般用3号仿宋体字印刷。

(10) 附件说明　位于正文之后,空一行的位置,起首时空两格,标注"附件",然后再列出附件的序号和名称等,每件一行,字体字号与正文相同。

(11) 作者　位于正文的右下方,附件说明之下。一个作者占一行,联合行文时,应将主办机关排列在前。一般用与正文相同的字体和字号印刷。带文头的公文一般不再标示作者。

(12) 签署或印章　签署位于作者的位置上。先标明签署人的职务,然后空两格签注姓名或加盖签名章。不以机关领导人名义发的公文不签署,只盖机关印章。印章应盖在作者位置的中央,上不压正文,下压成文日期,要骑年盖月。

(13) 成文日期　位于作者以下,稍偏右的位置排一行,标明完整的年、月、日。在题注中已标有日期的公文,可不再重复标注。成文日期要用汉字,其字体字号同作者的字体字号。

(14) 附注　位于公文末页左下方。每项说明为一个自然段。附注有多条时需有序号。一般用小于正文字号的仿宋字体印刷。

(15) 主题词　位于公文末页的附注之下,排一行,起首空两格标注"主题词:"字样,然后填主题词,各主题词之间空一格,不加标点符号。一般用与正文相同的字体和字号印刷。

(16) 抄送机关　位于主题词以下,所占区域上下两条长度与图文区宽度相等的平行黑细实线作为界线,形成"抄送栏"。起首空两格标出"抄送:"字样。然后标注抄送机关。当一行写不下,另起一行时应与上一行的抄送机关平头。抄送机关的字体字号与正文字体字号相同。

(17) 印发说明　位于抄送栏以下公文末页最下端,在图文区与下白边交界处划一条与抄送栏实线长度相等的平行黑细实线,形成"印发说明栏"。在栏中左边标注承印该公文的部门,一般是"××机关办公厅(室)",在栏中右边标注公文的印发日期,一般是"××××年××月××日印发"字样。要注意年号不能简写,要写完整。印发说明的字体字号应与正文的字体字号相同。如果需要,还可在印发说明栏底线下方的右侧标印上共印份数,其字体字号与印发说明的字体字号相同。

公文的排版格式如图18-1所示。

| 份号 | 密级★保密期限 |
| | 紧急程度 |

××××××××××
×发〔20××〕××号　　签发人　×××

××××××××
××××××××

××××:
　××××××××××××××××××××××××××××××
××××××××××××××××××××××××××××××××
××××××××××××××××××××××××××××××××
××××××××××××××××××××××××××××××××
××××××××××××××××××××××××××××××××
××××××××××××××××

附件:1.××××××
　　　2.××××××

公文制发机关(印章)
××××年××月××日

附　注:××××××

主题词:×××　×××

抄　报:××××××
抄　送:××××××

××××年××月××日印发

共印××份

图18-1　公文的排版格式

18.4 几种常用公文

18.4.1 命令(令)、决定、批复

1) 命令(令)

命令(令)作为指挥性公文,其特点在于:一是权威性。命令(令)可以发布行政法律和规章,具有行政公文的权威性和约束作用,具有法律的效力。二是强制性。命令(令)一经发布,有关的下级机关或人员都必须无条件地服从和执行,违抗命令或延误执行,都将受到严肃处理甚至惩罚。三是严肃性。命令(令)使用指挥性语言,文句简洁而准确,语气坚定而严肃,结构严谨而精悍,风格朴素而庄重。

命令(令)一般由标题、编号、正文、落款、日期等部分组成。

(1) 标题 公布令、任免令一般由发令机关名称(或领导人职务名称)和文件构成,如"中华人民共和国主席令";行政令、嘉奖令一般由发令机关名称、事由和文种构成,如"国务院对胜利粉碎劫机事件的民航××机组的嘉奖令";也有的由事由和文种构成或直接标出文种的。

(2) 编号 命令(令)要在标题下方编注命令(令)颁发的顺序号,如第××号。

(3) 正文 公布令的正文一般都很简练,通常只有几句话,有时只有一两句话,包括公布对象、公布依据和实施时间三部分。

公布令一般带有"附件",如《中华人民共和国主席令》(第四十九号)就附有《中华人民共和国水土保持法》。

行政令的正文包括两方面:一是发布命令的原因和依据;二是所提出的强制性的行政措施。

任免令的正文由任免依据,任免内容组成。

嘉奖令的正文包括英雄人物或集体的先进事迹概述、英雄事迹的深刻意义、宣布决定嘉奖的内容与方式及就此事向有关群体发出的号召。

(4) 落款 签署发令机关或发令人的职务、姓名。

(5) 日期 在发令机关下注明发令的时间。

由于命令(令)所具有的法规上的性质、特点,因此它在写法上的特殊要求是行文简单、明了、概括、精练,语气庄严、坚定、明确,具有不可抗拒、毋庸置疑的权威性。

2) 决定

决定是党政机关对于某些重要问题或重大行动做出决断、安排所使用的公文。它是一种重要的规范性公文,使用范围很广。

决定的特点体现在两个方面:一是规范性。决定是各级机关一定权力的体现,一经做出,具有法规性的强制作用,必须贯彻执行。二是郑重性。决定的内容是重大问题、重要工作及有影响的人物,它的使用比一般通知和通报显得更严肃和郑重。

决定的结构包括标题、日期、正文、落款四个部分。

(1) 标题 决定的标题一般要求完整写出发文机关、事由和文种三个部分,如"中共中央、国务院关于加强职工教育工作的决定"(中发〔××××〕××号)。但也有由事由和文种两个要素构成的,如"关于设立中华人民共和国澳门特别行政区的决定"(1993年3月31日

第八届全国人民代表大会第一次会议通过)。

(2) 日期　决定的日期是公布此项决定的时间,多写在标题下面的括号内。如果是会议通过的决定,需要写明什么时间、什么会议通过的。有的决定,通过日期与发布日期不一致,要写上发布日期。有的为了给执行决定留有一段准备时间,同时还写上决定的生效日期。

(3) 正文　一般宣布法规、重要事项安排、机构设置、人事安排等决定的正文,由决定缘由和决定内容两部分组成,行文简短,篇段合一,不作分析。涉及安排重要工作、处理重大问题、发布法规事项等篇幅较长的决定正文,往往由决定缘由、决定内容、执行要求三部分组成。决定缘由一般概括地写出决定的根据、目的、意义及背景。决定内容部分要写明决定事项的具体内容、原则、办法、措施、要求、规定事项等,一般分条或分段陈述。最后写明执行本决定的要求和意见。

(4) 落款　即决定的制发机关,如果标题上已有注明,落款处可省略;属于会议通过的决定,日期一般放在标题下,其余多数放在正文后的落款处。

写决定的基本要求是:对所决定的事项,根据要充分;涉及对人和事的评价时要实事求是,恰如其分;表述简明扼要,用语准确。

3) 批复

批复是答复下级机关请示事项时所使用的公文。它是各级机关向下级的指示性公文。如果批复的事项具有某种程度的规定或指导性质,则这一批复也可以抄送各有关的下级单位。

批复的特点在于:只在答复下级机关请示事项时使用,亦仅就请示的问题表明态度,提出意见和办法,不旁及其他;批复对下级机关具有行政约束力,下级机关必须贯彻执行;简明扼要,只作原则性、结论性的指示,不作详细的阐述。

批复由标题、主送机关、正文、落款及日期构成。

(1) 标题　一般由发文机关、事由和文种三部分组成,如"国务院关于西藏自治区'一江两河'中部流域综合开发若干问题的批复"。

(2) 主送机关　即写请示的发文机关。

(3) 正文　包括批复引语、批复意见和批复要求三部分。批复引语往往是引述来文的请示事项,讲明批复的原因。批复意见是对下级请示与问题做出明确的答复和指示。如果不同意下级意见,则要在否定与答复后,说明理由。批复要求是从上级机关的角度指出的一些补充性意见,或表明希望,提出号召。

(4) 落款和日期　正文结束时签署发文机关名称和发文日期。

批复写作的基本要求是:要针对"请示"中所提出的事项逐一答复;要及时答复,不能久拖不复。

18.4.2　公告、通告、通知、通报

1) 公告

公告是党和国家各级权力机关、行政机关向国内外宣布重大事项时所使用的公文。通常通过电台、电视台、报纸等传媒工具发布。

公告的特点表现在:庄重、严肃;其内容必须是重大的、公开的,不能随意使用。公告的结构由标题、正文、落款和日期构成。公告不写受文机关。

（1）标题　公告的标题一般由发文机关和文种组成，如《中华人民共和国全国人民代表大会公告》。也有的直接标出"公告"。如果是连续发布的公告，要在标题下注明"第×号"。

（2）正文　公告的正文包括公告依据、公告的事实及结语三部分。内容只要具备何单位、何因、何时、何地、何要求即可。结尾一般写"现予公告"或"特此公告"的习惯语。

（3）落款和日期　在正文右下方另起一行写明发布公告的机关名称和发布时间。

公告的写作要求是不需详述细节，文字要精练，语气要平和。

2）通告

通告适用于在一定范围内公布应当遵守或周知的事项。通告不只是上层机关使用，也是基层单位在必要时用得着的一种告知性的文种。

通告一般由标题、正文、落款等部分构成。

（1）标题　通告标题一般有两种写法，一种是由制文机关加事由加文种构成，如《公安部关于坚决镇压反革命暴乱、制止社会动乱的通告》（1989年6月12日）。一种是由制文机关加文种构成，如《××省××县人民政府通告》。标题可简化成只写文种名称，如"通告"。

（2）正文　正文由引言、主体两部分构成。引言大多以"为"、"为了"开始，通过一个概括性的长句，讲明制文的目的，然后通过一个习惯用语"特通告如下："转入主体部分。主体部分采用"并列"的结构形式就通告事项直陈要求，每项要求可按数字排序，最后一项一般写明贯彻本通告的时效。也有的写一段结语，如"以上各点，要立即采取措施，认真贯彻执行"等。

（3）落款　写清通告发布时间；凡在标题写有制文机关名称的，就不在落款处写上单位名称，否则要写上。

通告的写作要求是：用语要庄重严肃，口气坚定，决不含糊；引语部分要简练明确，不可使用过多的文字。使用通告要持慎重态度，不可随意滥用。

3）通知

通知是传达上级机关的指示，要求下级机关办理或者需要知道的事项，批转下级机关的公文或者转发上级机关、同级机关和不相隶属机关的公文时所使用的公文。

根据内容的不同，可分为指示性、知照性、转达性和事务性通知等四种类型。

通知的特点是：① 普遍性，在所有的公文中，可以说，通知使用最为普遍；② 可行性，通知一般是上级机关因工作需要主动向下级机关发布的公文，不能用通知对上级机关行文；③ 时效性强，必须在规定的时间内办完本通知所提出的事项，超过了规定时间，往往自动失效。

通知一般由标题、主送机关、正文、落款和日期构成。

（1）标题　通知标题一般由发文机关、事由和文种三部分组成。非正式文件处理的一般性通知，标题可直接标出文种。

（2）主送机关　在标题下、正文前顶格写受文的单位或个人。

（3）正文　通知正文包括通知的缘由、通知事项、通知要求三部分。不同类型的通知，其正文的写法有所不同。

① 指示性通知：在上级对下级、组织对个人要求完成某项活动或者就某一项工作做出指示和安排，不宜用"命令"和"指示"的情况下使用。这类通知的正文包括引言、通知事项两部分。在引言中直接点明发出通知的缘由或依据，表述通知事项时，为清楚起见，一般可分条写。其语气的严厉程度，视问题的性质及需要而定，以表述得体为主。

② 知照性通知：用于向有关范围知照一件事情或情况，如成立、调整、合并、撤销某个

机构,实行某种规定,更正文件内容或开展某项活动。知照的内容并不要求执行和办理。既可作为下行文发布,也可视为平行文送达,将通知的事项交代清楚即可。

③ 转达性通知:用于批转和转发文件。领导机关转达下级机关的文件,用批转;如果转达上级机关、同级机关和不相隶属机关的文件,用转发。转达性通知的正文比较简明。最简单的写法是照批照转,其作用只是在于正式将文件传达给对方。在转发上级文件时,有时可以对传达贯彻这些文件提出一些比较细致的意见和具体要求,便于下级理解和执行。

④ 事务性通知:是机关或者单位用来知照一般事项时使用的通知,如会议通知、任免通知等,其正文撰写可根据情况灵活掌握,以讲明事情为准,如内容较多,可加序号逐次列出,使人一目了然。

(4) 落款和日期　在正文右下方写上发文机关名称和发文日期。

通知写作的基本要求是:通知事项要具体明确,切实可行;指示性通知要注意针对性;语言准确、简明。

4) 通报

通报是上级机关向下属机关发出的一种周知性文件,内容包括表扬、批评或传达情况以及需要周知的事项。通报不提出工作任务要求对方去做,只是将情况和事实作如实的说明,使对方"心中有数"。

通报可分为典型事例通报和情况通报。对好人好事加以表扬,对错误事实进行批评的通报是典型事例通报。其目的是执行奖励和批评,达到教育的效果。用于向一定范围内知照一些应该及时告诉的情况、动向的通报叫做情况通报。其目的在于为工作提供参考。它是上级机关就全局问题向下级机关和有关人员交代情况的下行文。

通报的特点是:通报的内容应当是典型的事件或人物,或者是具有普遍意义的重要情况;通报的内容必须真实;要表明发文机关的态度。

通报由标题、主送单位、正文、落款和日期等部分组成。

(1) 标题　一般由发文机关、事由和文种三部分组成,也可省略发文机关由事由加文种组成。通报标题不能写成"关于对×××的表扬(批评)通报","对×××的表扬(批评)"不是"事由"而是"结果"。"国务院办公厅关于对少数地方和单位违反国家规定集资的通报"(××××年×月×日)是一种规范的通报标题。

(2) 主送单位　作为"内部文件"指定下发单位的通报,要写上受文单位,有些作为普发性的,可不写受文单位。

(3) 正文　通报正文的写作形式有两种:一是直述式,一是转述式。

直述式通报是发文机关直接叙述所通报的事实并加以评析和提出要求的写法。一般包括通报事由、事由评析、处理意见三部分。开头按一定的顺序把通报的事实写清楚,接着对事实进行分析、评论,揭示其本质,最后写对事件或人物做出的决定、要求和采取的措施、办法。

转述式通报是通过转发其他机关的通报或报告并加以评析和提出要求的写法。这种写法,因已带有附件,正文中不必详述通报事实,只是开头交代转发文件名称,并对事实加以分析、评论,最后说明转发目的,提出要求。

(4) 落款和日期　在正文右下方签署发文机关名称和发文日期。

通报写作中的基本要求是事实要准确,要有针对性,评议要有分寸。

18.4.3　函、报告、请示、会议纪要

1) 函

函是一种相互商洽和催办工作、询问和答复问题、向有关主管部门请示批准时所用的公文。按函的性质及处理手续不同,可分为公函和便函。公函是正式公文,行文比较郑重,商洽的事情比较重要。公函要用正式的公文纸,要编发文号,要盖机关单位的正式印章,即按公文格式行文。便函不是正式公文,行文较简单,用来商洽一般的事情。它只用信笺或信纸,可以不编发文号,只盖单位办公厅、办公室公章。

函的特点是形式灵活,它不受公文规定的严格限制,使用灵活,上行、下行、平行都可以。公函由标题、主送机关、正文、落款和日期组成。

(1) 标题　公函的标题包括发文机关、事由和文种(函或复函)三部分,也可省略发文机关。

(2) 主送机关　即接受公函的机关。复函的主送机关与来函的发文机关是一致的。

(3) 正文　公函的正文一般先说明发函原因或以对方的来函为依据,再详述所要商洽的事项或对商洽事项的意见,或对问题的询问,或对询问的答复。结语要根据函件的具体内容来定,要对方答复的,可用"即请复函"、"请回复"。只让对方知道不要求答复的,可用"特此函达"、"特此函告"。答复对方的可用"特此函复"、"此复"。写复函要注意对来函所提的问题,明确、具体地做出回答。复函正文的第一句一般写"××月××日第××号函悉"。然后再写答复的意见。

(4) 落款和日期　正文结束后写上发函机关名称和发函日期。

函的写作基本要求是要把事情写清楚,宜用礼貌、商量的语气,对上级机关要尊重,要以诚待人。

2) 报告

报告是向上级机关汇报工作,反映情况,提出建议时所用的公文。利用报告向上级反映工作情况可取得上级机关的指导、帮助;同时,上级机关可以通过报告,有针对性地指导下级机关工作,制定方针政策,实行科学领导。

根据报告的内容,报告可分为综合报告、专题报告两大类。综合报告是一个机关反映在一定时期内全面工作情况或提出今后工作意见,以便上级机关全面指导工作的报告。专题报告是一个机关就某一项工作或某一问题、某一件事情向上级所写的报告。专题报告在机关日常工作中使用频率较高,如汇报某项工作进程、经验、问题的工作报告;反映工作中某一具体问题的处理或上级交办工作办理结果的情况报告;回答上级机关查询有关问题的答复报告;向上级机关报送文件或物件的抄送报告;检讨工作错误的检讨报告等。

根据报告的性质,报告可分为呈报性报告和呈转性报告。呈报性报告以汇报工作、反映情况为主要内容,不要求上级机关转发。呈转性报告除了汇报工作,反映情况外,侧重提出意见和建议,请求上级机关批转有关部门参考或执行。

报告的特点在于:① 汇报性,它是下级机关向上级机关或业务主管部门汇报工作以取得上级对自身工作指导的重要途径之一;② 陈述性,使用叙述手法,直陈其事,一般不要求答复。只有呈转性报告在结尾提出"本报告如无不当,请批转有关部门执行"的要求。

报告由标题、主送机关、正文、落款和日期组成。

(1) 标题　报告的标题,通常只写事由和文种。也有的标题包括发文机关、事由和文种

三部分。有的报告内容紧急,则在标题中的"报告"前冠以"紧急"字样。

(2) 主送机关　在标题下正文前顶格书写受文对象,一般是上级机关或业务主管部门。

(3) 正文　各种报告的正文写法有所不同,但一般都由报告目的、报告内容和结尾三部分组成。写报告目的,属于导语性质,常用"现将……报告如下"或者"现将……报告如后",作为导语的结束以过渡到下文。报告内容包括主要情况、存在的问题、经验教训、今后的打算等,不同种类的报告有所侧重。结束语的写法,呈报性报告可以用"特此报告"或"特正式报告,请指示"等结束。呈转性报告用"以上报告如无不妥,请批转有关部门执行"等。

综合性报告如果是为了全面反映前一阶段工作情况和今后工作意见,则分为三个部分,开头写前一阶段工作情况,包括取得的成绩和存在的问题,中间写基本经验和教训,最后写今后的工作打算。如果侧重前一阶段工作情况,可着重写工作进展情况、主要做法、取得的成效,不一定要写经验、教训,今后打算则要简要。如果专门写今后的工作打算,则前一阶段情况应概括写,着重写今后做什么,怎么做即可。

专题报告的正文,如果是工作报告,则写清工作完成情况、取得的经验、存在的问题及今后的意见即可。如果反映某一事情的情况报告,则写清情况发生的经过、性质、初步看法和处理意见即可。如果是答复报告,则根据所询问的内容,把事情交代清楚就可以了。如果是报送文件、物件的报告,则需写清报送缘由和报送的是什么。

呈转性报告的正文,工作情况的叙述要简要,重点是分析问题,提出工作要求、意见和办法,以便有关部门去做。这种报告一经上级机关批转,受文机关须贯彻执行。

(4) 落款和日期　在正文后写上发文机关名称和发文日期。

报告写作的基本要求是反映情况要真实,报告的中心要明确,不要在报告中夹带请示。

3) 请示

请示是向上级机关请求指示、批准时所使用的公文。应该向上级请示的问题主要是:本机关无权决定而又必须经办的,或者有权决定但事由重大难以处理的;情况变化无章可循需上级明确指示才能办理的,或者情况特殊而现有规定难以执行需上级重新指示的;意见分歧,无法统一,有待上报裁决的;上级明文规定需要报请上级审核批准的。请示有三种类型:请求解决问题,请求批准,请求解释问题。

请示与报告都有反映情况、提出建议的共同点,但两者比较,请示具有与报告不同的特点。主要区别是:第一,请示写作带有迫切性,有需要上级机关批示、批准的事项,要求上级机关批复;报告只着眼于汇报工作、反映情况,一般不要求批复。只有呈转性报告才要求上级机关"批转"有关部门执行。第二,请示必须一文一事,着重写问题,以便上级机关答复;报告的内容涉及面等可以很广泛,着重写情况和意见。第三,请示一般在问题的处理之前呈送,报告则可以在事前、事情的处理过程中或者事后报送。第四,请示只送一个主送单位,必须同时呈送另一个或几个上级机关,应当采用抄送的形式;报告可以有几个主送机关。

请示由标题、主送机关、正文、落款和日期等部分构成。

(1) 标题　由事由和文种两部分组成,也可由发文机关、事由和文种三部分组成。

(2) 主送机关　请示的主送机关只有一个。如需同时送其他机关,应用抄送形式。

(3) 正文　请示的正文一般由请示缘由、请示事项和结尾三部分构成。开头写明请示的原因、目的和依据。请示事项要写清请示什么问题,或要求批准什么事项、帮助解决什么困难等。结尾部分提出请示,一般用"以上请示妥否,请指示"、"如无不妥,请批转有关部门执行"等习惯用语作为结束语。

(4) 落款和日期　在正文后写上发文机关名称,如果几个机关联合请示,将主要机关写在前面,并写上发文日期。

请示写作的基本要求是:要一文一事,不要多头请示,不可越级请示,不宜将请示抄送同级或下级机关。

4) 会议纪要

会议纪要是传达会议议定事项和主要精神,要求与会单位共同遵守、执行的公文。它是根据会议的宗旨,按照会议记录、会议文件材料和会议的活动情况综合加工整理而成的、反映会议基本情况和主要精神的纪实性文件。它的作用是"上呈下达"会议精神,交流情况、指导工作,已成为公务文书的一种。

会议纪要根据其内容及作用可分为决议性会议纪要、部署工作性会议纪要及反映情况性会议纪要。决议性会议纪要大都是各级党政机关的领导层集体开会以决定事项为主要内容的会议纪要。部署工作性会议纪要是对某一范围较大或重要方面的工作会议的内容进行综合整理而写出的会议纪要,既有对党的方针、政策的贯彻意见,又有对工作的具体部署和要求。反映情况性会议纪要以学术讨论会和座谈会为多,一般不具有法定的行政权威。

会议纪要的特点是:① 纪要性,它要从会议中综合概括出与会者的意见,反映出会议的主要精神来;② 约束性,纪要一经下发,便要求有关单位和人员遵守、执行;③ 纪实性,有的会议纪要只是为了通报情况,因此不仅要反映会议中多数人的一致意见和思想,而且要如实反映有代表性的少数人的观点和意见。

会议纪要由标题、正文、日期等部分组成。

(1) 标题　在"纪要"前写明会议名称。

(2) 正文　一般包括会议情况简介、会议主要精神及结尾三部分。开头介绍会议的基本情况,包括会议的名称,召开会议的目的,当时的背景形势,召开会议的指导思想,会议的时间和地点,参加人员,主持人,组织者,会议主要议程和活动,会议的效果、意义等。会议的主要精神部分是纪要的主体。要写会议研究的问题、讨论的意见、做出的决定、提出的任务、确定的措施等,这是与会单位会后贯彻的依据。写时要根据会议记录、会议文件,善于正确集中会议讨论的意见,准确、真实地反映会议的情况,传达出会议的精神。这一部分可以按会议研究的事项或问题的顺序逐一来写;也可以把会议的内容综合概括,归纳出几个问题,逐一来写。结尾部分一般是提出希望、号召,要求贯彻会议精神,完成会议提出的任务。也有的主体部分写完后即告结束而不写结尾的。

(3) 日期　可以放在标题之下,也可以在正文之后。

写会议纪要时要突出会议中心与要点。与会议中心内容、会议研讨的要求联系较紧的,要充分写出,反之,就少写或不写。要真实地反映会议的情况和与会者的观点。为此,要求撰写人要参加(或列席)会议,做好会议记录,注意搜集会议文件材料;重要的会议纪要,当会议进行到一定阶段时,即着手准备。其要点和提纲要提请会议讨论修改,起草成文后交会议定稿。

[例文1]　　　　　　中华人民共和国主席令
第一号

根据中华人民共和国第十届全国人民代表大会第一次会议的决定,任命温家宝为中华人民共和国国务院总理。

中华人民共和国主席胡锦涛
2003 年 3 月 16 日

[例文2]　　　　　　关于授予王晶同志
"北京大学人民医院优秀共产党员"称号的决定
[2003]院党字第 101 号

北京大学人民医院急诊科护士、年轻的共产党员王晶同志,1990 年从北医护校毕业,在工作期间由于表现突出,于 1998 年光荣地加入了中国共产党。从医十三年来她一直战斗在急诊第一线,工作中她任劳任怨,兢兢业业,从不计较个人得失;对病人热情耐心,服务周到;她团结同志、诚恳待人、刻苦钻研,多次被评为先进工作者和优秀护士。自非典型肺炎肆虐以来,她以共产党员大无畏的革命精神,身先士卒,不怕牺牲,始终奋战在抗击非典的前沿阵地。在抗击非典的战场上,哪里有危险,她就出现在哪里;哪里有困难,哪里就有她的身影。在护理非典病人的过程中,她不幸染病。

王晶同志虽然是一名普通护士,一位普通党员,但她以自己的实际行动实践了自己铮铮的入党誓言,实践了"三个代表"重要思想,是新时期共产党员的典范,是护理工作者的骄傲。

鉴于王晶同志的突出表现和在抗非典型肺炎工作中的英雄事迹,中国共产党北京大学人民医院委员会决定授予王晶同志优秀共产党员的光荣称号,并号召全体共产党员、共青团员及全体工作人员向王晶同志学习,学习她不为名利、爱岗敬业、默默奉献的优秀品格;学习她处处以身作则、率先垂范、勇挑重担的工作作风。

让我们以王晶同志为榜样,团结在以胡锦涛为首的党中央周围,为夺取抗击非典斗争的最后胜利作出更大的贡献。

中共北京大学人民医院委员会
2003 年 5 月 22 日

[例文3]　　　关于处理恶意占用域名资源行为的批复
信部电函[2001]324 号

中国互联网络信息中心:

你中心《关于处理恶意占用域名资源行为的请示》收悉,经研究,现批复如下:

为维护正常的域名注册秩序,充分利用域名资源,针对一些公司多次预注册域名而不按照规定提交申请文件和缴纳费用的行为,我部对《中国互联网络域名注册暂行管理办法》第十八条做出如下补充解释:"当某一域名注册申请人对某一域名提出注册申请 30 日内不提交正式申请文件的,不得连续申请注册该域名。"

你中心可以据此解释对现有的连续预注册的申请做出撤销或删除处理。

中华人民共和国信息产业部
二〇〇一年八月二十三日

[例文 4] **中华人民共和国商务部公告**
2003 年第 29 号

应中国国内新闻纸产业的申请,商务部根据 2001 年 11 月颁布的《中华人民共和国反倾销条例》的规定,于 2003 年 7 月 1 日发布 2003 年第 28 号公告,对原产于加拿大、韩国、美国的进口新闻纸所适用的反倾销措施开始期终复审调查。

依据《中华人民共和国反倾销条例》第五十二条规定,商务部向国务院关税税则委员会建议,在复审期间,对原产于加拿大、韩国、美国的进口新闻纸继续征收原反倾销税。根据国务院关税税则委员会的决定,特此公告:

在复审期间,对原产于加拿大、韩国、美国的进口新闻纸仍然按照中华人民共和国原对外贸易经济合作部 1999 年第 4 号公告公布的征税范围和税率,继续征收反倾销税。

中华人民共和国商务部
二〇〇三年七月四日

[例文 5] **文化部文化市场司**
关于全国性互联网上网服务
营业场所连锁经营单位审批情况的通告

根据《互联网上网服务营业场所管理条例》第八条和文化部《关于加强互联网上网服务营业场所连锁经营管理的通知》的有关规定,文化部负责全国性互联网上网服务营业场所连锁经营企业的审批,并确定全国性互联网上网服务营业场所连锁企业原则上不超过 10 家。

现经文化部受理批准筹建全国性互联网上网服务营业场所连锁经营单位已达 10 家(见附件),因此决定暂停受理全国性互联网上网服务营业场所连锁经营单位申请业务。我部将按照限期筹建、有进有出的原则,对全国性互联网上网服务营业场所连锁经营单位的筹建工作进行动态监管,适时调整受理审批工作。特此通告。

附:获准开展全国性互联网上网服务营业场所连锁经营筹建业务的 10 家单位名单(略)。

文化部文化市场司
二〇〇三年六月五日

[例文6]　　　　　　　外经贸部等六部委发布
　　　　　　　　　关于软件出口有关问题的通知

　　各省、自治区、直辖市、计划单列市外经贸委(厅、局)、信息产业厅(局、办)、国家税务局、地方税务局、外汇管理局、统计局,海关总署广东分署,各直属海关,新疆生产建设兵团,各特派员办事处,机电商会:

　　为落实《国务院关于印发鼓励软件产业和集成电路产业发展若干政策的通知》(国发[2000]18号),鼓励我国企业充分利用国际、国内两种资源,努力开拓两个市场,促进软件出口,现将有关问题通知如下:

一、软件出口有关政策

　　(一)软件出口是指依照《中华人民共和国对外贸易法》从事对外贸易经营活动的法人和其他组织,采取通关或网上传输方式向境外出口软件产品及提供相关服务,包括:

　　1. 软件技术的转让或许可。

　　2. 向用户提供的计算机软件、信息系统或设备中嵌入的软件或在提供计算机信息系统集成、应用服务等技术服务时提供的计算机软件。

　　3. 信息数据有关的服务交易,包括数据开发、储存和联网的时间序列、数据处理,制表及按时间(即小时)计算的数据处理服务、代人连续管理有关设备、硬件咨询、软件安装,按客户要求设计、开发和编制程序系统、维修计算机和边缘设备以及其他软件加工服务。

　　4. 随设备出口等其他形式的软件出口。

　　(二)注册资金在100万元人民币以上(含100万元人民币)的软件企业,可享有软件自营出口权。

　　(三)软件出口企业可向外经贸主管部门申请中小企业和国际市场开拓资金,以扩大软件出口和开拓国际市场。

　　(四)凡需通过GB/T19000-ISO9000系列质量保证体系认证和CMM(能力成熟度模型)认证的软件出口企业,可向外经贸主管部门申请认证费用资助。GB/T19000-ISO9000系列质量保证体系和CMM的认证费用资助,按照《关于印发中小企业国际市场开拓资金管理(试行)办法的通知》(财企[2000]467号)执行。

　　(五)软件出口纳入中国进出口银行业务范围,并享受优惠利率的信贷支持;同时,国家出口信用保险机构应提供出口信用保险。

　　(六)软件出口企业的软件产品出口后,凡出口退税率未达到征税率的,经国家税务总局核准,可按征税率办理退税。

　　(七)软件出口企业的经常项目外汇收入可凭有关单证直接到银行办理结汇和入账。对于经出口收汇考核确认为荣誉企业的中资软件自营出口企业,均可开立外汇结算账户,限额为企业上年出口总额的15%。对于年进出口额1 000万美元以上、资本金3 000万元人民币以上的中资软件自营出口企业,仍按《关于允许中资企业保留一定限额外汇收入通知》(银发[1997]402号)执行。

　　(八)符合条件的软件自营出口企业可向对外贸易经济合作部申请在境外设立分支机构。

二、软件出口管理

（一）为落实国家有关软件出口的各项政策措施，结合软件出口的特点，对外贸易经济合作部会同信息产业部、国家外汇管理局、国家税务总局、国家统计局和中国进出口银行在中国电子商务中心的 MOFTEC 网站上设立专门的《软件出口合同在线登记管理中心》，对软件出口合同实现在线登记管理。

（二）软件出口企业在对外签订软件出口合同后，须在《软件出口合同在线登记管理中心》上履行合同的登记手续，为国家各管理部门对软件出口的协调管理和落实国家有关软件出口政策提供核查依据。

（三）在国家扶持的软件园区内为承接国外客户软件设计与服务而建立研究开发中心时，海关对用于仿真用户环境的进口设备技术暂时进口货物办理海关手续。

（四）国家禁止出口、限制出口的计算机技术和属于国家秘密技术范畴的计算机技术，按《限制出口技术管理办法》和《国家秘密技术出口审查规定》的有关规定执行。

（五）对外贸易经济合作部会同国家统计局、信息产业部和海关总署对软件出口进行统计、分析，并纳入国家有关统计。

（六）中国机电产品进出口商会和中国软件行业协会共同负责协调和维护软件出口的经营秩序。

（七）自觉地遵守国家规定的软件出口企业，可享受国家促进软件产业发展的有关投融资、税收、产业政策、进出口等优惠政策。对虚报软件出口业务、不办理在线登记、有不良行为记录的或经软件协会年审不合格的软件出口企业，不得享受有关优惠政策。触犯国家法规规定的，将追究有关责任。

（八）对通过网络直接传输出口的软件的进出境管理具体办法另行规定。

特此通知

对外贸易经济合作部
信息产业部
国家税务总局
海关总署
国家外汇管理局
国家统计局
二〇〇一年一月四日

[例文 7]　　　　**非典型肺炎疫情通报**
（2003 年 7 月 20 日）

卫生部新闻办公室 7 月 20 日下午通报全国内地非典型肺炎疫情。

7 月 19 日 10 点至 7 月 20 日 10 点，全国内地报告没有新增非典型肺炎临床诊断病例和疑似病例，无死亡病例，无出院病例。

目前，全国内地在医院接受治疗的非典型肺炎临床诊断病例为 13 例（全部为北京报告）。

卫生部新闻办公室
二〇〇三年七月二十日

[例文 8]

关于印发淮河流域水污染防治
"十五"计划实施意见的函

环办函[2003]299 号

江苏省、安徽省、山东省、河南省人民政府办公厅：

　　为贯彻落实《国务院关于淮河流域水污染防治"十五"计划的批复》(国函[2003]5 号)的要求,确保淮河流域水污染防治"十五"目标的实现,我局组织编制了《淮河流域水污染防治"十五"计划实施意见》。现印发给你们,请组织制定本辖区淮河流域 2003、2004、2005 年度计划,督促有关部门和地方人民政府组织实施。请于 2003 年 9 月底前将你省年度计划报送我局。

　　联系人：国家环保总局污控司　李雪
　　电话：(010)66153366—5802、5804,66154767(兼传真)
　　E-mail：li.xue@zhb.gov.cn
　　附件：淮河流域水污染防治"十五"计划实施意见(略)

国家环境保护总局办公厅
二〇〇三年六月二十五日

[例文 9]

××市人民政府关于治理××河水质污染问题的报告

××省人民政府：

　　省政府转来××××委员会提出的关于××河水质污染状况的报告,经市政府调查研究,对报告中提出的有关问题及解决方案报告如下：

　　一、解决××河水质污染问题的关键是尽快建成污水处理厂。现在××河的污染主要是××区排放的污水所致。××区的排放量为 2.5 万吨,污水比较集中,因污水处理厂未能及时建立,致使污水直接排入××河,造成了××河的污染。

　　为解决××河的污染,市政府已抓紧××区污水处理厂建设,争取在 20×× 年建成。××区污水处理厂原设计概算为 831.6 万元,按现行价格估算约为 1 100 万元,已于 20×× 年×月开工,建成了 8 项附属设施,计完成投资 200 万元。市政府今年安排的 300 万元投资已全部落实,××区环卫局正在组织实施。

　　根据××河河道以南人口密集区的地下水污染和环境问题,在污水处理厂未建成之前,利用现有污水管道,把污水引到××区污水处理厂以西,污水直接排入污水处理厂的出口,这就避开了污染区。

　　二、电热厂的粉煤灰也是污染源之一。对于电热厂储灰厂的选址,必须考虑到对地下水和环境的污染。选址已责成××区电热厂抓紧做工作,争取尽快报市政府有关部门审批。对储灰厂渗漏对地下水的污染,主要采取截流集中排放的措施,以减少对地下水的污染。

××市人民政府
20××年×月×日

[例文10]

××省人民政府关于请求帮助解决××半岛严重干旱缺水问题的请示

××政发〔20××〕××号

签发人：×××

国务院：

　　自20××年9月份以来，我省降雨明显偏少，旱情持续发展，给全省的工农业生产和城乡人民生活造成严重困难。特别是××半岛的××、×××两市旱情尤为严重。20多个月的时间内，××、×××两市累计平均降雨分别只有443毫米、448毫米，××市受旱面积一度达到470万亩，占农作物播种面积的80%，×××市280万亩农作物全部受旱。同时由于长时间无有效降雨，河道断流、干枯，水利工程蓄水不断减少，尽管多数大中型水库停止了农业灌溉用水，仍有12个县（市、区）出现用水紧张的情况。据分析，此次两市气象干旱近五百年一遇。

　　进入今年汛期后，尽管全省先后有几次较大的降雨过程，大部分地区旱情解除，但××、×××两市降雨明显偏少，旱情仍持续发展，城乡供水紧张的局面进一步加剧。目前，××市主要水源××水库（库容1.3亿立方米）可利用水量只有1 000万立方米，在日正常供水22万立方米压缩到17万立方米的情况下，也只能再维持两个月。×××市区主要水源××等4座水库目前蓄量只有867万立方米，其中死库容360万立方米，包括抽取死库容在内，可供水只有700万立方米，只能维持到8月底。××市所属的××、××、××3市城区目前的水源也只能维持到9月下旬。目前××市有110万人，×××市有94万人饮水困难。面对持续干旱，两市提前加强现有水源调度，强化节约用水，寻找新的水源，采取综合措施，力争度过水荒。目前两市已基本放弃农业供水，有限的水源只能重点保证城市饮用水，并实施限量供水措施。两市区分别于6月初和4月初开始控制居民用水量，每人每月限量2立方米，每超用1立方水，××市加收10元，×××市加收40元。对发电厂等大部分企业及宾馆、餐饮业等也严格实行限量供水。下一步两市将冒着海水倒灌的危险，准备着手启用已封多年的备用水源井和增打深水井，迫不得已开采地下水以保生活用水。

　　××半岛本身属严重资源性缺水地区，区内基本无客水资源，年平均水资源总量为98亿立方米，人均占有量412立方米，仅相当于全国平均占有量的15.4%，在全国也属少数几个水资源最贫乏的地区之一。自1980年以来，××连年干旱，半岛地区尤为严重，大部分地区近10年平均降水量较多年平均值偏少30%以上，半岛北部偏少50%以上，几乎所有的河道常年干涸。近年来，半岛地区国民经济发展迅速，万吨水工业产值××市达到667万元，×××市更是达到了1 250万元，位于全国前列。与此同时，各方面需水量大增，水资源供需矛盾更加突出，按现状水平测算，一般年份缺水30亿立方米，严重干旱年份缺水高达70亿立方米。从目前情况看，当地水资源贫乏和没有客水接济是半岛地区现有供水量不足的主要矛盾。半岛地区是我省节水工作开展最普遍的地区，下一步节水潜力不大。要从根本上解决半岛地区水资源严重短缺的问题，除了搞好当地水资源的开源与节流、兴建区域间水源调配工程等措施外，最主要的是尽早兴建跨流域骨干调水工程。

　　鉴于当前半岛地区面临的供水危机以及长远的水资源紧缺局面，恳请国家帮助解决以下问题：一是应急供水问题。目前两市都已制定了应急供水计划，并正在逐步实施。鉴于半岛地区在长期抗旱中人、财、物力消耗巨大,恳请国家支援我省特大抗旱经费5 000万元,以解决××、×××等地的应急供水问题。二是应急调水工程。在短期内将黄河水尽快调入××半岛,工程量土石方2 681万方,泵站、涵闸、公路桥等主要建筑物56座,总投资26.8亿元,请国家给予支持。三是尽快实施南水北调东线工程,进一步缓解××半岛地区的水资源紧缺局面。

　　当否,请批复。

××省人民政府(印章)
20××年×月×日

[例文11]

区域创新体系建设研究工作研讨会会议纪要

　　2003年4月15日至16日,科技部在北京召开了区域创新体系建设研究工作研讨会。各省、自治区、直辖市和计划单列市、副省级城市的主管科技厅长、处长以及部分专家等130多人出席了会议。科技部党组书记、部长徐冠华同志作了"以区域创新体系建设为中心,进一步加强地方科技工作"的重要讲话;北京、浙江、广东科技厅以及陕西杨凌、广东南海、江西景德镇、四川绵阳等地方介绍了各自区域创新体系建设的情况;七位来自不同领域的专家作了专题讲座。会议认为,这次国家中长期科学和技术发展规划对区域创新体系的要求是加强地方科技工作的一次难得的机遇,抓住机遇加强地方科技工作在地方经济社会发展中的战略地位是时代发展的迫切要求,也是落实科教兴国战略的重要任务。会议对加强区域创新体系建设的一系列重大问题和今后应当加强的工作进行了深入研讨。

一、加强区域创新体系建设是提高区域创新能力、增强区域竞争力、完善国家创新体系的重要保证

　　在世界经济凸现区域化特征的今天,推动经济结构战略调整,实现跨越式发展,区域经济扮演着重要角色。随着区域经济的不断发展和竞争的日益加剧,区域创新能力已成为地区经济获取竞争优势的决定因素,不断增强区域创新能力,从根本上提高其经济竞争力,已成为促进区域发展的关键。作为国家创新体系重要组成部分的区域创新体系,包括创新的主体、创新的环境和创新的机制等多个方面,体现国家创新体系的层次性特点,是国家创新体系在区域层次上的延伸,是区域创新能力提高的根本保证。建设区域创新体系,最大限度地提高创新效率,降低创新成本,使创新所需的各种资源得到有效的整合和利用,各种知识和信息得到合理的配置和使用,各种服务得到及时全面的供应,是大幅度提高区域创新能力和竞争力的根本途径,也是把国家目标与区域发展结合起来,提高国家整体创新能力和竞争力,大力推进国家创新体系建设的重要内容。

二、推动区域创新体系建设是当前地方科技工作的重要任务

　　面对我国加入WTO后市场竞争日益激烈的严峻挑战,地方经济普遍面临加快区域经济结构战略性调整、进一步依靠科技进步提高区域创新能力,大力发展区域特色经济和促进区域可持续发展的迫切要求,推进区域创新体系建设,全面增强区域经济竞争力,从来没有像今天这样紧迫和必要,这已成为地方科技管理部门的首要任务。

　　当前,各级科技管理部门应当以提升区域创新能力为核心,在推进区域创新体系建设中把握好以下几个方面：第一，把区域创新体系建设纳入到地方经济社会发展的十五计划和中长期规划当中，在项目、资金、能力建设、政策制定以及推进科技体制改革等方面集中力量切实予以支持，确保区域创新体系建设工作尽快取得显著成效；第二，打破行政区划的界限，更加重视有较强内在经济和科技联系的区域，鼓励"珠江三角"、"长江三角"等跨行政区域甚至跨省级行政区域的区域创新体系建设，实现大联合、大协作；第三，立足当前，兼顾长远，各地应根据现实需求，找准突破口，选好切入点，解决好当前区域经济发展所面临的科技创新问题，又应做好长期服务于经济和社会发展需要的准备，突出工作的前瞻性，在完善体制机制、营造环境以及推进能力建设等各方面做出长远安排，为今后进一步发展打下坚实基础；第四，既要服务地方，又要为完善国家创新体系建设服务，在着力提高区域创新能力的同时，应在实现国家目标、完成国家任务、完善国家创新体系等方面，确立区域创新体系在国家创新体系建设中的支撑性地位；第五，与转变政府职能相结合，要发挥政府示范和引导作用，重点在体制、机制和环境建设上大胆探索、不断创新，逐步完善区域创新体系的各项功能。

同时，要进一步加大以下几个方面的工作力度：继续深化科技体制改革，尽快形成与建设区域创新体系相适应的体制与机制；加强科技中介机构能力建设，完善科技创新服务体系，为各类创新主体和广大中小企业搭建坚实的技术信息和服务平台；大力扶持民营科技企业的发展，充分发挥民营科技企业在技术创新和产业化中的主力军作用，使民营科技企业与其他类型的企业一道成为技术创新的主体，成为共性技术、关键技术的提供者和使用者；进一步促进高新区建设和管理体制改革，引导高新区进一步提高创新能力，充分发挥其在高新技术创新及产业化的龙头作用，增强辐射地方经济和社会发展的能力，成为区域创新体系建设的骨干力量；充分重视和发挥大学的重要作用，在促进创新知识的生产、转移和创新人才培养等方面为区域创新体系建设提供有效的支撑。

三、加快区域创新体系建设步伐，对近期工作安排提出以下要求

1. 进一步明确责任和目标。（略）
2. 建立组织协调机制，加强信息沟通。（略）
3. 科技部将进一步加强对研究工作的统筹协调与政策指导。（略）

【思考与练习】
1. 什么是公文？它主要具有哪些特点？
2. 写公文时要注意些什么问题？
3. 简述公告与通告的区别。
4. 报告的正文包括哪些内容？简述报告和请示的主要区别。
5. 请你就自己需要解决的事向学校模拟一份请示。
6. 函的写作适用于哪些情况？
7. 会议纪要与会议记录主要有哪些不同？

19 经济消息

19.1 经济消息的概念、作用、种类和特点

19.1.1 经济消息的概念

经济消息是报纸、广播、电视等新闻媒体常用的一种新闻体裁。它是对社会经济活动中新近发生的有价值的事实的报道。经济消息从反映的范围上来说,是有关经济领域中的各种事情;从时间上来说,是指近期发生的事情;从内容上来说,一定要有价值,否则即使是刚发生的事也不一定成为消息。

19.1.2 经济消息的作用

经济消息在我国社会主义建设事业中发挥着重要作用。主要体现在以下几个方面:
1) 经济消息是宣传党的路线、方针、政策的重要工具

经济消息是新闻的一个重要组成部分。报纸、广播、电视每天都以大量的篇幅报道经济消息,宣传党在现阶段经济建设中的路线、方针、政策和工作任务,使其最迅速、最广泛地同群众见面,从而自觉贯彻执行,努力完成所肩负的任务。

2) 宣传群众、动员群众和组织群众

经济消息通过报道经济战线上涌现出来的新人、新事和新经验,发挥它的组织、鼓舞、激励、批判和推动作用,从而使全国各族人民积极投入祖国的建设事业,推动经济的改革和发展。

3) 促进经济科学的不断发展

经济消息是传播经济科学技术的媒介和工具,它通过宣传报道各行各业的先进科学技术、经济信息、先进经验及传播科学知识,从而促进经济科学技术的不断发展。

19.1.3 经济消息的种类

按不同的分类标准可将经济消息作不同的种类。
1) 按写作特点分

(1) 动态经济消息 主要特点是能迅速及时、简明扼要地报道国内外新近发生的经济事件,反映一个国家、一个部门、一个单位经济工作的新情况、新成就、新气象等。动态经济消息一般以叙述为主,用事实说话,以事实本身的意义来表现作者的观点。

(2) 经济简讯 是最简练的新闻体裁,文字简短,故又称简明经济新闻。它的内容单一、短而快,一般不交代经济活动发生的过程和背景,也无导语。这种报道形式可更多更快地反映经济动态。

（3）综合经济消息　是综合反映带有全局性的经济情况、经济动态、经济成就、经济问题的一种体裁,其特点是内容全面,报道面广,声势大,如概述某个国家、某个地区、某条战线、某些部门的经济形势。报道这类消息,需要占有比较充分、全面的材料,有较强的组织和概括能力。

（4）经验性经济消息　又称典型报道,是对一些具体经济部门、单位的典型经验和成功做法的集中报道。它是在叙述概况的基础上,通过分析综合,从中归纳出反映规律性的经验体会,以指导面上的经济工作。

经验性经济消息一般要介绍情况、叙述做法、反映变化、总结经验,从事实中得出结论,从典型中找出规律。

2）按写作内容分

（1）经济政策消息　它是对党和国家及各部门有关经济政策的制定、实施及政策贯彻情况的消息报道。

（2）技术经济消息　它是对各部门及企业经济工作中有关科技运作情况及其经济效果等方面的报道。

（3）经济效果消息　它是运用统计数字对社会经济活动中各部门及企业在生产要素的投入和产出方面的报道。

（4）产品消息　是反映商品市场状况的报道。

经济消息还可以从其他不同的角度进行分类。但应该说明一点的是,不少经济消息类型有交叉的情况,很难截然分属哪一类。

19.1.4　经济消息的特点

1）真实性

真实性是经济消息的生命和灵魂。真实是指报道的一切事实、数据、背景材料等要确凿无疑,不能弄虚作假,也不能有任何的夸张或虚构。另外,消息的真实还表现在不能仅仅满足于事实现象的准确,还要求透过现象对事物的本质作真实反映。经济消息宣传党的路线、方针、政策的内容和精神要真实、原原本本;反映经济领域里的新成就、新事物、新技术、新产品、新动态等都必须真实;同时,消息中的人物、时间、地点、情节、数据、产品或商品的性能和质量等必须真实;对事实的分析解释,必须实事求是,恰如其分,不能夸大或缩小。

2）及时性

经济消息具有较强的时间性,报道上要迅速及时。迅速就是报道的速度要"快";及时是指报道的内容要"新"。迅速及时才能充分体现经济新闻的"时效性"。

3）短小性

经济消息要简短,这是由新闻传播工具时间、版面等方面因素所决定的。文章简短,就要求语言简练;内容简短,就要求抓住问题的要害,还要舍得割爱,去掉一些不必要的渲染、评价,这样才能使新闻在较短时间内,以较少的版面宣传更多的消息。

4）新颖性

经济消息要写得生动活泼,引人入胜,这样才能吸引读者、听众。要把消息写活,内容上要抓最新鲜、最精彩的事实,文字上新颖、生动、活泼。胡乔木同志在《人人要学会写新闻》一文中提出:要把消息写得"色、香、声、味呼之欲出"。

5）思想性

经济消息思想观点要正确。通过对经济活动新近事实的报道,体现作者的某种思想倾向,从而去引导读者,教育读者。因此写作经济消息,要对事物的现状进行认真分析,并加以综合判断,恰到好处地加以说明、解释,揭示事物的本质,表现作者的思想。

19.2 经济消息的结构与写作要求

19.2.1 经济消息的结构

经济消息的结构一般由标题、导语、主体、结尾等四部分组成,有的还穿插有背景材料。有些简短的经济消息不要求这种结构的完整性,如写作简讯时,可以根据内容需要,不写导语,不交代背景或没有结尾。

经济消息篇幅上有长有短,内容上有多有少,但都应具有一些不可缺少的要素。美联社主编斯通在1898年首次将这些要素概括为"五个 W":何时(when)、何地(where)、何人(who)、何事(what)、为什么(why);我国新闻界也有人将这些要素概括为"六何":何时、何地、何人、何事、何因、何果。写作经济消息,必须把这些要素交代清楚,如人的头脸必须有耳、目、口、鼻一样,缺少了一样,就会不成样子。

1）标题

经济消息的标题是全文的眉目,它以简明的语言概括出报道的内容,点明其意义,以此吸引读者,帮助读者正确理解报道的事实。"题好文一半",因此,必须要精心制作标题,这是写作的一环。标题一般由引题、正题、副题组成,例如:

展现出科学技术改造农村的美好前景(引题)

××平原上出现一个"科技示范村"(正题)

×××村的经验是:办农技讲习所大力培养人才;引进新技术实行多种经营;确定示范户依靠科学技术致富(副题)

引题在正题之上,又称"肩题"、"眉题",主要是介绍背景,烘托气氛,揭示事物的指导思想和意义,与正题互为补充,并引出正题。

正题是标题的主体,要对消息中最主要的内容和含义做出概括与说明,要求明确、简练、突出。

副题在正题之下,又称"辅题"、"子题"。它多是补充介绍正题提供的事实与思想,点明意义,扩大效果。

根据内容的需要,制作经济消息标题的形式一般有以下三种:

(1) 多行标题　多行标题,即引题、正题、副题三者俱全,显得声势大,读者看过标题,即能基本上了解全文内容。如上例中,引题为正题交代背景,渲染了气氛;正题直截了当,精确概括了消息全文;副题为正题作了重要的补充,标明消息的后果。

(2) 双行标题　从另一角度看,消息的标题又可分为两大类:实题和虚题,实题是对事实的概括;虚题是对意义的阐发,气氛的渲染。两层标题虚实结合,互为补充,收到较强的宣传效果。例如:

××牌电视机质量获全国第一名(实)

长在石缝里的一棵灵芝(虚)

这两行标题有虚有实,去掉虚的,少了韵味;抹去实的,令人糊涂。

（3）单行标题　单行标题也是常见的。它鲜明、醒目、上口、易记,一锤定音。例如:

青年医生载誉归来
专业产品名扬海外

2）导语

导语是指经济消息的第一个自然段或开头的几句话。"导"字有三方面含义:即开始、启发、吸引。导语的重要性有两方面:一方面,它用简练的文字把消息中最新鲜、最重要的事实反映出来;另一方面能吸引读者继续往下看。一般文章的高潮通常安排在后部或结尾,而消息却与此相反,它要把最重要的事实放在最前面,越重要的越放在前头,形成一种"倒金字塔"结构。这样的结构,方便消息的传播,方便布置消息的版面,方便删削和制题。

导语常用的形式有以下几种:

（1）叙述式　即把消息中最重要、最新鲜、最精彩的事实简明扼要地用叙述方法写在消息开头。

叙述式导语要注意避免一般化和帽子太大的毛病。

（2）设问式　即把主要事实用提问的方式写出,作为消息的导语,以引起读者关注。

（3）描写式　对消息的主要事实或某一有意义的场面加以简洁朴素而又生动的描写,引人入胜。

（4）评论式　把经济消息阐述问题的评论放在开头。

（5）引语式　直接摘录文件、公报或消息中人物的语言作为导语,展示消息的中心。

3）主体

经济消息的主体是全文的主要部分,接在导语之后。它的主要任务是运用具体的事实材料,把导语中点出的问题,逐层叙述交代清楚。一则消息的质量,主要看导语和主体写得怎样。导语写好了,能点明主题,吸引读者往下看。但单导语写得精彩,而主体部分没有写好,也会令人失望。因为主体是具体展现主题、表现主题的部分。写作主体,一般要做到观点鲜明,内容充实,层次清楚,逻辑严密,通俗易懂,生动引人,使读者获得完整的印象。

消息的主体写作一般有两种方式:一种是根据事实情况发生的先后,按时间顺序来写。这种方法能使读者对事物的来龙去脉有一个鲜明的印象,但要注意避免平铺直叙,或啰嗦冗长。另一种写法是根据事物之间的内在联系,按问题发展的逻辑安排材料。这种写法便于反映事物的本质意义,具有较强的说服力,但要注意避免牵强附会,形成拼凑。不论按哪种写法,都要求紧紧围绕主题(中心思想,亦即导语)组织材料,把导语中提出的问题逐层叙述清楚。在材料的具体安排上往往把最重要、最新鲜的事实放在前边,先写重要的,继写次要的,后写再次的。

4）交代背景材料

背景材料是经济消息所报道事实的历史条件和存在的环境条件及与其他事物的联系。恰当地介绍背景材料,可以烘托深化消息主题,加深人们对报道事实价值的了解。背景材料的写法有三种:

（1）对比性的写法　就是运用一些有关的历史资料、对比性材料来烘托新闻主题。如为了说明一项经济成果的水平,常常拿这项成果与历史上或国内外同类项比较,或与其自身发展的历史进行比较,说明该项成果的来龙去脉及其达到的水平。

(2) 补充性的写法 就是借助有关的历史资料,来补充说明经济消息的主题,使其更充实、更完善。

(3) 说明性和解释性的写法 在经济消息的内容中往往有许多专业术语、经济学原理和新产品、新技术,一般读者不太了解,这就需要用通俗易懂的说明性和解释性的背景材料来说明消息内容。如《人民日报》1987年12月3日刊登的一则消息《塑料天鹅绒以假乱真》,如果光是讲北京塑料十九厂研制成功的新产品塑料天鹅绒达到了"以假乱真"的地步,读者难以明白这种新产品的意义,为此作者在消息中交代了如下背景:"天鹅绒以其高雅华贵,色泽柔和绚丽成为服装和其他装饰品的高档材料。然而由于价格昂贵和原料的限制,不能适应社会需要。"这样,读者就能明白该厂开发这一新产品的意义了。当然,写经济消息不是任何情况下都要有背景。一些几乎人人皆知的人、事、地点,就不必交代背景,硬加上背景材料,反显得累赘,甚至画蛇添足。

5) 结尾

结尾是消息的结束部分。经济消息不仅要注意开头,也要重视结尾,即所谓"善始善终"。一则优秀的消息大多都有精彩的结尾。当然不是所有的经济消息都要有结尾。有些经济消息主体写好了,全文也就结束了。

结尾的写法多种多样,常见的结尾有以下几种:

(1) 总结式 即对全文写作作一概括性总结,以加深读者印象。

(2) 探讨式 这种形式的结尾,旨在期望读者的探讨和深思。

(3) 议论式 在结尾处议论几句,既能概括全文,又能启迪读者。

(4) 提问式 这种结尾,往往可以引起读者对消息所述事物的思考,以利于对某一问题的研究、探讨和解决。

(5) 引语式 引用消息中人物的语言,以道出消息的中心或主题。

此外,结尾还有描述式、展望式、警句式等等。总之,写消息的结尾,没有固定模式,要从实际出发,善于创新。

19.2.2 经济消息的写作要求

1) 内容要真实

消息要求报道真人真事,不能虚构,也不能道听途说,随意发挥,而应用事实说话,实事求是地报道,反映消息的真实面貌。

2) 层次清晰,结构紧凑

在消息写作中,要组织好材料,安排好材料,做到合理布局,前后连贯。如哪些材料在前,哪些在后;哪些需要详写,哪些需要略写等,要做到有主次、有轻重、有详略,衔接紧凑而不分散。

3) 语言简朴,准确生动

消息的写作要适应各阶层、各种文化程度的读者的需要,所以消息不仅要求简洁,还要求通俗、朴实。美国一位新闻学家道格拉斯·伍德·米勒在他的《新闻语言的特色》中指出:"最优雅的写作是最简朴的写作"、"要避免用多数人不懂的行话"、"要使用普通而熟悉的词"。消息的语言应该是朴素而不单调,优美而不花哨,概括而不枯燥。

[例文]

1.6L 伊兰特低价上市

本报讯（记者薛岩）北京现代汽车昨天正式公布了最新 1.6L 伊兰特系列车型的配置和价格。此次推出的 1.6L 伊兰特分为手动标准型、手动豪华型和自动豪华型，售价分别为 12.68 万、13.58 万和 14.98 万。业内人士认为，1.6L 伊兰特 12.68 万元这一价格正好可以上打宝来（14.8 万元）、凯越（14.98 万元），下压 10 万元经济型轿车。

在中国，1.8L 和 1.6L 轿车一向被市场称为"黄金排量"，主要因为这一排量的轿车最适合目前中国的道路交通特征和人们的生活用车习惯。1.6L 伊兰特的外形与 1.8L 伊兰特完全相同，在标准型配置的基础上，豪华型增加了倒车雷达、全自动天窗、遥控中央门锁和电动带加热功能的外后视镜；豪华型还配备了全自动空调和座椅腰垫，手机免提系统、语音提示系统和行车电脑，使驾驶更加人性化，后排中央扶手和杯架则满足了后排成员的需要。1.6L 伊兰特油耗并不高，手动车型 90 km/h 等速油耗仅为 6.2L。共有温馨黄、激情蓝、香槟银等 8 种颜色供消费者挑选。

据了解，伊兰特计划今年生产 8 万辆，将超过北京现代最先推出的索纳塔车型，其中 1.6L 伊兰特的产量将略多于 1.8L 伊兰特，达到 5 万辆。1.6L 伊兰特将在 4 月 20 日左右上市，而自动豪华型将要到 6 月初才能上市。

（《京华时报》2004 年 4 月 15 日）

【思考与练习】

1. 写经济消息首先要拟好标题。请从近期的有关报纸上选两个单行标题、两个双行标题、两个三行标题，然后逐个进行分析，评论这些标题拟得怎样，从而更好地领会拟写标题的要领。

2. 根据本章介绍的导语常用的几种形式，从有关报纸上分别找出它们各自的例子来，并分析比较一下，哪种写得好？为什么？若让你写，你如何写？

3. 根据身边发生的事，试写一则消息。

20 经济学术论文

20.1 经济学术论文的概念、作用、种类和特点

20.1.1 经济学术论文的概念和作用

经济学术论文是科学论文的一种。它是经济科学研究工作中用来进行理论分析和总结研究成果的一种文体。它是对经济领域的现象或规律进行系统研究和探讨的文章。

经济学术论文的应用十分广泛,高等院校经济管理类学生要写学年论文、毕业论文、学位论文;研究人员要写科研论文;处于经济管理第一线的管理工作人员也常要写专业论文。经济学术论文既是人们从事经济科学研究的一种手段,也是进行经济学术交流的一种工具。经济学术论文有以下重要作用:

(1) 具有价值的经济学术论文是国家制定经济政策的理论依据。经济学术论文的价值,在于它能反映一定历史时期的社会经济发展的规律。在任何一个社会经济形态内,经济生活的各个方面,如生产、分配、交换、消费等,都有各自的规律可循。而经济规律必须靠专家通过实践与研究加以揭示,政府的好的经济政策的确立,都是以反映经济规律科学性的经济学术论文为依据的。因此,撰写经济学术论文是运用经济规律为人类服务的一种手段。

(2) 经济学术论文是传播经济知识、交流经济建设经验的重要形式。经济学术论文同样具有宣传的意义。社会经济学科每一领域的原理、规律的揭示,总是涉及某一社会群体的利益,会引起一定的反响。如果学术上有重大突破,往往带有划时代的意义。经济学术论文撰写者对专业知识的熟悉和了解,往往在经济学术论文的论述中充分表现了出来,这样也就大力传播了经济科学知识,使社会上越来越多的人能够懂得经济知识,更好地参与国家经济建设。

(3) 高校学生写作经济学术论文,是对自己全部学习成果的总结,是学校对学生所学理论知识及其应用能力的全面考核。一篇好的毕业论文,是一个人学识、实践、技巧等各种能力的综合反映。通过论文的评审,可以考查学生在修业期间是否掌握了教学计划所要求的理论与专业知识,并考核学生运用所学知识、解决实际问题的能力。合格的论文,也是授予相应等级学位的主要依据。因而,写好毕业论文,就为学生本人以后发表见解、参与经济建设的实践打下了坚实的基础,这对确保培养合格的建设人才有着十分重要的意义。

20.1.2 经济学术论文的种类和特点

1) 经济学术论文的种类

根据不同的标准可以将经济学术论文分成各种类型。它们在写作上各有不同的特点和要求。

(1) 根据对经济活动内容范围和分析研究对象的不同分,可以将经济学术论文分为宏观经济学术论文、微观经济学术论文两大类。

① 宏观经济学术论文主要指对国民经济发展中全局的、整体的宏观经济学范围的普遍性的经济问题进行科学的、客观的、现实的论述文章。诸如有关社会主义初级阶段的经济规律、我国现阶段国民经济发展战略、所有制的结构及其形式、价值规律、按劳分配规律、国民经济计划中积累与消费的比例关系、社会总需求和总供给的平衡问题、货币流通问题等进行分析、研究和描述的论文。这些都是关系到国计民生的重大问题,解决不好就会带来巨大的损失。要认识以上这些问题就需要对其进行论述、论证,揭示客观经济规律。

② 微观经济学术论文是以国民经济中具体的、局部的、特殊的经济问题为论述对象的文章。微观经济学术论文侧重于对经济领域中具体事物和经济活动中具体方式、方法的论述。如某部门内部结构、企业的经营管理、产品的经营销售、银行信贷规模结构、消费者行为等问题的论述。这些论述为解决具体问题提供方向性的意见。

宏观经济学术论文和微观论文的划分是相对的,因为宏观经济分析和微观经济分析总是结合并用、互为补充的,在一定的条件下,微观与宏观会发生转化。如价值规律和市场供求的关系,以一个工厂、一个企业看是微观,从整个社会的经济范围看又是宏观。对宏观的认识离不开对单个、局部的考察;对微观的认识也要从总体上全面考察。在分析研究问题、撰写论文时,要从多方面分析,努力克服片面性,这样才能得出正确的结论。

(2) 根据用途上的差别分,可以将经济学术论文分为考核学生学业水平和科研能力的学年论文、毕业论文、学位论文和一般研究工作者撰写的论文。

① 学年论文是高等学校高年级学生的一种独立作业,用来考查学生一学年的学习成绩。

② 毕业论文是对大学毕业生进行考核的一种方式,目的在于检查学生在大学期间学习的知识和综合运用知识分析、解决问题的能力。

③ 学位论文包括学士论文、硕士论文、博士论文。为了获得学士学位撰写的论文是学士论文,一般就是毕业论文。硕士论文是攻读硕士学位研究生的学位论文,要求有新的见解,并在理论与实践上有一定的科学价值,并能反映出作者具有独立从事科学研究的能力。博士论文是攻读博士学位研究生的学位论文,要求反映出作者在自己所研究的领域具有广博的知识,要提出独创性见解,同时要反映出作者具有较强的科学研究能力。

④ 一般研究工作者撰写的论文,集中反映研究者的研究成果,或供报刊发表,或在学术会议上交流。

(3) 从议论的方式上区分,可以将经济学术论文分为立论性论文和驳论性论文。

① 立论性论文是运用充分有力的论据从正面阐明自己提出的理论、对策、方法的正确性。

② 驳论性论文则主要是运用充分有力的论据来反驳别人的观点。

需要指出的是,立论和驳论虽然是两种不同的议论方式,但在论文中亦不是对立的,而往往是交替使用。有的经济学术论文以立论为主,称立论性论文;有的以驳论为主,称为驳论性论文;还有的是两者结合。这些都要由文章的内容、写作目的及方法来决定。

2) 经济学术论文的特点

经济学术论文的特点,主要表现在以下几个方面:

(1) 创造性　它要求作者在前人理论和经验的基础上有新颖独到的创见并有所提高和

突破。无论一篇文章的创造性是大是小,但总要有些新的东西,能对推动科学技术进步起一定的作用。

(2) 理论性　它要求作者对调查、实验得到的结果从理论上进行分析和总结,形成有系统的科学见解。其立论要能正确揭示客观事物的本质,符合客观规律;论据要确凿、充分、有力;论证要严谨、周密,符合逻辑性。经过严密论证和说明的论文才能具有实用价值和理论价值。

写作论文完全不同于作家写小说那样自由。写作论文要运用到定义、公理、假设等,还要把有关知识建立成一个体系。而这个体系的基本原理、逻辑演绎和检验结论,与研究对象领域中的经验事实是相对应、相一致的;在对外关系上,又要同业已确立起来的以往的理论相容为一个整体。

(3) 科学性　科学性是学术论文的生命。在经济学术论文的写作上,科学性表现在:首先是观点正确,符合马克思主义的基本原则,符合唯物辩证法,符合事物的发展规律。其次是材料要真实、充分、全面,材料不能弄虚作假,不能无中生有。第三是论文的论述要中肯,不应带主观的感情色彩,而应以冷静的、客观的、公正的态度,对事物进行阐述、说明和议论。

(4) 专业性　学术论文不像一般文章那样面向广大读者,它的读者对象是有关专业人员。论文的成果,或供专业考核,或供报刊发表,或在同行研究中交流,因此,学术论文具有明显的专业性。论文在论述中要准确地运用一些术语,在语言表达上带有专业特点。经济学术论文的专业性,更重要的是在观点、材料及论证过程中通过有关理论知识体现出来。

20.2　经济学术论文的选题与集材

撰写经济学术论文一般有以下几个步骤:首先考虑写什么内容,中心论点是什么?主要的小论点有哪些?其次是列出提纲,进行调查研究,收集有关资料;再次是抓住问题的本质,对资料进行综合整理、分析,围绕中心取舍剪裁,依照内在的逻辑关系将各项素材进行整理,对各项论点展开论证,从而得出正确的结论。简言之,在写作过程中要掌握好选择论题、收集材料和执笔成文三个环节。

20.2.1　经济学术论文的选题

1) 选题的意义

论题是论文研究和陈述的对象。选择论题是经济学术论文写作的第一步,也是论文成败的关键。在经济写作学界有这样的说法:"选好一个研究题目,就等于论文成功了一半。"这句话高度概括地道出了选题对经济学术论文写作的意义。选择论题同确定论文的题目不是一回事。论题是研究的目标、范围和中心,是在研究正式开展前必要的也是主要的酝酿。论文题目是论文所拟定的文字标题,往往在执笔成文阶段拟就,甚至在论文写成后修改拟就标题或重定标题。

2) 选题的原则

论题实际上是作者对经济实践的大量材料经过理性思考而确定的。在选题时,要充分考虑客观和主观两方面的因素,即不仅要考虑社会需要什么,还要考虑作者本身能做到什么。具体说来,选择论题要遵循以下几个原则:

(1) 选择宏观上具有科学价值的论题　科学价值是经济研究和经济学术论文的生命。

学术领域中每一项新发展、新创造都将推动科学的发展,是每个经济科学工作者努力追求的目标。选择有科学价值的课题进行研究和探讨,才是循此目标前进的正确途径。科学价值体现在揭示客观规律、探求真理、有益于经济科学事业的发展和提高经济效益。因此,具有科学价值,是选题时应该优先考虑的。

(2) 选择现实性强的论题　在大量的社会经济问题中,有些是关系到国计民生的重大论题,不仅重要,而且急需解决;有些是某个方面的关键问题;有些虽然只是局部性、一般性问题,但却迫切需要解决。这类问题往往与社会生活和经济科学的发展密切相关,为国家和人民所关注。因此,所有从事经济科学研究的人,都应以强烈的责任感和时代感,义不容辞地投入这类课题的研究中去,撰写出高质量的论文,为我国的现代化建设事业服务。

(3) 选题要有新的发现　作者选择论题时,要有新的发现、新的观点、新的发展、新的创造。在经济科学领域,还有一些无人涉猎的问题,有些空白需要填补;有些不正确的观点需要纠正;有些薄弱环境需要加强;有些有争议的问题也需要争鸣;有些因形势发展变化而引起新的看法。撰写经济学术论文,就应敢于开辟新的领域,进行新的探讨,勇于发表自己的独到见解。只有这样,才能有新的发现,写出有创见的经济学术论文。

(4) 选题要考虑主客观条件　选择论题要考虑自己的主观条件和客观条件。主观条件,如自己的知识结构、智力素质、个人兴趣等;客观条件,如资料、时间、资金、人力等。不顾主客观条件,盲目选定论题,不可能成功;片面强调主客观条件的限制,避难就易,就会流于肤浅。论文作者要恰如其分地估计主客观条件,选择能够胜任得了的,同时又是有一定的价值,经过艰苦努力,可以实现的论题。

对于初学者来说,选题时易犯贪大求全的毛病,动辄"全局战略"、"目标模式"。有些初学者往往以为题目大论文便有分量,其实这是误解。对于大题目,往往由于个人学力不足,缺乏对事物的深刻认识,无法深入论述,只能浮光掠影地说一些空乏的、人云亦云的话。因此,对于初学者来说,在选择论题时,首先要加强学习与调查研究,进一步深化自己的认识,对研究的对象从不同角度多提出几道论题,然后多方比较,从中选择一个或重新提炼一个适合自己的论题。一般来说,选题要具体些、范围小一些,而对问题的分析则力求透彻,即"开口要小,开掘要深"。

3) 选题的途径

选题是科学研究的目标选择。只有刻苦钻研,认真思考,才能选到合适的课题。选题一般有两条途径:

(1) 从查阅文献资料中选题　通过查阅有关文献资料,可以了解到某方面的问题人们都做了哪些研究,研究的程度如何,还有哪些问题需要进一步研究,从中得到启发,既避免重蹈覆辙,又能相继产生新的题目。论文撰写者必须学会利用图书馆、资料室去查找文献资料,以达到选题目的。

(2) 从实际经济活动中选题　科学研究最终要为实际经济工作服务。经济生活中不断出现新情况、新问题、新经验。论文作者应关注实际经济活动中出现的"热点"、"难点"、"疑点",通过调查研究,选择出科学研究的题目。这是论文选题的一条重要途径。

20.2.2　经济学术论文的集材

论题确定以后,接下来要做的工作,就是要围绕选题广泛收集材料,这是经济学术论文撰写工作中十分重要的环节,也是一项基础工作。鉴于本书在有关章节中已就材料问题进行过专门论述,这里只就论文写作过程中材料的收集作些必要说明。

收集材料主要有进行社会调查和查阅文献资料两种途径。

1) 社会调查

这里所说的调查是要围绕论题开展的调查,其目的是收集论题中所需要的资料。为了达到这一目的,在调查前应做好准备工作。首先要拟定调查提纲,重点了解与论题有关的情况,其次要选择有代表性的调查对象,然后开展调查。调查方法有实地考察、召开座谈会、个别采访和查阅账册、报表。对调查得来的材料还要进行认真的验证,深入思考。一是要辨别材料的真伪,探究其可信程度;二是要鉴定材料所反映的是个别现象,还是具有代表性和普遍性,考虑其深刻程度。要从经济现象及经济活动发生、发展的全过程来验证它,并用与它相关的其他材料进行比较,有时还要通过一定的实验对调查来的材料作反复检验。在整理、验证的过程中,发现资料不全或不真实,必要时可再次调查核实。只有获得较全面翔实的材料,并通过认真的分析、研究、归纳、综合,才能引出正确的结论,提炼出正确的观点。

调查研究必须端正思想。是从书本出发还是从实践出发,这不仅是一个调查思路问题,而且是整个研究和论文指导思想问题。从书本出发,即为书本上已有的结论找例子,那么,实践中很多丰富生动的事实就发现不了,或者不想去发现,更不会去发掘。这样做,写不出立论新颖的文章来,更不能反映实践中出现的新问题。从实际出发,不带固定的框框,先了解实际情况,然后从中发现问题,再作分析、研究,坚持实事求是的原则,才能真正反映事物的本质。

2) 查阅文献资料

查阅文献资料是撰写经济学术论文获取材料的另一条重要途径。文献资料是别人用文字或其他手段(如录音、录像等)记录下来的各种知识信息。文献资料的书面表现形式有图书、期刊、文件、档案材料、会议记录、学位论文、商品说明及各种统计资料。通过阅读文献资料,可以了解国内外研究动态,学习、借鉴前人的研究方法和研究成果并为自己积累材料。从而在继承前人或他人成果的基础上,充分发挥自己的聪明才智,创造出新的成果,也可避免前人走过的弯路,或避免重复他人已取得成功的劳动。

查阅文献资料首先要广泛收集论题所需要的书名、篇名目录及出处。收集方法,一是靠平时积累,经常有计划地浏览各种书刊,从中摘录同自己研究有关的目录;二是借助于现代目录学的成果,如"论文目录索引"、"研究资料索引",通过图书馆、资料室的分类目标查找,或查阅某些专业的研究资料索引、年鉴。至于某个专题的论文汇编,其用处更大、更直接。

对收集到的大量材料需要随时记录。记录方法有剪报、写读书笔记、在书中夹纸条、做记号,但最方便、最灵活的办法是做卡片。卡片内容单一、使用方便。如果卡片资料比较丰富齐全,同时把有关的调查资料也制成卡片,把这些卡片按一定的思路合理地进行排列组合,按实际需要进行取舍,则论文的基本轮廓也就显示出来了。卡片摘录的内容要准确、精练、规范,作者、署名、出处须逐项写出,以便进一步查找。

对收集到的材料还要及时整理,否则查阅起来就很不方便。为了便于提取和及时利用自己积累的大量资料,一般采取分类存放法、索引法加以整理,使全部材料系统化。集材实际上是向大脑不断地输入并贮存信息。这种信息积累得越多,思路就越开阔。新的探索、创造只有在各种信息的比较和撞击中才能在事实上变为可能。另一方面,要使探索、创造的可能真正变成现实,必须充分发挥大脑的功能,进行科学的创造性的思考。集材、分析、研究、创造是一个统一的过程,是一个不断深化的过程,也是论文观点逐渐形成的过程。

20.3 经济学术论文的论证方法

20.3.1 经济学术论文的表达方式

经过收集资料和初步分析研究之后,人们会对事物的本质规律有所认识。然而要把这些认识变成明确的观点写进论文中,还要进行充分的论证。论证是运用论据证实论点的逻辑推理过程,是思维精密化的过程,也是写作过程论证阶段的深入化。论证的基本目的就是揭示论据与论点之间的必然联系。

经济学术论文属于议论文体,其表达方式当然是以议论为主,但同时也需要叙述、说明。叙述和说明往往和议论交织在一起,直接或间接地为阐述观点服务。说明常常为议论的展开创造条件,或者是议论的补充。叙述有时是为了引出观点,有时则为证明观点提供事实依据。说明要简明扼要,叙述要概括清楚。总之,经济学术论文是以议论为主,叙述和说明为辅,恰当地、综合地运用这些表达方式的文体。

20.3.2 经济学术论文的论证方法

经济学术论文旨在说理,以理服人。把复杂的经济问题论述得准确、精密、严细,就必须正确地选择、恰当地运用论证方法,以提高论文的科学性。

经济学术论文的论证方法有多种,可分为直接论证和间接论证两大类。

1) 直接论证

直接论证又称"证明"、"立论",是直接从正面用论据来证明论点正确的论证方法。经济学术论文是属社会科学范畴,在研究经济问题,撰写经济学术论文时,往往采用科学的抽象法。科学的抽象法又可分为归纳法和演绎法两种。另外,还有两种特殊的论证方法,即统计推理法和数学模型法,这是归纳推理和演绎推理两种逻辑论证方法的发展和演化,是它们的数学化的表达。

(1) 归纳法 归纳法是人们从个别事物或现象中认识该类事物的普遍性和共性的逻辑方法。归纳是人们由感性认识上升到理性认识的最基本的逻辑方法之一。人们通过调查,获得了对客观事物的大量材料,首先要用分类统计等归纳方法进行初步加工,然后才能进行比较复杂的归纳推理。归纳推理中的常用方法有事例论证法、比较论证法、因果分析论证法。

① 事例论证法:事例论证法是用典型的事例作论据进行证明的方法。也就是人们常说的"摆事实、讲道理"的方法。这是一种运用最普遍的说理方法。有的论文通篇就是运用一两个事例的分析来证明观点。邓小平同志在《关于农村政策问题》一文中,为了论证农村实行生产责任制,因地制宜发展生产,要"从当地具体条件和群众意愿出发,不要只讲一种方法"的观点,就举了过去以贫穷落后著称的安徽省凤阳县的例子,说这个县"绝大多数生产队搞了大包干,也是一年翻身,改变面貌。"这个例子,言简意赅,很有说服力。

论点与证明的事例,哪个先写,哪个后写,可以根据论证的需要而有所不同。一般是先提论点,接着举事例;记述事物一般性和特殊性的文章,可以先举事例,然后归纳出论点;也可边论述,边举事例,使各个分论点得到证明,从而充分证明中心论点,并使读者能够深刻领会文章的含义。但不论哪种情况,作为论据的事例,都必须真实典型,并同论点有必然的内在联系。所举事例可以是具体的,也可以是概括的,还可以是统计数字;可以多举,也可少举。这些都视论证需要而定。

② 比较论证法:通过比较论证观点的方法在经济学术论文中运用十分广泛。比较论证法常用的有对比论证和类比论证两种形式。

所谓对比,是指根据一定的标准,在同等条件下,比较对象之间的共同点、差异点,以看出异中之同和同中之异的一种逻辑形式。在经济学术论文中运用对比法进行论证,可以准确地把握论述对象(论点)的共性和特殊性,从而使认识深化,使论证更加有力,给人留下深刻印象。通过对比论证观点,可以是一般的文字阐述,也可以是统计数字。

所谓类比,是根据两个或两类事物在某些属性上相同,从而推出这两个对象在其他属性上也相同的一种推理方法。它是由个别推到个别,由特殊推到特殊,由一类对象推到另一类对象的推理形式。例如,去某地调查,要为这个地区的农村经济结构改革提出一个合理的方案。调查中发现该地区在社会经济资源及自然条件以及其他一些方面与另一地区农村经济结构比较合理的地方相同或相似,于是,研究人员可以设想,该地区可以采用另一地区的农村经济结构的模式,这就是类比推理。类比推理的结论是不是必然的,一般还要用其他方法进一步论证。要提高类比论证的可靠程度,要注意以下四个方面:一是尽量多地比较两个对象的联系。二是相比较的共同属性与被推出的属性之间要有必然的联系。三是寻找有无和结论相排斥的属性,如果出现了不相容的属性,其结果必然是错误的。四是要抓住事物的本质属性进行类比,这样,结论的可靠程度就大;反之,如果仅停留在事物的表面现象上或非本质属性的类比,这叫机械类比,结论必定是错误的。

③ 因果分析论证法:因果分析论证法是通过分析问题、剖析事理,揭示出经济问题的因果关系,从而论证论点正确、合理的一种论证方法。这种论证既可以是原因证明结果,也可以用结果推到原因。需要注意的是,作为论据的原因,必须是事实存在的基本原因;作为结论的结果,必须同原因之间有着必然的联系。当然,取得某一结果的原因往往是复杂的,有内因与外因,主观原因与客观原因等,主要原因与次要原因等,这些都需要全面分析。

(2)演绎法 演绎法是根据已知的一般原理和规则推到个别事物或现象的规律的逻辑方法。它的推理特征在于从一般到特殊。同归纳推理相比,演绎推理的最大优点是只要推理的前提是正确的,推理的方法是对的,它的结论就是正确的。在论文写作中,常用的演绎推理有引证法和三段论两种。

① 引证法:引证法是用已知的公认的道理、原则作论据证明个别事理的逻辑方法。引用来证明论点的道理和原理常见的有经典性言论、公认的原则、公理、格言等。运用引证法要注意不要断章取义,不要引用过多,引用的观点和言论必须是正确的。

② 三段论:三段论是演绎推理常见的形式,它由两个前提和一个结论构成。一个前提是一般原理,叫大前提;一个前提是某种事实同一般原理的关系,叫小前提;将大前提和小前提联系起来的新判断叫结论。三段论的公式是:凡对某一类事物在全体上有所肯定,则对该类事物中的个别对象也必有所肯定;凡对某一类事物在全体上有所否定,则对该类事物中的个别对象也必定有所否定。肯定的形式如:一切金属都是导电体,铜是金属,所以铜是导电体。否定的形式如:上层建筑不是经济基础,文艺是上层建筑,文艺不是经济基础。在经济

学术论文中,三段论的运用非常灵活,它常以省略的形式、变化的形式出现。三段论的结论是否具有必然性,主要看它的前提是否真实,论证过程中是否遵守了推理的规则。

(3) 统计推理法和数学模型法 这两种方法是将归纳推理和演绎推理两类逻辑论证方法用数学形式表达出来,从而把对某一经济问题的定性分析与定量分析结合起来,以增强经济学术论文的科学性。

① 统计推理法:统计推理是归纳法的一种类型。它是由总体中部分单位所具有的某种属性推出总体具有某种属性的方法,也就是用非普遍调查的非普遍资料推导出普遍性情况的方法。例如要了解全国居民对某种商品的需求量,考虑到经济收入的多少影响到各居民对这种商品的需求量,就要把居民按经济收入分为若干类,从各类中抽取一定量的居民进行调查,得到各类居民对该商品需要量的比例,然后分别将需求比例与各类居民相乘,得到各类居民对该商品的需求总量,然后再求得全国居民对该商品的总需要量。又如农民每年人均收入的情况,就是国家统计部门用抽样调查法得来的资料进行统计推理而推导出来的。统计推理法在经济学术论文中常用于提出某些设想和假说。

② 数学模型法:数学模型法是通过数学模型的建立或使用来论证经济问题的方法。它是对归纳推理和演绎推理的数学化表达。同其他论证方法相比,数学模型具有简练性和严格性的特点。

数学模型的建立是由观察和分析具体事物和现象开始的,即由归纳开始。数学模型建立的过程是:首先要调查和分析某一经济活动过程中的各种因素;其次是找出这些因素间的复杂关系,在此基础上建立系统模型;最后是通过计算得出公式模型。而用数学模型来论证某一具体问题,则是演绎推理的过程。在运用数学模型时,一般先要对研究对象进行分析、统计、归纳;然后将有关各种因素的数据代入模型进行计算,求得解答。如有人通过对某地区农村劳动力剩余情况的调查和分析,在归纳的基础上设计了一个数学模型:

$$G = (A - F)/A$$

式中,G 代表农村劳动力剩余度,A 代表农村劳动力总数,F 代表农田耕作所需的劳动力人数。实际上,这是一个较简单的数学模型,但要求得 F 的值则是比较复杂的。通过参数 F 的值求出农村剩余劳动力的剩余度,G 的值愈大,表明劳动力剩余的问题越突出。运用这一数学模型进行计算,得出结论则是演绎推理的运用。建立数学模型必须满足两个条件:一是利用模型预测的事物必须普遍;二是模型必须能说明大量的事实,而不是仅能说明某些特定的事实。在建立和运用数学模型时还要注意,客观事物是复杂的,各种因素又紧紧交织在一起,如果遗漏了重要因素,得出的模型就不可靠。在初步建立模型后,还要与现实比较,必要时,还要加入一些因素对模型进行修正。在使用模型时,发现不合理的因素也要及时修正。一般说来,模型计算的结果,还要同综合运用其他逻辑方法所得的结果进行比较,才能达到准确论证的目的。

2) 间接论证

间接论证又称"驳论"、"反证",是通过批驳对方的错误、驳倒对方而反证自己观点正确的论证方式。反驳别人的观点,一般应首先明确地将需要反驳的观点摆出来,然后逐一进行反驳。反驳的主要途径有以下三条:

(1) 反驳论点 就是直接用事实和道理证明对方的论点是错误的。常用的方法是指出构成对方论点的基本概念含混不清或有错误。例如,有一篇文章在反驳"衡量生产力,尤其是农业生产力的标准是产品数量"的观点时,就直接剖析生产力的概念。作者先指出生产力的定义:"生产力是人们利用、控制和改造自然的能力。"接着引用马克思的话进一步分析生产力的内涵,最后做出结论,认为劳动生产率才是衡量生产力的标准。作者利用定义直接反驳了对方论点,说明了问题。

(2) 反驳论据　就是证明对方说明论点的理由和根据是靠不住的或是错误的。如有人反驳"中国人口多,劳动力有剩余,农业不需要机械化"的观点时,就反驳了论据"中国农村劳动力多"这一前提。作者指出在单一搞种植业时情况可能是这样,但现在农村搞多种经营,劳动力可能不但没有剩余,反而会感到不足;其次是新一代的农民迫切需要受教育,参加文化娱乐活动,这是必需的,而不是劳动力剩余的表现。支撑论点的根据不存在了,"农业不需要机械化"的论点也就难以成立了。

(3) 反驳论证　反驳论证是指出对方论点与论据之间没有必要联系的逻辑方法。例如,有一篇文章认为,我国农业同高度发达的欧美农业比较,各项生产指标都处于领先地位,因此,我国农业生产并不落后。针对这个观点,另一篇文章运用反驳论证的方法指出:对方在比较各国农业生产水平时,其方法是不科学的,因此其结论也是不能成立的。首先,对方仅根据农产品数量而撇开劳动耗费来谈农业生产水平;其次,对方主要根据粮食和棉花的增长速度来看我国农业生产水平;第三,对方计算粮食产量的方法是不科学的。总之,对方在逻辑上犯了以偏概全的错误,论证的根据同论点没有必然的联系,所以作者认为对方的观点是不正确的。

20.4　经济学术论文的执笔成文

写论文在经历了选题、收集材料,并确定了论证方法,解决了"写什么"的问题之后,需要进一步考虑的问题就是经济学术论文"怎么写",即如何执笔成文的问题了。

经济学术论文的执笔成文,需要做的工作很多,下面依次分别加以说明。

20.4.1　构思与编拟写作提纲

1) 构思

构思和编写提纲是论文起草前的必要准备。

构思是指论文作者通过积极思考,清理自己所要表达的思想和材料,并正确运用各种叙述、说明和论证方法,使思路精确化、简明化、条理化。这项工作称构思或叫思路清理。构思是表达阶段的重要环节。构思的根本任务就是要找到一个最核心的基本观点,然后一环扣一环、逐层展开各个观点,使文章各部分、各段、各层都紧紧围绕这个核心,形成一个严密统一的结构体系。例如,马克思的《资本论》第一卷讲"资本的生产过程"即"个别资本的直接生产过程",第二卷讲的是"资本的流通过程",第三卷讲"资本主义生产的总过程"。为什么个别资本的生产过程讲过以后,不接着讲资本主义生产的总过程呢?因为正是通过流通,把千千万万个别资本生产过程结合成为全社会的总生产过程,不先讲清流通过程,就没有办法讲清全社会的总生产过程。马克思的叙述顺序正确地反映了客观事物内在的必然联系。经济学术论文的构思,不是作者观点的简单排列,其实质是作者运用抽象思维,搞清材料与主旨、材料与材料间的内在的逻辑关系。归根结底,论文作者清理自己的思路,实际上是对材料的再认识,是理清材料的脉络。

从思维的角度看,构思过程中大致有两个阶段:首先围绕一个中心问题展开广泛联想,称为"发散思维";然后将思考的问题归类、选择,称为"收束思维"。在构思中发散和收束是交错进行的,这就是分析和综合的思维过程。实际上,这种思维过程在选择论题和收集材料时就已开始了。

2) 编写提纲

要将构思的内容进一步清晰化、条理化,就必须列出提纲。撰写论文要将大量的材料按一定的思路组织起来,并且要组织得紧凑、严密、逻辑性强,编写提纲显得特别重要。

(1) 编写提纲的程序

① 编拟标题。经济学术论文的标题要力求以最鲜明、最简洁、最确切的语言文字概括出论文的中心或论题,尽量做到具体、直接、醒目,如"论二、三产业的发展与农业劳动力转移"、"关于我国农业综合生产能力的初步研究"等。

② 拟出论文的中心论点,并将从哪些方面、按照什么顺序来阐述中心论点简要列出。

③ 在论文总体逻辑构成及框架排定后,逐个安排各项目下的论点,最好能写出重要段落的首句。

④ 根据段落安排,对于作为论据的资料卡片,按照构思顺序编码备用。

(2) 编写提纲的方法 经常从事经济理论写作的人,在工作实践中摸索出不少实用的编写提纲的办法。这些方法大致有:

① 将资料卡片按一定思路合理排列,就能得到文章的基本脉络。

② 根据论题,展开自由、不拘大小、不问次序的思考,想到一点内容,就用几个字的小标题写下去,直到所想到的内容都记下来为止。然后对这些杂乱无章的标题进行衡量选择,把无关紧要的、意思重复的丢开,把需要的内容选择出来,从中理出一个线索和次序。把这些内容串联起来,这就成为文章的提纲。

③ 根据论题列出文章主体部分的大纲,先考虑大纲的安排是否合理,如认为大纲的安排已基本合理,再列出各部分的细纲,并把有关材料附入细纲之中,如某一材料从不同角度看可以列入不同的细纲之中,而某一纲目也可附上若干相似的材料,这就需要从全局通盘考虑,合理取舍,恰当安排。

以上三种列提纲的方法不是绝对分开的,在实际撰写过程中可以灵活运用。如果准备工作很充分,资料卡片(包括调查材料卡片)制作得很完整,可用卡片排列法;如果已占有了大量材料,并已基本理出主要头绪,可采取举纲张目(细则)法;如果对论题的考虑还不够充分,材料掌握得还不全面,可以根据论题展开思考,运用发散联想法。

(3) 写作提纲的形式 经济学术论文写作提纲的形式有多种,常见的是以下形式:

① 标题(副标题):指出中心论点或论述范围。

② 绪论:提出论题,阐明意义。

③ 本论:列举论点、论据,展开论证。

第一分论点——论据 1、2、3…

第二分论点——论据 1、2、3…

第三分论点——论据 1、2、3…

⋮

④ 结论:归纳总结,呼应绪论。

写作提纲拟定后要认真检查,反复推敲。特别要检查是否把应该突出的重点都注意到了,所选择的论证角度和论证方法是否恰当,论述的条理是否清晰等。总之,要力求完备、周密,以利于论文写作的顺利进行。

20.4.2 经济学术论文的结构

论文的结构是写作中的一个非常重要的问题。占有了材料,只能解决"言之有物"的问题;确立中心论点,只能解决"言之有理"的问题;而将纷繁众多的材料依据表达中心论点的需要适当地编织,进而解决"言之有序"的问题,则是结构的任务。这一任务解决不好,则材料只是零散的材料,观点只是抽象的思想,它们各自游离而不能有机统一。可以说,主题或中心论点是论文的"灵魂";材料好比论文的"血肉";而结构则是论文的"骨骼",是论文表现形式的一个最主要的问题。

就论文写作来说,安排其结构不是在执笔成文时才开始考虑的。实际上,在构思及编写提纲时也就考虑论文的结构了,只是在起草时,对结构的考虑要更详尽,并且在文章中具体地表现出来。经济学术论文的结构有自己的基本构成形式,即人们通常所说的绪论、本论、结论"三段式"。按照这种在人们共同的思维规律基础上形成的基本结构形式写论文,既比较省力,又便于组织材料表达观点,还便于读者阅读。

1) 绪论

绪论是经济学术论文的开头。写这部分的基本要求是提出问题,确立论题,说明研究这一论题的价值和意义。如果论文的篇幅较长,还要概括介绍全文的中心思想,从哪几个方面进行论述,并提示论文的结论。在具体写时,可直接了当地提出论点;可以通过交代写作背景摆出问题;可以设问开头;也可以介绍对方论点为靶子开篇。绪论在论文中所占篇幅比例较小,所以,无论采用何种方式撰写,交代上述内容都必须简洁明快,"画龙点睛"。

2) 本论

本论是论文的主体部分。在这一部分要展开论题、分析问题、表达作者的研究成果。它在整篇文章中地位最重要,是文章的核心部分,所占篇幅也最长。

这部分基本要求是,从各个不同的角度分别阐述上位论点、下位论点的正确性,论述作者的研究成果和创造性的见解、新的理论内容。可根据内容的需要,采用前面已提及的不同的论证方法,来论证观点的正确性。

本论部分的论述,要结合文章的长短和逻辑结构,采用不同的写法。通常有所谓"直线推进式"、"并列分论式"、"总分式"和"综合式"等基本类型。

所谓"直线推进式",是中心论点和各分论点之间均沿着一个逻辑线索直线移动,先提出一个论点步步深入,层层论述,然后由一个论点转入另一个论点循序论述,一论到底。如《对九十年代我国农业发展政策的思考》一文,就是采用"直线推进式"的形式来论述中心论点的,论文的中心论点是:"根据工业化过程中工农业关系有序变化所引起的农业角色的变化规律","只有农业平等发展政策的取向才真正符合90年代我国的经济实际"。沿着这一思路,作者对"农业平等发展政策的主题(内容)"、"农业平等发展政策的依据"、"农业平等发展政策的实施"等分别进行了论述。

所谓"并列分论式",是把从属于中心论点的几个分论点并列起来,从不同的角度分别进行论述。如《关于县城经济改革与发展的若干问题》一文,就是采用并列分论的形式来论述中心论点的。该文在说明背景和意义之后,把关于"县城经济的特点、地位和作用"并列起来,从不同角度对中心论点进行了论述。

所谓"总分式",是先概括地提出中心论点,再从不同方面,分层进行论述;也可以是先具体地从不同方面层层论述,然后归纳得出结论。

所谓"综合式",是先从叙述、分析事实写起,从事实中概括出论点,然后再展开论述。由于经济学术论文所论证的理论问题往往比较复杂,且大多篇幅较长,因此,在写作的过程中,往往将以上多种形式合并运用。这样写出来的论文结构错落有致,论证雄辩有力。

3) 结论

结论是经济学术论文的结束部分。这部分的主要内容应是对本论中分析论证的问题进行综合概括而自然引出的结论。在写法上,要简洁具体地表明作者的独到见解之所在,并同论文的开头紧密呼应,使之首尾连贯,形成一个逻辑严谨、表达完善的整体篇章。另外,对于课题中有待进一步探讨的问题,可在此作扼要交代;如有在研究过程中提供过帮助的同志,亦可在此致谢。

此外,若经济学术论文的篇幅较长,还应写出内容提要;为便于检索,往往要列出关键词置于正文之前。

20.4.3　正确处理引文、统计表、统计图

在经济学术论文的写作过程中,出于论证的需要常常要使用引文和统计表、统计图。正确处理好引文、统计表和统计图,是在执笔撰写经济学术论文中需要认真加以考虑的问题。

1) 引文

引文是指在自己的文章中引用他人文章的句、段,作为支持自己观点的依据或驳斥他人观点的靶子。其方法有两种:一种叫段中引文,是将所引用的句、段(不论长短)放在自己的文章中。段中引文,若引用的是原话,要加引号;若只引用原意,则只需在引文之前加冒号,不加引号。另一种叫提行引文,是为使读者注目而将重要的引文提行自成段落,以区别于正文的一种引文。这种引文,书写时要比正文两边各缩两格,第一行开头还要多缩两格。因是另成段落,故可不加引号,但在印刷时要改换字体。对于引文要加注出处。加注有段中注(夹注)、页末注(脚注)、章节注和尾注四种,可视具体情况而定。但在一篇论文或一本论著中,加注的方式要前后一致。附注引文出处的一般顺序应是著者、书名或篇名、出版者、出版年月和页码。

在经济学术论文写作中,无论采用哪种引文法,都应注意以下几点:一是必须充分体现原文的意思,不能断章取义,不可只从原文中截取同自己观点相吻合的部分,而要按原作的本义来引用。二是引用原文时要核对无误。三是不能引用尚未公开发表的文献资料。四是引用要注意效果,要少而精,少而当,以使之有利于提高论文质量为原则。引用过多或失当,往往丧失文章的主体性,甚至会使读者感到厌烦或不明所以。

2) 统计表

统计表作为说明观点的论据,是把经过整理的数字资料,按照一定目的,有条理有系统地编排在一定的表格里,以确切而清晰地揭示和反映出客观经济活动的某种内在规律性和关联性。由于用统计表能比较容易地表示出那些用语言文字很难表达清楚的多种要素间的复杂关系,因而在经济学术论文的写作中被广泛运用。

从形式上看,统计表是由标题、标目(纵标目、横标目和总标目)、线条、数字等要素组成的,有时还有备注。从内容上看,每张统计表都是一个完整的逻辑构成,通过其主栏和宾栏(也称主语和谓语)相互连接,表达出一个完整的意思。统计表的基本格式如下:

表号		标题	（计量单位）
总 标 目		横 标 目	
		副横标目	副横标目
纵标目	副纵标目 副纵标目		

注：

制作统计表时，对各要素的要求如下：

① 标题：即统计表的名称，要用一句话扼要准确地概括出主要内容。

② 标目：纵标目用来表现向下栏目的标志（特征、指标）；横标目用来说明向左栏目的标志（指标）；总标目则用来概括说明两个以上纵标目或横标目的共同特征，以便对比分析，发现其内在规律和关联。总标目栏有时索性空着。

③ 线条：要力求简洁，使读者感到明快。大栏目可用粗线隔开。凡不用线条能看清楚的，尽量不用。左右边线一般不用。

④ 数字：要准确无误。计算精确度应一致。数字应从右取齐。如有小数，小数点应取齐。没有数字的地方应填上"—"，表示没有遗漏。表中的文字应从左取齐。备注应写在表下。

⑤ 计量单位：全表计量单位相同时，计量单位应统一写在标题后，并加括号。如表中使用了两种以上不同的计量单位，应在横标目或纵标目栏内相应处注明。

经济学术论文中的统计表不止一个时，要编上序号，并在行文中适当的地方说明参见第几表。

3) 统计图

统计图也是在经济学术论文中常用的一种描述手段。它以各种图形表现统计数字的大小和变动，给人以直观感觉，便于人们形象地理解作者的观点。

论文写作中常用的统计图有以下几种：

（1）曲线图　是用曲线表示数字资料的统计图，适用于表示经济现象的倾向和特性，主要用于表示两个可变因素的关系。

（2）圆比例图　是将圆分成若干部分，以表示数字资料比例关系的统计图，适用于表示相对数量的大小，有时也可以表示一些数量因素之间的关系。

（3）条形图　是用并列的几个粗线条来表示数字资料的统计图，适用于表示事物发展的比例、比较关系。

（4）柱形图　是用绘制的直方高度来表示数字资料的统计图，适用于表示数量的比较。

统计图要插到论文中的适当位置，并在行文中注明，以便读者定向索图，准确理解文章所表达的观点。

20.4.4　修改与定稿

经济学术论文初稿写成后，必须经过反复、认真的推敲修改，才能最后定稿。经济学术论文的修改，主要着眼于对论文内容和表达形式两个方面的改动。就内容方面来说，要重点考虑的是：中心论点和分论点的设置安排是否合理、准确；作为论据的材料是否典型、妥当、有说服力；论据和论点之间是否存在必然的内在联系；论证是否符合逻辑；论文各部分的内容是否匀称，重点是否突出。对上述几方面存在的错误疏漏，要认真进行修改、补充，以使论文内容经修改后显得更加充实与完善。就形式方面来说，要考虑的重点是：部分、层次、段落及其相互之间的衔接安排是否紧密；文字是否精练顺畅；技术处理是否得当等。推敲修改上述方面存在的缺点和毛病，目的在于使论文从内容到形式都是一个完美的整体，以提高论文的质量。

经济学术论文修改完毕后,还可请导师或他人过目斧正,最后再定稿誊清。这样论文写作即告完成。

20.5 学位论文

20.5.1 学位论文的种类

在高等学校,学生需要撰写毕业论文。大学毕业后攻读硕士研究生、博士研究生,毕业申请学位需撰写学位论文。这几种论文都是一定阶段的学习结束后,检测学生综合运用专业知识的学术论文。这几种论文在程度上是一种由浅入深的关系,在学术水平上的要求各有不同。

1) 毕业论文(学士学位论文)

毕业论文是对大学毕业生进行考核的一种方式,目的在于检查大学生在大学期间学到的知识和综合运用知识解决某一基本问题的能力。论文虽然论述的是某一点,但需要运用其四年来所学的基础知识,需要有正确的观点和方法,可以反映出作者的学术水平、解决问题的能力和方法。写得好的大学毕业论文,达到了学士水平,就可以取得国家授予的学士学位。因此,论文的题目虽然可以是着重谈谈某一点,却不应该是鸡毛蒜皮、没有重要意义的随意的一点,而应该是本学科中带有基本性质的某个重要问题的某一个重要侧面或某一当前疑难的焦点。解决了这一点,有推动全局的重要意义。要做好这项工作并不容易,对作者来说,是没有做过的新工作,所以,毕业论文的写作仍然应该是在有经验的教师指导下进行的。

2) 硕士学位论文

硕士学位论文,要求对某专业的基本问题和重要疑难有独立的新见解,并在理论和实践上有一定的科学价值,还要反映出作者独立从事科学研究的能力。

3) 博士学位论文

申请博士学位的学术论文,应该反映出作者在自己的研究领域有广博的知识,对某学科提出创造性的见解,对此学科的发展有重要推动作用,或对此学科水平的提高有重要突破,反映出作者具有熟练的科学研究能力。

20.5.2 学位论文的写作要求与方法

学位论文的写作要求和写作方法,与前面各节所述经济学术论文的写作要求、方法是一致的。首先,要精心选题,可以多设置几个选题,然后反复比较,从中选出适合自己的论题。其次,广泛收集某一问题的所有资料,了解学术界在这方面的成就、争论的问题或未引起人们注意的问题,如发现原定论题某些方面不当,可进一步修正。在充分酝酿思考的基础上,提出自己的见解,力求新颖独创。然后进入构思与起草的阶段。

学位论文是大学结束阶段最后一次全面的、综合的考测,撰写者必须投入全部精力搞好这一"最后的冲刺",如果对自己要求严一些,目标定得高一些,努力钻研,认真修改,就一定使自己的水平充分发挥出来,甚至有超常的发挥。有些优秀的毕业论文,不仅显示出作者扎实而全面的功底,而且还展示了自己的创造能力和独立从事研究工作的能力。

20.5.3　学位论文的格式

学位论文的内容项目有明确的要求,依次包括:

（1）论文题目。

（2）论文摘要　摘要内容简短,是论文的内容梗概或主要观点。摘要要求用中文、英文两种文字写出。

（3）目录　目录分章节,标明所在页码,便于阅读和审查时查找。

（4）正文　正文也分为绪论、本论和结论三个部分,在论述时通常以章节小标题的形式出现。

（5）致谢　对在论文写作过程中给予具体指导的老师,在提供资料方面曾给予帮助的单位或个人表示感谢。

（6）参考文献及附录　在篇末注明主要参考文献或附录主要的参考资料。

上述内容项目完备后就可装订成册。封面上的内容格式有关单位都做了规定,按其要求办即可。

［例文］

完善农户农村土地承包经营权的退出机制

王建友

（浙江海洋学院）

土地承包经营权是十一届三中全会以后党为解放农村生产力,赋予农民的最重要的经营自由权。国内一些专家对土地承包经营权流转方面展开了广泛研究,对土地流转的内涵、合理性进行探讨;也有从宅基地退出机制方面进行研究,探究宅基地的土地整理、开发利用及权益保障等问题。其实无论土地承包经营权流转,还是宅基地流转都是农民在一定程度上行使退出权的表示。目前对于农民宅基地退出问题在理论上可以探讨,实际上从民俗和传统乡土观念来看并不现实,但是农民的土地承包经营权退出机制问题却是农村土地制度发生变化的重要方向。因为随着我国工业化及城市化的加速,农村劳动力向城镇和非农产业转移是一个国家转型的长期趋势,特别是随着第二代农民工在城市出生、成长,他们和户籍所在地的农地联系越来越淡漠,因此,如何在实现农村公共产品公共服务均等化的前提下,逐步建立健全农村土地承包经营权退出机制,促进广大农民工实现市民化转型,对于保持坚持农村基本经营制度,保持现有土地承包关系长久不变,提高耕地资源的配置效率、降低社会交易成本具有重要意义。

一、现行土地承包经营权退出机制缺失及其表现

现行的农村土地经营制度,是农村乡土社会稳定及经济社会发展的基石。但是任何制度都需要因地制宜,适应经济社会发展而微调、变革,农户农村土地经营权退出亦是如此。

（一）关于退出、退出权及退出机制

退出是一种对组织进行选择的行为,脱离组织或活动,和进入相反。而退出权是一种对组织不信任的选择权。退出主体的选择体现主体的权利,而不是通常所认为的被惩罚或不欢而散的结局。林毅夫最早用退出权解释中国1958—1961年由于农民被剥夺退社而单干

的自由,导致农业生产大滑坡。一个组织成员没有退出权,不但不利于公正,同样不利于效率,因为人力资源无法最有效地流动。退出权对于那些要求脱离组织的成员是一种理想的救济方式。土地承包经营权本质上是我国现有土地制度约束下的集体经济组织的成员权。土地承包经营权退出权是指让渡出土地承包经营权(即一般意义上的土地使用权),退出种田而去干别的行当。

"退出机制"源于阿尔伯特·赫希曼教授(Albert O. Hirschman)1970年出版的名著《退出、呼声与忠诚:对企业、组织和国家衰退的反应》。赫希曼认为,当一个企业或组织衰退时,人们表示不满的方式主要有两种:一是退出,即退出该组织或者不再消费该企业的产品。二是呼声,在仍然保留组织成员或者企业顾客身份的同时发出抱怨。退出机制是一系列保障成员行使退出权的制度及相互作用机理的总和。它是保证社会成员、组成人员独立性的体现,退出机制的存在赋予组织成员自由选择权,主动、自动离开组织。

(二)现有农户农村土地承包经营权退出的途径和主要模式

当前农户农村土地承包经营权退出主要有以下几种途径:

(1)被动退出:由于土地被国家或地方政府以公共利益的名义征用,一部分农民丧失土地经营权。在我国很多失地农民就属于这种情况,该种退出会造成较高的社会成本和农民机会成本。

(2)制度性退出:由于一部分村民因升学或户口迁出(国家制度规定户口随人走)而丧失土地经营权的情况。

(3)准退出:一部分村民由于没有子女照顾且年老体弱丧失劳动力,而将自己经营的土地交给集体或将土地承包经营权入股;一部分村民在城市找到固定工作,但由于户籍问题不能解决落户问题,因而将土地暂时交还集体或交给其他村民耕种。

土地经营权退出机制对村级组织产生压力,压力又产生动力,该机制有利于发挥村组织的供给农村公共产品的积极性,让不再继续从事农业劳动的农民直接或间接地退出村集体及其机构,实现人力资源、土地资源的优化配置。

目前农村土地承包经营权退出实践成功的是浙江嘉兴的"两分两换"及成都等地"双放弃"模式;而大部分的实践形式是准退出式的,如广东南海的土地合作社(土地入股)、土地银行及很多地方探索的土地复垦、整理及宅基地换城镇住房。但是这些土地承包经营权退出形式的探索大都具有浓厚的地方政府利用行政权力强力推进的色彩,是不是符合农民意愿及节省交易成本有待观察,同时这些探索也缺乏深入细致的学术研究。

(三)现行农户农村土地承包权退出机制存在的问题

(1)现行土地制度允许土地承包经营权退出,但没有体现财富效用。《土地承包法》规定,农民有自愿放弃承包土地的权利(《土地承包法》第18条),但是退出得不到相应补偿尤其是土地经营权价值补偿,只是承包方对其在承包地上投入而提高土地生产能力的,有权获得相应的补偿(《土地承包法》第20条)。由于补偿的不合理性,土地承包权所包含财富效用没有充分体现,大部分的农民工无奈过着"亦工亦农"、"亦城亦乡"的两栖生活,增加了社会成本。土地承包经营权是一项用益物权,根据物权的排他性,权利主体可以排除他人的干涉而自由行使自己的权利,而用益物权所必备的特征是可转让性,有可转让性的物权才是有效率的,才能体现财富效应。农民手中拥有劳动力和土地经营权两种生产要素,由于农民工的存在,劳动力这种生产要素一定程度上可以自由流动,而土地承包经营权由于不合理补偿制度阻碍了其自由充分流动,不能充分发挥其生产要素价值和财富效应。

(2) 土地经营权退出缺乏相应的保障措施。在国家对农民的社会保障体系没有完善之时，很多农民对于土地经营权退出有后顾之忧，一定程度逆向强化了土地的失业保障功能。在国家废除农业税费的情况下，农户还享受种粮补贴、"两免一补"等政策优惠，而农民在城市面临就业困难、房价较高、优质教育资源紧张等问题，且城乡户籍所捆绑的利益差距缩小，导致农民抓住土地经营权牢牢不放，就是让土地荒芜也在所不惜，即使土地经营权一定程度在流转，也是流转周期短、随意性强、纠纷多，所以当前土地承包经营制度对农民承包经营权退出有"不能退"、"不想退"、"退了也白退"这几个障碍，出现了土地抛荒、浪费、闲置状况，不利于土地资源的合理配置。

(3) 农户对村集体组织的忠诚度下降。土地承包经营权实际上是一个村级集体组织的成员权，具有物权性质又具有人身权性质。在我国现有的法律规定内土地承包经营权具有公平性及福利性。公平性是指集体的每一成员都有获得一份集体土地的权利，体现均分土地的公平思想；福利性是指集体的每一成员都有获得集体土地耕作的权利，使每一成员拥有土地可以保证生存。虽然改革开放初期，全国推行以土地承包经营权为中心的联产承包责任制，使农民获得了土地经营自由权，但是也使大多数的村级集体资产被分光、卖光，集体组织涣散，已有农村公共产品供给体系、公共服务体系陷入破产，农民获得自由的同时在市场化的冲击下只能靠家庭和宗族来抵御各种风险。在集体资产日益空洞化背景下，农民对集体组织的忠诚度在不断下降，那么农民有权放弃这个成员权，退出农村集体组织。

(4) 土地经营权退出机制缺乏承接联动。改革开放30多年来，随着工业化、城市化的加速推进，大中小城市正在大量吸纳农村转移人口，使农民市民化。但是对于最有愿望行使土地经营权退出权的主体力量农民工来说，由于存在户籍制度的鸿沟及由此导致的就业政策、保障体制和社会服务等歧视农民工机制，再加上农民工在受教育程度、社会培训、非农就业能力方面存在城乡不对接现象，使得土地经营权退出机制缺乏整个社会转型的承接联动。

(5) 土地经营权退出机制的形成受阻于当前农村土地经营方式。中国的农村人口众多、人地关系紧张是中国农村的基本国情。在人地关系紧张的压力下，为了维护农村的稳定及避免土地的过度集中，中国的农业生产经营则选择小农业生产经营方式，土地经营权分布极其平均，使得实际占有土地的人数众多，农业生产经营的规模越来越小，土地的碎片化经营成为农村劳动力转移的阻力，进而影响了农户农村土地交易退出机制的形成。

二、社会转型期农户农村土地承包经营权退出的必要性与可能性

当前在农村经济社会发展的转型期，保障农民土地承包经营权的退出有利于合理配置和充分利用土地资源，促进适度规模经营和现代农业发展；有利于解除农村劳动力非农就业的后顾之忧，促进农村劳动力转移，防止土地抛荒和粗放经营。

（一）土地生存保障功能的弱化

长期以来，农民依靠土地产出的剩余获得了最基本的生存保障，以土地承包经营权为核心的农村土地制度起了极大的保障功能。但是随着国家工业化、城市化的快速推进，农民单靠分散化的小土地经营，已经不能提高收入、维持生存了，即仅能解决吃饭问题不能解决生存问题，土地的生存保障效用下降。农民要生存发展，需要从非农化领域来获得流动性货币收入，来支撑家庭的消费和人情来往，满足家庭成员的教育、培训及分立新家庭的需要。因此土地的生存保障功能已经随着传统种植农业收益比较低而大幅度下降。

(二) 推进农民工市民化的需要

农民工为中国的工业化和城市化推进做出了很大贡献,但是快速工业化和城市化并没有消化和吸收农民工。在城乡二元制体制下农民工在身份上是农民,职业性质却是产业工人。农民工离开了土地,但城市又不能吸纳他们,所以农民工的存在尤其是第二代农民工的存在就变成了问题。农民工市民化意味着大量的农村人口离开农村土地,实现向城市的永久性迁移,这就涉及进城农民工对土地及房产的处置问题。但是,在目前土地制度下,土地权利几乎不具有流动性,因此即使一些农民工想将土地流转,也因为他们得不到合理的经济补偿,使得他们不得不保留农村的土地。而作为新生代农民工,尽管他们大多数表示不愿意再回去种田,但父母还是给他们留有土地,这就使他们无法完全脱离土地,融入城市生活。这种限制土地流转的土地制度,是对新生代农民工市民化的制约,是与社会发展趋势相违背的。

在农民工人户分离的情况下,当农户自愿放弃承包土地时,应该允许按市场交易规则获得补偿,这样就可以加快农民工及其家庭市民化进程,有利于集约化经营,降低土地流转的交易费用。

(三) 实现土地承包经营权资本化的需要

土地的承包经营权经历了一个资料—资源—资本的利用路径。资本的本性是趋利性,流动性(资本转移)是实现趋利性的手段。在我国快速工业化、城市化过程中,土地已经向资源转型,可以流转实现农业生产的规模效应,可以经过国家征用变更为工业用地,而工业的比较收益总是高于农业;而在一些经济发达地区,土地越来越变成资本,资本的流动性和增值性就凸现起来了。土地不但是生产资料,是资源,更是生产要素、资产,有广阔的增值空间。部分农民可以通过土地承包经营权的退出,退出农业,获得合理补偿,凭借土地资本价值变现以某种转换的方式进入城市,到城市里买房或创业,这样农民手中掌握的土地经营权可以实现资本化,使财富能够充分流动起来。

(四) 我国户籍制度的松动及农户非农化就业的增长

改革开放以来,随着社会生产力的发展及农业生产率的提高,公安部门顺应时代潮流出台一系列户籍管理制度改革措施,很多个省、自治区、直辖市相继出台了以取消"农业户口"和"非农业户口"性质划分、统一城乡户口登记制度为主要内容的改革措施。目前除了北京、上海、广州等直辖市外,存在已久的城乡分割的户籍制度开始松动,这样农户就有了更多的机会摆脱土地的束缚,成为市民。

同时,广大农户也有了更多的非农就业机会。就中国农村社会现实而言,改革开放后农村劳动力已经纷纷向外转移,形成一个庞大的"农民工"或"打工者"群体,到2006年底,农村从业人员为4.7亿人,外出从业一个月以上的劳动力为1.3亿人,达到农村劳动力的27.6%左右,他们大多集中在城镇建筑、制造、服务及商品零售等行业,按照每年3%计算,城市每年可接受1500万人就业。

三、建立健全农户农村土地承包经营权退出机制的路径

在工业化、城市化及社会转型中,农民的分层速度加快。现在的中国农民,大体上可以分为两大群体:已经进了城的农民工和仍然留在农村的农民。对于农民工及即将离开农村的农民来说,构建一个全面考虑公平、效率和稳定等因素的土地承包经营权的退出机制非常重要,应考虑我国的区域差异,因地制宜、各具特色地分阶段分步骤进行探索。

(一) 通过赋能、确权完善农村土地承包经营权退出机制

(1) 赋能 就是全面考虑公平、效率和稳定等因素赋予农民土地承包经营权退出的权

利。2008年十七届三中全会通过了《中共中央关于推进农村改革发展若干重大问题的决定》，其中的核心部分是决定对现行土地制度作市场导向的进一步改革。按照服务农民、进退自由、权利平等、管理民主的要求，扶持农民专业合作社加快发展，使之成为引领农民参与国内外市场竞争的现代农业经营组织。按照这个决定的内涵，农民土地经营权的退出符合中央精神。为此法律上就要允许农民把自己的土地用来转让、出资、出租或者抵押，要打开农民土地市场化的通道。

(2) 确权　就是土地经营权要明细化、确权化。土地资本化的前提是土地市场的自由流转，土地市场流传自由的前提是土地经营权明细化。土地经营权可以是复合的，不一定是私有化，但是一定要明细化。在集体所有权虚化、法治不健全、农村基层民主治理机制不完善的情况下，确权就是农村的集体土地应该和城市国有土地拥有同等的资源流转权利，在坚持农地农用原则下，可以自由流转，可以入市。

(二) 给予农民农村土地承包经营权退出的冷静期

冷静期最先在保险合同内使用，一些保险合同设立有犹豫期的险种，投保人收到保险合同并书面签收后的一段时间，在此期间投保人可以提出解除保险合同的申请，保险人扣除工本费后退还其所缴保险费，一般为10日。因此我们可以借鉴保险合同的做法，对农民的土地承包经营权退出有一个冷静期（比如3年），如果农民反悔或存在其他退出障碍，可以恢复原来土地承包经营权，以保护农民的利益，体现公平、效率和农村社会稳定，体现了对农民生存方式选择上的尊重。

(三) 建立规范的农村土地承包经营权退出程序

只有建立一整套规范的农村土地承包经营权退出程序，并严格按照程序的规定处理土地承包经营权的退出事宜，明晰各相关部门、相关者的权责，才能避免在农村土地承包经营权退出过程中出现侵权、越权、推诿扯皮等现象。农村土地承包经营权退出程序应包括农村土地承包经营权退出工作管理组织的建构，具体退出方案的拟定，退出方案的公布，退出方案的实施，退出合同的签订等。

(四) 打造农村土地承包经营权退出的引力机制

(1) 进行非农就业培训　根据市场需求，帮助农民开展多层次、多领域、多形式的职业教育、技能培训，引导其改变择业观，提高其就业竞争力，提升其融入城市能力、城市非农就业能力、农民的自组织能力。这样使农民转化成市民之后，能够不断增强现代意识，能更好地融入城市。

(2) 进行农民的非农化就业　农民有非农就业机会才会放弃土地，所以需要大力发展城市经济，给农民创造非农就业机会，使农民逐渐退出。可以对农民进行分层引导，确实没有这个能力的，政府将通过改善农村的基本条件来改变农民在农村的生活环境，使农民享有均等化的公共产品、公共服务，弥补城乡差距，使农民对土地的依赖程度进一步降低。

(3) 进行彻底的户籍制度改革　一是深化社会管理体制改革，创建城乡统一的户籍管理制度，要出台有利于社会稳定和群众方便的过渡性户口政策；二是改革劳动力管理体制，调节劳资关系，增加农民城市就业机会。

(五) 构建农村土地承包经营权退出的联动支持体系

在保护和尊重农民土地承包经营权和宅基地权益的基础上，探索"承包地换社会保障、宅基地换住房"的政策，鼓励有条件的进城农民退出承包地和宅基地使用权，享受城市居民的社会保障和政策提供的保障性住房，并从培训、就业、就医、子女入学等多方面给予扶持。

（1）城乡社会福利均等化　贯彻社会福利的均等化，逐步实现农民工在劳动报酬、子女就学、公共卫生、住房租购以及社会保障方面与城镇居民享有同等待遇。

（2）建立健全住房保障　在城市里有固定职业并具备生存能力的，在政策上与城里人同等对待，允许购买廉租房、经济适用房。目前一些地方探索的农民宅基地换住房就是一个好做法。

（3）建立健全社会保障体系，加快农民工市民化　按照城乡统筹和构建和谐社会的要求，健全完善社会保障制度，逐步扩大社保覆盖面，使进城的农民工与城市居民同等享有社会保障，包括失业、养老、医疗和工伤保险，并给予其家庭成员同等受教育权利和最低生活保障。从更长远看，应该建立起城乡统一的社会保障体系，使土地不再承担已不合时宜的社会保障功能。

（4）以换地权益书保障土地要素返流　换地权益书是一种标注一定土地权益，并在一定时间内可按确定的土地权益换取土地的法律文书。它使包括进城农民、兼业农民在内的所有农户，在符合自己利益时可为规模经营参加土地流转，并在需要时返乡换地恢复耕作、拥有土地的社保功能，从根本上享有稳定的土地承包经营权。

（六）建立土地承包经营权退出的充分补偿机制

充分补偿不仅是补偿农民的眼前利益，也不仅仅是补偿农民的财产，而且要补偿农民未来的生活保障。具体补偿办法是，对超过劳动年龄的人口，应按城市最低生活保障线以下居民的补偿数额，逐年补贴；对劳动适龄人口，则按照从事农业生产劳动的时间长短，以一定比例折算为城市工龄及一定数额的养老金计入城市养老保险序列；对没有就业者，则由政府通过义务培训，帮助他们实现就业。如果是自己创办实体实现就业的，就给予一定的税收优惠政策。

先尝试以渐进式进行协商补偿交回土地经营权。先由村经济合作社与农户协商，农户在获得一定经济补偿后，自愿将待征用的承包土地交回村经济合作社和村民经济组织；再统筹安排享受基本养老保障金或生活补助费人员；未来土地被征用时，当征地补偿标准高于土地交回补偿款，高出部分由所有交回土地农户按照交回土地总面积平摊，使村民共享土地发展利益，化解土地退出后土地收益的分配矛盾。

四、结语

新中国成立以来，每次改革都是首先从土地制度改革开始的，所以建立健全农村土地承包经营权退出机制是我国农村土地制度及农村改革的重要内容。如果说改革开放初期是赋予农民土地经营自由权，那么现在给予农民承包经营权的退出权，实际上是赋予农民土地处分自由权。中国改革开放以来的历史反复证明了一个道理：要增强农民自主性，什么时候赋予农民完整的土地权利，什么时候就能促进经济迅速发展；什么时候农民拥有真正的自由，社会生产力就能得到真正发展。改革开放已经30多年，我们在土地制度改革方面需要继续解放思想、更新观念，破除"没有土地的农民会变成流民、土地集中就会导致革命"等错误观念，赋予农民更多的选择自由，这样的中国土地制度变革才能真正造福于民。

（原载《农业经济与管理》2011年第3期）

【思考与练习】

1. 经济学术论文选题的原则和途径是什么?
2. 就常用的几种立论的论证方法各举一实例说明。
3. 就常用三种驳论的论证方法各举一实例说明。
4. 什么是构思?怎样从思维的角度看构思过程?
5. 怎样编写论文的提纲?
6. 结合所学专业内容,写一篇论文。要求:
(1) 根据选题原则,结合所学专业的某一内容,选择论题。
(2) 围绕选题尽量收集有关资料,认真阅读资料,作好读书笔记或卡片。
(3) 在认真构思的基础上,拟写出论文的详细提纲。
(4) 起草、修改、定稿,写出不少于 3 000 字的论文。

21 申论

21.1 申论的概念、作用和特点

21.1.1 申论的概念和作用

"申论"一词,出自孔子所说的"申而论之"。从字面来理解,"申"为引申、申述,"论"为议论、论证。"申论"则指针对特定话题,提出自己的观点,并展开论述,也就是对给定的事件、材料、问题、现象、事理等进行分析和说明。申论作为一种应试文体,指的是针对给定的话题,提出自己的观点,并展开论述加以说明的一种考核形式。

申论最早出现于 2000 年中央、国家机关公务员录用考试之中。申论主要是对应试者阅读和理解能力、分析和概括能力、提出问题和解决问题能力以及文字表达能力等方面进行的综合测查。也就是说,申论考试的目的,就是通过对应试者运用基本理论知识分析和解决实际问题能力的考查,为国家选拔出高素质的行政管理人才。

21.1.2 申论的特点

申论是测试应试者写作水平的一种方法,但其考查测重点与一般作文的考核有所不同。一般作文只是要求应试者根据给定题目展开论述,侧重考核的是应试者的文字功底。应试者可以凭着自己的主观好恶去立论选材,尽情张扬个性地放言宏论。因此,作文只能在一定程度上反映应试者的写作水平,而无法全面体现应试者的综合素质,尤其是解决实际问题的能力。而申论则不仅限于对应试者阅读理解能力和文字表达能力进行考查,更侧重于考查应试者发现问题和解决问题的实际能力,具有较强的综合性和现实针对性,能让应试者充分展示自己各方面的潜能。

作为一种专用于选拔录用国家公务员的应试文体,申论适当地借鉴了我国古代科举应试中"策论"的一些经验与做法,但在内容上比"策论"更具有现实针对性,在形式上也比"策论"更加灵活多变。"策论"大多要求应试者就一些重大问题展开论述,即论证某项国家政策或对策的可行性与合理性,侧重于考查应试者解决问题的能力。申论则要求应试者从一大堆反映日常问题的现实材料中去发现问题并解决问题,全面考查应试者搜集和处理各类日常信息的素质与潜能,充分体现了信息时代的特征,也适应当今国家公务员实际工作的需要。

申论考试的目的主要考查应试者的阅读理解、综合分析、概括以及解决实际问题的能力。所以申论考试不单单涉及议论文一种文体,还会用到一些叙述性和说明性文字。

21.2 申论考试的背景材料及形式

21.2.1 申论考试的背景材料

申论考试,是模拟公务员日常工作性质的能力测试。作为公务员,对社会生活的方方面面都应当有所认识和有所思考,并且具备较高的思想水平和较强的分析问题、解决问题的能力。为反映这一要求,申论考试所提供的一般都是社会性较强的背景材料,涵盖了政治、经济、文化、教育、法律等诸多方面的内容,让考生去进行分析和论述,从而测查考生处理公务员日常事务的潜能。

申论考试,要求考生具有比较丰富的常识,但不会对某种专业知识特别倾斜。由于考生来自各个方面,所学专业很不相同,所以申论考试中让考生处理加工的材料大都具有普遍性、非专业性。申论考试的试题,对学哪个专业的考生都是公平的。

申论考试所给的材料,可能涉及面很广,但试题具有较强的针对性、合理性,也就是说,问题的解决方案一般是具有可行性的。申论考试不会引导考生漫无边际地遐想。不管问题多么复杂,涉及面多广,人们的见解多么莫衷一是,都是能够解决的。这样的命题思路,是由公务员录用考试性质决定的。

21.2.2 申论考试的形式

除了所给出的背景材料内容广泛外,申论考试的测试形式也灵活多样。但不管题型和题目数量怎样变化,要考查的基本上都是四个部分的内容,即材料概括、理解分析、提出对策、论述问题。

1) 材料概括

这部分或者是概括材料的主要内容,或者是概括材料的主要问题,或者是概括材料的部分内容或问题。不管怎样,都是对给定的材料进行理解、分析、归纳、综合、整理。

一般情况下,对于概括主要内容的题目,应试者只需要就材料反映的内容进行简单归纳即可;而对于概括主要问题的题目,就需要在概括中有分析了,要对材料反映的本质属性有所反映。

2) 理解分析

这部分涉及对给定材料各个方面的分析。既涉及对策有效性的分析,又会有对原因、结果、必要性、意义等方面的分析,还会要求分析因素之间的辩证关系。

3) 提出对策

这部分要求应试者在不同层面提出解决问题的办法,要有针对性和可行性。在这个过程中,理性思维起着至关重要的作用。要求应试者在日常生活中养成善于观察问题、思考问题、解决问题的习惯。

4) 论述问题

论证部分是申论考试中的主要环节、考试的核心,这一环节是应试者综合素质的全面体现。它要求应试者根据给定材料,根据指定命题或自拟标题阐述自己对给定材料或部分材料的观点或看法,或提出建设性意见。这部分可按议论文的写作方法作答,参见本书"经济学术论文"一章。

[例文]

20××年中央、国家机关公务员录用考试
《申论》试题

一、注意事项（略）

二、给定材料

1. 2007年，胡锦涛总书记在中国共产党第十七次全国代表大会上的报告中指出，加快转变经济发展方式，推动产业结构优化升级，这是关系国民经济全局紧迫而重大的战略任务，要坚持走中国特色新型工业化道路，鼓励发展具有国际竞争力的大企业集团。同年5月1日，胡锦涛总书记在郑州煤矿机械集团有限公司（简称郑煤机）考察时，肯定了该集团产品在国内市场、国际市场所取得的成绩，并进一步指出，我们要创品牌，让郑煤机的产品具有国际竞争力。

2008年9月8日至10日，胡锦涛同志前往河南焦作市农村考察粮食生产，在玉米丰产示范田，询问乡亲们对国家惠农政策有什么要求，一位村民答，希望粮食价格提一点，政府补助多一点，农资价格稳一点。总书记表示一定要把这些意见带回去。他指出，发展粮食生产，一靠政府，二靠科技。在温县农科所，总书记勉励科技人员为粮食高产稳产进一步发挥作用。在焦作市隆丰粮食储备有限公司，总书记要求进一步把储备粮食管好。

9月30日，胡锦涛同志前往安徽考察。在滁州市凤阳县小岗村，他说："我要明确告诉乡亲们，以家庭承包经营为基础、统分结合的双层经营体制是党的农村政策的基石，不仅现有土地承包关系要保持稳定并长久不变，还要赋予农民更加充分而有保障的土地承包经营权。同时，要根据农民的意愿，允许农民以多种形式流转土地承包经营权，发展适度规模经营。"

党的十七届三中全会决议指出，当前国际形势继续发生深刻变化，我国改革发展进入关键阶段。我们要抓好和用好重要战略机遇期，把握农村改革这个重点，在统筹城乡改革上取得重大突破，给农村发展注入新的动力，为整个经济社会发展增添新的活力。

2. 今年10月，记者就广东产业问题进行专访。决策专家C说，改革开放以来，广东一直是我国经济发展的"排头兵"，它所取得的成绩是激动人心的。去年，广东的GDP达人民币30 673亿元，经济总量首次超过中国台湾地区。这是广东继1998年超过新加坡、2003年超过中国香港之后，又一次超越"亚洲四小龙"，预计2010年间将超过韩国。这种变化是非常惊人的。一句话，广东的成功也是中国的成功。然而，广东的问题也是中国的问题。广东的产业结构有硬伤。这种结构模式支撑了二三十年广东及东部沿海地区经济的快速增长，现在则遇到严峻挑战。在加工制造产业发展中，过去30年主要是模仿国外早期的某种经济发展模式，"两头在外，中间加工"。比如广东的东莞，一段时间生产了全世界70%的电脑电源线，怎么生产的呢？无非是大量购买原材料，经过一道至数道工序制成零部件，组装成半成品卖到海外市场。在严格意义上说，东莞只是一个制造"车间"，而不是"工厂"，因为对定价有决定权的会计和设计部门全是在国外。结果，同一件衬衣在美国卖近百美元，而我们的出口价仅七八美元。

有关人士告诉记者,现代化重工业的启动将成为广东新一轮经济增长的重要特色,珠三角地区改革将利用湛江、汕头等地缘优势,向南拓展东盟合作,向东搭上台海经济合作快车。正在进行前期工作的湛江钢铁厂一期建设规模为钢产能1 000万吨;广州南沙开发区中国船舶工业集团300万吨造船基地也已开工生产。此前广州地区船厂只能制造6万吨的船舶。广东省以轻工业起家,在改革开放初期,重工业增长一直处于较低水平,但近年来重工业投资持续增长,2002年全省重工业比重首次超过了轻工业。

在广东省近期公布的新十大工程规划中,规模庞大的高速轨道交通项目引人注目。湛江、汕头、韶关等相对边远地区与珠三角核心区之间的运输时间,将控制在2小时左右。2010年前后,湛钢到广州市铁路交通用时仅为1个半小时。这些,将珠三角传统的产业链条大大扩大,同时也将减少石油消耗及汽车尾气的排放。

3. 东莞某鞋厂的林老板,2003年来东莞办厂前,在中国台湾地区打拼了20多年。他说现在很糟,最近赔了几十万元。他已经不再接受美国鞋子大卖场和贸易商的订单了,觉得风险太大。他给记者算了一笔账,2007年,受人民币升值、原材料上涨等影响,合计增加的成本超过20%。

"广东山区对我来说太陌生,我没有太大的兴趣内迁,到一个地方又得从头再来,需要很多时间。补给线拉得很长,对我来说将是致命的打击。"林老板这样回应记者提出的是否借这次广东产业转移的机会,内迁到粤北山区投资的问题。

有朋友劝他将工厂迁移到越南,但林老板看得很清楚:"越南劳动力缺乏,税收各方面跟这里差不多。我一些朋友搬到那里,也没好到哪里去,做几年我估计他们也会走。"

当记者问林老板,有没有考虑走出低端化生存,增加企业的研发能力,推出高端产品。林老板有些无奈地笑着说:"还没有这个能力。"

4. "13年了,回想起来,当时的决定很正确。"作为香港电子集团董事、总经理,徐老板一脸庆幸。他一再跟记者提起依然在东莞等地办厂的朋友们的利润空间越来越小的尴尬境遇,庆幸自己提前13年向广东山区罗定市的迁移。

该电子集团1971年成立于香港,是电源供应器制造商。1988年,出于生产成本和人力资源两方面考虑,集团进入深圳宝安区开设工厂。但到1995年,徐老板发现深圳本地可供调配的资源越来越少,生产成本已经很高,于是决定将工厂迁入罗定。

1995年深圳已提出着重培育和引入高科技企业,加工生产型企业受重视的程度越来越低,而罗定地区的综合生产成本要比珠三角和其他内陆城市低很多。集团迁到罗定后,劳动力成本减少了30%,运输成本只增加了5%,节约了25%的生产成本。另外,集团的产品过去主要是出口,但今年以来内销的部分有所增长。因此,将工厂迁到罗定,实际为这部分内销产品节省了不少物流成本。集团在罗定13年,从1亿元的规模发展到现在的20亿元,以后还要扩大到40亿元的规模。徐老板到东南亚地区做过详细考察,他认为,不管人力还是其他各方面的资源支持,中国依然是最佳选择。

目前让徐老板最为头疼的是高级技工的缺乏,他建议市政府想办法把在珠三角务工的技术熟练工人吸引回家乡就业,特别是吸引那些走出去的大学毕业生们回来建设家乡。

5. 东莞在解放初期,属东江行政区管辖,1988年升格为地级市。当时,在成本上升的不断挤压下,香港繁荣了几十年的出口加工业迫切需要转移,一线之隔的广东成为首选。改革开放初期,广东采取简政放权措施,吸引外资的审查权下放给各个地级市,东莞则进一步把招商引资权下放到乡镇。凭借地缘优势,全国各地的廉价劳动力以及外资提供的资金、技术和管理经验,东莞迅速从一个无足轻重的农业县发展成为闻名国际的世界工厂。有个说法令东莞人自得不已,"不管在世界上什么地方下订单,都在东莞制造。"2007年,东莞的GDP达到创纪录的3 151亿元。东莞的经济奇迹,是中国近30年经济奇迹的典型代表。其实2004年后,东莞已面临巨大危机。先是"民工荒",接着是人民币不断升值、出口退税政策调整等因素增加了加工成本。由于村自为战,东莞土地的利用效率越来越低,却无法整合,电和水的资源也很紧张,电厂污染也很厉害。在这一系列因素影响下,2007年,东莞出现了让人担忧的企业迁厂或倒闭现象。有关部门统计,倒闭、迁移或不辞而别的企业占总数的10%~20%。

种种迹象表明,"东莞模式"已到了不得不改的地步。但如何实现转型,目前还没有明确的路径。低水平的劳动力、旧产业离开东莞,高层次的劳动力、新产业从何而来?

有人认为,外资企业,特别是世界500强企业的技术水平比较高,他们会成为东莞转型的推动者。但也有人尖锐地指出,外资企业是逐利而动的,哪里有利可图就到哪里去,不大可能费心费力地参与自主创新。只有培养一批扎根本土的当地企业,才更有可能和本地经济同甘共苦。港资企业没有转型的历史,只会搬迁或倒闭;台资企业的设计、研发都在台湾地区,大陆只是制造部门而已。

某专家认为,东莞为了产业转型不断探索而仍不得其门而入,全国其他地方的"东莞化"却如火如荼地进行。长三角地区被人津津乐道的"昆山模式"其实和"东莞模式"并无本质差别,只是引进的制造业相对环保、高端而已。其他地方,包括武汉、成都、重庆、天津这些城市的新特区,也不乏类似"东莞化"的克隆者。内地省区提出"欢迎沿海地区产业转移"之类口号,实非明智的选择。

6. 在日本战后经济崛起中,稻盛和夫是一位靠加工制造创业的著名企业家。他1932年出生于鹿儿岛的一个贫寒之家,1959年与一批志同道合的年轻人聚集到一起,凭借自己研发的新型精密陶瓷原材料技术,在十几年间便把一个小规模的工厂发展成一个大型跨国集团公司。

稻盛和夫说,早期,日本制造的产品在欧美市场的评价是:虽然便宜,却质量不好。他认为,没有技术开发上的革新就一定要碰壁,不断学习、创新,掌握世界上最好的技术,这是日本经济能够持续发展到现在的关键所在。

1973年和1978年全球范围内出现两次石油危机。日元急剧升值,全面抬高了日本产品的生产成本和出口价格,过去曾以经济实惠驰名世界市场的日本产品,一下子变成了商品世界中的贵族。日本企业如何面对高成本的挑战呢?稻盛和夫说,当时订单减了一半,公司受到毁灭性的打击。他的办法就是跟员工一起共同克服这个难关。为了削减成本,员工们充分发挥智慧和才智,提出了很多改善的建议。当时日本政府曾经有一些支援,但更多的还是取决于企业自身的努力。重要的问题是,企业选择一个什么样的路径实现超越。困难,往往成为产业升级的一个最好的推进器。

7. 生产加工涉及的范围很广,如汽车、仪表、电器、电子、服装、鞋帽以及医药、食品、粮油等,几乎涵盖国计民生的各个方面。

有关人士指出,随着外资的进入,跨国公司在我国建立粮食加工企业,粮食流通领域的竞争会愈演愈烈。从一定意义上讲,这也能促进粮食加工业的体制改革,但迫切需要我们加强管理,尽快出台应对措施。在这个问题上,食用油加工业的情况发人深思。

同粮食市场不一样,我国食用油市场是一个开放的市场,许多油品和主要原材料从国外进口。Y集团是国外某大公司在华投资的以粮食加工为主的企业集团，也是国内最大的粮油加工集团，上世纪80年代在深圳蛇口设厂，为中国引进了小包装食用油的概念。此后十几年间，Y集团先后在深圳、青岛、天津、广州、上海、武汉、西安、成都等主要城市投资设厂和开设贸易公司，成为国际知名的粮油加工贸易商，成功塑造出一批著名品牌，为推动中国粮油行业发展作出了贡献。

随着城乡居民生活水平不断提高，2000年以后，小包装食用油逐渐取代散装食用油成为市场主角，也成为整个食用油市场附加值最高、最赚钱的行业。有数据显示，Y集团国内小包装食用油的市场占有率超过50%。

令人关注的是，Y集团先后在中国累计投资40余家粮油食品以及相关的生产加工企业，经销商超过2 000家，遍布全国400个大中城市，构成了在中国庞大的经销网络。有关人士认为，Y集团的利益扩张，使中国的粮油企业失去了一次千载难逢的市场机遇，换来一个无比强大的竞争对手。

8. 当前，粮食问题举世瞩目。联合国秘书长潘基文最近说，全世界新增加了1亿缺粮人口；粮农组织说，37个国家因粮价飙升而导致骚乱；今年4月，世界银行发表报告称，过去3年，国际市场小麦价格上涨181%，食品价格上涨83%。4月19日，全世界最不发达的49个国家发表联合声明，呼吁国际社会共同解决粮食危机问题。

阿根廷的潘帕斯地区素称世界级粮仓之一，人们一直坚信，那里肥沃的土地和充足的食物都是上帝赐给阿根廷人的礼物。但在现实的冲击面前，阿根廷政府不得不考虑再次提高大豆、玉米、小麦的出口关税。

莫尼克是埃及的一名清洁工，每月工资80美元。"带5美元去市场，只能买到3千克大米，剩不下几个钱，根本买不了其他东西。"莫尼克说，因为有好几个孩子要养活，她家里现在每天只吃一顿饭。国际粮食市场的这一巨变，让很多大米进口国处境艰难，在菲律宾首都马尼拉市400家国营粮店门口，每天一早就排起等候的长队。由于粮食工作不力，H国总理在一片指责声中黯然下台。

9. 下面是记者就我国粮食问题对国家粮食局领导Z先生的采访摘录。

记者：您能不能介绍一下目前国家粮食库存情况？

Z先生：我们这几年的抽查，包括我们当前掌握的情况，都表明我们的粮食库存量是真实可靠的。

记者：人均耕地面积在减少，您对此怎么看？

Z先生：耕地是在减少，但党和国家对这个事情非常重视，18亿亩耕地的红线是不能破的，这是一个最基本的保证。18亿亩耕地，意味着我们能够保证粮食产量至少在1万亿斤以上，从现在的消费水平看，这能让我们的粮食供求基本平衡。

记者：2008年大家对粮价问题都非常关心，您觉得粮价什么时候会见底，大概会是一个什么样的价格水平？

Z先生：2008年供求基本平衡，主要粮食品种小麦、稻谷、玉米供大于求。在这种情况下，粮价很难涨得很高，如果说出现了粮价涨得很高的情况，国家也一样有能力采取措施来平抑。我们有足够的库存，使价格保持基本稳定，对此我们很有信心，也请大家放心。但是对于有关部门来说，要解决好粮食问题，归根结底还是要想方设法提高农民种田的积极性。一方面要提高农民种田补贴，另一方面要通过技术手段调控好农业物资的价格，如果这两方面的问题解决好了，粮价问题或许根本算不上一个问题。

10. 据悉,今年我国粮食总产有望超过历史最高水平,实现改革开放以来首次连续5年增产。但是某专家认为,我们绝不可高枕无忧。他说,从长期来看,我们必须清醒地意识到,农产品作为发达国家重要的金融工具,将一直被作为掠夺发展中国家的工具使用。伴随着生物能源大面积铺开的农产品价格上涨,就是明显的例子。美国前国务卿基辛格几十年前曾说:"如果你控制了石油,你就控制住了所有国家;如果你控制了粮食,你就控制了所有的人。"转基因产品,是美国控制粮食的手段之一。比如玉米,原产墨西哥,是当地人的主食,美国利用高科技手段研制出的转基因玉米大量进入墨西哥,结果是墨西哥农民必须向美国购买转基因玉米种子,而美国则把自己的转基因技术当成受保护的专利。这是要挟以此为生的其他国家农民的专利。

他认为,国内情况不容乐观。近年随着农资价格大幅上涨,农民的生产成本不断提高,越来越多的农民选择外出打工,致使大面积耕地荒废,我国农民的种粮意愿在下降。政府补贴赶不上化肥、农药等农资上涨的速度。近年,化肥与农药价格等均处于上涨期,即便在政府预算安排"三农"投入5 625亿元的前提下,部分双季稻主产区仍有双季稻改种单季稻的趋势。

11. 今年9月,胡锦涛同志前往河南考察后,网上有作者发表了一篇谈粮价的文章,其中提出如下政策建议:

要鼓励粮食生产,基本的政策取向是提高粮价和补贴,降低农资成本。但种粮补贴受制于财政状况,不可能无限扩大,所以,粮价才是粮食政策的关键。对于增加农民收入而言,粮价上涨比增加补贴要实惠有效。按2007年的粮食产量,中央财政1 028亿元的种粮补贴摊到每公斤上仅仅为0.2元。也就是说,粮食每公斤再上涨两毛,农民兄弟就能把从中央财政获得的种粮补贴挣回来。这两毛钱的涨幅,按2006年城镇居民人均消费75.92公斤粮食来算,人均支出仅增加15.2元。如果每公斤涨五毛呢,那么就可以增加农民收入2 570亿元,而这换成财政补贴可能需要好几年才能实现。因此,只要粮价上去了,农资价格涨一点没关系,补贴低一点也没关系。

我们现在之所以不敢大幅提高粮价,是担忧粮价上涨影响低收入人群,其实这种担忧是不必要的。因为农民基本上不需要买粮,完全可以种粮来满足自己吃的需要。因此,真正受粮价上涨影响的是城镇居民,尤其是城镇居民中的低收入者。但这种影响完全可以通过补贴来避免,而且这种补贴,要远比种粮补贴少。我们可以测算一下:2006年城镇居民低收入的人均粮食消费为78公斤,按占城镇人口比例20%计算,为11 541万人。假设粮食价格每公斤上涨0.2元,那么低收入人群每人增加粮食消费15.6元,如果这部分钱全部由财政来补贴,仅需18亿元,远远低于1 028亿元的种粮补贴。即使财政给所有国人都补贴,上涨0.2元,也仅需支出200亿元,还是要比种粮补贴节约。

粮价上涨的受损者,一是政府。因补贴低收入人群而支付财政资金,但前面算过,规模不大,政府完全可以承受;另外的受损者则是城镇居民中的中、高收入人群。但这部分支出对他们的消费总支出来讲并不大,相信不会产生重大影响。农村支持城市那么多年了,现在确实该城市反哺农村了,提高粮价其实是效应最直接的一个反哺政策。

因此,在当前的政府框架中,提高粮价是关键之策、点睛之笔。

三、作答要求

(一)我国改革开放30年,取得巨大成绩,也面临许多问题,请概述"给定材料"反映的

我国当前经济发展要解决的问题。(20分)

要求:全面,有条理,不必写成文章,不超过300字。

(二)对"给定材料3"中林老板的心态进行分析,并指出他的心态所反映的本质问题。(20分)

要求:观点鲜明,分析恰当,不超过200字。

(三)"给定材料11"提出了解决我国粮食问题的策略,认为提高粮食价格是关键之策,不必担忧对低收入人群的影响,他的这种观点有没有道理?为什么?请谈谈你的见解。(20分)

要求:观点明确,分析恰当,条理清楚,不超过400字。

(四)胡锦涛总书记到河南、安徽考察,引发我们许多思考,请联系"给定材料"整理自己的思考,自拟题目,写一篇见解比较深刻的文章。(40分)

要求:(1)观点明确,内容充实,结构完整,语言生动流畅。

(2)1 000～1 200字。

参考答案

(一)我国改革开放30年,取得巨大成绩,也面临许多问题,请概述"给定材料"反映的我国当前经济发展要解决的问题。(20分)

要求:给定材料,全面,有条理,不必写成文章。不超过300字。

答:从给定材料中了解到,改革开放以来,我国取得了举世瞩目的成就。但随着国民经济持续快速发展,一系列经济社会问题也日益呈现出来,当前需要解决的主要问题有以下几个方面:一要加快调整不合理的经济结构,加大自主创新力度,依靠科技进步推动产业结构优化升级,彻底转变粗放型经济增长方式;二要加快地区经济建设,统筹城乡区域协调发展,逐步扭转区域发展差距扩大的趋势;三要深化农村改革,巩固农业基础地位,统筹工农业发展,促进社会和谐发展。当前,我国经济社会发展处于重大转型的关键期,我们要认清目前所面临的形势,从社会主义现代化建设的全局出发,探索符合我国国情的可持续发展道路,从而进一步加快我国全面小康社会建设的步伐。

(二)对"给定材料3"中林老板的心态进行分析,并指出他的心态所反映的本质问题。(20分)

要求:观点鲜明,分析恰当,不超过200字。

答:给定材料3中林老板主要有如下心态:只注重眼前利益,不愿承担投资风险;只满足于发展劳动密集型的低端制造业,不愿加大企业自身的研发力度。其心态主要反映了部分中小型企业没有树立起良好的科学发展观,企业观念落后,缺乏开拓创新精神和优化升级产业结构的动力,缺乏可持续发展的长远眼光和科技先导的现代意识,忽略了促进效益增长的真正原动力乃是自主创新,没有认识到自主创新的必要性和重要意义。

(三)"给定材料11"提出了解决我国粮食问题的策略,认为提高粮食价格是关键之策,不必担忧对低收入人群的影响,他的这种观点有没有道理?为什么?请谈谈你的见解。(20分)

要求:观点明确,分析恰当,条理清楚,不超过400字。

答:针对给定材料提出的问题,该观点有一定道理。提高粮食价格,增加农民收入,从而调动农业发展的积极性,对解决当前我国粮食问题的确有着积极的一面。同时,粮食作为重要战略资源和基本消费品,粮食价格是百价之基,随着计划经济体制逐渐向市场经济体制过度,粮食价格形成的市场化程度不断提高,影响粮食价格的因素日益复杂化。粮价的波动事关改革发展稳定大局,会产生一系列经济社会效应,提高粮价对人民生活,尤其是低收入人群会产生重大影响。把粮食安全作为"防通胀"政策的基本组成部分非常有必要,只有实行不同程度的调控,以纠正市场的过度偏离,才能保持市场价格合理稳定。因此,保证粮食安全是一项系统工程,有效解决好粮价问题一是要提高农民种田补贴;二是要通过技术手段调控好农业物资价格。在统筹城乡经济协调发展的同时,以公平价值的原则,建立平等合作,共谋发展,共享改革成果的和谐关系,对于推进粮食经济又好又快发展起着重要的作用。

(四)胡锦涛总书记到河南、安徽考察,引发我们许多思考,请联系"给定材料"整理自己的思考,自拟题目,写一篇见解比较深刻的文章。(40分)

要求:(1)观点明确,内容充实,结构完整,语言生动流畅。
(2)1 000~1 200字。

统筹兼顾促进我国粮食事业发展

当前,我国粮食事业步入了一个全新的发展阶段,国际粮食安全形势警示我们,养活我国13亿多人口只能靠我们自己。如果粮食和农业出了问题,谁也帮不了我们,保障粮食安全必须立足国内,任何时候都要做到"手中有粮",长期坚持立足国内实现粮食基本自给的方针,任何时候都不能动摇。制约我国粮食生产和影响农民种粮积极性的因素是多方面的,既有政策原因,也有市场原因;既有技术原因,也有设施原因。解除这些制约需要从中央到地方的各级政府科学应对,大胆创新,围绕制约粮食稳定发展的主要问题和突出矛盾,从政策、科技、投入、资源保障等多方面入手,着力提高农业综合生产能力,通过市场、调控、行政等多种方式推动粮食生产,构建支持促进粮食生产的长效机制。

第一,构建耕地保护和有效利用的长效机制。健全严格规范的农村土地管理制度,坚持严格的耕地保护制度,坚决守住18亿亩耕地红线。完善土地承包经营权,依法保障农民对承包土地的占有、使用、收益等权利。加强土地承包经营权流转管理和服务,建立健全土地承包经营权流转市场,实行最严格的节约用地制度。要加快推进实施粮食战略工程,巩固粮食主产区,建设一批核心产区,开发一批后备产区,建设农垦等大型粮食生产基地。

第二,构建农业科技创新和基础生产设施建设的长效机制。加大农业科研投入,促进提高农业科技创新与转化应用能力。加快基层农技推广体系改革与建设,实施科技入户工程,全面开展粮油高产创建活动。加强农业生产、科研、推广的协作,形成农业科技成果转化的强大合力。加强农田水利基础设施建设,加快中低产田改造,实现低产田向中产田转变,中产田向高产田转变。加快推进农业机械化,提高耕、种、收综合机械化水平。积极发展设施农业,提高农业防灾减灾能力,推动经验生产向科学种田转变。

第三,构建实行行政推动和经济激励结合的长效机制。继续落实中央统筹城乡发展战略,促进调整优化国民收入分配结构,重点向农业特别是粮食生产倾斜。不断强化农业补贴制度,继续扩大粮食直补、良种补贴、农机具购置补贴和农资增支综合补贴。加强农村金融服务,放宽农村金融准入政策,加快建立商业性金融、合作性金融、政策性金融相结合,资本充足、功能健全、服务完善、运行安全的农村金融体系。加大对农村金融政策支持力度,拓宽融资渠道,引导更多信贷资金和社会资金投向农村。

稳定和促进粮食生产,既要调动农民种粮的积极性,又要调动粮食主产区政府种粮的积极性。一方面,要切实把粮食工作"一把手"负责制落到实处。另一方面,要切实加大对粮食主产区和粮食加工企业的扶持力度。我们相信,随着科学技术的不断应用,经营方式的不断创新,我国粮食事业一定会取得又好又快的发展。统筹兼顾,促进我国粮食事业发展,对全面推进城乡一体化建设和社会主义新农村建设都具有重要意义。

(节选自《申论》,天合公务员考试研究中心编,化学工业出版社,2009)

【思考与练习】

根据例文中给定材料,自拟题目,自选角度写一篇1 000字左右论文。

22 经济日用文书

22.1 求职信与推荐信

求职与引荐已成为当代人进入职业的一条重要途径。一封出色的求职信虽然并不一定保证你能得到理想的工作,但它能够使你受到重视而获得一次更好的会晤机会。

22.1.1 求职信

从推荐方式上说,毛遂自荐就是通过写求职信。写求职信的目的是让用人单位了解自己,以便对方录用。所以,在信中应当写明自己想得到什么工作,具备什么能力,并按要求寄去所需要的材料。

求职信不宜写得枯燥呆板,而要激发起读信人的兴趣。一般说来,如下几个方面是很重要的:姓名、年龄、学历、经历、品行、能力、性格、才能、目标或抱负。要写得具体、明确,除了具体说明你应聘的是什么工作,还应阐述你为什么对这项工作感兴趣以及自己将如何尽职尽力地工作之类的话,以争取对方考虑录用。

求职信不可写得冗长而杂乱无章,这样就无法引起事务缠身的领导人员的重视。其次在求职信函中要尽量避免提及工资报酬,除非用人一方在征聘启事中提出要求,即使如此,最好也以模糊语言应酬。另外,不要谈及因为自己处于某一方面的困境而请求工作,更不要抱怨你的前任领导或雇主。应聘工作不靠人同情,而靠自己的本事和你能奉献于他人的才学胆识。

22.1.2 推荐信

引荐是青年人得以迅速成长的重要途径之一。写推荐信函时应切实注意如下问题:一是推荐信函的接受人必须与自己交谊深厚,对引荐事宜心中应有七八成把握,才可提笔撰拟。二是对被引荐人确有了解,特别是人品一项,千万不可疏忽。被引荐人的专业范围、技艺特长等在信中都应如实介绍。根据需要,还可附上被引荐人的成绩单或履历表,证明其能胜任被推荐的职务。最后,可盼望对方能够录用并及时给予答复。必要时还可表示承担引荐责任。

22.2 商务信函

22.2.1 商务信函的概念

商务信函是指在商务沟通中使用的信函。商务信函用于商务工作,是企业之间、企业与其他部门之间进行业务联系、生意洽谈、问题磋商的函件。商务信函以商务交易为目的,以业务沟通为内容。商务信函以说明问题为主:通报商品规格和价目,通知货运方式与到达日期,敦促交付货款,抱怨产品品质要求赔款等。商务信函的语言具有通俗、明确、平和与简洁等特点。

22.2.2 商务信函的写作

为了实现有效沟通的商务目的,必须把握商务信函的特点、组成部分及写作要求。商务信函一般包括事由、字号、发函对象、正文与落款五个组成部分。

1) 事由

事由即函件的主旨,写在信笺的第一行中间,让人一看就明确函件的主要内容。事由部分不仅要求明确地传达信函的中心内容,而且要求言简意赅。写明事由有助于迅速把握信函的内容,从而提高商务沟通的效率。例如"事由:关于×××牛初乳各营养成分的含量说明"。

2) 字号

"字"是发函单位的代称,"号"是发函单位的函件顺序。"字号"写在信笺的右上角。字的前面一般要写年度,年度应加上括号。如"(20××)中器字第×××号","中器"代表中国电影器材总公司。写明"字号"方便了收、发函单位的分类、查询与管理。

3) 发函对象

发函对象是指计划的信函接收者。包括单位与个人,如商号、公司、商店、董事、经理等。发函对象一般置于"事由"之下的第一行,左边顶行书写,以冒号结尾。作为商务信函的开头,发函对象应准确无误,有时可以加上表示尊敬的附加成分。

4) 正文

正文是商务信函的主体,写在"发函对象"的下一行,行首空两格。正文一般由四个部分组成:开头语、发函主旨、发函意见与结束语。

(1) 开头语　它是商务信函正文的起始部分。开头语应当直截了当,反对绕圈子。一般来说,开头语有三种写法:

① 直接说明发函意图,使主旨明确。如"承蒙上海华狮有限公司将贵公司作为润发硅油的用户介绍给我公司。润发硅油是我公司的主推产品,我们乐意与贵公司建立直接的业务联系"。这个开头明确地说明了发函目的。

② 对新用户作自我介绍,以便让对方了解本企业的业务经营范围与特色。如"我公司是我国最优秀的本土管理咨询公司之一。公司的专家顾问团由×××、×××、××、××、×××等我国权威的管理学家、经济学家、金融证券学家组成,为企业咨询工作提供指导。公司现有专家顾问及咨询顾问共计37人,其中专家顾问8位,专职咨询顾问23位,兼职咨询顾问6位。公司咨询顾问平均拥有8年的各类企业工作经验、5年的经营管理经验,他们来自国内外著名学府。公司客户包括×××、×××、×××、×××、××等60多家国内外知名企业集团。"这样的开头可以初步展现公司的优势,给对方留下深刻的印象。

③ 说明收到对方信函的日期及来函所需讨论的问题。如"5月28日来函收悉,首先热烈欢迎你们在适当的时候来深圳与我们讨论有关业务。如需办理邀请函等,请及时告知,以便早日见面商谈。"这个开头,承上启下,要言不烦。

(2) 主体　这部分用以阐明发函主旨和发函意见。在提出解决问题的办法的同时,必须摆事实、讲道理,如实说明情况,以便使对方信服并接受,所以要做到观点正确,条理清楚,叙述简洁。如"我公司于 7 月 20 日收到贵公司发来的 No. A210 的货物。货物抵达我公司即发现该货物存在包装和质量问题:第 4 和第 7 包货品似乎没用防水材料包装,故在装运过程中受潮,第 3 包货物与样品不同。希望贵公司及时采取必要行动解决以上问题。"

(3) 结尾　商务信函的结尾往往是一两句话,表达希望对方回复,或提出要求。结尾是全文的结束语应突出信函的主旨。

5) 落款

落款包括发函单位的名称与主要负责人的亲笔签名。

22.2.3　写作商务信函的注意事项

商务信函是发收函双方不见面的沟通方式。为了取得预期效果写作时需做到以下几点:

(1) 要注意礼貌,态度友好,切不可采取鲁莽、粗野的态度。诚恳易使受函者接受、理解,从而达到满意的沟通效果。

(2) 要准确完整,对于分歧性内容要摆事实、讲道理,以理服人。做到要求合理,用词准确,事件的陈述要完整。

(3) 要简洁明了,突出主旨,切忌长篇大论、不得要领。

22.3　条据

条据是人们在日常生活、学习、工作中,要办理某些事情,或发生财务往来时常用的一种简便文体。条据可以分为两大类:一类是说明性的条据,如请假条、便条等;一类是凭证性的条据,如领条、借条等,这类条据又称单据。条据虽然很简短,但也有其一定的写作要求和格式,不能随便乱写,否则也会给人带来不必要的麻烦,或引起纠纷。

22.3.1　说明性条据

1) 便条

(1) 便条的性质和种类　顾名思义,便条是简便的字条。当人们在日常生活、学习、工作中有事要告诉对方,而对方不在,或者不便当面说时,往往留下一字条给对方,或托人代交,这样的字条就是便条。大致有如下几种:留言条、托事条、约会条等。

(2) 便条的写法　便条的内容包括以下几点:

① 称呼:第一行顶格写上对方的称呼。称呼可以根据双方的熟悉程度来写,如小王、李主任、张师傅、爸、妈、女儿、哥、姐等。总之要得体、文明。

② 正文:另起一行空两格,写上需要告知对方的具体内容。这部分内容既要写得简单,又要交代清楚,否则交代不清,容易产生歧义,造成误会,严重的还会误事。正文结束,有的出于礼貌,还写上祝颂语,如"此致敬礼",格式与书信相同,但也可以省略不写。

③ 具名和日期:具名和日期写在正文右下方。具名也可写得随意简单,如只写姓,或只写名,或写爱称、小名等,只要对方理解便可。具名下面写上日期,由于是便条,日期也可简写,只写月日,或星期几,如对方一时走开而能马上回来,日期可以简写为"即日",有时因需要可写明几点几分。

2) 请假条

(1) 请假条的性质　因为有事、有病或其他原因,不能上班、上学或参加某项活动时,由于手续上的需要,应向单位或有关负责人请假,说明请假的原因和时间,这样的字条便是请假条。有时,请假条还需附上有关证明,如医生开具的病假单、住院凭证,或电报、电传、信件等,以便于人事部门审核,加强考勤管理。请假条一般应由本人书写,必要时也可由他人代写。

(2) 请假条的写法　请假条的内容包括以下三项:

① 称呼:请假条的称呼不同于便条中的称呼可以随意,它必须要写尊称,如张老师、李经理、王科长、陈班长等。

② 正文:首先,要写明请假的原因。请假的原因不写清楚,就会使有关老师或领导缺少准假的依据。如经常有人这样写:"今因有事请假一天",而究竟是什么事,不得而知,这样就不便于别人准假了。而且原因不写明,也是对别人的不尊重(除非有要紧事,不便于在请假单上写明)。其次,要写明请假的时间,是一天还是两天、三天。如果是两天以上的话,须写明从哪天始至哪天止,这样便于统计考勤,不易产生误会。正文结束,往往写上"请予批准""请准假"等语收结。而祝颂语"此致敬礼"则可写也可不写。

③ 具名和日期:正文右下方写上请假人姓名,切不可以写简称。姓名之下写上具体的年月日。

22.3.2　凭证性条据

1) 凭证性条据的性质和种类

(1) 凭证性条据的性质　凭证性条据又称单据,它是单位之间、个人之间或单位与个人之间发生财物往来时,需要一方写给另一方的字据作为凭证,这样的字据称为凭证性条据。

(2) 凭证性条据的种类　凭证性条据常用的有借条、收条、领条、欠条等。

① 借条:它是指一方借另一方的钱财或物品时写给对方的字据,以此作为日后偿还的凭证依据。待钱物归还,才可收回借条或销毁借条。借条又称借据。

② 收条:收条是一方收到另一方的钱财或物品时,交给对方的字据,以此作为钱财、物品去向的凭证。收条又称收据。

③ 领条:领条是一方到另一方处去领取所需钱财或物品时,交给对方的字据,同样也是作为钱财、物品去向的凭证。

④ 欠条:欠条是指一方在购物或归还财物时,因未付清或未全部付清,而交给对方的字据,以此作为日后偿还的凭证依据。

2) 凭证性条据的写法

(1) 单据名称　单据因其种类不同,故在每张单据上应标明单据种类的名称,如"借条"、"收据"等,或写"今借到"、"今收到"、"今欠到"、"今领到"等名称。单据的名称写在首行居中。

(2) 正文　单据不用写称呼,直接写正文。正文要写明立字据的事由或事实,具体钱财、物品的名称、数量,如果是借款或欠条,还应写上还款日期、还款方式、利息支付等其他事项。正文结束,还应写上"此据"两字收结,以防别人在文后添加其他内容。"此据"可紧接在正文后面写,也可另起一行空两格写。

(3) 具名和日期　正文的右下方签上立字据人的姓名,在签名时,应在姓名前写上"借款人"、"欠款人"、"收款人"、"领取人"或"经手人"等名称,有的还写上单位名称。一般单位的字据都应加盖公章。重要的字据,私人也应加盖印章。具名之下写上具体的年月日。

3) 凭证性条据的写作要求

(1) 财物数额要大写 在各类单据中,总金额或物品数量部分,一定要大写,数额前不留空格。如果是钱币,还应写上币种名称,如"人民币""美元"等。如果金额末位数不是"分"的话,则应在金额末尾数后写上"整"字,以防添加数字。

(2) 单据不宜涂改 单据里涉及的财物名称、数额和时间一定要写清楚。单据写好后,不宜改动,如需改动,应在涂改处加盖责任人的印章,以示负责,如能另写一张则更好。

(3) 书写端正清楚 单据一般要保留一段时间,单据又涉及财物,所以稍不小心,很容易引起矛盾纠纷,故单据要写得清晰、字迹端正,而且不能用铅笔或易化的笔写。一般用钢笔书写,保留时间长而不易变色。

22.4 启事、声明

22.4.1 启事

1) 启事的性质和种类

(1) 启事的性质 "启"即告知、陈述的意思。启事就是单位、个人因有事向群众说明或希望群众协助办理的一种应用文体。启事是公开的,一般张贴于公共场所或刊登在报刊中,也可在广播、电视中播出。

(2) 启事的种类 启事的种类繁多,不胜枚举,大体上可归为三大类:

① 告知类启事:即因有事要向社会说明,并希望引起人们注意所发的启事,如开业、停业、迁址、更名、改期、讲座、举办活动等启事。

② 征求类启事:即出于某种需要,请求别人帮助、关照时所发的启事,如征集、征订、征地、征稿、征婚、征租、招聘、招标、招商等启事。

③ 寻求类启事:即因丢失物品、资料,或因有人走失、下落不明所写的启事,如寻人、寻物等启事。

2) 启事的写法

(1) 标题 启事的标题有多种写法:其一是笼统式,只写"启事"两字;其二是事由和文种式,如"开业启事"、"招聘启事";其三是事由式,即只有事由,没有文种,如"招聘"、"寻人"、"征婚"等;其四是单位名称、事由和文种组合而成的标题,如"×××公司招聘启事"。一般而言,第一种笼统式效果不太好,标题不引人注目,容易被人忽略,而写明事由,则看来醒目,而且针对性强,便于人们分类查找。另外,有的启事为表明诚意,还在标题中加上敬辞,如"诚聘"、"敬聘";有的要紧启事,还在标题中注明"紧急启事",这样更容易引起人们注意,而收到实效。

(2) 正文 由于启事种类繁多,正文内容也不一致,要分别而论。一般而言,启事的正文要概括说明启事的目的、原因,详细具体地介绍启事者的要求或具体告知事项。如招聘启事,正文则需写明所招聘的工种、专业或职业、条件、人数、要求,及应聘方法、联系地址等内容。而开业启事则应写明开业单位的名称、开业地点、经营服务项目、有何特色、具体营业时间,最后往往写上一句"敬请广大顾客光临"等客套话收结。总之,启事的正文要根据不同的种类来安排内容,关键在于具体、明确。启事由于内容简短,所以通常不另结尾,全文只设一段文字表达,如具体事项较多,则也可分条目逐一表达。

3) 启事的写作要求

(1) 标题需醒目　一般应标明事由,以便于人们按需查找。

(2) 内容要单一　启事应做到一事一启,不能将几件事放在一起交代。

(3) 语言要简洁　启事的语言要尽可能简洁达意,通俗明白,做到既经济,又能收到较好的效果。

(4) 事实要真　启事中的内容必须真实而不虚假,诸如招工启事、征租启事、征婚启事等都应实事求是,不能从中作假进行欺骗,达到不可告人的目的。

22.4.2　声明

1) 声明的性质和种类

(1) 声明的性质　声明也是公开说明的意思,在这一点上它与启事相近。但声明是带有庄重、严肃性的说明。它是单位或个人在日常生活、工作中就一些较重大的或紧要的事需郑重地告知有关人员的应用文体。

(2) 声明的种类

① 遗失声明:当单位或个人的较为重要的物品遗失后,需及时刊登遗失声明。如有关营运证、营业执照、签证、护照等证件,支票、发票等票据。因为这些东西被人拾到,就有可能产生不良后果,所以应及时声明作废,以防被人利用,造成不必要的损失。

② 警告性的声明:当单位或个人的合法权益受到侵犯、损害时,常发表警告性的声明,以维护自身的合法权益。

2) 声明的写法

(1) 标题　声明的标题也因其种类不同而分为两种:一种为"遗失声明";另一种为警告性的声明标题,如"××厂授权×××律师严正声明"。

(2) 正文　声明的正文也因其种类不同而分为以下两种写法:

① 遗失声明的写法:遗失声明写法简单,只要写明遗失声明的单位或个人名称,遗失物品的具体名称(如是营业执照,还是支票等),如是证件、票据还应写上号码、份数,最后写上"声明作废"收结全文。

② 警告性声明的写法:通常由声明的缘由、事因、声明者的态度和声明具体事项组成,如"必须停止生产和销售,如继续生产和销售,一经发现,即将依法追究法律责任。"有的还写上对于举报者的奖励办法。最后写上"特此声明"作结。

22.5　契约

22.5.1　契约的含义

契约是一种很古老的应用文书,在机关、单位及个人的社会生活和政治活动中经常使用。它是以文字的形式把双方或多方交往中商定并达成共同意见的有关事项记载下来,作为发生纠纷时(或预防纠纷)检查信用的凭证,是一种具有法律约束作用的应用文体。

契约是有历史范畴意义的概念和名称,它是人类社会中经济、政治生活的产物,伴随着经济、政治生活的发展而变化。我国具有悠久的历史,随着各个历史阶段的衍变,根据不同的实际需要,契约具备了众多的类型和较为成熟、严格的书写格式要求。

在当今的中国,实行改革开放政策,国家确定了以经济建设为中心、大力发展社会生产力的路线、方针、政策,经济生活十分活跃,充满了勃勃生机。在这种背景下,对经济活动、经济行为起到规范作用的契约得以极为频繁地运用,并发挥了巨大的作用。

契约有广义与狭义两种内涵。广义的契约,继承了传统的意义,是指涵盖狭义的契约、合同、协议书等丰富内容的凭证文书的总称。狭义的契约类似于协议书,是一种未经现代法律规范的凭证文书,保留着一些传统的色彩,它在今天的农村山区等现代文明尚未影响到的地区依旧使用。事实上,人们在日常生活中使用"契约"一词时,往往较为随意地将两种不同的含义混淆使用。20世纪50年代我国政务院(即国务院在建国初期的名称)颁布的经济法规中尚沿用"契约"一词,与"合同"并称。到70年代时,国家在正式的法规中便不再使用"契约",而统一使用"合同"、"协议书"。

契约无论在广义上还是狭义上,都是一种纯粹的实用性的凭证文书,涉及多方当事人的利益,所以书写契约是一件极为严肃的事情,容不得丝毫的马虎与随意。

22.5.2 契约的特点

契约作为一大类文体的统称,具有以下共同的特点:

1) 契约的内容简洁准确、朴实无华

契约多用于私人之间的财、物买卖、借贷、租赁、分配等关系,比如买卖房屋契约、买卖土地契约、借贷契约、租赁契约等。在内容中必须将事情讲清楚、完整,不要有任何漏洞给不法分子以可乘之机,一言以蔽之,应言简而意赅。契约不是文学作品,绝对不需要高超的技巧、华丽的辞藻,不能以文害义。在语言风格和行文的选择上,朴实、有条理、简洁、严密是最理想的效果。

2) 契约的制约性、法律性极强

书写、签署契约的最终目标是保证当事人双方或多方圆满地完成合作任务。它既给所有的当事人以严格的限制和约束,同时也为各方提供了相应的权力和自由。现代社会是法制社会,签订契约一定要遵守法律法规,在契约中体现法制观念。法律面前,人人平等,契约规定了当事人权利与义务对等的原则,对那些只愿享受权利不愿承担责任的人具有强大的制约力,从而确保社会经济生活正规、合理、稳定。

3) 契约是一种社会性、监督性极强的凭证

从表面形式上看,签订契约文书是立约双方的事情,但是在实质上,它仍是社会事务。签订完毕的契约除当事人各自保留一份外,还必须经过国家公证机关公证,并向主管部门上交一份。这使契约增加了接受监督、管理的成分。同时签订契约时往往要有中间人、见证人、执笔人,表明订立契约是一项公开的正当的活动。

契约的种类较多,尤其是关于经济生活的契约,如各种租赁或买卖契约。

22.5.3 契约的写作

各种类型的契约格式基本相同,主要包括标题、立契的原因和目的、契约的条款以及结尾。

1) 标题

标题一般由"事由+契约"组成,如分家契约、房屋买卖契约。契约的标题要写在最上边

一行的居中位置,使左右空白保持平衡。

2) 立契的原因和目的

在标题之下,空一两行,另起一段书写立契的人姓名、立契原因和目的。

3) 契约条款

正文要逐项书写条款。正文是契约的核心部分,也是主体部分,一般都采用条款式,即把订契者协商好的内容一条一条写入契约,条理分明,一目了然。

4) 结尾

契约的结尾部分要说明这项契约为一式几份,分别由谁持有。如果有附件,还要写明附件名称和数目。有的契约还要注明该契约的有效期限。最后是订契者签名盖章,并写明订立契约的时间。如果有中间人、证人,也需签名盖章。

22.5.4 写作契约应注意的问题

(1) 订立契约必须在我国法律许可的范围内进行,不能利用契约做违法乱纪的事情。

(2) 订立契约的双方或多方平等自愿,不允许一方将个人意愿强加给另一方。

(3) 契约的内容要全面,语言要准确,逐条逐项地说明。如果表意模棱两可,语句歧义重重,内容漏洞百出,就会产生纠纷,引起诉讼。

(4) 契约中数目字,如款项、物品数量等,要使用汉字大写,以防涂改增添。契约的内容不能随意涂改。如果发现错误、遗漏,必须经订契者共同协商同意,才可以修改补充。

(5) 契约要用钢笔或毛笔书写,字迹清楚、工整,切不可潦草杂乱,难以辨认。要正确使用标点符号,不要写错别字。

(6) 要写清订契者产生歧义或对财产发生纠纷时应负的责任以及具体的处理方法。这样便于约束各方,迫其遵守契约,尽到应有的义务。

(7) 契约的附件,如与契约相关的一些文件、证明、补充说明等,都应作为契约的有机组成部分附于契约后面。

22.5.5 几种常用契约

1) 房屋买卖契约

居住是人类生活中的一个重要的内容和组成部分。古人讲"安居乐业",正是强调居住的需要在人的生活中有多么重要。房屋的买卖行为在日常生活中经常发生,比如在农村地区,一方购买另一方已经建好的民居,城市的市民购买商品房屋等。

房屋买卖契约,又叫做房屋买卖合同(后者更为通用,更加正规一些)。它们的差别表现在地域差别和法律的规范性上。房屋买卖涉及资金数量大、涉及人的生活,所以责任重大。为了保证这一买卖行为的有效性和严肃性,防止日后发生纠纷,必须订立房屋买卖契约或合同。房屋买卖契约和合同不仅是房屋买卖成交的证明,而且也是房屋包括房屋占用宅基地的使用权、继承权的凭证。

在我国农村,房屋买卖情况与城市不同。由于农业生产的直接物质资料是土地,农民的生活与土地息息相关。乡、镇、村等农业组织、单位直接管理、使用土地,农民建房都是以个人的名义进行,所以农村的房屋买卖往往涉及树木、水井、茅厕、行道等。这是城市房屋买卖一般不具有的内容。

房屋买卖契约可以分为草契与正契两种。它们都是有关部门统一制定的,具有考虑周密、格式划一的特点,避免了没有统一管理所导致的不严密和任意性,减少了由此而带来的不稳定因素和法律上的纠纷。买卖房屋的双方不必另行书写,只要按照契约的项目要求填写清楚就行了。先填写草契,后填写正契。

在填写草契之前,买卖双方平等协商,经中证人说合,达成协议,买卖双方及有关人员到管理部门订立草契,按项目要求填写,然后再到公证部门进行公证,最后持草契到财税部门纳税,换取正契。换持正契后,买卖房屋的一整套手续办理完毕。此时契约正式生效,成为法律凭证。

订立房屋买卖契约时要注意以下事项:

(1) 买卖双方在填写买卖房屋公证表格、草契和正契时,要把项目要求的内容告诉给承办人,由承办人按项填写。

(2) 有关房款的交纳问题,草契中这样写:"当日价业两清,各无异说",这是说房价当日已一次付清。正契中只有房价,没有交纳情况一栏。如果买主一次交不清,只交了一部分房款时,买卖两方可以请中人证明或互相协商,另立房价交纳情况契约。要写清已付款多少,所剩款多少,何时交清,以及房屋何时移交给买主。

(3) 正契中的"附记"一栏,要写明水井、树木、茅厕、行道是否随房屋出卖,若是共用也应填写清楚。

房屋买卖契约,在城市中一般用正规的更具有现代法律意味的名称——商品房买卖合同。现代中国的各大城市中出现了许多房地产开发公司,它们是负责城市土地开发、建造房屋楼宇的企业。当这些房屋建筑完毕后,提供给市民购买,用以满足市民的住房需要,此时这些房屋就已成商品,而且是一种特殊的商品——不动产商品。

商品房买卖合同是一种具有法律效力的经济文书,因为它涉及房屋的产权、使用权、转让权、继承权等物权,所以应严肃对待。房屋买卖是一种商品买卖行为,出售商品房一方交出特殊商品,房屋购买者付一定数额的货币,交换完成后,房屋购买者拥有房屋的各项合法权利,售房者从中得到利润。但是这种交换关系必须经国家承认之后才能得以生效。

商品房买卖合同的写作格式与要求如下:

(1) 合同的标题 "商品房买卖合同"写在第一行的正中位置,使左右均衡,字体可稍大些。

(2) 合同的首部 写在标题之下,包括出售方的名称、地址、电话;购买者的姓名、性别、出生日期、身份证号码、电话、住址等。

(3) 正文 是合同书的主要内容,应该包括的条款有:合同的法律法规依据、土地批文说明、购买房屋的位置、面积、交房日期、延期说明、房屋售价、付款方式、责任与处罚办法、定金处理方法、房屋权益说明、争执处理办法等。

(4) 合同的法律依据 说明本合同遵照我国的法律与各地地方房地产的法规制定,属于合法合同,受法律保护。

(5) 土地批文说明 土地所有权属于国家,房地产企业要经过政府审批方能取得使用权。另外所批准使用的土地的地段、面积、使用期限也要加以说明。

(6) 房屋的位置、面积 指商品房屋的地理位置与所占空间大小,它们都是影响到房屋价格的重要因素。

(7) 房屋交付日期 是指售房方向买房方交付商品房的时间。房屋交付不能无限延迟,否则合同没有任何意义。在交付日期上存在责任关系,售房方交房超过期限,将按违约受到处罚。

(8) 责任说明 是指对交房日期延迟的一些非人为原因的说明,如自然灾害、重大技术问题等。

（9）房屋售价　是商品房按当前消费水平决定的货币数额，其中包括房屋的成本价格以及一定量的利润。

（10）付款方式　是买房方向售房方交付房款所选择的方式，如现金结算或转账支票结算。

（11）责任处罚方法　指买房方违约，不能定期交付房款时所采用的处罚方法。

（12）定金　是买房方在购买房屋之前预先交给售房方的保证金，以保证购买行为的严肃性与可靠性。当买房方交付房款时，定金将得以处理，或退还或充房款之一部分。

（13）房屋权益说明　是指商品房在买卖之后它的权益归属的说明，即房屋的产权、使用权、转让权、继承权归买房方所有。

（14）争执处理办法　是当买卖双方当事人发生矛盾时的解决方法，或请仲裁机关仲裁，或到人民法院通过诉讼解决。

2）分家契约

分家契约，也叫"分单"、"分约"、"分契"，其正规的名称是"分家协议书"，是契约类文书中的一种，也是一种凭证性应用文。

家庭是任何一个社会的基本组成单位，它的结构、成员的关系受到生产力、生产关系的制约和影响。分家在生产力不非常发达的封建时代很普通，一般按照父系关系，以男子为核心，由一个大家庭分裂为几个小家庭。它是家庭组织繁殖、衍变的具体表现。在新中国，在当代，城市居民"分家"的现象已极为少见了，这与城市中的经济生活、婚姻方式有很大关系，也与人们的思想观念相适合。但在广大农村，由于我们民族的传统习惯以及和土地相联系的生产方式的原因，父母与成年子女、兄弟姐妹之间不便在一起生活，需要重新安排家庭结构，仍然会"分家"。这样，一个家庭由一户分化为几户，财产由一份分为几份。同时赡养老人和抚养幼儿的义务也要随之变化。这些情况都必须妥善处理。分家协议书就成为记录家庭另立门户、分割财产、划分责任情况的书面凭证。

(1) 分家协议书的写作格式

① 标题：写在第一行的正中位置，字体稍大一些。可以写"分家契约"等，但一般写"分家协议书"，有时也可以不写标题。

② 开头：要分条写清订立协议书者的姓名、年龄、性别、职业等情况。如"立约人×××、×××"。每条都占一个自然段，前面空两格。

③ 正文：是分家协议书的主要内容，要依次交代分家的理由，分家的财物分配情况，家庭债务的分配情况，赡养老人、抚养幼小等责任的分配等，内容要准确具体。立约的理由要写明，如："今因兄弟三人各自成家立业，家中人口增多，父亲早逝，母亲年迈体弱，为了便于家庭生活"，其他方面理由也可如实书写。

家庭财产重新分配情况是一个重要的复杂而棘手的问题，是分家协议书必不可少的内容，也是立约人最关心的问题。分配财产要遵循公平合理的原则，全面平衡，既要考虑到老人的生活所需，又要让立约人之间均能获得利益，更要照顾到未成年人。当然绝对的平均根本做不到，只要当事人各方不斤斤计较，宁可吃点亏，不成大问题。切不可因丁点微利，撕破脸面，破坏了宝贵的亲情与和睦。财产包括房屋、宅基地、牲畜、存款、粮食、生产生活用具、树木、水井等。数额一定要准确，用汉字大写，并明确各项财产归属何人。

家庭债务也要按权利义务对等的原则，按股分摊或均摊，也要联系每个人的经济收入，由家人协商解决。在协议书中要将债务分配情况书写清楚。

承担义务、责任,具体而言,指赡养父母、抚养幼小。我国的宪法规定,儿女有赡养父母的义务。做父母的,为了生计,辛苦一生,等到把子女都拉扯大,让他们结婚、成家时,也都上了年纪。儿女出于人伦,报得三春晖,应该孝顺老人。老有所养是孝顺的具体表现。分家时,不能视老人为包袱,推脱躲避。赡养老人的义务必须明确写在契约内。

④ 末尾:要由立协议人、中间人、见证人、代笔人签名盖章,然后在下一行写上立协议的时间。中间人的身份最好要广泛而具有代表性,如一名亲属或一名干部。

⑤ 尾注:说明本协议书一式几份以及保存情况,如:"本协议书一式三份,立协议人各执一份,公证事务机关保存一份。"

(2) 分家协议书的写作要求

① 分家协议书的内容要实事求是,如实记录当事人经协商而达成的意见。不能歪曲事实,或任意杜撰造假。

② 内容全面完整,绝对避免漏洞、歧义的产生。语言要简洁、严密、朴实、有条理。协议书是应用文书,其语言、行文要服务于实用目标,堆砌华丽辞藻,玩奇弄巧,不仅无用,反而有害。言简、意赅、理明是最好不过的。

③ 逻辑严明,段落清楚,一般按条款式,依次书写,各项问题逐一解决。

④ 格式要合乎规范,行文中遇到数目字用汉字大写,以防涂改增删。协议书用钢笔或毛笔书写,以利长期保存而不褪色。

3) 租赁契约

租赁契约又称租赁合同,是出租方将一定的财产交给承租方使用,承租方付给租金,并在租赁关系终止时将原财产归还给出租方的书面协议。租赁合同是一种常见常用的经济合同,其使用范围非常广泛,凡涉及土地、房屋、工具、设备等众多生产、生活资料都可以成为出租的标的。

涉及财产、物品的出租就包含有利益、公平问题,处理不当就会引起纠纷,产生不稳定因素。我国《经济合同法》规定,财产租赁必须通过财产租赁合同来明确出租方与承租方之间的权利义务关系。所以遇到租赁事宜,签订租赁合同,不仅不是多余的,而是绝对必要的。

(1) 租赁契约的特征 租赁合同是一种经济文书,经过国家公证机关公证后,就产生了法律特征,从而具有对当事人双方的法律约束力。它有以下法律特征:

① 租赁合同的标的是有体物、不易消耗品,一般包括动产、不动产。无体物不能租赁。因租赁关系终止时租赁物要一次返还,所以一次性消耗物不能出租。

② 租赁合同规定了出租物与租赁主体的关系,即承租人在租赁期内只享有出租物的使用权、占有权、收益权,而其所有权仍属于出租方。

③ 租赁合同规定了出租人与承租人之间权利义务对等的经济关系,即出租人有交出租赁物的义务和收取租金的权利;反之,承租人有支付租金的义务和使用出租物的权利。承租方在租赁期享有的权利不会因出租物所有权的转让而受到侵犯,但此时出租物的所有权归转让后的第三人所有。

(2) 签订具体的租赁合同应该注意的问题

① 承租人需了解租赁财物的性能、用途。出租人对于国家限制流通、转让的财产不能出租。

② 承租人、出租人双方都要明确对出租物是否具有所有权或经营管理权。如果出租物的所有权已被设定,如已被抵押,就不能出租。

③ 出租方是否具有从事租赁经营业务的资格,如果没有,财物不能够出租。

④ 承租、出租双方必须根据有关规定办理手续。如土地出租,需向土地管理部门登记手续,房屋租赁要向房管机关备案。

(3) 租赁合同的写作格式和要求

① 标题要写在第一行的正中位置,使左右均衡,一般写清合同的种类,如"房屋租赁合同"等,字体可稍大些,以示突出。

② 首部要写清出租方、承租方的名称或个人姓名、合同编号等。这是明确责权必不可少的内容。

③ 正文是租赁合同的主体部分,它集中了几乎全部的详细而丰富的内容,占去大多数的篇幅。按照我国的《经济合同法》规定,租赁合同的正文要具备的条款有:租赁标的物的名称、数量和质量,租赁财物的用途,租赁期限,租金和租金交付方式、时间,租赁期间财产维修、保养的责任,出租方和承租方的变更,违约责任、争议解决方式等。

租赁标的物的名称、数量和质量,应该在合同中详细、具体写出来,包括牌号、商标、型号、规格、等级。数量必须精确,质量标准必须确切,这些定量将作为出租方交付、接收出租物,承租方接受和返还时的依据,也将作为责任的依据。

租赁财物的用途、租赁的目的必须是合法的,否则不受法律保护。

租赁期限是承租人使用出租物的时限,可以是定期的,也可不定期,但它都将作为一个重要的指标存在,对租金的数额起决定作用。

租金的金额应在合同中写明,数额要按国家和业务主管部门的标准计算。也可由当事人双方协商决定。租金交付的方式、时间也要明确。

出租物维修、保养的责任应写明。一般说来,这些责任属于出租方。特殊情况下,合同中应规定由承租方在租赁期内负责修理和保养,其费用从租金中扣除。

出租方、承租方的变更指租赁期间出租方有权将出租物的所有权转让给第三人。第三人系出租物的新的所有者,即新的出租人。承租方无权将出租物转让给第三人,但是若经过出租人同意则可以转让。

违约责任应在合同中明确违约方承担违约责任的方式。

争议解决方式是指双方当事人对合同的阐释有分歧、产生争议时的解决办法。一般是由经济合同仲裁委员会仲裁或向人民法院诉讼解决。

④ 合同中要明确备份及保存情况,如本合同一式共×份,出租方、承租方各执一份;合同副本×份,送××单位备案。

⑤ 最后是落款和签约地点、签约时间。合同文书要求严格,落款里要包含出租方、承租方双方的签名和盖章、地址、法定代表人的姓名,委托代理人的姓名、开户银行、账号、电话号码、邮政编码等,末尾还需写明合同的有效期限的起止。

[例文1]

求 职 信

敬爱的××公司领导:

我是个打字员,但不是个平平常常的打字员,我喜欢打字,打字对我来说是一种乐趣。我为能够打出清晰、醒目、整齐的材料而自豪。

今天上午看到了《××报》上刊登的贵公司的招聘启事，它强烈地吸引着我，因为，我知道自己特别喜欢电脑打字。现将我的情况呈报给你们，希望能考虑让我做这项工作。我今年20岁，女性，高中毕业后又经过了一年的打字和速记的专业培训。我能使用各种类型的打字机，并且会排除一般故障，与其配套的各种型号的油印机也能熟练操作和维护。必要时，我还能准确地速记口授文件和从事外语打字。近一年来，我正在参加企业管理专业的大专自学考试，对经济方面的各种专业用语比较熟悉。

　　我已有两年的打字经历，个体营业，主要承接南方纺织集团公司和华南电器集团公司的打印材料。你们可以向他们了解我的打印技术与工作态度。

　　我对自己的总体评价是：工作认真、性情温和、相貌可爱，与同事关系融洽，并擅长于软硬笔行书小楷，还可以兼顾办公室的抄抄写写。如果你们愿意的话，我可以立即开始工作。随信附上的明信片有我的通讯地址，我想，它会为我带回喜讯。

　　敬颂
　　财运亨通

×××谨启
××××年×月×日

[例文2]

推　荐　信

×××经理英鉴：

　　前悉贵宝号营业，年来一再扩展，业务特别发达。且贵公司在中秋繁忙之际，预备添雇人手，帮同招呼门市。故特向经理引荐舍亲张太宜之子张静。此儿今年21岁，湘商干院毕业，成绩较好，特别写算根底均佳，且性格安静，为人智巧忠厚，颇可依靠，将来定可为贵宝号的发展助一臂之力。现特介绍于你，不知能赏光录用否？祈请回示。

　　顺颂
　　暑祺

×××启
××××年×月×日

[例文3]

便　　条

李经理：

　　××大厦来电说有两间办公室可供出租，是否需要？请见条后速与该大厦刘经理联系，电话：×××××。

办公室小王
即　日

[例文 4]

请 假 条

祁主任：

  昨晚患重感冒，并有 39℃高热，现仍未退，故请假今明两天，希予批准。

×××

××××年×月×日

[例文 5]

借 条

  今因购买新房尚缺资金，特向×××借款人民币壹万伍仟元整，借期三个月，至 20××年 8 月 31 日前归还，利息不计。

  此据。

借款人：×××

××××年×月×日

[例文 6]

收 条

  今收到×××公司赞助的奔 4 电脑两台，赞助的人民币壹拾万元整。

  此据。

××××学校

经手人：×××

××××年×月×日

[例文 7]

领 条

  今领到本院器材科××牌 250G 移动存储盘壹个。

  此据。

领取人：××系

×××

××××年×月×日

[例文8]

欠 据

今在本厂小卖部购百事可乐3箱,计人民币贰佰元整,已付壹佰元整,尚欠壹佰元整,定于本月十五日归还。

此据。

欠款人:×××车间
×××
××××年×月×日

[例文9]

找 寻 失 物

××××年×月×日,我厂运货车在×××路、×××路行驶过程中,遗失一箱货物,内装××器械××只。请拾到者或知情者与南京×××厂×××同志联系,当面酬谢。电话:××××,厂址:×××路××号。

[例文10]

××××有限公司招聘启事

一、公司文化背景

××××有限公司是中国××行业中著名的中外合资企业。公司××××的×××、××等是在全国家喻户晓的知名品牌。××××以其科学严谨的专业态度和崇高的职业道德,赢得了客户和行业的高度评价和推崇。

从1985年成立至今,××××一直在快速发展和壮大。目前我们拥有××××名员工,公司位于上海。我们的专业销售人员遍布在全国××个城市。

由于公司的持续发展和开拓新的市场的需要,××××热诚欢迎在我们招聘的领域内富有相关经验的专业人才加盟我们的公司。在××××,我们的员工在用聪明才智不断作出贡献的同时也深深感到公司的温暖。

二、薪酬福利

我们提倡员工对客户和社会的奉献精神,同时予以合理的报酬。

××××的薪酬福利是公司经过系统化、科学化的设计,充分考虑各种因素而形成的一套完整的体系。我们的宗旨是通过公司的薪资福利制度的不断完善,吸引和保留优秀的人才,使他们的工作更加充实,生活更加美好,更好地发挥他们的潜能,充分体现自身的价值。

(一)工资制度

公司本着公正的原则,在完整的职位评估系统基础上,按照工作岗位的重要性,合理地确定各岗位的工资级别,并经过严格的绩效评估,对员工的工作表现提供准确的信息,使工资水平紧紧地和工作岗位和业绩表现相结合。同时公司每年数次的薪资调研,确保员工的薪资水平在同行业具有竞争力。

依据公司年度经营成果,薪资调查结果,物价指数及员工的工作表现,公司每年二月对转正的员工进行调薪。同时,为他们颁发年终奖金。

(二) 福利体系

1. 社会保险及住房公积金:包括国家规定企业为员工办理的养老保险、医疗保险、失业保险、工伤保险,生育保险和住房公积金,为员工提供全面而完整的社会保险。

2. 养老保险(补充):为了员工有更好的晚年生活保障,在社会保险的基础上,公司为员工提供了优厚的商业补充养老保险。

3. 医疗保险(补充):公司为员工和其子女提供补充商业医疗保险,包括日常门诊和住院的医疗费用报销。同时公司安排员工每年进行全面的体检,时刻关注员工的身体健康。

4. 人身意外保险和人寿保险:公司为每位员工投保全球范围内24小时内人身意外保险。

5. 交通意外险:为确保员工的出行安全,在人身意外保险之外,公司还为员工投保飞机、火车、轮船交通意外保险。

三、个人职业发展

××××致力于为优秀人才提供长远的个人成长和广阔的职业发展空间。在××××的各个部门员工的工作能力和领导才能都有机会得到充分发展。无论你的教育背景、先前工作经历如何,××××尊重和支持每位员工实现自己在职业发展上的远大抱负。

每年,××××都投资用于员工的职业培训。除了销售人员接受正规的产品知识和销售技能的培训之外,公司同时根据工作的需要安排管理技能的培训给员工,例如,旨在帮助员工培养自我挑战及团队精神的培训等。

在××××,你不仅能在本职工作中创造出色的成绩,同时你有机会跨部门展示你的才华,不同部门的工作经历将丰富你的职业生涯,使你能够面对更多的挑战,成为公司和社会的优秀人才。

四、招聘职位

(一) 职位空缺

销售代表

(二) 任职资格

1. 医学、药学、护理或食品等相关专业医药大专以上学历,医学专业背景优先。
2. 具有1~2年相关工作经验,有外企药厂工作经验者优先。
3. 健康的身体,良好的形象,敏捷的反应。
4. 较强的沟通能力、文字表达力。
5. 较强的独立工作能力和市场开拓能力,并能够承受在压力下工作。
6. 具有服务意识和团队意识。
7. 积极进取,善于自我激励。
8. 熟练掌握MsOffice软件及Internet操作,计算机应用熟练。
9. 英语达四级水平并具备专业文献的阅读能力。

10. 诚实守信,无工作劣绩及人品污点。

(三) 工作职责

1. 负责指定区域公司产品的销售工作,向客户传递正确的产品使用信息。
2. 保证客户合理应用公司产品,同时完成公司制定的销售指标。
3. 及时反馈客户使用本公司产品的相关信息。

五、联系方式

有意者请在见启示后十天内将个人中、英文简历及近照、毕业证书、身份证复印件等寄至上海市××路×××号上海××××有限公司人力资源部收,邮政编码:×××××××,E-mail:hr@××××.com.cn。

[例文 11]

×××律师事务所律师声明

本律师受《××××》编辑部及(或)其作品作者的委托,就有关××网站(WWW.×××.com)所登载作品的著作权事宜郑重声明如下:

1.《××××》编辑部作为××网站所登载作品的著作权人,欢迎各媒体(包括但不限于报纸、期刊、广播电台、电视台、网站等)刊登、转载或摘录本网站的作品,但本编辑部及(或)作品的作者声明不得刊登、转载或摘录的除外。

2. 任何上述媒体刊登、转载或摘录××网站的作品时,都必须严格按照《中华人民共和国著作权法》及其他相关法律、法规的规定,注明出处,指明作者姓名、作品名称,并且不得侵犯著作权人依法享有的其他权利。

3. 任何媒体在刊登、转载或摘录××网站的作品时,没有按照法律规定注明出处及指明作者姓名、作品名称,也没有向著作权人支付法定的费用,甚至对××网站的报道和文章进行剽窃、篡改,都严重侵犯了《××××》编辑部及(或)作者的合法权益。根据有关法律规定,侵权人应当承担停止侵害、消除影响、赔礼道歉、赔偿损失等的法律责任。

4. 对于任何侵犯《××××》编辑部及(或)其作品作者合法著作权的行为,《××××》编辑部及(或)作者都将保留通过法律程序追究其法律责任的权利。

特此声明。

×××律师

××律师事务所

二○××年十月十八日

[例文 12]

草　契

城字第 108 号

立契人王六儿,今将自己坐落在××县城内东正街瓦房一所,计伍间,厕所行道在内,东至李理光,南至王开先,西至张耀祖,北至杨根新,经说合情愿出卖给张致和名下。

言明房价人民币 贰仟贰佰〇拾〇元〇角〇分整,当日价业两清,各无异说。自换正契之后如有亲族产邻争执或其他纠葛事情,由出卖人王六儿负责,与买主张致和无干,空口无凭,立此契为证。

东正街村民委员会主任　康树礼(章)

说合人　何康(章)

产邻　李理光　王开先　张耀祖　杨根新(章)

写契人　李联美(章)

立契人　王六儿　张致和(章)

××××年×月×日

本联由买主到县换领正契

草契存根

城字第108号

卖主	王六儿	买主	张致和
种类	瓦房	坐落	××省××县城内东正街
四至	东至　李理光西墙　南至　王开先北墙 西至　张耀祖东墙　北至　杨根新南墙	房屋间数	伍间
房价	人民币贰仟贰佰〇拾〇元〇角〇分	说合及写契人	说合人　何康 写契人　李联美
		产邻	李理光　王开先 张耀祖　杨根新

××省××县城关镇东正街村民委员会主任康树礼

××××年×月×日

本联由镇政府存查

房屋买卖契约

城字第108号

	姓名	性别	年龄(出生年月日)	职业	现住址[乡镇、街道(村)门牌]
卖主	王六儿	男	56岁	农民	××城关镇东正街150号
买主	张致和	男	53岁	农民	××城关镇西街54号
介绍人	何　康	男	51岁	农民	××城关镇东正街82号
房屋种类及房屋面积	房(瓦)伍间共有建筑面积110平方米(m²)	地皮使用			四邻签章
		东自　李理光西墙至1m			章
		西自　张耀祖东墙至1m			章
		南自　王开先北墙至1m			章
		北自　杨根新南墙至1m			章

买卖原因、房屋附图、买卖证件(所有权证件等)

卖房人王六儿，今因新建住房，愿将自己旧瓦房伍间卖给西街农民张致和。附王六儿分家契约一份。

卖　主：王六儿
买　主：张致和
介绍人：何　康
(签章)
××××年×月×日

××县人民政府正契

上字第 82 号

<table>
<tr><td rowspan="2">卖主</td><td colspan="2">姓名</td><td>王六儿</td><td rowspan="2">买主</td><td>姓名</td><td colspan="2">张致和</td></tr>
<tr><td colspan="2">住址</td><td>××县城关镇东正街</td><td>住址</td><td colspan="2">××县城关镇西街</td></tr>
<tr><td>种类</td><td colspan="4">瓦　房</td><td>坐落</td><td colspan="2">城关镇东正街</td></tr>
<tr><td rowspan="2">四至</td><td colspan="4">东至　李理光　南至　王开先</td><td rowspan="2">房屋间数</td><td colspan="2" rowspan="2">伍间</td></tr>
<tr><td colspan="4">西至　张耀祖　北至　杨根新</td></tr>
<tr><td>房价</td><td colspan="4">人民币贰仟贰佰〇拾〇元〇角〇分</td><td colspan="2">纳税收据字号</td><td>110</td></tr>
<tr><td>税率</td><td>6%</td><td>税额</td><td colspan="2">人民币〇仟壹佰叁拾贰元〇角〇分</td><td>出草契日期</td><td colspan="2">××××年×月×日</td></tr>
<tr><td>滞纳金</td><td></td><td>共税款</td><td colspan="2">人民币　仟　佰　拾　元　角　分</td><td>草契号数</td><td colspan="2">108</td></tr>
<tr><td>附记</td><td colspan="7">茅厕、行道、水井在内</td></tr>
</table>

发给　张致和　收执
经办人(章)
(公章)
公元××××年×月×日

××县人民政府正契存根

上字第 82 号

<table>
<tr><td rowspan="2">卖主</td><td>姓名</td><td colspan="2">王六儿</td><td rowspan="2">买主</td><td>姓名</td><td colspan="2">张致和</td></tr>
<tr><td>住址</td><td colspan="2">××县城关镇东正街</td><td>住址</td><td colspan="2">××县城关镇西街</td></tr>
<tr><td>种类</td><td>瓦房</td><td>房价</td><td colspan="5">人民币贰仟贰佰〇拾〇元角〇分</td></tr>
<tr><td>坐落</td><td>城内东正街</td><td>税率</td><td>6%</td><td>税额</td><td colspan="3">人民币〇仟壹佰拾贰
元〇角〇分</td></tr>
<tr><td rowspan="2">房屋
间数</td><td rowspan="2">伍间</td><td colspan="2">滞纳金</td><td>共税款</td><td colspan="3">人民币　仟　佰　拾　元　角　分</td></tr>
<tr><td colspan="2">纳税收据</td><td colspan="4">上财契税字第 110 号</td></tr>
<tr><td rowspan="2">四至</td><td colspan="4">东至　李理光　南至　王开先</td><td rowspan="2">附 记</td><td colspan="2" rowspan="2">茅厕、行道、水井在内</td></tr>
<tr><td colspan="4">西至　张耀祖　北至　杨根新</td></tr>
<tr><td colspan="8">公元××××年×月×日　　　经办人(章)</td></tr>
</table>

上字第捌拾贰号(公章)

[例文 13]

买卖房地产契约

　　立写契约人张明理今将自己所有住房壹院，地号西字第二〇九三号，共计伍间壹分捌厘，坐落主事巷六号(新门牌7号)。其界东至张姓，西至张姓，南至赵姓，北至张姓。四至分明，附着物相连。经中人说合，情愿卖与刘西安名下为业。言明产价人民币壹仟肆佰万元整，当即产款两清。嗣后，如有产权纠纷，应由出让人负责，与承受人无干，此系两愿，各无异言。空口无凭，立契约为据。

　　附注栏：门前出路与八号公用，水井与九号公用。

　　本契约壹式两份，由买方和卖方各执壹份。

承受人刘西安(章)
中证人方天民(章)
代笔人吴宏远(章)
出让人　张明理
××××年××月××日

[例文 14]

买卖房地产契约

　　立写出卖房屋地基文字人王玉人，今将自置西安市盐店街门牌老 $\frac{52}{53}$ 号，新 $\frac{70}{71}$ 号坐北向南庄基房壹院，内计门面房壹间，前院厦房肆间，过庭叁间，后院厦房陆间，上房伍间，坐南房贰间；前后所有门窗格子在内，计地柒分柒厘叁毫。其地东至 $\frac{(1387)}{(1388)}$，西至(1390)，北至(1383)(1384)，南至马路，上至天空，下至水泉，六至分明，通前至后，土木相连，砖石瓦块，水井一眼，一并在内。随带西字第三七一四号权状壹纸，今出卖于樊国印名下永远为业。同中言明，卖价上等混合面粉捌佰袋，折合人民币肆万陆仟肆佰元整，割食画字，一并在内。限两月内，住客由卖主负责迁出交空房。买主进房后，将欠面交清。倘有拖延，由双方照约赔偿损失。该房地成交后，所有买卖捐款税务等项，统归买主负责定纳，不与卖主相干。再卖主因该房地与亲族及他人有纠纷者，由卖主负责。空口无凭，立字为证。

　　本契约一式两份，双方各存一纸，便于日后对证。

卖　主　王玉人(印)
负责人　王敬元(印)
买　主　樊国印(印)
中证人　吴生金(印)
见证人　方成大(印)
××××年××月××日

[例文 15]

深圳经济特区商品房买卖合同

出售方(称甲方)：
地址：　　　　　　电话：
购买方(称乙方)：
姓名　　　性别　　　出生日期　年　月　日　国籍　身份证号码
电话　　　　　　地址

第一条　本合同依据中华人民共和国法律和《深圳经济特区商品房产管理规定》制定。

第二条　甲方经深圳市人民政府文件批准，取得位于深圳市　地段占地面积　平方米的土地使用权，使用期限自　年　月　日至　年　月　日止共计　年，土地所有权属中华人民共和国。

甲方在上述土地兴建楼宇，属　　结构，定名为　　，由甲方出售。

第三条　乙方自愿向甲方购买上述楼宇内的第　座(幢)楼　单元，建筑面积为　平方米，占地(分摊面积　平方米)由甲方于　年　月　日交付乙方使用，如遇特殊原因可延期交付使用，但延期不得超过三百六十天，特殊原因是：

一、人力不可抗拒的自然灾害；
二、施工中遇到异常的困难及重大技术问题不能及时解决的；
三、其他非甲方所能控制的事件。

上述原因必须经深圳市有关主管部门的证明文件为依据，方能延期交付使用。

第四条　甲乙双方同意上述楼宇单元售价为　币　仟　佰　拾　万　仟　佰　拾　元　角整。

付款方式由乙方按指定收款银行：
账户名称：　　　　　账号：
付款办法：

第五条　乙方如未按本合同第四条付款，甲方有权追索违约利息，以应付款之日起至付款之日止，按深圳市银行当时贷款利率计算利息付给甲方，如逾期三十天内，仍未付所欠款项和利息，甲方有权单方终止合同，将楼宇出售他人，出售之款不足以还清甲方之款时，甲方可向乙方追索，如转售盈益属甲方所有。

第六条　甲方如未按合同第三条的规定将楼宇单元交付乙方使用，应按合同规定交付日第二天起至交付日止，以当时深圳市银行贷款利率计算利息，以补偿乙方的损失。

第七条　在签订本合同时，甲方应将乙方原认购时所交付的定金(　　)退回给乙方或抵作购楼价款。

第八条　甲方出售的楼宇须经深圳市建筑质量检验部门验审合格，如质量不合格时，乙方有权提出退房，退房后甲方应将已付款项在三十天内退回乙方。

第九条　乙方在交清购楼款后，由深圳市房管部门发给房产权证书，业主即取得出租、抵押、转让等权利，并依照国家和广东省对深圳经济特区的有关规定，享受优惠待遇。

乙方在使用期间，有权享用与该楼宇有关联的公共通道、设施、活动场所，同时必须遵守中华人民共和国法律、法令和社会道德，维护公共设施和公共利益。

乙方所购楼宇只作　　使用。在使用期间不得擅自改变该楼宇结构，如有损坏应自费修缮。

第十条 乙方所购楼宇,如发生出租、抵押、转让等法律行为,应经深圳市公证处办理公证后,由深圳市房产管理部门办理房产权转移、登记手续。

第十一条 本合同用钢笔填写的与打字油印的文字,均具有同等效力。

第十二条 本合同自签订并经深圳市公证处公证之日起生效。

如发生纠纷,双方应本着友好精神协商解决,不能解决时,应提请深圳市仲裁机构仲裁或深圳市人民法院裁决。

第十三条 本合同共　　页,为一式三份,甲乙双方各执一份,深圳市公证处一份,均具有同等效力。

甲方:　　　　　　　　　　　　　乙方:

代表人:　　　　　　　　　　　　代表人:

　　　　　　　　　　　　　　　　　　　　　年　月　日于深圳

[例文 16]

分家契约

立分契人:母赵月贞,长子李根保,次子李根喜,三子李根泰。

今因兄弟三人成家立业,人口增多,父亲早亡,母亲年迈体弱,为了便于家庭和睦生活,经母亲提议,中人说合,弟兄协商,愿将祖遗坐落在杨家街路南院内南房叁间、西房壹间分给长子根保。西房两间、东房两间分给次子根喜。东面两间空宅基地各得一间。院内水井为伙用,两株苹果树各分一株。正房叁间归母居住。另有路北房壹所,全院分给三子根泰。家中现有存款伍佰元,小麦伍佰斤,考虑到母亲生活需要,分得存款贰佰元,小麦贰佰斤,其余兄弟三人各得存款壹佰元,小麦壹佰斤。其他日常生活用具归母亲使用,待老人百年后,连同房屋一起均分叁份,弟兄三人各得壹份。生产工具均分成叁份,兄弟三人各得壹份。

母亲的自留地、口粮田由根泰负责耕种,收获归母亲;老人的吃水、磨面事由根保负责;烧煤事由根喜负责拉担。煤费由兄弟三人均摊。

为赡养母亲,兄弟三人每人每月给母亲贰拾元赡养费,直至善终,并共同负责埋葬事宜。空口无凭,立约为证。

本契约一式伍份,母亲、兄弟三人各执一份,村民委员会保存一份。

　　　　　　　　　　　　　　　　　　立分契人
　　　　　　　　　　　　　　　　母　赵月贞(章)
　　　　　　　　　　　　　　　长子　李根保(章)
　　　　　　　　　　　　　　　次子　李根喜(章)
　　　　　　　　　　　　　　　三子　李根泰(章)
　　　　　　　　　　　　　　　　　　中证人
　　　　　　　　　　　　　　　叔父　李有林(章)
　　　　　　　　　　　　村民委员会主任　郭守永(章)
　　　　　　　　　　　　　　调解委员　杨三交(章)
　　　　　　　　　　　　　　　　　　写契人
　　　　　　　　　　　　　　　会计　贾世德(章)
　　　　　　　　　　　　××××年××月××日立

[例文 17]

房屋租赁合同

出租方：
承租方：
根据《中华人民共和国经济合同法》及有关规定，为明确出租方与承租方的权利义务关系，经双方协商一致，签订本合同。

第一条　房屋坐落、间数、面积、房屋质量

第二条　租赁期限

租赁期共____年零____月，出租方从____年____月____日起将出租房屋交付承租方使用，至____年____月____日收回。

承租人有下列情形之一的，出租人可以终止合同，收回房屋：

1. 承租人擅自将房屋转租、转让或转借的；
2. 承租人利用承租房屋进行非法活动，损害公共利益的；
3. 承租人拖欠租金累计达____个月的。

租赁合同如因期满而终止时，如承租人到期确实无法找到房屋，出租人应当酌情延长租赁期限。

如承租方逾期不搬迁，出租方有权向人民法院起诉和申请执行，出租方因此所受损失由承租方负责赔偿。

合同期满后，如出租方仍继续出租房屋的，承租方享有优先权。

第三条　租金和租金的交纳期限

租金的标准和交纳期限，按国家_____的规定执行（如国家没有统一规定的，此条由出租方和承租方协商确定，但不得任意抬高）。

第四条　租赁期间房屋修缮

修缮房屋是出租人的义务。出租人对房屋及其设备应每隔____月（或年）认真检查、修缮一次，以保障承租人居住安全和正常使用。

出租人维修房屋时，承租人应积极协助，不得阻挠施工。出租人如确实无力修缮，可同承租人协商合修，届时承租人付出的修缮费用即用以充抵租金或由出租人分期偿还。

第五条　出租方与承租方的变更

1. 如果出租方将房产所有权转移给第三方时，合同对新的房产所有者继续有效。
2. 出租人出卖房屋，须在3个月前通知承租人。在同等条件下，承租人有优先购买权。
3. 承租人需要与第三人互换住房时，应事先征得出租人同意；出租人应当支持承租人的合理要求。

第六条　违约责任

1. 出租方未按前述合同条款的规定向承租人交付合乎要求的房屋的，负责赔偿____元。
2. 出租方未按时交付出租房屋供承租人使用的，负责偿付违约金____元。
3. 出租方未按时（或未按要求）修缮出租房屋的，负责偿付违约金____元；如因此造成承租方人员人身受到伤害或财物受毁的，负责赔偿损失。
4. 承租方逾期未交付租金的，除仍应及时如数补交外，应支付违约金____元。

5. 承租方违反合同,擅自将承租房屋转给他人使用的,应支付违约金____元;如因此造成承租房屋毁坏的,还应负责赔偿。

  第七条 免责条件

  房屋如因不可抗力的原因导致毁损和造成承租方损失的,双方互不承担责任。

  第八条 争议的解决方式

  本合同在履行中如发生争议,双方应协商解决;协商不成时,任何一方均可向工商局经济合同仲裁委员会申请调解或仲裁,也可以向人民法院起诉。

  第九条 其他约定事项

  第十条 本合同未尽事宜,一律按《中华人民共和国经济合同法》的有关规定,经合同双方共同协商,作出补充规定,补充规定与本合同具有同等效力。

  本合同正本一式两份,出租方、承租方各执一份;合同副本____份,送_____单位备案。

出租方(盖章):	承租方(盖章):
	鉴(公)证意见
地址:	地址:
法定代表人	法定代表人
(签名):	(签名):
委托代理人	委托代理人
(签名):	(签名):
开户银行:	开户银行:
经办人	
账号:	账号:
电话:	电话:
鉴(公)证机关	
邮政编码:	邮政编码:
签约地点:	
签约时间: 年 月 日	
有效期限 至 年 月 日	

【思考与练习】

试写本章所提及的一些经济日用文书。

附录

附录1

国务院关于发布《国家行政机关公文处理办法》的通知

国发[2000]23号

各省、自治区、直辖市人民政府,国务院各部委、各直属机构:

现发布《国家行政机关公文处理办法》,自2001年1月1日起施行。1993年11月21日国务院办公厅发布,1994年1月1日起施行的《国家行政机关公文处理办法》同时废止。

中华人民共和国国务院
二〇〇〇年八月二十四日

国家行政机关公文处理办法

第一章 总则

第一条 为使国家行政机关(以下简称行政机关)的公文处理工作规范化、制度化、科学化,制定本办法。

第二条 行政机关的公文(包括电报,下同),是行政机关在行政管理过程中形成的具有法定效力和规范体式的文书,是依法行政和进行公务活动的重要工具。

第三条 公文处理指公文的办理、管理、整理(立卷)、归档等一系列相互关联、衔接有序的工作。

第四条 公文处理应当坚持实事求是、精简、高效的原则,做到及时、准确、安全。

第五条 公文处理必须严格执行国家保密法律、法规和其他有关规定,确保国家秘密的安全。

第六条 各级行政机关的负责人应当高度重视公文处理工作,模范遵守本办法并加强对本机关公文处理工作的领导和检查。

第七条 各级行政机关的办公厅(室)是公文处理的管理机构,主管本机关的公文处理工作并指导下级机关的公文处理工作。

第八条 各级行政机关的办公厅(室)应当设立文秘部门或者配备专职人员负责公文处理工作。

第二章 公文种类

第九条 行政机关的公文种类主要有：

（一）命令（令）

适用于依照有关法律公布行政法规和规章；宣布施行重大强制性行政措施；嘉奖有关单位及人员。

（二）决定

适用于对重要事项或者重大行动做出安排，奖惩有关单位及人员，变更或者撤销下级机关不适当的决定事项。

（三）公告

适用于向国内外宣布重要事项或者法定事项。

（四）通告

适用于公布社会各有关方面应当遵守或者周知的事项。

（五）通知

适用于批转下级机关的公文，转发上级机关和不相隶属机关的公文，传达要求下级机关办理和需要有关单位周知或者执行的事项，任免人员。

（六）通报

适用于表彰先进，批评错误，传达重要精神或者情况。

（七）议案

适用于各级人民政府按照法律程序向同级人民代表大会或人民代表大会常务委员会提请审议事项。

（八）报告

适用于向上级机关汇报工作，反映情况，答复上级机关的询问。

（九）请示

适用于向上级机关请求指示、批准。

（十）批复

适用于答复下级机关的请示事项。

（十一）意见

适用于对重要问题提出见解和处理办法。

（十二）函

适用于不相隶属机关之间商洽工作，询问和答复问题，请求批准和答复审批事项。

（十三）会议纪要

适用于记载、传达会议情况和议定事项。

第三章 公文格式

第十条 公文一般由秘密等级和保密期限、紧急程度、发文机关标识、发文字号、签发人、标题、主送机关、正文、附件说明、成文日期、印章、附注、附件、主题词、抄送机关、印发机关和印发日期等部分组成。

（一）涉及国家秘密的公文当标明密级和保密期限，其中，"绝密"、"机密"级公文还应当标明份数序号。

（二）紧急公文应当根据紧急程度分别标明"特急"、"急件"。其中电报应当分别标明"特急"、"加急"、"平急"。

（三）发文机关标识应当使用发文机关全称或者规范化简称。联合行文，主办机关排列在前。

（四）发文字号应当包括机关代字、年份、序号。联合行文，只标明主办机关发文字号。

（五）上行文应当注明签发人、会签人姓名。其中，"请示"应当在附注处注明联系人的姓名和电话。

（六）公文标题应当准确简要地概括公文的主要内容并标明公文种类，一般应当标明发文机关。公文标题中除法规、规章名称加书名号外，一般不用标点符号。

（七）主送机关指公文的主要受理机关，应当使用全称或者规范化简称、统称。

（八）公文如有附件，应当注明附件顺序和名称。

（九）公文除"会议纪要"和以电报形式发出的以外，应当加盖印章。联合上报的公文，由主办机关加盖印章；联合下发的公文，发文机关都应当加盖印章。

（十）成文日期以负责人签发的日期为准，联合行文以最后签发机关负责人的签发日期为准。电报以发出日期为准。

（十一）公文如有附注（需要说明的其他事项），应当加括号标注。

（十二）公文应当标注主题词。上行文按照上级机关的要求标注主题词。

（十三）抄送机关指除主送机关外需要执行或知晓公文的其他机关，应当使用全称或者规范化简称、统称。

（十四）文字从左至右横写、横排。在民族自治地方，可以并用汉字和通用的少数民族文字（按其习惯书写、排版）。

第十一条　公文中各组成部分的标识规则，参照《国家行政机关公文格式》中的国家标准执行。

第十二条　公文用纸一般采用国际标准 A4 型（210mm×297mm），左侧装订。张贴的公文用纸大小，根据实际需要确定。

第四章　行文规则

第十三条　行文应当确有必要，注重效用。

第十四条　行文关系根据隶属关系和职权范围确定，一般不得越级请示和报告。

第十五条　政府各部门依据部门职权可以相互行文和向下一级政府的相关业务部门行文；除以函的形式商洽工作、询问和答复问题、审批事项外，一般不得向下一级政府正式行文。

部门内设机构除办公厅（室）外不得对外正式行文。

第十六条　同级政府、同级政府各部门、上级政府部门与下一级政府可以联合行文；政府与同级党委和军队机关可以联合行文；政府部门与相应的党组织和军队机关可以联合行文；政府部门与同级人民团体和具有行政职能的事业单位也可以联合行文。

第十七条　属于部门职权范围内的事务，应当由部门自行行文或联合行文。联合行文应当明确主办部门。须经政府审批的事项，经政府同意也可以由部门行文，文中应当注明经政府同意。

第十八条　属于主管部门职权范围内的具体问题，应当直接报送主管部门处理。

第十九条　部门之间对有关问题未经协商一致,不得各自向下行文。如擅自行文,上级机关应当责令纠正或撤销。

第二十条　向下级机关或者本系统的重要行文,应当同时抄送直接上级机关。

第二十一条　"请示"应当一文一事;一般只写一个主送机关,需要同时送其他机关的,应当用抄送形式,但不得抄送其下级机关。

"报告"不得夹带请示事项。

第二十二条　除上级机关负责人直接交办的事项外,不得以机关名义向上级机关负责人报送"请示"、"意见"和"报告"。

第二十三条　受双重领导的机关向上级机关行文,应当写明主送机关和抄送机关。上级机关向受双重领导的下级机关行文,必要时应当抄送其另一上级机关。

第五章　发文办理

第二十四条　发文办理指以本机关名义制发公文的过程,包括草拟、审核、签发、复核、缮印、用印、登记、分发等程序。

第二十五条　草拟公文应当做到:

(一)符合国家的法律、法规及其他有关规定。如提出新的政策、规定等,要切实可行并加以说明。

(二)情况确实,观点明确,表述准确,结构严谨,条理清楚,直述不曲,字词规范,标点正确,篇幅力求简短。

(三)公文的文种应当根据行文目的、发文机关的职权及与主送机关的行文关系确定。

(四)拟制紧急公文,应当体现紧急的原因,并根据实际需要确定紧急程度。

(五)人员、地名、数字、引文准确。引用公文应当先引题,后引发文字号。引用外文应当注明中文含义。日期应当写明具体的年、月、日。

(六)结构层次序数,第一层为"一、",第二层为"(一)",第三层为"1.",第四层为"(1)"。

(七)应当使用国家法定计量单位。

(八)文内使用非规范化简称,应当先用全称并注明简称。使用国际组织外文名称或其缩写形式,应当在第一次出现时注明准确的中文译名。

(九)公文中的数字,除成文日期、部分结构层次序数和在词、词组、惯用语、缩略语、具有修辞色彩语句中作为词素的数字必须使用汉字外,应当使用阿拉伯数字。

第二十六条　拟制公文,对涉及其他部门职权范围内的事项,主办部门应当主动与有关部门协商,取得一致意见后方可行文;如有分歧,主办部门的主要负责人应当出面协调,仍不能取得一致时,主办部门可以列明各方理据,提出建设性意见,并与有关部门会签后报请上级机关协调或裁定。

第二十七条　公文送负责人签发前,应当由办公厅(室)进行审核。审核的重点是:是否确需行文,行文方式是否妥当,是否符合行文规则和拟制公文的有关要求,公文格式是否符合本办法的规定等。

第二十八条　以本机关名义制发的上行文,由主要负责人或者主持工作的负责人签发;以本机关名义制发的下行文或平行文,由主要负责人或者由主要负责人授权的其他负责人签发。

第二十九条　公文正式印制前,文秘部门应当进行复核,重点是:审批、签发手续是否完备,附件材料是否齐全,格式是否统一、规范等。

经复核需要对文稿进行实质性修改的,应按程序复审。

第六章 收文办理

第三十条 收文办理指对收到公文的办理过程,包括签收、登记、审核、拟办、批办、承办、催办等程序。

第三十一条 收到下级机关上报的需要办理的公文,文秘部门应当进行审核。审核的重点是:是否应由本机关办理;是否符合行文规则;内容是否符合国家法律、法规及其他有关规定;涉及其他部门或地区职权的事项是否已协商、会签;文种使用、公文格式是否规范。

第三十二条 经审核,对符合本办法规定的公文,文秘部门应当及时提出拟办意见送负责人批示或者交有关部门办理,需要两个以上部门办理的应当明确主办部门。紧急公文应当明确办理时限。对不符合本办法规定的公文,经办公厅(室)负责人批准后,可以退回呈报单位并说明理由。

第三十三条 承办部门收到交办的公文后应当及时办理,不得延误、推诿。紧急公文应当按时限要求办理,确有困难的,应当及时予以说明。对不属于本单位职权范围或者不宜由本单位办理的,应当及时退回交办的文秘部门并说明理由。

第三十四条 收到上级机关下发或交办的公文,由文秘部门提出拟办意见,送负责人批示后办理。

第三十五条 公文办理中遇有涉及其他部门职权的事项,主办部门应当主动与有关部门协商;如有分歧,主办部门主要负责人要出面协调,如仍不能取得一致,可以报请上级机关协调或裁定。

第三十六条 审批公文时,对有具体请示事项的,主批人应当明确签署意见、姓名和审批日期,其他审批人圈阅视为同意;没有请示事项的,圈阅表示已阅知。

第三十七条 送负责人批示或者交有关部门办理的公文,文秘部门要负责催办,做到紧急公文跟踪催办,重要公文重点催办,一般公文定期催办。

第七章 公文归档

第三十八条 公文办理完毕后,应当根据《中华人民共和国档案法》和其他有关规定,及时整理(立卷)、归档。个人不得保存应当归档的公文。

第三十九条 归档范围内的公文,应当根据其相互联系、特征和保存价值等整理(立卷),要保证归档公文的齐全、完整,能正确反映本机关的主要工作情况,便于保管和利用。

第四十条 联合办理的公文,原件由主办机关整理(立卷)、归档;其他机关保存复制件或其他形式的公文副本。

第四十一条 本机关负责人兼任其他机关职务,在履行所兼职务职责过程中形成的公文,由其兼职机关整理(立卷)、归档。

第四十二条 归档范围内的公文应当确定保管期限,按照有关规定定期向档案部门移交。

第四十三条 拟制、修改和签批公文,书写及所用纸张和字迹材料必须符合存档要求。

第八章　公文管理

第四十四条　公文由文秘部门或专职人员统一收发、审核、用印、归档和销毁。

第四十五条　文秘部门应当建立健全本机关公文处理的有关制度。

第四十六条　上级机关的公文,除绝密级和注明不准翻印的以外,下一级机关经负责人或者办公厅(室)主任批准,可以翻印。翻印时,应当注明翻印的机关、日期、份数和印发范围。

第四十七条　公开发布行政机关公文,必须经发文机关批准。经批准公开发布的公文,同发文机关正式印发的公文具有同等效力。

第四十八条　公文复印件作为正式公文使用时,应当加盖复印机关证明章。

第四十九条　公文被撤销,视作自始不产生效力;公文被废止,视作自废止之日起不产生效力。

第五十条　不具备归档和存查价值的公文,经过鉴别并经办公厅(室)负责人批准,可以销毁。

第五十一条　销毁秘密公文应当指定场所由二人以上监销,保证不丢失、不漏销。其中,销毁绝密公文(含密码电报)应当进行登记。

第五十二条　机关合并时,全部公文应当随之合并管理。机关撤销时,需要归档的公文整理(立卷)后按有关规定移交档案部门。工作人员调离工作岗位时,应当将本人暂存、借用的公文按照有关规定移交、清退。

第五十三条　密码电报的使用和管理,按照有关规定执行。

第九章　附则

第五十四条　行政法规、规章方面的公文,依照有关规定处理。外事方面的公文,按照外交部的有关规定处理。

第五十五条　公文处理中涉及电子文件的有关规定另行制定。统一规定发布之前,各级行政机关可以制定本机关或者本地区、本系统的试行规定。

第五十六条　各级行政机关的办公厅(室)对上级机关和本机关下发公文的贯彻落实情况应当进行督促检查并建立督查制度。有关规定另行制定。

第五十七条　本办法自2001年1月1日起施行。1993年11月21日国务院办公厅发布,1994年1月1日起施行的《国家行政机关公文处理办法》同时废止。

主题词:文秘工作　公文　办法

发:各市、县(市、区)人民政府,省政府直属各单位

抄:省委各部门,省人大常委会,省政协办公厅,省军区,省法院,省检察院

浙江省人民政府办公厅　二〇〇〇年九月十二日翻印
（共印 **1060** 份）

附录 2

国务院办公厅
关于实施《国家行政机关公文处理办法》
涉及的几个具体问题的处理意见

国办函[2001]1号

各省、自治区、直辖市人民政府，国务院各部委、各直属机构：

为确保国务院发布的《国家行政机关公文处理办法》（国发[2000]23号）的贯彻施行，现就所涉及的几个具体问题提出如下处理意见：

1. 关于"意见"文种的使用。"意见"可以用于上行文、下行文和平行文。作为上行文，应按请示性公文的程序和要求办理。所提意见如涉及其他部门职权范围内的事项，主办部门应当主动与有关部门协商，取得一致意见后方可行文；如有分歧，主办部门的主要负责人应当出面协调，仍不能取得一致时，主办部门可以列明各方理据，提出建设性意见，并与有关部门会签后报请上级机关决定，上级机关应当对下级机关报送的"意见"做出处理或给予答复。作为下行文，文中对贯彻执行有明确要求的，下级机关应遵照执行；无明确要求的，下级机关可参照执行。作为平行文，提出的意见供对方参考。

2. 关于"函"的效力。"函"作为主要文种之一，与其他主要文种同样具有由制发机关权限决定的法定效力。

3. 关于"命令"、"决定"和"通报"三个文种用于奖励时如何区分的问题。各级行政机关应当依据法律的规定和职权，根据奖励的性质、种类、级别、公示范围等具体情况，选择使用相应的文种。

4. 关于部门及其内设机构行文问题。政府各部门（包括议事协调机构）除以函的形式商洽工作、询问和答复问题、审批事项外，一般不得向下一级政府正式行文；如需行文，应报请本级政府批转或由本级政府办公厅（室）转发。因特殊情况确需向下一级政府正式行文的，应当报经本级政府批准，并在文中注明经政府同意。

部门内设机构除办公厅（室）外，不得对外正式行文的含义是：部门内设机构不得向本部门机关以外的其他机关（包括本系统）制发政策性和规范性文件；不得代替部门审批下达应当由部门审批下达的事项；与相应的其他机关进行工作联系确需行文时，只能以函的形式行文。

"函的形式"是指公文格式中区别于"文件格式"的"信函格式"。以"函的形式"行文应注意选择使用行文方向一致、与公文内容相符的文种。

5. 关于联合行文时发文机关的排列顺序和发文字号。行政机关联合行文，主办机关排列在前。行政机关与同级或相应的党的机关、军队机关、人民团体联合行文，按照党、政、军、群的顺序排列。

行政机关之间联合行文，标注主办机关的发文字号；与其他机关联合行文原则上应使用排列在前机关的发文字号，也可以协商确定，但只能标注一个机关的发文字号。

6. 关于联合行文的会签。联合行文一般由主办机关首先签署意见，协办单位依次会签,一般不使用复印件会签。

7. 关于联合行文的用印。行政机关联合向上行文,为简化手续和提高效率,由主办单位加盖印章即可。

8. 关于保密期限的标注问题。涉及国家秘密的公文如有具体保密期限应当明确标注,否则按照《国家秘密保密期限的规定》(国家保密局1990年第2号令)第九条执行,即"凡未标明或者未通知保密期限的国家秘密事项,其保密期限按照绝密级事项三十年、机密级事项二十年、秘密级事项十年认定"。

9. 关于"附注"的位置。"附注"的位置在成文日期和印章之下,版记之上。

10. 关于"主要负责人"的含义。"主要负责人"指各级行政机关的正职或主持工作的负责人。

11. 关于公文用纸采用国际标准A4型问题,各省(区、市)人民政府和国务院各部门已做好准备的,公文用纸可于2001年1月1日起采用国际标准A4型;尚未做好准备的,要积极创造条件尽快采用国际标准A4型。省级以下人民政府及其所属机关和国务院各部门所属单位何时采用国际标准A4型,由各省(区、市)人民政府和国务院各部门自行确定。

国务院办公厅
二〇〇一年一月一日

附录3

国务院公文主题词表
（一九九七年十二月修订）
国务院办公厅秘书局

使用说明

为适应办公现代化的要求，便于计算机检索和管理公文，特编制《国务院公文主题词表》（以下简称词表）。词表主要用于标引国务院、国务院办公厅印发的文件和各地区、各部门上报国务院及其办公厅的文件。

一、编制原则

（一）词表结构务求合乎逻辑，具有较宽的涵盖面，便于使用。

（二）词表体现文档管理一体化的原则，即词表中主题词的区域分类别词可分别作为档案分类中的大类和属类。

二、体系结构

（一）词表共由15类1049个主题，分为主表和附表两大部分，主表有13类751个主题词，附表有2类298个主题词。词表分为三个层次。第一层是对主题词区域的分类，如"综合经济"、"财政、金融"类等。第二层是类别词，即对主题词的具体分类，如"工交、能源、邮电"类中的"工业"、"交通"、"能源"和"邮电"等。第三层是类属词，如"体制"、"职能"、"编制"等。第二层和第三层统称为主题词，用于文件的标引。

（二）1988年12月和1994年4月修订的词表中曾列入本词表中而不再继续用作标引的主题词，用黑体单列在区域分类的最后部分。

三、标引方法

（一）一份文件的标引，除类别词外最多不超过5个主题词。主题词标在文件的抄送栏之上，顶格写。

（二）标引顺序是先标类别词，再标类属词。在标类属词时，先标反映文件内容的词，最后标反映文件形式的词，如《国务院关于加强水土保持工作的通知》，先标类别词"农业"，再标类属词"水土保持"，最后标上"通知"。

（三）一份文件如有两个以上的主题内容，先集中对一个主题内容进行标引；再对第二个主题内容进行标引。如《国务院关于在若干城市试行国有企业兼并破产和职工再就业有关问题的通知》，先标反映第一个主题内容的类别词"经济管理"，再标类属词"企业"、"破产"；然后标反映第二个主题内容的类别词"劳动"，再标类属词"就业"；最后标"通知"。

（四）根据需要，可将不同类的主题词进行组配标引。如《国务院关于"九五"期间深化科学技术体制改革的决定》，可标"科技、体制、改革、决定"。

（五）当词表中找不出准确反映文件主题内容的类属词时，可以在类别中选择适当的词标引。同时将能够准确反映文件内容的词标在类属词的后面，并在该词的后面加"△"以便区别。

（六）列在区域分类最后，用黑体标出的主题词只供检索用，不再用作标引。

（七）附表中的主题词与主表中的主题词具有同等效力，标引方法相同，不同的是，如果附表中所列的国家、地区的实际名称发生了变化，使用本表的各单位可先按照变化后的标准名称进行修改和使用。国务院办公厅秘书局将定期修订附表。

四、词表管理

（一）本词表由国务院办公厅秘书局负责管理和解释，具体工作由档案数据处承办。

（二）本词表自1998年2月1日起执行，1994年4月修订的词表同时废止。

国务院公文主题词表

01. 综合经济（77个）

01A 计划
规划 统计 指标 分配 统配 调拨

01B 经济管理
经济 管理 调整 调控 控制 结构 制度 所有制 股份制 责任制 流通 产业 行业 改革 改造 竞争 兼并 开放 开发 协作 资源 土地 资产 资料 产权 物价 价格 投资 招标 经营 生产 转产 项目 产品 质量 承包 租赁 合同 包干 国有 国营 私营 集体 个体 企业 公司 集团 合作社 普查 工商 商标 注册 广告 监督 增产 效益 节约 浪费 破产 亏损 特区 开发区 保税区 展销 展览
商品化 横向联系

第三产业 生产资料

02. 工交、能源、邮电（69个）

02A 工业
冶金 钢铁 地矿 机械 汽车 电子 电器 仪器 仪表 化工 航天 航空 核工 船舶 兵器 军区 轻工 有色金属 盐业 食品 印刷 包装 手工业 纺织 服装 丝绸 设备原料 材料 加工

02B 交通
铁路 公路 桥梁 民航 机场 航线 航道 空中管制 飞机 港口 码头 口岸 车站 车辆 运输 旅客

02C 能源
石油 煤炭 电力 燃料 天然气 煤气 沼气

02D 邮电
通信 电信 邮政 网络 数据
民品 厂矿 空运 三线 通讯 水运 运费

03. 旅游、城乡建设、环保(42个)

03A 旅游

03B 服务业
饮食业　宾馆

03C 城乡建设
城市　乡镇　基建　建设　建筑　建材　勘察　测绘　设计　市政　公用事业　监理　环卫　征地　工程　房地产　房屋　住宅　装修　设施　出让　转让　风景名胜　园林　岛屿

03D 环保
保护区　植物　动物　污染　生态　生物

风景　饭店　城乡　国土　沿海

04. 农业、林业、水利、气象(56个)

04A 农业
农村　农民　农民负担　农场　农垦　粮食　棉花　油料　生猪　蔬菜　糖料　烟草　水产　渔业　水果　经济作物　农副产品　副业　畜牧业　乡镇企业　农膜　种子　化肥　农药　饲料　灾害　以工代赈　扶贫

04B 林业
绿化　木材　森林　草原　防沙治沙

04C 水利
河流　湖泊　滩涂　水库　水域　流域　水土保持　节水　防汛　抗旱　三峡

04D 气象
气候　预报　预测

烟酒　土特产　有机肥　多种经营　牧业

05. 财政、金融(57个)

05A 财政
预算　决算　核算　收支　财务　会计　税务　税率　审计　债务　积累　经费　集资　收费　资金　基金　租金　拨款　利润　补贴　折旧费　附加费　固定资产

05B 金融
银行　货币　黄金　白银　存款　贷款　信贷　贴现　通货膨胀　交易　期货　利率　利息　贴息　外汇　外币　汇率　债券　证券　股票　彩票　信托　保险　赔偿　信用社

现金　留成　流动资金　储蓄　费用　侨汇　折旧率

06. 贸易(62个)

06A 商业
商品　物资　收购　定购　购置　市场　集贸　酒类　副食品　日用品　销售　消费　批发　供应　零售　拍卖　专卖　订货　营业　仓库　储备　储运　货物

06B 外贸
对外援助　军贸　进口　出口　引进　海关　缉私　仲裁　商检　外商　外资　合资　合作　关贸　许可证　驻外企业

贸易　倒卖　外向型　议购　议售　垄断　经贸　贩运　票证　外经　交易会

07. 外事(42个)

07A 外交

对外政策 对外关系 领土 领空 领海 外交人员 建交 公约 大使 领事 条约 协定 协议 议定书 备忘录 照会 国际 涉外事务 抗议

07B 外事

国际会议 国际组织 对外宣传 出访 出国 出入境 签证 护照 邀请 来访 谈判 会谈 会见 接见 招待会 宴会 外国人 外宾 对外友协 外国专家 涉外

08. 公安、司法、监察(46个)

08A 公安

警察 武警 警衔 治安 非法组织 安全 保卫 禁毒 消防 防火 检查 扫黄 案件 处罚 户口 证件 事件 危险品 游行 海防 边防 边界 边境

08B 司法

政法 法制 法律 法院 律师 检察 程序 公证 劳改 劳教 监狱

08C 监察

廉政建设 审查 纪检 执法 行贿 受贿 贪污 处分 侦破

09. 民政、劳动人事(85个)

09A 民政

基层政权 选举 行政区划 地名 人口 双拥工作 社会保障 社团 救灾 救济 募捐 婚姻 移民 抚恤 慰问 调解 老龄问题 烈士 纠纷 残疾人 基地 殡费 社区服务

09B 机构

驻外机构 体制 职能 编制 精简 更名

09C 人事

行政人员 干部 公务员 考核 录用 职工 家属 子女 知识分子 专家 参事 院士 文史馆员 履历 聘任 任免 辞退 退职 职称 待遇 离休 退休 交流 安置 调配 模范 表彰 奖励

09D 劳动

就业 失业 招聘 合同制 工人 保护 劳务 第二职业 事故

09E 工资

津贴 奖金 福利 收入

老年 简历 劳资 人才 招工 待遇 补助 拥军优属 丧葬 奖惩

10. 科、教、文、卫、体(73个)

10A 科技

科学 技术 科普 科研 鉴定 标准 计量 专利 发明 实验 情报 计算机 自动化 信息 卫星 地震 海洋

10B 教育

学校 教师 招生 学生 培训 毕业 学位 留学 教材 校办企业

10C　文化

文字　文史　文学　语言　艺术　古籍　图书　宣传　广播　电视　电影　出版　版权　报刊　新闻　音像　文物　古迹　纪念物　电子出版物

10D　卫生

医院　中医　医疗　医药　药材　防疫　疾病　计划生育　妇幼保健　检验　检疫

10E　体育

运动员　教练员　运动会　比赛

馆所　院校　校舍　地方志　软科学　社科

11. 国防(24个)

11A　军事

军队　国防　空军　海军　征兵　服役　转业　民兵　预备役　军衔　复员　文职　后勤　装备　战备　作战　训练　防空　军需　武器　弹药　人武　退伍

12. 秘书、行政(74个)

12A　文秘工作

机关　国旗　国徽　机要　印章　信访　督察　保密　公文　档案　会议　文件　秘书　电报　提案　议案　谈话　讲话　总结　批示　汇报　建议　意见　文章　题词　章程　条例　办法　细则　规定　方案　布告　决议　命令　决定　指示　公告　通告　通知　通报　报告　请示　批复　函　会议纪要

12B　行政事务

行政　工作制度　纪念活动　庆典活动　休假　节假日　着装　参观　接待　措施　调查　视察　考察　礼品　馈赠　服务　出席　发言　转发　名单　批准　审批　信函　事务　活动　纪要　督察

13. 综合党团(54个)

13A　党派团体

共产党　民主党派　共青团　团体　工会　协会学会　民间组织　文联　学联　妇女　儿童　基金会

13B　统战

政协　民主人士　爱国人士

13C　民族

民族区域自治　民主事务

13D　宗教

寺庙

13E　侨务

外籍华人　归侨　侨乡

13F　港澳台

香港问题　澳门问题　台湾问题

13G　综合

整顿　形势　社会　精神文明　法人　发展　其他　试点　推广　青年　政治　范围　党派　组织　领导　方针　政策　党风　事业　咨询

中心　清除

附　表
01. 中国行政区域(54个)

01A　华北地区
北京　天津　河北　山西　内蒙古
01B　东北地区
辽宁　吉林　黑龙江
01C　华东地区
上海　江苏　浙江　安徽　福建　江西　山东
01D　中南地区
河南　湖北　湖南　广东　广西　海南
01E　西南地区
四川　贵州　云南　西藏　重庆
01F　西北地区
陕西　甘肃　青海　宁夏　新疆
01G　台湾
01H　香港
01I　澳门
哈尔滨　沈阳　大连　青岛　厦门　宁波
武汉　广州　深圳　海南岛　西安　单列市　省市　自治区

02. 世界行政区域(244个)(略)

附录 4

中华人民共和国国家标准
《出版物上数字用法的规定》[①]

General rules for writing numerals in publications

一、范围

本标准规定了出版物在涉及数字(表示时间、长度、质量、面积、容积等量值和数字代码)时使用汉字和阿拉伯数字的体例。

本标准适用于各级新闻报刊、普及性读物和专业性社会人文科学出版物。

自然科学和工程技术出版物亦应使用本标准，并可制定专业性细则。

本标准不适用于文学书刊和重排古籍。

二、引用标准

下列标准所包含的条文，通过在本标准中引用而构成为本标准的条文。本标准出版时，所示版本均为有效。所有标准都会被修订，使用本标准的各方应探讨使用下列标准最新版本的可能性。

GB/T 7408-94　数据元和交换格式　信息交换　日期和时间表示法
GB 3100-93　国际单位制及其应用
GB 3101-93　有关量、单位和符号的一般原则
GB 7713-87　科学技术报告、学位论文和学术论文的编写格式
GB 8170-87　数值修约规则

三、定义

本标准采用下列定义：

物理量　physical quantity
用于定量地描述物理现象的量，即科学技术领域里使用的表示长度、质量、时间、电流、热力学温度、物质的量和发光强度的量。使用的单位应是法定计量单位。

非物理量　non-physical quantity
日常生活中使用的量，使用的是一般量词。如 30 元、45 天、67 根等。

四、一般原则

4.1　使用阿拉伯数字或是汉字数字，有的情形选择是惟一而确定的。

4.1.1　统计表中的数值，如正负整数、小数、百分比、分数、比例等，必须使用阿拉伯

[①] 国家技术监督局 1995-12-13 批准，1996-06-01 实施。

数字。

示例:48　302　-125.03　34.05%　63%～68%　1/4　2/5　1:500

4.1.2 定型的词、词组、成语、惯用语、缩略语或具有修辞色彩的词语中作为语素的数字,必须使用汉字。

示例:一律　一方面　十滴水　二倍体　三叶虫　星期五　四氧化三铁　一〇五九(农药内吸磷)　八国联军　二〇九师　二万五千里长征　四书五经　五四运动　九三学社　十月十七日同盟　路易十六　十月革命　"八五"计划　五省一市　五局三胜制　二八年华　二十挂零　零点方案　零岁教育　白发三千丈　七上八下　不管三七二十一　相差十万八千里　第一书记　第二轻工业局　一机部三所　第三季度　第四方面军　十三届四中全会

4.2 使用阿拉伯数字或是汉字数字,有的情形,如年月日、物理量、非物理量、代码、代号中的数字,目前体例尚不统一。对这种情形,要求凡是可以使用阿拉伯数字而且又很得体的地方,特点是当所表示的数目比较精确时,均应使用阿拉伯数字。遇特殊情形,或者为避免歧解,可以灵活变通,但全篇体例应相对统一。

五、时间(世纪、年代、年、月、日、时刻)

5.1 要求使用阿拉伯数字的情况

5.1.1 公历世纪、年代、年、月、日

示例:公元前 8 世纪　20 世纪 80 年代　公元前 440 年　公元 7 年　1994 年 10 月 1 日

5.1.1.1 年份一般不用简写。如 1990 年不应简作"九〇年"或"90 年"。

5.1.1.2 引文著录、行为注释、表格、索引、年表等,年月日的标记可按 GB/T 7408-94 的 5.2.1.1 中的扩展格式。如 1994 年 9 月 30 日和 1994 年 10 月 1 日可分别写作 1994-09-30 和 1994-10-01,仍读作 1994 年 9 月 30 日、1994 年 10 月 1 日。年月日之间使用半字线"-"。当月和日是个位数时,在十位上加"0"。

5.1.2 时、分、秒

示例:4 时　15 时 40 分(下午 3 点 40 分)　14 时 12 分 36 秒

注:必要时,可按 GB/T 7408-94 的 5.3.1.1 中的扩展格式。该格式采用每日 24 小时计时制,时、分、秒的分隔符为冒号":"。

示例:04:00(4 时)　15:40(15 时 40 分)　14:12:36(14 时 12 分 36 秒)

5.2 要求使用汉字的情况

5.2.1 中国干支纪年和夏历月日

示例:丙寅年十月十五日　腊月二十三日　正月初五　八月十五中秋节

5.2.2 中国清代和清代以前的历史纪年、各民族的非公历纪年

这类纪年不应与公历月日混用,并应采用阿拉伯数字括注公历。

示例:秦文公四十四年(公元前 722 年)　太平天国庚申十年九月二十四日(清咸丰十年九月二十日,公元 1860 年 11 月 2 日)　藏历阳木龙年八月二十六日(1964 年 10 月 1 日)　日本庆应三年(1867 年)

5.2.3 含有月日简称表示事件、节日和其他意义的词组

如果涉及一月、十一月、十二月,应用间隔号"·",将表示月和日的数字隔开,并外加引号,避免歧义。涉及其他月份时,不用间隔号,是否使用引号,视事件的知名度而定。

示例1:"一·二八"事变(1月28日) "一二·九"运动(12月9日) "一·一七"批示(1月17日) "一一·一〇"案件(11月10日)

示例2:五四运动 五卅运动 七七事变 五一国际劳动节 "五二〇"声明 "九一三"事件

六、物理量

物理量量值必须用阿拉伯数字,并正确使用法定计量单位。小学和初中教科书、非专业科技书刊的计量单位可使用中文符号。

示例:8 736.80 km(8736.80 千米) 600 g(600 克) 100 kg～150 kg(100 千克～150 千克) 12.5 m²(12.5 平方米) 外形尺寸是 400 mm×200 mm×300 mm(400 毫米×200 毫米×300 毫米) 34℃～39℃(34 摄氏度～39 摄氏度) 0.59A(0.59 安[培])

七、非物理量

7.1 一般情况下应使用阿拉伯数字。

示例:21.35 元 15.6 万元 270 美元 290 亿英镑 48 岁 11 个月 1 480 人 4.6 万册 600 幅 550 名

7.2 整数一至十,如果不是出现在具有统计意义的一组数字中,可以用汉字,但要照顾到上下文,求得局部体例上的一致。

示例1:一个人 三本书 四种产品 六条意见 读了十遍 五个百分点

示例2:截至 1984 年 9 月,我国高等学校有新闻系 6 个,新闻专业 7 个,新闻班 1 个,新闻教育专职教员 274 人,在校学生 1 561 人。

八、多位整数与小数

8.1 阿拉伯数字书写的多位整数和小数的分节

8.1.1 专业性科技出版物的分节法:从小数点起,向左和向右每三位数字一组,组间空四分之一个汉字(二分之一个阿拉伯数字)的位置。

示例:2 748 456 3.141 592 65

8.1.2 非专业性科技出版物如排版留四分空有困难,可仍采用传统的以千分撇","分节的办法。小数部分不分节。四位以内的整数也可以不分节。

示例:2,748,456 3.141,592,65 8703

8.2 阿拉伯数字书写的纯小数必须写出小数点前定位的"0"。小数点是齐底线的黑圆点"."。

示例:0.46 不得写成.46 和 0·46

8.3 尾数有多个"0"的整数数值的写法

8.3.1 专业性科技出版物根据 GB8170-87 关于数值修约的规则处理。

8.3.2 非科技出版物中的数值一般可以"万"、"亿"作单位。

示例:三亿四千五百万可写成 345 000 000,也可写成 34 500 万或 3.45 亿,但一般不得写作 3 亿 4 千 5 百万。

8.4 数值巨大的精确数字,为了便于定位读数或移行,作为特例可以同时使用"亿"、"万"作单位。

示例:我国1982年人口普查人数为10亿817万5288人;1990年人口普查人数为11亿3368万2501人。

8.5 一个用阿拉伯数字书写的数值应避免断开移行。

8.6 阿拉伯数字书写的数值在表示数值的范围时,使用浪纹式连接号"～"。

示例:150千米～200千米　－36℃～－8℃　2 500元～3 000元

九、概数和约数

9.1 相邻的两个数字并列连用表示概数,必须使用汉字,连用的两个数字之间不得用顿号","隔开。

示例:二三米　一两个小时　三五天　三四个月　十三四吨　一二十个　四十五六岁　七八十种　二三百架次　一千七八百元　五六万套

9.2 带有"几"字的数字表示约数,必须使用汉字。

示例:几千年　十几天　一百几十次　几十万分之一

9.3 用"多""余""左右""上下""约"等表示的约数一般用汉字。如果文中出现一组具有统计和比较意义的数字,其中既有精确数字,也有用"多""余"等表示的约数时,为保持局部体例上的一致,其约数也可以使用阿拉数字。

示例1:这个协会举行全国性评奖十余次,获奖作品有一千多件。协会吸收了约三千名会员,其中三分之二是有成就的中青年。另外,在三十个省、自治区、直辖市设有分会。

示例2:该省从机动财力中拿出1 900万元,调拨钢材3 000多吨、水泥2万多吨、柴油1 400吨,用于农田水利建设。

十、代号、代码和序号

部队番号、文件编号、证件号码和其他序号,用阿拉伯数字。序数词即使是多位数也不能分节。

示例:840268部队　国家标准GB2312-80　国办发[1987]9号文件　总3147号　国内统一刊号CN11-1399　21/22次特别快车　HP-3000型电子计算机　85号汽油　维生素B_{12}

十一、引文标注

引文标注中版次、卷次、页码,除古籍应与所据版本一致外,一般均使用阿拉伯数字。

示例1:列宁:《新生的中国》,见《列宁全集》,中文2版,第22卷,208页,北京,人民出版社,1990。

示例2:刘少奇:《论共产党员的修养》,修订2版,76页,北京,人民出版社,1962。

示例3:李四光:《地壳构造与地壳运动》,载《中国科学》,1973(4),400～429页。

示例4:许慎:《说文解字》,影印陈昌治本,126页,北京,中华书局,1963。

示例5:许慎:《说文解字》,四部丛刊书,卷六上,九页。

十二、横排标题中的数字

横排标题涉及数字时,可以根据版面的实际需要和可能作恰当的处理。

十三、竖排文章中的数字

提倡横排。如文中多处涉及物理量,更应横排。竖排文字中涉及的数字除必须保留的阿拉伯数字外,应一律用汉字,必须保留的阿拉伯数字、外文字母和符号均按顺时针方向转90度。

示例一:
雪花版DCD188型家用电冰箱容量是一百八十八升,功率为一百二十五瓦,市场售价两千零五十元,返修率仅为百分之零点一五。

示例二:
海军J12号打捞救生船在太平洋上航行了十三天,于一九九〇年八月六日零时三十分返回基地。

十四、字体

出版物中的阿拉伯数字,一般应使用正体二分字身,即占半个汉字位置。

附录 5

校对符号及其用法

编号	符号形态	符号作用	符号在文中和页边用法示例	说明
			一、字符的改动	
1		改正	增高出版物质量。 提	
2		删除	提高出版物物质质量。	
3		增补	要搞好校工作 对	增补的字符较多,圈起来有困难时,可用线画清增补的范围
4		换损污字	坏字和模糊的字要调换	
5		改正上下角	16＝4² 2 H₂SO₄ 4 尼古拉·费欣 · 0.25＋0.25＝0.5 · 举例:2×3＝6 : X:Y＝1:2 :	
			二、字符方向位置的移动	
6		转正	字符颠倒要转正。	
7		对调	认真经验总结。 认真经结总验。	
8		转移	校对工作,提高出 版物质量要重视	
9		接排	要重视校对工作, 提高出版物质量。	
10		另起段	完成了任务。明年……	

续 表

编号	符号形态	符号作用	符号在文中和页边用法示例	说　明
11	⊓ 或 ⊔ ↑　　↓	上下移	序号 ╷名称 数量 01　×××　2↑	字符上移到缺口左右水平线处 字符下移到箭头所指的短线处
12	←→ 或 ⊐⊏	左右移	⊢—要重视校对工作，提高出版物质量。 3 4 ·5 6 5 欢呼　　歌唱	字符左移到箭头所指的短线处 字符左移到缺口上下垂直线处 符号画得太小时，要在页边重标
13	‖	排齐	校对工作常重要。 必须提高印刷质量，缩短印刷周期。	
14		排阶梯形	RH₂	
15	↑	正图		符号横线表示水平位置，竖线表示垂直位置,箭头表示上方
三、字符间空距的改动					

编号	符号形态	符号作用	符号在文中和页边用法示例	说　明
16	∨ ＞	加大空距	∨∨∨∨ 一、校对程序　　∨ 校对胶印读物、影印书刊的注意事项：　＞	表示适当加大空距
17	∧ ＜	减小空距	二、校对程∧序　　∧ 校对胶印读物、影印书刊的注意事项：　＜	表示适当减小空距 横式文字画在字头和行头之间
18	⫲⫲⫲⫲	空1字距 空1/2字距 空1/3字距 空1/4字距	⫲　　⫲ 第一章校对职责和方法	

续 表

编号	符号形态	符号作用	符号在文中和页边用法示例	说　明
19	Y	分开	Good morning!	用于外文

| 四、其　他 |||||

编号	符号形态	符号作用	符号在文中和页边用法示例	说　明
20	△	保留	认真搞好校对工作。	除在原删除的字符下画△外,并在原删除符号上画两竖线
21	○=	代替	机器由许多另件组成,有的另件是铸出来的,有的另件是锻出来的,有的另件是……　　○=零	同页内,要改正许多相同的字符,用此代号。要在页边注明:　　○=零
22	∘∘∘	说明	第一章　校对的职责	说明或指令性文字不要圈起来,在其字下画圈,表示不作为改正的文字

使用要求:

1. 校对校样,必须用色笔(墨水笔、圆珠笔等)书写校对符号和示意改正的字符,但是不能用灰色铅笔书写。
2. 校样上改正的字符要书写清楚。校改外文,要用印刷体。
3. 校样中的校对引线要从行间画出。墨色相同的校对引线不可交叉。

参 考 文 献

1　刘葆金.新编经济应用文写作.第2版.北京:中国农业科技出版社,2001
2　曹文彬.财经应用文写作例文.北京:中国商业出版社,1999
3　何永康.应用文写作.武汉:武汉大学出版社,1997
4　张德实.应用文写作.北京:高等教育出版社,2001
5　盛明华.新编经济应用文写作教程.上海:立信会计出版社,1997
6　郝仲平.新编应用文写作教程.北京:首都经济贸易大学出版社,1997
7　斐瑞玲.应用文写作.北京:机械工业出版社,2000
8　杨西江.经济应用文写作.北京:人民出版社,1996
9　任文贵.杭海路.应用文写作词典.北京:人民日报出版社,2004
10　杨成杰.财经应用文写作.第3版.北京:经济科学出版社,2010